Carl Wentzel-Teutschenthal

Andreas von Mettenheim

Carl Wentzel-Teutschenthal 1876–1944

Ein Agrarunternehmer im Widerstand

Lukas Verlag

Schriften der Gedenkstätte Deutscher Widerstand
Reihe A: Analysen und Darstellungen, Band 14
Herausgegeben von Peter Steinbach und Johannes Tuchel

Gefördert durch:

Die Beauftragte der Bundesregierung
für Kultur und Medien

aufgrund eines Beschlusses
des Deutschen Bundestages

Erstausgabe
2., durchgesehene Auflage 2020

Lukas Verlag für Kunst- und Geistesgeschichte
Kollwitzstraße 57
D–10405 Berlin
www.lukasverlag.com

Umschlag und Layout: Lukas Verlag
Lektorat, Satz und Reprographie: Alexander Dowe
Druck: Beltz Graphische Betriebe GmbH, Bad Langensalza

Printed in Germany
ISBN 978–3–86732–327–7

Inhalt

Vorwort

Als ich noch ein Kind war, erzählten meine Eltern mir gelegentlich von »Wentzel«. Mein Großvater war in den 1920er Jahren Landrat in Eisleben im Mansfelder Seekreis. In jener Zeit hatte er Carl Wentzel kennengelernt. Die damals entstandene Freundschaft blieb auch nach der Rückversetzung meines Großvaters nach Potsdam zwischen den Familien lebendig. Meine Eltern waren in Teutschenthal des Öfteren zu Gast. Ihnen schrieb Pfarrer Poelchau nach dem Krieg, Wentzel habe in der Haft auch von ihnen berichtet und wie nah sie ihm gestanden hätten.

Ich bin mir aber sicher, dass mich diese Umstände mehr als ein halbes Jahrhundert später nicht in meinem Urteil beeinflusst haben. Als ich das Projekt begann, war der Zeitpunkt bereits verstrichen, an dem ich meine Eltern darüber hätte befragen können.

Ohne die Gelehrsamkeit vieler, die ich hier nicht nennen kann, wäre dieses Buch nicht entstanden. Insbesondere Dr. Rüdiger von Voss danke ich für seinen temperamentvollen, unermüdlichen, immer auch klugen Rat. Irrtümer und Fehlinterpretationen gehen selbstverständlich allein zu meinen Lasten.

Was die Familie Wentzel angeht, so möchte ich stellvertretend meinen Dank in Form eines Gedenkens an die noch nicht lange verstorbene Lore Pfeiffer-Wentzel zum Ausdruck bringen, mit der ich ausführliche und freimütige Gespräche führen konnte.

Bei dem Leiter der Gedenkstätte Deutscher Widerstand in Berlin, Prof. Dr. Johannes Tuchel, stehe ich in der Schuld, weil er die Arbeit in die Schriftenreihe der Gedenkstätte aufgenommen und damit die Drucklegung überhaupt erst ermöglicht hat.

Dr. Frank Böttcher und Alexander Dowe vom Lukas Verlag danke ich für die geduldige und engagierte Zusammenarbeit.

Aber alles wäre nichts ohne meine Frau, deren kameradschaftlicher Spott mich immer wieder dazu getrieben hat, das Projekt zum Abschluss zu bringen.

Berlin, im März 2019 *Andreas von Mettenheim*

Der Mann und die Region

An der Saale hellem Strande
stehen Burgen stolz und kühn ...
(Franz Kugler, 1826)

Diese Geschichte muss vom Ende her erzählt werden.

Als Deutschland schon in Scherben lag und der Schrecken vollkommen, das Ende des Dritten Reichs aber noch nicht nahe genug war, um das zu verhindern, was an diesem Tag geschehen sollte, drei Tage vor einem für Millionen Menschen in ganz Europa düsteren und hoffnungslosen Weihnachtsfest 1944, bestieg ein kräftig gebauter, im 69. Lebensjahr stehender Mann im dunkelbraunen Gehpelz im Hof des Tegeler Gefängnisses in Berlin unter Bewachung eines Gestapo-Beamten einen Wagen. Es war nur eine kurze Fahrt durch den Nordwesten Berlins, von Nord nach Süd, die Seidelstraße hinunter, den Wedding an seiner nördlichen Spitze streifend, am Westhafen vorbei zum Saatwinkler Damm. Ziel der Fahrt war das Gefängnis Plötzensee.

Der Mann im Gehpelz war Carl Wentzel aus Teutschenthal im Mansfelder Seekreis. Das Dorf Teutschenthal liegt bei Halle, westlich der Elbe. Es ist über seine Grenzen hinaus kaum bekannt, wenn überhaupt, dann am ehesten noch durch eben diesen Wentzel selbst, der seinem Familiennamen der Tradition entsprechend den Namen seines Gutes hinzufügte: Carl Wentzel-Teutschenthal, Gutsbesitzer, Oberamtmann, Unternehmer, für viele einfach »Wentzel«.

Wentzel war ein »einfacher, bescheidener, gegenüber jedermann verbindlicher Mensch von bestechender Liebenswürdigkeit, ein hochkarätiger Agrarindustrieller, der den wirtschaftlichen Erfolg seines erfüllten Lebens immer mit dem Dienst am Menschen zu verbinden wusste«. So hat ihn Hubert Olbrich beschrieben[1]; so steht das Bild Wentzels, der zu Lebzeiten von vielen verehrt wurde, heute noch in der Erinnerung der wenigen, denen der Name überhaupt ein Begriff ist.

Das Gefängnis Plötzensee hatte einen Hinrichtungsschuppen, ein von der Haftanstalt getrenntes Gebäude. Heute ist es ein Gedenkort. Dort trat Carl Wentzel am 21. Dezember 1944 seinen letzten Gang an.

Die Geschichte dieses Mannes, seines Besitzes und seines Werkes ist eine sehr deutsche Geschichte. Er durchlebte eine Jugend in der Gründerzeit und erfuhr

1 Olbrich 1981, S. 22.

in der Wilhelminischen Epoche mit ihren inneren und äußeren Spannungen, die zum Ersten Weltkrieg führten, den Zusammenprall von Tradition und Moderne. Er wurde Zeuge des Abschieds von etwas, das viele als ein langes Jahrhundert und ein Abbild des alten Europa bezeichneten. Danach wurde es unruhig. Die erste Republik auf deutschem Boden, die von der Mehrheit ihrer Bürger ungeliebt blieb, wurde vom Kartell der traditionellen Machteliten fast zielstrebig in die Krise getrieben. Von den Extremparteien wurde sie dann aktiv und von untätigen Zuschauern aus anderen politischen Lagern passiv zerstört. Die Weimarer Republik endete mit der Machtübergabe an die Nationalsozialisten. Das Dritte Reich hat dann dank seiner selbstzerstörerischen Energie später kaum länger durchgehalten als die damals wegen ihrer Instabilität so gescholtene Vorgängerin. Historiker haben zur Beschreibung des außergewöhnlichen Charakters die drei Dekaden beispielloser Turbulenzen zwischen 1914 und 1949, Wentzels zweiter Lebenshälfte, in prägnanter Zuspitzung als »zweiten Dreißigjährigen Krieg« bezeichnet.[2] Gemeint ist damit eine Form der Krise, die, wie im 17. Jahrhundert, in ihrer Allgemeinheit alle wichtigen Bereiche des gesellschaftlichen und politischen, des kulturellen und des geistigen Lebens in ihren Bann zieht.[3]

Der Aufstieg Carl Wentzels war bis zu seiner Verhaftung im Juli 1944 eine außergewöhnliche Erfolgsgeschichte. In diesem »zweiten Dreißigjährigen Krieg« hatte der Mann aus wohlhabender Familie seine Unternehmen im übertragenen Sinne erneut »erworben, um sie zu besitzen«, um das Goethe-Wort zu verwenden, das in seiner Familie Flügel bekommen hatte. Er wurde reich und genoss zu Beginn der 1930er Jahre als eine der großen Persönlichkeiten der deutschen Wirtschaft Anerkennung und Respekt.

Irgendwann hat irgendjemand auf Wentzel den Begriff »Krupp der deutschen Landwirtschaft«[4] gemünzt. Hinter dieser ebenso prägnanten wie provokativen, vielleicht sogar gefährlichen Metapher hat sich vordergründig ein Urteil über die schiere Größe des Betriebs, das soziale Verantwortungsbewusstsein oder die industrielle Anmutung seiner Landwirtschaft verborgen, vielleicht aber auch über die scheinbare Allmacht des Großunternehmers.

Der Beitrag der Unternehmer zum Aufstieg und zur Stabilisierung des NS-Regimes ist in den letzten Jahren oft zum Gegenstand eingehender Studien über einzelne Firmen geworden. Dabei ging es vor allem um den Nutzen, den einzelne Unternehmen aus der nationalsozialistischen Politik ziehen konnten. Dagegen ist der Anteil von Wirtschaft und Industrie an der Opposition gegen Hitler, wie einige meinen, vernachlässigt worden. Deshalb ist die Feststellung nicht

2 Wehler 1995, S. XIX. – Mayer 1989, S. 48ff.

3 Mayer ebd.

4 Olbrich 1981, S. 35.

ganz unwichtig, dass Wentzel der einzige Großindustrielle war, der im Dritten Reich zum Tode verurteilt und hingerichtet wurde. Wentzel gilt der Nachwelt deshalb zumindest auch als »Opfer« des 20. Juli, während die Frage, ob er auch Täter oder zumindest Mittäter, jedenfalls nicht nur moralischer Begleiter des deutschen Widerstands war, als den ihn viele sehen wollen, bisher weitgehend unbeantwortet geblieben ist. Gelegentlich ist sie auch verneint worden.[5] Sein politischer, gesellschaftlicher und geistiger Standort im Dritten Reich ist – jenseits des in Grundzügen bekannten äußeren Ablaufs der Geschehnisse - bisher nur in Ansätzen geklärt worden.

Jedenfalls wurde er schnell vergessen. Der Präsident des Volksgerichtshofs, Roland Freisler, hat sich mit seiner Forderung nach der »Zerstäubung« der Persönlichkeit Wentzels erstaunlich nachhaltig durchgesetzt. In der Geschichte des Dritten Reichs, in der schon viele Steine umgedreht wurden, kommt der Großagrarier kaum vor.

Durch die nachfolgende zweite Diktatur auf deutschem Boden ist sein Bild abermals beschädigt worden, weil die Erinnerung an seine Lebensleistung als Landwirt aus politischen Gründen nicht mehr akzeptabel war. Er wurde ein Klassenfeind *post mortem*. Ihn zu denunzieren, bedeutete für die Ideologen im Osten Deutschlands angesichts seiner schon fast legendären sozialen Leistungen eine besondere ideologische Kraftanstrengung. Aber auch im Westen konnte sein Werk nicht mehr nachwirken, weil das einst so prosperierende Mitteldeutschland, mit dem seine Person und seine Unternehmen untrennbar verbunden waren, als »Zone« und zerteilt durch die frühe Nachkriegsordnung über weite Strecken aus dem Blickfeld geraten war.

Die Fahrt von Tegel nach Plötzensee hat nicht lang gedauert, auch nicht die Arbeit, die der Henker an dem betagten Herrn verrichtete, der eines der ältesten Opfer in der Todsprechung des Volksgerichtshofs war.

Sein schreckliches Ende war Wentzel nicht in die Wiege gelegt worden, als er in der Blüte der Bismarckzeit in behüteten, ländlichen, wenn nicht idyllischen, so doch festgefügten und prosperierenden Verhältnissen das Licht der Welt erblickte.

> Man stieß auf die Domäne Brachwitz mit seinem alten, behäbigen lang gestreckten Pächterhaus, das erst später durch einen Anbau erweitert wurde. Dahinter, durch ein Sträßchen vom Gute getrennt und von einer Bruchsteinmauer umschlossen, der Garten mit seinen alten Bäumen und seinen Veilchenpolstern im Frühjahr. Gut und Dorf lehnen sich im Norden und Osten an mäßig hohe Porphyrfelsen an. Zwischen ihnen ziehen sich kleine Täler hinauf

5 So Scherf 2018, S. 7.

zu den Hutungen. Das sind dort von Thymian und Bergnelken durchsetzte Rasenflächen, von denen die Kuppen besetzt sind. Diese Felsenlandschaft ist immerhin so bewegt, dass der Volksmund sie noch heute die Brachwitzer Schweiz nennt. Des Dorfes schönster Schmuck aber waren die mächtigen deutschen Pappeln, die den Weg zu Meister Salbachs Fähre und die Uferstraße nach den Steinbrüchen säumten, und der still dahinziehende Saalestrom, der sich gerade hier in eine weite fruchtbare Aue ergießt. Alles in allem ein schlichtes aber sehr anziehendes Landschaftsbild, das zu Herzen gehen konnte, und wenn, dann darin haften blieb.[6]

So hat der Wirtschaftshistoriker und Heimatforscher Erich Neuß (1899–1982) den Ort beschrieben, in dem Carl Kurt Emil Phillip Wentzel am 9. Dezember 1876 auf dem elterlichen Gut geboren wurde. Neuß hatte seine ergiebigen Wanderungen durch die Grafschaft Mansfeld schon vor dem Zweiten Weltkrieg unternommen und in zwei Bänden beschrieben.[7] Er muss mit Wentzel Ende der 1920er Jahre in Kontakt gekommen sein. Jedenfalls hat sich im Laufe der Zeit eine Art Freundschaft entwickelt, vielleicht eher noch ein Verhältnis herzlicher Fürsorge des Gutsbesitzers für Neuß und seine Familie. Vor allem einem von ihm verfassten, nie veröffentlichten Typoskript sind vielfache Einblicke zu verdanken. Sie sind wertvoll, weil Neuß ein ausgezeichneter Kenner des bäuerlichen Milieus und der regionalen Wirtschaftsgeschichte war. Sie sind auch deshalb wertvoll, weil Neuß im Zweiten Weltkrieg während eines längeren verletzungsbedingten Heimaturlaubs bei Wentzel aufgenommen wurde und Gelegenheit hatte, das Leben auf Teutschenthal einschließlich seiner kleinen familiären Intimitäten aus der Nähe kennenzulernen. Auf seine Schilderungen wird im Weiteren oft zurückgegriffen.

In Wentzels Geburtsjahr sorgten noch Petroleumlampen für Licht in den Stuben der Gutshäuser und Pferdefuhrwerke transportierten Güter und Menschen. Im selben Jahr hatte Nikolaus Otto den Verbrennungsmotor erfunden und Graham Bell das Telefon in einer technisch brauchbaren Form entwickelt.

Der im Vorjahr geborene Thomas Mann hat in einem im Jahr 1950 an der Universität von Chicago gehaltenen Vortrag von der »historischen Ergiebigkeit der eigenen Lebensspanne« gesprochen. Er hielt sie für »an äußerer Dramatik recht reichlich für ein Menschenleben«:

6 Neuß 1957 (Typoskript), S. 26f.
7 Wanderungen durch die Grafschaft Mansfeld, Im Seegau 1935, Saalisches Mansfeld 1938.

Brachwitz im Saalekreis (Sachsen-Anhalt), rechts das Geburtshaus von Carl Wentzel, heute beherbergt das Gebäude einen Kindergarten, 2019

Wenn es allerhand ist, gleich nach dem deutsch-französischen Kriege und dem Ende des zweiten französischen Kaiserreichs zur Welt gekommen zu sein, die kontinentale Hegemonie Deutschlands unter Bismarck und die Hochblüte des britischen Imperiums unter Victoria noch miterlebt zu haben, fast in einem damit, schon mit persönlichem Bewußtsein, die intellektuelle Unterminierung der bürgerlichen Lebensnormen überall in Europa; die Katastrophe von 1914 mit dem Eintritt Amerikas in die Weltpolitik und dem Fall des deutschen Kaiserreichs; die vollständige Veränderung der moralischen Atmosphäre durch die vier Blutjahre des Ersten Weltkriegs; die Russische Revolution; das Heraufkommen des Faschismus in Italien und des Nationalsozialismus in Deutschland, den Hitlerschrecken, das Bündnis von Ost und West gegen ihn, den gewonnenen Krieg und den abermals verlorenen Frieden, dann werden die jetzt geborenen Kinder, mit dem Erlebnis noch ganz anderer spektakulöser Weltveränderungen, zu rechnen haben.[8]

8 Mann 1994, S. 7.

Emma Sophie Margarete Wentzel, geb. Becker (1854–1885) und Friedrich Phillip Karl Ludwig Wentzel (1843–1907), um 1880

Wentzel selbst hat zwei Staatenzusammenbrüche erlebt: 1918/19 das Ende des Kaiserreichs, 1930/33 den Niedergang der Weimarer Republik. Den Sieg der Alliierten über das nationalsozialistische Deutschland hat er nicht mehr erlebt und die Beschwernisse des nach Thomas Manns Meinung abermals verlorenen Friedens sind ihm erspart geblieben.

Carl war das zweite von vier Kindern des Oberamtmanns Karl Ludwig Wentzel. Seine Mutter, Sophie Margarete Wentzel, war die Tochter des Kaufmanns und Geh. Kommerzienrats Carl Emil Becker aus Berlin. Man rühmte damals »ihre Schönheit und ihr goldenes Herz«. Carl war der einzige Sohn. Er hatte drei Schwestern, eine ältere Schwester Gertrud, und die beiden jüngeren, Katharina und Margarete.

Brachwitz, das Wentzel selbst einmal als »kleines unbedeutendes Dorf« bezeichnet hat[9], liegt inmitten tiefer Provinz, daran hat sich bis heute nichts geändert. Es liegt im Saalekreis, in Mitteldeutschland. Nach Halle sind es knapp 30 Kilometer in Richtung Nordosten. Für die 150 Kilometer nach Berlin, etwa in der gleichen Richtung, brauchte man damals mit der Eisenbahn knapp drei Stunden. Im Norden liegt das etwas weiter entfernte Magdeburg. Nach Westen

9 Lebenslauf (Naumburg).

war so gut wie nichts, es sei denn man zählt den Harz dazu, darauffolgend Göttingen und Kassel, aber die haben mit dieser Region eigentlich nichts mehr zu tun. Der Ruhrindustrielle Paul Reusch hat sich, als Wentzel ihn einmal drängte, eine Einladung anzunehmen, über die Abgelegenheit von Wentzels Lebensmittelpunkt bitter beklagt.

Das Gut Brachwitz war ursprünglich eine königliche Domäne; der Urgroßvater hatte sie bereits 1812 gepachtet. Die Wentzels waren eine Domänenpächterfamilie. Brachwitz war ein »Amt« – zu diesem Begriff später mehr – wenn auch ein kleines und deshalb mehr ein Domänenarbeiterdorf als ein Bauerndorf.

Als Carl sieben Jahre alt war, zogen die Eltern in das für die Bewirtschaftung der verschiedenen Landwirtschaften und Betriebsstätten aus der damaligen mikrogeografischen Sicht zentraler gelegene, aber letztlich nur wenige Kilometer entfernte Langenbogen. Das war ein Ort mit einer Ansammlung kleinerer, unauffälliger Gutshäuser, die man kaum Herrenhäuser nennen konnte. 1885 schließlich wählte die Familie Teutschenthal als Sitz, wo Carl Wentzels Vater ein großzügiges Anwesen hatte bauen lassen, das die Leute in der Umgebung ein Schloss nannten.

Das eher bescheidene Gutshaus Brachwitz blieb aber, Symbol von Demut und preußischer Austerität in der privaten Lebensführung, immer so etwas wie der magische Mittelpunkt der Familie. Dort wurde auch weiterhin jedes Jahr gemeinsam Silvester gefeiert.

Ein alter Angestellter, der Buchhalter August Seyfarth, berichtete von einem »dunkel gelockten, braunäugigen, bildhübschen Knaben« und erzählte oft, wie ihn der kleine Carl im schwarzen Samtanzug mit Kragen und Schleife bei seinem Vorstellungsbesuch auf Teutschenthal »artig« begrüßte.[10]

Kindheit und Jugend wären unbeschwerter gewesen, wenn nicht noch im Jahr des Umzugs nach Teutschenthal Carls geliebte Mutter, die von einem längeren Kuraufenthalt in Badenweiler scheinbar geheilt nach Hause zurückgekehrt war, mit erst 31 Jahren an einem Lungenleiden gestorben wäre. Das war für Carl, der gerade einmal neun Jahre alt war, ein schwerer Schock. Carl blieb in seiner Jugend von Frauen umgeben, Geschwistern und Erzieherinnen, nach dem Tod der Mutter begleitet von einem Vater, der einerseits als streng galt, von dem der junge Carl aber meinte, seit dem Tod der Mutter sei er von ihm nicht nur als Sohn, sondern auch als Freund, mit dem er alles besprechen könne, betrachtet worden. Die Geschwister standen einander zeitlebens sehr nahe. Ein besonders enges Verhältnis hatte Carl zur Schwester Margarete, die er später, als sie seiner Hilfe bedurfte, großzügig unterstützte.

10 Neuß 1957 (Typoskript), S. 27.

Thomas Mann hat einmal gemeint, dem letzten Viertel des 19. Jahrhunderts noch angehört zu haben sei »kein kleines«: Die Spätzeit des bürgerlichen, des liberalen Zeitalters habe einen Bildungsvorzug vermittelt »vor denen, die gleich in die gegenwärtige Auflösung hineingeboren sind«.[11]

Ersten Unterricht erhielt Carl zusammen mit seinen Schwestern von einem Hauslehrer. Mit zwölf Jahren wurde er in die Quinta des Domgymnasiums in Naumburg a. d. Saale aufgenommen. In dem malerischen mittelalterlichen Städtchen lebte er nicht weniger als acht Jahre lang in Pension; erst bei einem Domprediger, dann bei einem Gymnasialoberlehrer, der von Neuß als trocken und stöckerig beschrieben wird und den der junge Carl in seinem Lebenslauf, in dem er durchaus Lob an Lehrer und Freunde austeilt, unerwähnt lässt.[12] Aus diesen persönlichkeitsprägenden Jahren ist wenig überliefert. Soweit wir wissen, war der junge Carl ein fleißiger Schüler und in Deutsch und Geschichte gut. Vor allem aber erwies er sich als Mathematikphänomen mit einem enormen Zahlengedächtnis. Lateinische Schriftsteller, wobei seine Liebe besonders Horaz galt, faszinierten ihn ein Leben lang.

Mit vierzehn Jahren erkrankte Carl an Typhus. Er überstand zwar die Krankheit und wirkte äußerlich stabil, war bei näherer Betrachtung aber weniger robust als es die wenigen überlieferten Bilder erahnen lassen. Sie zeigen einen etwas ungeschlachten Menschen, eine scheinbar kräftige Bauerngestalt. In Wirklichkeit war er ein Siebenmonatskind und von zerbrechlicher gesundheitlicher Konstitution. Sein Leben lang hatte er mit Thrombosen zu kämpfen. Hinter der wuchtigen Erscheinung steckte ein Mann, der sein körperliches Leiden zeit seines Lebens mit großer Willensstärke bekämpfte; ein Kampf, der ihn in späteren Jahren in die Hände der Alternativmedizin treiben sollte.

Der junge Gutsbesitzersohn galt als liebenswürdig. Er fand, so berichtet Neuß, schnell Freunde, die er von Zeit zu Zeit nach Teutschenthal einladen durfte. Er muss vielen die Treue gehalten haben. Einer von ihnen, Richard Drache, wurde in späteren Jahren als »Kammergerichtsrat a.D.« Justitiar der Wentzel'schen Betriebe und praktisch Wentzels »zweiter Mann«. Dort übte er dann einen Einfluss aus, der über den eines Rechtsberaters weit hinausging: Er entschied sozusagen über jede Hochzeit, wie sich die Familie erinnert. 1944 teilte Drache für eine Weile das Schicksal seines Chefs, als auch er in Gestapohaft geriet. Ein anderer Schulfreund war Otto Schaumburg, viele Jahre später Mitangeklagter von Wentzel vor dem Volksgerichtshof.

1896 machte Carl Abitur. Das liberale Zeitalter ging seinem Ende entgegen. Es begann die zwischen Fortschrittsoptimismus und Krisenangst schwankende

11 Mann 1994, S. 8.
12 Lebenslauf (Naumburg).

Klassenfoto der Untersekunda im Kreuzganghof des Naumburger Doms, 1892. Lebenslange Freunde: vordere Reihe links außen: Otto Schaumburg, zweiter von links: Carl Wentzel; oberste Reihe Zweiter von links: Richard Drache

»Belle Epoque«, die im behüteten Naumburg vielleicht nicht ihre allerstärkste Ausprägung erfuhr.

Es mag der *genius loci* oder der Einfluss seiner Schulkameraden gewesen sein, der in Carl den Entschluss förderte, Jura zu studieren. Er ging nach Lausanne, brach das Studium aber bald ab. Ihm schien schnell klar geworden zu sein, dass er für das juristische Handwerk nicht geschaffen war. Ein Motiv, das wahrscheinlich von dem sehr bestimmenden Vater, der ihm von dem Studium abgeraten hatte, gepflegt und gefördert wurde, wird zudem die machtvolle Verpflichtung gegenüber dem »Besitz« im Sinne von Tradition, Familienexistenz und Heimat gewesen sein.

Es kam dann so, wie es kommen musste. Der junge Carl absolvierte sein Jahr als Offiziersanwärter bei den Königs-Ulanen, Regiment Nr. 13 (»1. Hannoversches«) und wurde Reserveoffizier. Er folgte damit einem verbreiteten Erziehungsmuster bürgerlicher Grundbesitzersöhne, weil diese so schnell wie möglich im Betrieb gebraucht wurden.[13] Der mittlerweile zwanzigjährige Carl

13 Nabert 1992, S. 44.

ging anschließend in zwei Zuckerfabriken in die Lehre. Der Vater hielt den Sohn, wie sich der Enkel erinnert, ziemlich kurz.

Alles in allem war das eine konventionelle Jugend mit einem konventionellen Bildungsgang. Es war ein Leben auf festen Schienen. Wenn es jugendliches Aufbegehren gegen die ältere Generation gegeben hat, so ist jedenfalls davon nichts überliefert. Das zu Ende gehende Jahrhundert entließ den jungen Mann, seinen Prototyp, in stabilen Verhältnissen.

Nichts wird ihm damals ferner gelegen haben, als die düsteren Ausblicke auf die Zukunft, wie ihn die kritischen Geister der Zeit wagten. Kurz vor der Jahrhundertwende, im Oktober 1899, schrieb Alfred Kerr im hitzigen Berlin:

> Mit jeder anbrechenden Nacht rückt der Punkt näher, wo wir die große Einkehr halten. Der Wahnsinn und die Glorie unserer Zeit steigen herauf, beide hart nebeneinander; die Größe und die Bestialität, der Fortschritt und der Servilismus; der machtvolle Gedanke der Freiheit, der Zauber technischen Könnens, die listige Lüftung stiller Elementargeheimnisse, die Verfeinerung und Erhöhung der Menschlichkeit, die Verbreitung der ethischen Idee – auf der anderen Seite die stärkste Machtanbetung aller Zeiten....die Herrschaft des Säbels und, noch über dem Säbel, die Vergottung des Geldes. Himmel und Erde werden erfüllt vom Triumphlied des mobilen Besitzes, und aus der Tiefe steigt das Gebrüll der Unbeteiligten, der Ausgeschlossenen.[14]

Der junge Wentzel ging auf Reisen. Auf Anraten seines Vaters und von diesem finanziert, unternahm er zusammen mit einem bremischen Freund eine Weltreise. Es sollte keine *Grand Tour* im üblichen Sinn sein, denn das wäre dem strengen protestantischen Vater so nicht in den Sinn gekommen oder man hätte es zumindest nicht zugeben dürfen. Deshalb stand die Berufsbildung im Vordergrund: In der Zuckerwirtschaft waren die internationalen Verflechtungen und die Abhängigkeit vom Weltmarkt schon damals ein wichtiges Thema. Dem ansonsten sparsamen Vater kam es deshalb darauf an, seinem Sohn Gelegenheit zu geben, sich ein eigenes und unmittelbares Bild von der Rohrzuckerproduktion und von den modern geführten amerikanischen Betrieben zu machen.

Auch heute kann man das noch als eine gewaltige Reise bezeichnen. Die beiden Freunde besuchten die USA, Kuba, Mexiko, Kanada, Honolulu, Japan und Nordchina. Sie erlebten die Boxerunruhen, besuchten die große Mauer, Tsingtau, das erst 1898 vom Deutschen Reich gepachtete Kiautschau-Gebiet, Schanghai sowie Hongkong und kehrten, nachdem sie ursprünglich geplante weitere Reiseziele aufgegeben hatten, über Sumatra, Ceylon, Aden und Neapel zurück.

14 Kerr 1997, S. 524.

Carl Wentzel, der damit die Grenzen seiner geographischen Welterfahrung geradezu atemberaubend nach vorn geschoben hatte, ist zwar mit reichen Erfahrungen, aber offensichtlich ohne drängende Wiederholungslust in die Heimat zurückgekehrt. Schon als junger Primaner hat er die »Heimat«, gemeint war das Zuhause, selbst den Reisen in benachbarte Regionen vorgezogen. In seinem Lebenslauf schrieb er:

> Meine Ferien erlebte ich fast ausschließlich in der Heimat, an der ich mit ganzem Herzen hänge. Letzte Jahre habe ich kurze Reisen nach Schlesien, Berlin, Dresden, Thüringen und den Harz...unternommen, im allgemeinen zog ich es aber immer vor, die Heimat und ihre Freuden zu genießen. Konnte ich dort am besten meinen Neigungen und Wünschen nachgehen.[15]

Die großen Metropolen Europas oder eine genuine Neugier auf die Fülle, die Farben, den kulturellen Reichtum anderer Länder wurden auch später seine Sache nicht. Karlsbad, Gastein und ähnliche Orte, und immer wieder Reisen durch Deutschland, die ihm durch die Fülle seiner Mandate und seine sonstigen geschäftlichen Verpflichtungen auferlegt wurden, entsprachen mehr seinen Interessen. Er hat Europa nur noch einmal, es war im Jahr 1936, für eine Reise in die Vereinigten Staaten verlassen. Über diese Reise hat er bei allen Vorbehalten und auf ihn befremdlich wirkenden Eindrücken mit Sympathie berichtet. So schrieb er von dem »märchenhaften«, »atemberaubenden« und »überwältigenden« New York.[16]

Über die Experimente mit der Liebe, die Carl in seiner Jugend unternommen hat, wissen wir kaum etwas. Eines jedenfalls endete schmerzlich. Der junge Carl hatte nämlich von seiner Weltreise nicht nur berufsbildende Erfahrungen mitgebracht. Seine Zuneigung galt einer, wie Carls Schwester Margarete sie beschrieb, »außerordentlich liebenswürdigen und klugen« jungen Deutsch-Amerikanerin.[17]

Die Romanze, die offenbar schon zu einer Art Verlobung gediehen war, sollte aber keinen Bestand haben. Der junge Wentzel geriet dann doch in eine ernste Auseinandersetzung mit seinem etwas despotischen Vater. Dieser lehnte die Verbindung des einzigen Sohnes und Erben mit einer Ausländerin ab. »Aus Verbitterung und von Vorurteilen geleitet«, so bewertete es Schwester Margarete viele Jahre später, drohte er seinem Sohn mit Enterbung. Carl beugte sich nach einigem Sträuben dem Willen des Vaters. Das war ein Unterwerfungsakt, eine Entscheidung für das Hergebrachte und die Heimat. Dabei sollte eine mögliche

15 Lebenslauf (Naumburg).
16 Sonntagsruf vom 20.9.1936 (StaH, S 15 WEN N 42, Nr. 12).
17 Auch zum Folgenden: Margarete von Dewitz an Elster am 21.11.1946 (StaH S 15 WEN N 42, Nr. 13).

Ella von Zimmermann, um 1900

materielle Motivation nicht überbewertet werden, denn sein offensichtlich wohlhabender amerikanischer Schwiegervater in spe hatte ihm vollen finanziellen Ersatz für den Erbausfall zugesagt, allerdings nur, wenn Carl völlig in die USA übersiedeln würde.

Carl erlitt in der Auseinandersetzung mit seinem Vater eine herbe Niederlage. »Er kämpfte einen schweren Kampf«, schrieb seine Schwester nach dem Krieg und meinte, dass dieser Konflikt ihn gänzlich umgeworfen habe. Die Auseinandersetzung muss zu einer tiefgreifenden Störung zwischen Vater und Sohn geführt haben.

Die Amerikanerin ist irgendwann aus Carls Kopf verschwunden, aber diese Geschichte wirft einen Schatten auf die Kämpfernatur des jungen Landwirts. Vor die Wahl gestellt, hat er schon früh Konzessionen an die damals noch sehr wirksamen Gesetze der sozialen Ordnung gemacht und sich in einer höchstpersönlichen Angelegenheit den Wünschen seines Vaters gebeugt.

Dem späteren Hoferben wurde erst einmal die Domäne Brachwitz zur Bewirtschaftung überlassen, eine Tradition, die Carl Wentzel selbst später auch gegenüber seinem Sohn beibehalten hat. Im Frühjahr 1902 nahm der inzwischen fünfundzwanzigjährige Carl deshalb die 500 Hektar unter den Pflug, »rasch und impulsiv in seinen Entschlüssen« wie Neuß schreibt.[18]

18 Neuß 1957 (Typoskript), S. 34.

Wenige Jahre später verfügte der Vater, im wahrsten Sinn des Wortes nach Gutsherrenart, über die Lebenspartnerschaft seines Sohnes, indem er mit Erfolg eine Verbindung mit einer Nachbarfamilie beförderte. Ella, die Carls Ehefrau werden sollte, war die Tochter des Amtsrats Leopold Julius August von Zimmermann. Der Amtsrat war Eigentümer der Firma I.G. Boltze in dem nördlich der Saale gelegenen Salzmünde, einem der bedeutendsten landwirtschaftlichen Unternehmen in der Provinz Sachsen.

Auf der Zimmermann'schen Seite hatte es zunächst Bedenken gegeben. Die Brautmutter, die flamboyante Anna von Zimmermann, war anfangs wenig begeistert. Sie war nicht ohne sozialen Ehrgeiz und hätte für ihre Tochter gern etwas Besseres gesehen als den »Domänenpächter von nebenan«. Die Tatsache allein, dass Boltzes mehr Hektar ihr Eigen nennen konnten, kann zwar objektiv kaum ausschlaggebend gewesen sein, aber da soziale Distinktion oft auch vor Kleinteiligem nicht Halt macht, war zu spüren, dass die von Zimmermanns auf die Wentzels offenbar ein bisschen herabsahen. Anna von Zimmermann war eine lebenslustige Dame mit gesellschaftlichem Anspruch und billigte die Allianz erst, nachdem Carl durch die von Joseph von Eichendorff – wenn auch nur beiläufig – als »fröhlich« besungene Saale geschwommen war, um Ella seinen Antrag zu machen. Das galt als Beweis dafür, dass er ein ganzer Kerl war. So jedenfalls geht die Erzählung.

Aus der Sicht von Carls Vater war die Verbindung seines Sohnes mit der Tochter des hochangesehenen Salzmünder Nachbarn zwar gesellschaftlich angemessen, aber kein unternehmerischer Coup. Eine wirtschaftliche Verschmelzung der beiden Unternehmen konnte nicht der Hintergedanke gewesen sein, weil Ella, die einen älteren Bruder hatte, nicht die Erbin der Boltze-Unternehmen war.

Wentzel hat sich in das in bäuerlichen, industriellen oder auch adligen Kreisen vor dem Ersten Weltkrieg noch nicht völlig unübliche Zweckbündnis gefügt. An einem schönen Junitag im Jahr 1906 heiratete er in Salzmünde Ella von Zimmermann, die Erich Neuß als ein »echtes Mansfelder Bauernkind« beschrieben hat und mehr als »mütterlichen Typ denn als Dame von Welt«.[19]

Vater Karl Ludwig Wentzel konnte sich an der von ihm durchgesetzten Ordnung der familiären Verhältnisse freilich nur noch kurz erfreuen. Ein dreiviertel Jahr nach der Hochzeit, im Februar 1907, starb er im Alter von 63 Jahren nach einem Schlaganfall.

Carl hat den Vater geachtet und respektiert. Er war besonders in den Jugendjahren sein großes Vorbild als Landwirt. Aber erst mit dem Tod des Vaters rückte Carl, der mittlerweile die Dreißig überschritten hatte, wirklich an die

19 Ders., S. 35.

Carl Wentzel, um 1916

Spitze der Betriebe und trat in den folgenden sieben Friedensjahren mehr und mehr aus dem Schatten des Vaters heraus. Das hätte auch anders verlaufen können. Aber ein geruhsames Leben zwischen Jagd, Sektfrühstück und anderen gutsherrlichen Einladungen, im besten Falle also ein auf das Bewahren des bisher Erreichten gerichtetes Leben war Carl Wentzels Sache nicht. Er brachte einen Schuss dynamischen, aber auch robusten Unternehmertums in die Bewirtschaftung. Jetzt sollte es schneller, höher und weiter gehen.

Es waren in diesem Land und in diesem Stand zum Ende des bürgerlichen Zeitalters gute Jahre. Industrieller Fortschritt, sprunghafte Entwicklungen in der Wissenschaft und steigender Wohlstand machten sich auch in Teutschenthal und Salzmünde bemerkbar.

Es war nicht nur im Halleschen Becken eine wohlgefügte, feste Ordnung, ein goldenes Zeitalter, mit Wirtschaftsaufschwung und kultureller Blüte, in dem sich die Verschärfung der internationalen Lage erst langsam und nahezu unmerklich in die gesellschaftliche Realität einschlich. Von Krisenangst gepeinigt und die Lichter in Europa erlöschen sehend, das wird es nicht gewesen sein, was einen mitteldeutschen Gutsbesitzer damals umtrieb. Die Verschärfung der sozialen Konflikte im Gefolge der sprunghaften Industrialisierung, die der Idylle zwischen Harz und Saale tatsächlich drohten, bauten sich erst langsam auf.

Ella und Carl Wentzel, 1912

Am 26. Juni 1909 wurde der Sohn Carl-Friedrich geboren. Es war eine schwere Geburt. Sie hatte zur Folge, dass dem Ehepaar Wentzel weiterer Kindersegen versagt blieb. Nach der Geburt des Erben zahlte Wentzel seine Geschwister aus. Damit schuf er klare Verhältnisse. An dem herzlichen Verhältnis der Geschwister untereinander änderte sich aber zeitlebens nichts. Das Ehepaar zog in das »Schloss« nach Teutschenthal, das es, nachdem ein Brand in dem alten Gebäude den äußeren Anlass geliefert hatte, umbauen und vergrößern ließ.

1914 brach der Erste Weltkrieg aus. Als Wentzel aktiviert wurde, war er mit seinen 38 Jahren schon kein ganz junger Mann mehr. Wegen eines Reitunfalls konnte er nicht zu seinem angestammten Regiment, den Königs-Ulanen, gehen und diente deshalb zunächst in Frankreich als Ordonnanzoffizier im Etappendienst. Dort stand er unter dem Kommando von General Karl Litzmann (1850–1936), seinem Schwippschwager. Später folgte er dem ein Vierteljahrhundert älteren Litzmann, der inzwischen zum Kommandeur der 3. Garde-Infanteriedivision ernannt worden war, nach Polen. Litzmann erinnert sich in seinen Memoiren, welche Freude es gewesen sei, Carl wiederzusehen, als dieser an der Weichselfront, in dem romantischen polnischen Ort Chęciny eintraf: »Er und sein mit Liebesgaben gefülltes Auto wurden vom Divisionsstabe freudig begrüßt«.[20]

Das Thema Liebesgaben sollte sich - unabhängig von aller soldatischen Kameraderie – wie ein roter Faden durch Wentzels Leben ziehen. Er war ein großer Schenker.

Die Division wurde Anfang 1915 nach Ungarn verlegt. Wentzel machte die Eroberung von Stryj in Ost-Galizien, die Dnjestr-Übergänge und den Vormarsch auf Tarnopol im Jahr 1915 mit. Er wurde zum Rittmeister (Hauptmann) befördert und mit dem Eisernen Kreuz 2. Klasse ausgezeichnet.

Der stockreaktionäre Litzmann war ein vielfach ausgezeichneter Haudegen, der vor dem Krieg vorzeitig aus der kaiserlichen Armee entlassen und zu Kriegsbeginn reaktiviert worden war. Im November 1914 gelang ihm aus nahezu aussichtsloser Lage der Durchbruch durch die russische Front, was ihm nach dem polnischen Ort des Geschehens den Ehrentitel »Löwe von Brzeziny« und der Stadt Łódź in späteren, unrühmlichen Zeiten die Umbenennung in Litzmannstadt eintrug. Betagt und in hohem Maße enttäuscht von der Republik schloss sich Litzmann noch als Achtzigjähriger in der Weimarer Zeit der NSDAP an, wurde Reichstagsabgeordneter und Alterspräsident des mittlerweile bedeutungslos gewordenen Reichstags. Verehrt von Adolf Hitler erhielt er 1936 ein Staatsbegräbnis.

General Litzmann hat in Wentzel mehr den Menschen als den Soldaten gesehen. Wentzel selbst muss soldatischem Geist jenseits der geforderten gesellschaftlichen Konvention eher nüchtern gegenübergestanden haben. In der Familiengeschichte nehmen weder der alte General noch dessen (militärhistorisch übrigens nicht ganz unumstrittene) Großtat, der Durchbruch bei Brzeziny, noch die Kriegsauszeichnung Wentzels Raum ein. Ein Militarist als Prototyp der wilhelminischen Epoche war Wentzel nicht. Der »Reserveoffizier«, auch wenn der Titel zu den unabdingbaren sozialen Kleidungsstücken des Konservativen gehörte, ist nie etwas gewesen, wovon der Gutsbesitzer großes Aufhebens gemacht hätte. Der von Alfred Kerr evozierten »Herrschaft des Säbels« hat er sich nicht unterworfen.

Die Schwester Margarete hätte ihrem Bruder gern ein Denkmal in Form einer Biografie gesetzt. In den Nachkriegsjahren, noch unter dem unmittelbaren Eindruck der Tragödie des Jahres 1944, hatte sie zu der von ihrem Neffen Carl-Friedrich Wentzel ins Spiel gebrachten Variante eine literarische Verarbeitung des Lebens ihres Bruders in der Art eines Familienromans geschrieben: »Die Familie ist eine schlichte, tüchtige, pflichtbewusste Landfamilie, ganz ver-

20 Litzmann 1926, S. 249.

wurzelt in ihrem mitteldeutschen Wirkungskreis, es ist gar nichts Romanhaftes bis zum Leben und Sterben meines Bruders zu berichten.«[21]

Wenn der Satz stimmt, dass die Vergangenheit die Gegenwart erhellt, dann gilt das in gleichem Maße für die Familie Wentzel wie für Carl Wentzel selbst. Aufgeschrieben hatte die Familiengeschichte schon lange vorher der Theologe und Heimatforscher Hermann Etzrodt.[22] Das Buch erschien 1937. Es war ein Auftragswerk.

Die Ursprünge der Wentzels lassen sich urkundlich bis zum Ende des 16. Jahrhunderts zurückverfolgen. Sie waren kleinere Hofbesitzer in dem Dorf Loederburg bei Staßfurt in der Magdeburger Börde gewesen. Mit dem Namen eines Vorfahren, des Bauern Georg Phillip Wentzel (1734–1792) verbindet sich der Beginn der Expansionsphase Wentzelscher Besitzungen. Eintrittskarte dafür war die Übernahme einer Domänenpacht. Georg Phillip hatte seine Heimat verlassen und sich im Halleschen Becken angesiedelt. Er wurde zunächst Amtsverwalter in Güsten, einem kleinen Ort im Anhaltinischen. 1764 erhielt er den Zuschlag für das freigewordene prinzlich-preußische Oberamt Schraplau. Das war damals eine mutige Entscheidung, denn seine Mitbewerber waren allesamt wegen der ungünstigen Konditionen ausgestiegen. Durch den Siebenjährigen Krieg waren viele »Ämter« in ihrer wirtschaftlichen Existenz gefährdet und konnten von ihren Pächtern nicht mehr gehalten werden. Georgs Risikobereitschaft wurde belohnt, denn er war erfolgreich. Später konnte er sich auch noch das Freigut Oberröblingen am See kaufen.

Das »Amt« war als Produkt der preußischen Domänenwirtschaft eine Konstruktion ganz eigener Art. Der Amtspächter war preußischer Beamter und nach heutigen Begriffen freier Unternehmer in einer Person. Er übte öffentliche Verwaltung in Form der örtlichen Gerichtshoheit aus und hatte das Recht, die Bauern zu Hand- und Spanndiensten heranzuziehen. Gleichzeitig musste er aber einen erheblichen, an die Domänenkammer abzuführenden Pachtzins aufbringen, mit dem die Domänen zu den Staatseinnahmen beitrugen. Im Grunde übte der Staat damit eine Form der Besteuerung aus, die er durch und auf Risiko eines, modern ausgedrückt, »beliehenen Unternehmers«[23] erhob. Denn dass nach Abführung des Pachtzinses für den Amtspächter noch etwas übrigblieb, ging auf dessen Verantwortung und hing allein von seiner Wirtschaftsführung ab. Das Risiko war dabei durchaus real, denn mancher Amtspächter beendete seine staatlich-private Mischkarriere mit einem wirtschaftlichen Zusammenbruch.

21 Margarete von Dewitz an Elster am 21.11.1946 (StaH S 15 WEN N 42, Nr.13).

22 Die folgende Zusammenfassung der Familiengeschichte folgt der Darstellung von Etzrodt 1937, S. 9ff.

23 Ausübung hoheitlicher Befugnisse durch einen Unternehmer (mittelbare Staatsverwaltung).

Konflikte zwischen dienstpflichtigen Bauern und dem »Amt« waren bei dieser Konstruktion nahezu unausweichlich. Georg Phillip, dem ersten Amtmann unter den Wentzels, war es aber offenbar gelungen, ein auskömmliches Verhältnis zu den Bauern herzustellen, die vorher den Amtspächter mit Beschwerden und Prozessen überzogen hatten. Damit erwarb er sich die Gunst des Eigentümers, Prinz August Ferdinand von Preußen (1730–1813), des jüngsten Bruders Friedrichs des Großen. Der Prinz muss mit ihm sehr zufrieden gewesen sein. Anlässlich der Verlängerung des Pachtvertrages, die ohne Ausschreibung vorgenommen wurde, wurde Georg wegen seiner »extraordinären öconomischen Qualitäten« der Titel eines »Amtsrates« verliehen.

Das war ein Sprung auf der sozialen Stufenleiter. In Loederburg hatten die Wentzels noch auf der Seite der dienstpflichtigen Bauern gestanden. Jetzt bewirtschaftete Georg nicht nur einen Betrieb beträchtlicher Größenordnung, sondern nahm auch eine ganz andere gesellschaftliche Stellung ein.

Dieses System der öffentlichen Verwaltung über die Ämter oder die sog. Gutsbezirke, das freilich über die Zeitläufte hinweg Veränderungen unterworfen war, wurde erst nach dem Ersten Weltkrieg stufenweise abgeschafft. Die Tradition wirkte aber fort. Noch Carl Wentzel, der mehrfache Urenkel von Georg, blieb für die Bevölkerung bis zu seinem Tod im Jahr 1944 der »Oberamtmann« und wurde auch so angeredet.

Bei aller Biederkeit findet sich in der Familiengeschichte auch Amüsantes und Bizarres. Über Andreas Friedrich (1759–1826), dem Enkel von Georg Phillip, schlugen die Wogen der napoleonischen Zeit zusammen. Er musste zeitweise mit der Familie nach Halle flüchten. Er befand sich in einer sonderbaren Zwickmühle, denn sein Pachtgeber war zivilrechtlich nach wie vor der Prinz von Preußen, sein Souverän aber war seit 1808 ein Bruder Napoleons, der König von Westfalen von Napoleons Gnaden, Jérôme, »König Lustig« genannt.

An den Besuch von Jérôme knüpft sich eine nette Anekdote. Andreas Friedrich musste den König zum Abendessen einladen. Wein wollte oder konnte er sich nicht leisten. Er soll deshalb dem König und seinem Gefolge zum Abendessen leere Weinflaschen vorgesetzt haben. Der Kommentar von Jérôme soll gewesen sein: »Mein lieber Amtmann von Brachewitz, wer nichts hat, der zahlt auch nichts!«, womit Andreas Friedrich um die lästigen Kontributionen herumgekommen sein soll. Die Geschichte ist historisch nicht belegt, aber zumindest gut erfunden. Sie zeugt von dem Nimbus, den die Bauernfamilie Wentzel im Volksmund und in der Heimatgeschichte hatte.

Im Ergebnis wurde Andreas Friedrich durch die napoleonischen Kriege, in denen das Mansfelder Land zum Truppenaufmarsch- und Durchmarschgebiet geworden war, doch noch richtig arm. Am meisten kostete ihn dabei ein Darlehen in Höhe von 9400 Talern an seinen Verpächter, Prinz August Ferdinand. Andreas Friedrich musste, nachdem sich die Rückzahlung der

Summe durch die prinzliche Domänenkammer immer weiter verzögerte, schließlich einen Prozess gegen den Prinzen anstrengen, über dem er verstarb.

Der nächste in der Wentzel'schen Ahnenreihe, der als strategischer Kopf gelten konnte, war Großvater Carl Emil, der von 1812 bis 1882 lebte. Er hat als erster der Familie wirklich den Anschluss an das Industriezeitalter gesucht. Zu einer Zeit, als die Zuckerindustrie in der Provinz Sachsen noch in den Kinderschuhen steckte, ließ er die erste Zuckerfabrik bauen und erwarb Braunkohlengruben. Nach dem Standort der Fabrik wurde er »Der Langenbogener« genannt.

Karl Ludwig Wentzel (1843–1907), der Vater von Carl Wentzel, war ein Mann, der erstmals heimatliche Grenzen überschritt. Er besuchte die angesehene Klosterschule im thüringischen Roßleben, studierte nach landwirtschaftlicher Lehre einige Semester in Halle, unternahm Auslandsreisen und heiratete die Berlinerin Margarete Becker.

Von Georg Phillip, dem ersten Domänenpächter in der Familie Wentzel, zu Carl Wentzel hatte sich die Familie aus bescheidenen Verhältnissen emporgearbeitet und durch solide Arbeit das Vertrauen des preußischen Königshauses erworben. Als Carl geboren wurde, waren die Wentzels eine Familie von wohlsituierten Großgrundbesitzern.

Gesundes Selbstbewusstsein hat die Familie davor bewahrt, allzu deutlich nach vermeintlich »höheren« gesellschaftlichen Auszeichnungen zu streben. Wentzel hat jedenfalls seine bäuerliche Herkunft hervorgehoben, wenn nicht gar mit ihr ein wenig kokettiert. So war beispielsweise in seiner Stiftung für Landwirtschaftsstudenten in Halle festgelegt, dass die Stipendiaten aus bäuerlichen Kreisen kommen sollten. »Zu dieser Anordnung ist der Stifter durch die Tatsache bestimmt worden, dass sowohl er als auch seine Ehefrau aus bäuerlichen Kreisen hervorgegangen sind, die sich durch ihre Tüchtigkeit zu der heutigen Bedeutung ihrer Betriebe emporgearbeitet haben«.[24] Der Gefängnispfarrer in Tegel, Harald Poelchau, hat es in seinen Erinnerungen für Wert gehalten festzustellen, Wentzel sei »stolz auf seinen Nichtadel« gewesen.[25]

Die Geschichte der Familie ist ein gutes Beispiel für die »Verbürgerlichung« des staatlichen und ritterschaftlichen Grundbesitzes. Friedrich August von der Marwitz (1777–1837), der rebellische Reaktionär, hatte diese Entwicklung zu Beginn des 19. Jahrhunderts aus seiner feudalherrlichen Perspektive noch einen Krieg genannt, einen »Krieg der Industrie gegen den Ackerbau, des Beweglichen gegen das Stabile, des krassen Materialismus gegen die von Gott eingeführte Ordnung, des (eingebildeten) Nutzens gegen das Recht, des Augenblicks gegen die Vergangenheit und Zukunft, des Individuums gegen die Familie«.[26]

24 UAHW Rep. 4, Nr. 503.
25 Poelchau 1949, S. 100.
26 Marwitz 1908, S. 492.

Das war freilich ein Nachgesang, mit dem Stereotype bedient wurden. Der Gegensatz von menschenfreundlichem Paternalismus einerseits und merkantilem Kapitalismus andererseits wurde in Wirklichkeit schneller geglättet als Marwitz ahnen konnte. Die Kritik am »bürgerlichen Erwerbsgeist« war besonders in Fällen generationenlang ortsansässiger, bürgerlicher Großgrundbesitzer, die ihrerseits die paternalistischen Elemente des sozialen Umgangs pflegten, so wenig angebracht wie andererseits die Kritik an den adligen Grundbesitzern. Diese waren, entgegen einem verbreiteten historischen Vorurteil, keineswegs durchweg schlechtere und verschwenderischere Landwirte. Auch sie hatten ihren Anteil an der technologischen Innovation in der Landwirtschaft des damaligen Jahrhunderts.

Gustav Freytag hat in seinem 1855 erschienenen Erfolgsroman »Soll und Haben« eine sprachgewaltige Darstellung der Aufbruchstimmung hinterlassen, die in den sich langsam mechanisierenden Landwirtschaften damals herrschte: Da ist die Rede vom Kampf gegen die rohen Launen der Natur, von großen Dolden und fleischigen Wurzeln, aber auch von den großen Rädern mit hundert Zähnen, die sich gehorsam im Kreise drehen und mechanischen Gelenken, die sich rastlos bei Tag und Nacht bewegen.

Schon um die Mitte des 19. Jahrhunderts hatten sich die Eigentumsverhältnisse auf dem Lande markant zugunsten des Bürgertums verschoben. Die gesellschaftliche Speerspitze des bürgerlichen Einbruchs in den Großgrundbesitz waren vor allem die Domänenpächter, also Leute wie die Wentzels. Das galt besonders für die als modern geltende Provinz Sachsen. Sie wurde früher als andere eine »bürgerliche« Provinz.[27] Im Jahr 1929 kamen auf einen adligen Großgrundbesitzer bereits vier bürgerliche. In der Magdeburger Börde und im Harzvorland waren überhaupt nur noch knapp ein Viertel der großen Grundbesitze in adliger Hand, zudem vorwiegend in der des wilhelminischen (Neu-)Adels. Allerdings gehörten die größten Betriebe nach wie vor aristokratischen Eigentümern.[28]

Die nach oben drängende bürgerliche oder frisch nobilitierte Elite bemühte sich ihrerseits, die aus den gewachsenen Existenzformen des Adels resultierenden äußerlichen Attribute zum Vorbild zu nehmen. Man hat das die Verjunkerung der Bourgeoisie genannt, etwas vornehmer ausgedrückt war es die auf einer adlig-bürgerlichen Reichtumsaristokratie beruhende Gemeinsamkeit der Lebensformen.

Ein lupenreines Paradebeispiel für den allgemeinen Fortschrittsgedanken war die Geschichte der Familie Wentzel aber auch nicht. Auch sie hat viel einstecken müssen und nicht jede Generation hat gleichermaßen mit glücklicher Hand gewirtschaftet. So ging das Amt Brachwitz unter Andreas Friedrich

27 Vgl. Nabert 1992, S. 17ff.
28 Ebd., S. 145.

Wappen der Familie Wentzel

in Konkurs. Auch der Langenbogener war am Anfang im größeren Umfang mit Schuldenabbau befasst, bevor er sich neuen Projekten zuwenden konnte. Wentzels Vater wiederum musste die agrarwirtschaftlich schwierigen letzten Jahre des 19. Jahrhunderts durchstehen.

Aber die Familie hatte einen langen Atem. Brachwitz wurde nach dem Konkurs alsbald wieder zurückgepachtet. Oberröblingen wurde zunächst bewirtschaftet und, als erste Versuche von Georg, das Freigut zu erwerben, scheiterten, von diesem nach seinen ersten Erfolgen in Schraplau dann doch noch gekauft. Schraplau selbst schließlich, mit dessen Pacht Georg Phillip 150 Jahre davor seinen Aufstieg begonnen hatte, erwarb Carl Wentzel noch kurz vor Ausbruch des Ersten Weltkrieges.

In der bereits erwähnten Chronik von Hermann Etzrodt, und jetzt kommt es auf das bereits erwähnte Erscheinungsjahr 1937 an, findet sich bei genauer Betrachtung eine bemerkenswerte Auslassung. Die Ahnentafel von Carl Wentzels Mutter Margarete, geb. Becker, enthält bei sonstiger Vollständigkeit dort, wo Margaretes Großmutter, also Wentzels Urgroßmutter, aufgeführt sein sollte, ein freies Feld.[29] In dieses Feld hätte die 1832 gestorbene Ehefrau von Wentzels

29 Etzrodt 1937, S. 149.

Urgroßvater, Johann Friedrich Miethe, gehört. Sie soll jüdischer Abstammung gewesen sein: »Carl Wentzel, der Achteljude«, sollte es später einmal heißen.[30]

Als mit dem gegen Wentzel verhängten Todesurteil auch die Enteignung seines Besitzes ausgesprochen wurde, schien das Ende einer über dreihundertjährigen Bauerndynastie gekommen zu sein.

Die Schwiegerfamilie Boltze war eine Mansfelder Familie, den Wentzels nicht ganz unähnlich. Ein kurzer Exkurs in ihre Familiengeschichte macht deutlich, wie stark ihr unternehmerisches Handeln und ihre soziale Verantwortung auch für den »Nachbarn« Wentzel inspirierend, sogar prägend gewesen waren. Auch die Boltzes waren zuerst Bauern, wurden dann Amtspächter, dann Grundbesitzer, schließlich Großgrundbesitzer und, früher noch als die Wentzels, auch Agrarindustrielle. Die Familie hatte in Salzmünde am Saaleufer seit Generationen die Geschicke bestimmt.[31]

Der Aufstieg der Boltzes war vor allem einem Mann zu verdanken: Johann Gottfried Boltze, der 1802 das Licht der Welt erblickte. Er begann als Kleinbauer mit achtzig Morgen auf dem väterlichen Hof. Die Lage in Salzmünde war damals schwierig. Der Ort hatte zwölf Feuerstellen und 38 Einwohner. Wirtschaftliche Not und Epidemien trafen die Menschen schwer. Als Boltze die Tochter eines Mühlenbesitzers heiratete, machte er dessen Mühle und das unscheinbare Dörfchen an der Saale binnen kurzer Zeit zum Stapelplatz für die gesamte Getreideausfuhr des weiteren Mansfelder Hinterlandes. Er beutete die Tonlager in der näheren Umgebung aus und hatte 1832 die leistungsfähigste Ziegelei in Preußen. Für seinen Getreidehandel baute er eine Flotte von dreißig Schiffen auf und gab damit der Saaleschifffahrt neuen Auftrieb. 1847 gründete Boltze seine Zuckerfabrik in Salzmünde. Sie wurde eine der größten im Zollvereinsgebiet. Boltze gehörte bald nahezu das gesamte Gemeinwesen. Er besaß Brennereien, Brauereien, Tongruben, Getreide-, Öl- und Graupenmühlen und eine eigene Gasanstalt zur Elektrizitätsgewinnung. Nur ein einziges Haus in Salzmünde, die Fleischerei, soll nicht sein Eigentum gewesen sein.

Hubert Grouven, ein führender Mitarbeiter im Boltze-Imperium, hat in seiner 1866 erschienen Monographie »Salzmünde« ein Loblied auf die neuen Zustände gesungen: »Unfreiheit wurde durch Freiheit ersetzt und die Vorrechte einzelner wurden aufgehoben«.[32] Die Folgen waren: »Der Gewerbefleiß, welcher sich hier zum Segen des Ortes und seiner Umgebung seit 30 Jahren entwickelt, hat Salzmünde aus seiner fast tausendjährigen Verkommenheit und Armseligkeit errettet und ein völlig neues, durch Arbeit und Fleiß blühendes Dorf

30 Siehe S. 182.
31 Hierzu ausführlicher Scherf 2018, S. 11ff.
32 Grouven 1866, S. 11.

geschaffen«. Er schildert die verbesserte soziale Lage, die in der Feststellung gipfelte: »Wirkliche Trunkenbolde kennt die hiesige Gegend nur noch wenige Exemplare«.[33]

Boltze wurde in das preußische Abgeordnetenhaus und in den ersten Reichstag des Norddeutschen Bundes gewählt. Er galt dort als Liberaler, weil er gleiche Besteuerung und kommunale Selbstverwaltung forderte. 1850 war er in Magdeburg Mitbegründer des Vereins der Zuckerindustrie, des ältesten Industrieverbands in Deutschland.[34]

Boltze gab den Getreidehandel irgendwann auf und modernisierte die Rübenkultur. Er vergrößerte seine Anbaufläche und führte neue Methoden ein. Vierzig Zentimeter tief rissen von nun an Rübenpflüge die Schwarzerde auf und mischten sie um. Wenn man damals von Rübenboden sprach, so war das Vorbild die »Salzmünder Tiefkultur«, gelegentlich auch als das »Wunder Salzmünde« bezeichnet.[35]

Zu der für damalige Zeiten komplexen Unternehmensstruktur gehörten auch soziale Leistungen. Sie stabilisierten die Boltze'schen Betriebe in den schwierigen Zeiten, die die deutsche Landwirtschaft mit ihren Zusammenbrüchen und mit ihren oftmals trostlosen Landarbeiterschicksalen durchlief. Boltze hatte sich gekümmert: Es gab Kranken- und Unterstützungskassen, eine Sparkasse, ein Kranken- und Invalidenhaus. 1852 hatte er in dem Nachbarort Quillschina eine »Arbeitsbildungsanstalt« geschaffen, die bis zu 120 Zöglinge, meist Waisenkinder, nach der Konfirmation für sechs Jahre aufnahm und mit Kleidung, Beköstigung und Ausbildung für alle praktischen Berufe versorgte. Danach traten die Schüler, »durch Arbeit, Turnen und Exerzitien sowie durch gute Nahrung kräftig vorgebildet, in den Soldatenstand«. Die Anstalt war ein Zuschussbetrieb, in den Boltze Jahr für Jahr 3000 bis 4000 Taler eingeschossen hat. Für die damaligen Verhältnisse galt das als eine vorbildliche Einrichtung, »so selten in seiner Art und so nachahmenswert«, wie Grouven urteilte. Eine Verpflichtung, später wieder bei Boltze zu arbeiten, bestand nicht. Jedoch vermerkte Grouven: »Diejenigen, bei welchen das Gefühl der Dankbarkeit für die genossenen Wohltaten nicht verloren gegangen ist, pflegen nach Ableistung der Militärpflicht wieder in die Werkstätten Salzmündes zurückzukehren«.[36]

Andererseits betrachtete der Kommerzienrat sein Unternehmen in gewisser Weise doch als Herrschaft und forderte von seinen Arbeitern unbedingten Gehorsam: »Er brauchte Arbeiter, die immer willens waren, auf seinem Acker, in seinen Scheunen, in seinen Fabriken zu schaffen, ein Stück Geld zu ver-

33 Ebd., S.12.
34 Ursprünglich unter dem Namen »Verein für Zuckerrübenindustrie im Zollverein«.
35 Neuß 1938, S. 96, 101.
36 Grouven 1866, S. 155f.

Speicher in Salzmünde, 2019

dienen« , wie Neuß in seinen »Wanderungen durch die Grafschaft Mansfeld« zu berichten weiß.[37]

1859 nahm Boltze die marode darnieder liegende agrikultur-chemische Versuchsstation des landwirtschaftlichen Zentralvereins der Provinz Sachsen nach Salzmünde. Seit 1865 war sie Eigentum einer Gesellschaft sächsischer Zuckerfabrikbesitzer, zu denen auch Boltze gehörte. Dem Projekt war allerdings in Salzmünde kein nachhaltiger Erfolg beschieden. Es muss zu Schwierigkeiten gekommen sein, denn die Institution wurde schon nach wenigen Jahren nach Halle verlegt, wo sie unter der Leitung des bedeutenden Agrarchemikers Max Maercker (1842–1901) stand. Ihm verdankte die Provinz Sachsen eine in Deutschland führende Stellung in der Zuckerrüben- und Getreidezüchtung. Maercker wurde von den Boltzes finanziell unterstützt.[38]

Als der Geheime Kommerzienrat Johann Gottfried Boltze 1868 starb, hinterließ er einen für damalige Begriffe modernen landwirtschaftlichen Betrieb mit einem Eigenbesitz von fast 3000 Hektar und war Arbeitgeber für alles in allem etwa 2000 Menschen. Die Tochter des Kommerzienrats, das einzige Kind, heiratete einen August Zimmermann. Aus dieser Ehe ging der Sohn Leopold

37 Neuß 1938, S. 105.
38 Betriebsbroschüre, S. 25.

Julius August hervor, Carls späterer Schwiegervater.[39] Die Betriebe firmierten weiter unter dem Namen I.G. Boltze.

Im 19. Jahrhundert waren die Boltzes den Wentzels überlegen gewesen. 1915, als die beiden Unternehmen in einer Art betriebswirtschaftlicher Elefantenhochzeit zusammengeführt wurden, war Salzmünde jedoch nicht mehr das, was es unter dem Kommerzienrat gewesen war. Die schöpferischen und dynamischen Zeiten des »Phänomens Salzmünde« waren da längst überschritten, so jedenfalls urteilt Neuß.[40] Die Firma I.G. Boltze war aber immer noch die größere. Das Anlagevermögen der zusammengeführten Unternehmen wird zwischen 20 und 25 Mio Mark gelegen haben, wobei etwa zwei Drittel auf Boltze entfielen.

Für beide Familien galt, dass der Eindruck, dass wir es über Generationen mit einer lückenlosen Ahnenreihe würdevoller, tüchtiger und über die Schlechtigkeit der Welt erhabener Menschen zu tun haben, wie überall, mutmaßlich kein völlig getreues Abbild der Realität ist. Es ist natürlich auch der Diskretion der auf die der Familientradition verbundenen Biographen und lückenhafter Überlieferung zu verdanken. Fest steht aber, dass durch beide Familien kongenial Bedeutendes über die Grenzen der Region hinaus geleistet wurde. Ihr Unternehmertum wies viele Gemeinsamkeiten auf: Die konsequente Abkehr von der Feudalmentalität, eine nach moderneren betriebswirtschaftlichen Methoden betriebene Landwirtschaft, ein industrielles Rückgrat mit der Zuckerproduktion als Kern, eine stabile, weil sozial abgesicherte Arbeitnehmerschaft und schon Mitte des 19. Jahrhunderts eine Prise Forschung und Entwicklung in Partnerschaft mit der Wissenschaft. So sehr beide Betriebe sich untereinander ähnelten, so sehr stachen sie von der Umgebung ab. Die mit ähnlichen Flächen, ähnlichen Böden und ähnlichem Klima gesegneten und mit den gleichen Herausforderungen konfrontierten Grundbesitzer der Umgebung beschränkten sich damals weitgehend darauf, konventionelle Landwirtschaft zu betreiben.

Der alte Boltze hatte in seinem Testament eine Stiftung von 1000 Talern für die Pflege eines alten Volksfestes auf dem Bierhügel zu Salzmünde festgelegt. Bei diesem Anlass wurde einer Steuerbefreiung durch die Heilige Elisabeth von Thüringen gedacht. Heute noch sichtbares Zeichen ist ein schlichtes Denkmal, das 1865 von Kronprinz Friedrich (1831–1888) eingeweiht wurde, der, so ein Chronist, wegen seiner »zu liberalen Reformen hinneigenden Gesinnung« Salzmünde deshalb besucht haben soll, weil er die in Salzmünde beschrittenen Wege zur Lösung der Arbeiterfrage kennenlernen wollte und bei der Gelegenheit auch Arbeiterwohnungen besichtigt hat.[41] Damals hieß es artig im Stil der Zeit:

39 Am 1.1.1900 nobilitiert, seitdem von Zimmermann.
40 Neuß 1957 (Typoskript), S. 26.
41 Unser Betrieb, 2.11.1934.

> Auf der ganzen Rundschau nahmen die kronprinzlichen Herrschaften von Allem mit steigendem Interesse Kenntnis und gaben ihrer Teilnahme in Wort, Bewegung und überaus heiteren Mienen einen so unverhohlenen Ausdruck der Befriedigung und des Beifalls, daß es fast schien, als wäre ihnen dieser Ausflug in ein landwirtschaftlich-technisches Gebiet von solchem Umfange und von solchen opulenten Erfolgen eine ersehnte Erholung von überstandenen ceremoniösen Mühen und Belästigungen. ... Ein heiteres Diner von 36 Gedecken in den Räumen des Herrn Boltze beschloß ein ländliches Fest, an dem zwei hochgestellte Fürstenkinder.... dem Bürgerstreben und der Bürgertugend den Beifall des edlen Menschen zollten und dafür die Liebe des Volkes zum Fürsten als reiche Entschädigung eintauschten.[42]

Selbst wenn es nicht ganz so gewesen sein sollte, so war es doch trefflich formuliert.

Das Denkmal bildet bis auf den heutigen Tag zu Himmelfahrt den zentralen Treffpunkt der Feier. Die Tradition war nur von 1945 bis 1989 unterbrochen.

In der Geschichte der Region und in der Geschichte der Familie Wentzel gehören Mensch und Heimat, Unternehmer und Heimatort, Einzelleistung und allgemeine Wirtschaftsentwicklung untrennbar zusammen. Zeit und Mensch waren mit dem Wentzel'schen Mitteldeutschland, um an ein Wort von Carl Jacob Burckhardt zu erinnern, in »Verrechnung« getreten. Die Biographie Wentzel kann ohne diesen Raum überhaupt nicht gedacht werden.

Es ist nicht einfach, den Blick auf Mitteldeutschland, oder genauer gesagt, auf den geografischen Raum zwischen Mittelelbe, der unteren Saale und dem Harz, scharf zu stellen, denn die Erinnerung an die Region, wie auch immer man sie definieren möchte, ist beschädigt. Heute stechen eher ihre Kleinteiligkeit und Vielgliedrigkeit ins Auge.

Die preußische Provinz Sachsen, die nach dem Wiener Kongress gebildet worden war, musste immer wieder Fragen nach ihrer geschichtlichen, politischen und kulturellen Homogenität aushalten. So haben auch die Hallenser immer unter dem Zwiespalt gelitten, weder »richtige« Sachsen noch »richtige« Preußen zu sein. Die Region lässt nur schwer Konturen und Grenzen erkennen. Bedeutung und Gewicht hatte sie aber. Sie war immer auch Brücke zwischen Ost und West und Durchgangsland von Nord nach Süd. Sie war Zentrum des mittelalterlichen Kaiserreichs mit Quedlinburg, das später von Himmler als »nationale Pilgerstätte« geistig okkupiert wurde. Sie war das Land Luthers, Bachs und Goethes, mit Halle und Wittenberg, mit Dessau, wo das Bauhaus, aus Weimar vertrieben, Aufnahme fand, mit den dynamischen Industriestandorten

42 Friedrich Boltze, zit. nach Neuß 1938, S. 116.

Magdeburg und Leuna. Die preußische Provinz Sachsen führte zu Lebzeiten Wentzels über weite Strecken die gesellschaftliche und wirtschaftliche Entwicklung im weiteren mitteldeutschen Raum an. Sie wurde früh zu einer modernen Region, in der Bürgerfleiß die neue Wirtschaftsgesinnung bestimmte.

Einen unvergleichlichen wirtschaftlichen Aufschwung erlebte die Region von der Mitte des 19. bis zur Mitte des 20. Jahrhunderts. Während der »Goldenen Jahre der deutschen Landwirtschaft«, wie die Zeit zwischen 1825 und 1870 genannt wurde, verdreifachten sich die Reinerträge und Bodenpreise. Die Bevölkerungszahlen explodierten. Die Stadtregionen Magdeburg und Halle wuchsen in den hundert Jahren bis zum Ersten Weltkrieg sogar um das Zehnfache. Zu Beginn des neuen Jahrhunderts nahm die Provinz agrarisch und industriell eine Spitzenposition im Deutschen Reich ein.

Eine entscheidende Triebfeder dieser Entwicklung war der technische und wissenschaftliche Fortschritt. Das Eisenbahnwesen, der Berg- und Maschinenbau florierten.

Vor allem seit Beginn der 1860er Jahre befanden sich Landwirtschaft und Industrie in einem fast ununterbrochenen Aufschwung, der sich zur zweiten Reichsgründung hin noch einmal beschleunigte. Im Schutz niedriger Löhne, eines stabilen Investitionsklimas und hoher Renditen, aber auch begleitet von fiebriger Spekulation erreichte der überschäumende Boom der Gründerjahre von 1866 bis 1873 seinen Höhepunkt. Das Volkseinkommen verdoppelte sich.

Insbesondere nach dem Ersten Weltkrieg verlagerte sich die wirtschaftliche Dynamik von den älteren Industrieregionen wie Sachsen und Thüringen in das neue Industrierevier um Halle-Merseburg-Dessau.

Nachdem seit 1863 Dünger aus Kali hergestellt werden konnte, wurden die Kalisalzlager am Südrand der Magdeburger Börde in großem Stil abgebaut. Diese Produktion beherrschte bald den Weltmarkt. Riesige Braunkohlelager um Bitterfeld und Halle bildeten zusammen mit Kali und Steinsalzen die Grundlage für eine schnell wachsende chemische Industrie. Magdeburg wurde zu einem Zentrum des deutschen Maschinenbaus. Ende des Jahrhunderts entstanden in Dessau die Junkers-Flugzeugwerke und in Buna wurde die künstliche Kautschuk-Herstellung entwickelt.

Zentrale Bedeutung für Mitteldeutschland erlangte bereits ab dem ersten Drittel des 19. Jahrhunderts die Zuckerherstellung. Der Direktor an der Königlichen Akademie der Wissenschaften in Berlin, Andreas Sigismund Marggraf (1709–1782), hatte schon Mitte des 18. Jahrhunderts entdeckt, dass man auch aus Rüben Zucker gewinnen konnte. Zur folgenden Jahrhundertwende entwickelte sein Schüler, der aus einer Hugenottenfamilie stammende Franz Carl Achard (1753–1821), hierzu ein brauchbares technisches Verfahren. Man konnte Zucker, der bisher aus den spanischen Überseeprovinzen eingeführt werden musste, jetzt selbst herstellen. Zuckerfabriken konnten jedoch nur dort entstehen, wo der Boden für den Anbau von Zuckerrüben geeignet war. Die Magdeburger Börde, die aufgrund ihres hohen Anteils an Lössböden zu den ertragreichsten Böden in Deutschland gehörte, bot sich besonders an. Die reichen Stein- und Braunkohlelager sicherten darüber hinaus die Brennstoffversorgung der Fabriken.

Ab 1830 setzte eine Gründungswelle von Zuckerfabriken ein. Allein in der preußischen Provinz Sachsen wurde schließlich in über 170 Zuckerfabriken Rübenzucker raffiniert. Das Luxusgut Zucker wurde langsam zum Verbrauchsgut. Der Zuckerrübenanbau versprach hohe Gewinne. Die Provinz Sachsen wurde zur »Zuckerprovinz Deutschlands« und hatte damit eine gesamtwirtschaftliche Dynamik in Gang gesetzt, die die klassische Agrarwirtschaft in Produktionsform, kaufmännischer Einstellung und schließlich auch in ihrem Lebensstil markant verändern sollte. Grundbesitzer wandelten sich zu Geschäftsleuten.

Dazu trug bei, dass der Arbeitsbedarf beim Rübenanbau, der etwa viermal so hoch ist wie bei Getreide, die Mechanisierung der landwirtschaftlichen Betriebe förderte. Die enormen Transportmassen, die eine hohe Wirtschaftlichkeit versprachen, waren zudem ein wichtiges Argument für die Eisenbahngesellschaften, den Ausbau des Schienennetzes in den Anbaugebieten voranzutreiben.

Die Weltwirtschaftskrise 1873 führte zu einem schweren Rückschlag mit einer sechsjährigen Depression und darauf folgenden starken Konjunkturschwankungen. In der Folgezeit wurde zwischen Landwirtschaft und Industrie, für oder gegen Freihandel, erbittert gekämpft. Die Schlagwörter lauteten: »Rittergut gegen Hochofen« oder auch »Roggen gegen Eisen«.

Ob die Landwirtschaft damals wirklich in einer tiefgreifenden Krise steckte, wurde damals und wird heute bezweifelt. Jedenfalls hat die Agrarlobby von dem Gefühl einer exzessiven, fundamentalen Bedrohung in der Landwirtschaft, das stärker ausgeprägt war als es der tatsächliche Rückgang der Reinerträge rechtfertigen konnte, profitiert. Die Rentabilität in der Landwirtschaft konnte sich zwar nicht mehr mit der in der Industrie messen, sie war jedoch stabil. Landbesitz blieb trotz der Abflachung der Bodenpreise zwischen 1876 und 1900 ein umworbenes Spekulationsobjekt und ein hochgeschätztes Statussymbol. Dabei erwies sich die mitteldeutsche Großlandwirtschaft als widerstandsfähiger als beispielsweise die ostelbische.

Für manche Landgüter war das Fahrwasser jedoch sichtlich schwerer geworden. Zwangsversteigerungen gegen Ende des 19. Jahrhunderts waren vor allem Folgen von Misswirtschaft und Fehlspekulation. Das Totenglöcklein läutete damals vor allem denjenigen Betrieben, die amateurhaft betrieben wurden. Es rächte sich, wenn der betriebswirtschaftliche Geist noch keinen Einzug gehalten hatte. Der Hallenser Nationalökonom Johannes Conrad hatte noch gespottet, die »angemessene Ausbildung für den Gutsbesitzer werde vielerorts noch im Husarensattel gefunden«. Damit aber werde der Typus des »geborenen notleidenden Landwirts großgezogen«, der schließlich nur »durch Staatshilfe auf Kosten der übrigen Bevölkerung zu erhalten war«.[43]

Für Wentzel und Boltze galt das nicht. Sie hatten ihre Erfolge oft gegen widrige wirtschaftliche und politische Rahmenbedingungen erkämpft und, noch wichtiger, über Generationen in einem gewaltigen Akkumulationsprozess verstetigt. Boltze hatte mit zwanzig Hektar angefangen, und als er starb, besaß er das Zehnfache. Carl Emil Wentzel, der Langenbogener, hatte schon 1857 das Dörtlingsche Rittergut in Stedten, dann Güter in Amsdorf, Eisdorf und Teutschenthal sowie drei Braunkohlengruben erworben.

Die Hauptphase der territorialen Expansion der Wentzel'schen Besitzungen fiel in die Gründerzeit. Der Vater Karl Ludwig, der »Brachwitzer«, kaufte nicht weniger als acht Bauernhöfe in Teutschenthal, Eisdorf und Langenbogen. Auf diese Weise fügte er dem Besitz noch einmal 250 Hektar hinzu.

Für Vater Wentzel waren die letzten Jahre des 19. Jahrhundert in der eigenen Wahrnehmung allerdings auch nicht immer einfach: In »bitter ernsten Zeiten« ist er, wie Familienchronist Etzrodt vermerkt hat, »streng gegen sich selbst« durchgekommen und hat das Werk weiterbringen können.[44] Ganz so schlimm wird es aber nicht gewesen sein, wenn sich das Gesamtkapital der Wentzel-Betriebe zwischen 1884 und 1906 immerhin von 3,7 auf 5,3 Millionen Mark erhöhte und wenn 1885 der aufwendige Neubau des Herrenhauses in Teutschenthal möglich war.

In den wenigen Jahren vor Ausbruch des Ersten Weltkriegs legte Sohn Carl das Fundament für seinen eigenen unternehmerischen Erfolg. Er kaufte in einem Rhythmus, der dem Außenstehenden schwindelerregend erscheinen musste, ab 1907 nicht weniger als neun Güter.[45] Da kamen noch einmal 750 Hektar zusammen. Die Zukäufe, die er nach dem Tod seines Vaters tätigte, zeigen, dass er, in die volle unternehmerische Unabhängigkeit entlassen, mit gutem Spürsinn für die Konjunktur zu investieren verstand.

Nach der Wentzel-Boltze-Fusion im Jahr 1915 hatte Carl Wentzel mehr als 3800 Hektar hinzugekauft und außerdem die zugepachteten Flächen vergrößert.

Die großzügige Arrondierung der Wentzel'schen und der Boltze'schen Besitze wurde durch eine machtvolle demografische Entwicklung begünstigt: Die Landflucht.

43 Zit. nach Wehler 1995, S. 176.

44 Etzrodt 1937, S. 151.

45 In Eisdorf das Henzc'sche Gut und einen Teil des Rohde'schen Guts, in Schraplau das ehemalige Oberamt und das Valentin'sche Gut, in Stedten das Westphal'sche Gut, in Höhnstedt den Hof von Ferdinand Boltze und einen Teil des Anwesens von Louise Boltze, das Dockhorn'sche Gut in Wanzleben und den Hof von Strich in Steuden, Neuß 1957 (Typoskript), S. 44.

Sie entstand, weil jenseits der Landwirtschaft mehr zu verdienen war. Die Verzinsung des landwirtschaftlich investierten Kapitals war geringer als in der Industrie und im Finanz- oder Verkehrswesen. Selbst die Produktivität einer hoch entwickelten Landwirtschaft reichte nicht an die der jungen Braunkohlen-, Rübenzucker- und Maschinenindustrie im Raum Halle heran. Bis zum Ende des 19. Jahrhunderts konnten Industrieunternehmen oft mehrere Jahre hintereinander Dividenden von 20 % bis 25 % ausschütten, während sich der Landwirt mit einer – zudem noch unsicheren – Rendite von 3 % bis 4 % begnügen musste.

Viele veräußerten deshalb ihren oft schon seit Jahrhunderten gehaltenen Landbesitz. Auch im Saalekreis und im Mansfelder Seekreis verkauften viele ihr Land, das oft seit den Zeiten des Dreißigjährigen Kriegs in der Familie war. Sie zogen stattdessen nach Halle, um von den Renditen ihrer Industrieinvestitionen zu leben. Sie wurden »Rentiers«. Neuß hat den »unauslöschlichen Eindruck« beschrieben, den »diese Männer zwischen dreißig und vierzig, oft Bauern von den Schwarzerde-Fluren nördlich des Petersberges, aus der Delitzscher Rübenebene, von Mansfelder Lößgründen« hinterließen, wenn sie »untätig in der gemütlosen Pracht ihrer Stadtwohnungen saßen«.[46]

Was da stattfand, war nichts anderes als eine Globalisierung im Kleinen: Eine rasante Vermehrung der Bevölkerung, begleitet von neuen Verkehrs – und Kommunikationsmitteln, die Regionen miteinander verflochten und voneinander abhängig machten. Man tat, was ökonomisch vernünftig war. Freiheit wurde gewonnen, aber es zerrissen auch soziale Netze. Für viele bedeutete es auch Entwurzelung und Heimatlosigkeit, die Zerstörung von Familienbanden und die Lockerung religiöser Bindungen.

Tilo Freiherr von Wilmowsky (1878–1966) betrachtete die zunehmenden Hofaufkäufe, die er als einen »Aussaugungsprozess« bezeichnete, zwar vom »Standpunkt der rechnenden Vernunft« als folgerichtig. Er beklagte jedoch ihre schweren gesellschaftlichen Schäden, vor allem die stetige Zunahme fremder Wanderarbeiter und die »langsame Dezimierung der Grundfeste des abendländischen Europas, des selbständigen Bauern«.[47]

Wilmowsky, vor dem Ersten Weltkrieg Landrat in Merseburg, war das, was man unter Gutsbesitzern trotz nicht unerheblicher Entfernungen gerade noch als Wentzels »Nachbarn« bezeichnen konnte, und diesem freundschaftlich verbunden. Er entstammte schlesischem Adel und residierte auf Schloss Marienthal bei Weimar. Der Jurist war mit einer Schwester von Bertha Krupp verheiratet und jahrelang stellvertretender Aufsichtsratsvorsitzender der Krupp AG.

46 Neuß 1938, S. 99ff.
47 Wilmowsky 1961, S. 64.

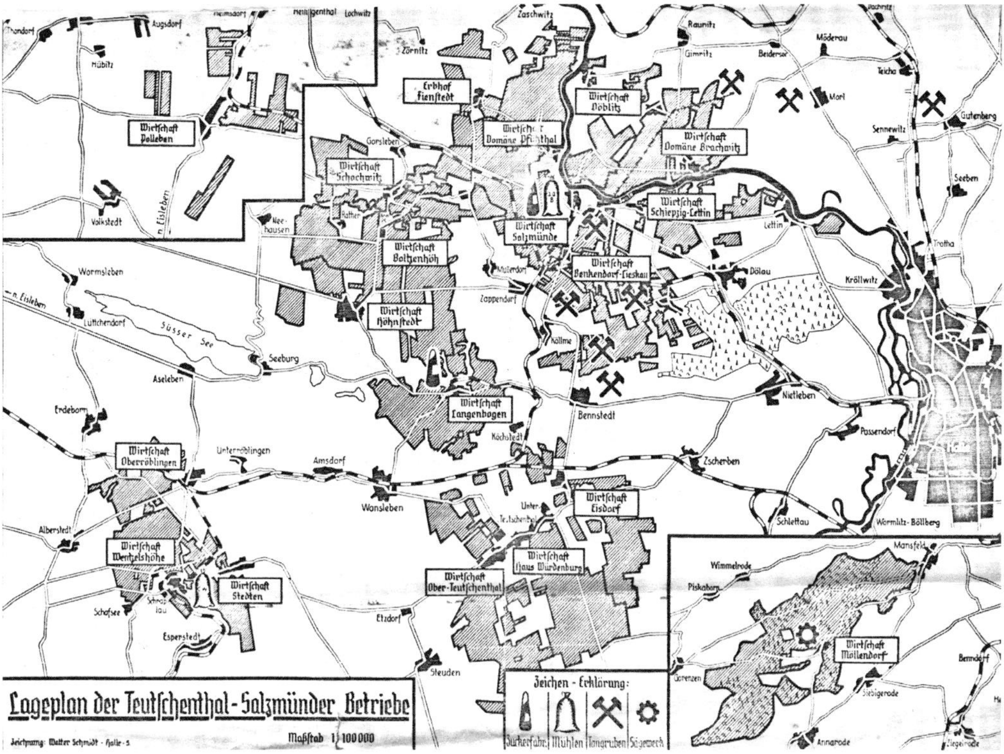

Die Wentzel'schen Unternehmen in der Region westlich von Halle/Saale, Karte aus einer Betriebsbroschüre von 1935

Das von Alfred Kerr zur Jahrhundertwende vernommene »Triumphlied des mobilen Besitzes« haben Wentzels und Boltzes nicht angestimmt. Wentzels jedenfalls hatten sich gegen die schnelle und bequeme Mark entschieden und kauften Land immer dann, wenn landwirtschaftlicher Besitz keinen Gewinn versprach und als Last empfunden wurde. Eine Betriebsmitteilung hat das einmal so kommentiert: »Die Wentzels sprangen ein, als an anderer Stelle das nötige Verantwortungsbewußtsein fehlte«.[48]

Aber nicht nur die Eigentümer verließen den ländlichen Raum, sondern auch die abhängige Landarbeiterbevölkerung. Die Industrialisierung bot nämlich auch den Arbeitnehmern Vorteile. Sie profitierten von höherem Verdienst, kürzeren Arbeitszeiten und vielseitigeren Freizeitmöglichkeiten.

48 Betriebsbroschüre, S. 11.

Wilmowsky, der um die Jahrhundertwende in Halle studierte, hat die Stadt denn auch als ein typisches Produkt des Zuckerrüben- und Kohlenaufschwungs beschrieben, in der die bodenständige Bevölkerung völlig hinter einer fluktuierenden Arbeitermasse zurückgetreten war und der größte Teil der Stadt aus trostlos-nüchternen, schmucklosen Mietskasernen bestand. Ein bekannter Hallenser, der populäre Bühnenautor Curt Goetz, Jahrgang 1888, hat, gewiss ironisch, doch mit dem Körnchen Wahrheit, das sich hinter jeder Lästerei verbirgt, in seinen Jugendreminiszenzen vom »Dreigestank von Kohle, Käse und essigsaurer Tonerde« gesprochen, die wie eine Glocke über der Stadt gehangen habe.[49]

Die anderthalb Jahrzehnte bis zum Ausbruch des Ersten Weltkrieges waren wegen der durch das Bevölkerungswachstum generierten enormen Nachfrage nach Nahrungsmitteln und getrieben von einer weltwirtschaftlichen Hochkonjunktur, von der auch das Kaiserreich profitierte, erneut gute Jahre für alle Agrarier. Die Delle des vorangegangenen Vierteljahrhunderts konnte so teilweise wettgemacht werden. Die allgemeine Lebenssituation der Menschen verbesserte sich. Gleichzeitig wuchs aber auch der Abstand zwischen Arm und Reich.

Dann kam der Erste Weltkrieg. Angesichts der handelspolitischen Isolierung der Mittelmächte im Krieg genoss die Versorgung der Soldaten, der Rüstungsarbeiter und der übrigen Zivilbevölkerung Vorrang vor den Interessen der agrarischen Produzenten. Erneut trat die Frage auf, ob die laute Klage der in politischer Lobbyarbeit routinierten Agrarfront in jenen Jahren berechtigt war. Fest steht, dass viele Bauern damals ihre Schäfchen auf dem Schwarzmarkt ins Trockene bringen konnten und die kriegswirtschaftlichen Eingriffe vielfach unterlaufen wurden.

Für Provinzialsachsen hatte der Erste Weltkrieg darüber hinaus noch zu einem Konjunkturschub ganz anderer Art geführt. Wichtige strategische Industrien des Deutschen Reichs wurden aus sicherheitspolitischen Gründen von den Grenzen weg nach Mitteldeutschland verlagert. Aus den Ammoniakwerken Merseburg entwickelten sich die Leuna-Werke. Magdeburg wurde ein Zentrum der Waffen- und Munitionsherstellung. Die Landwirtschaft versorgte die Industriearbeiterschaft mit Nahrungsmitteln und die kapitalkräftigen Landwirte gehörten zu den wichtigen Investoren in der Industrie, die ihrerseits Lieferant für die agrarischen Nebengewerbe wurde. Auch deshalb erzielten die Großagrarier in der Provinz ein Drittel höhere Einkünfte pro Hektar als im Reichsdurchschnitt. Der Krieg war damals offensichtlich der Vater aller Dinge.

49 Goetz 1960, S. 9.

1915 wurde für Carl Wentzel ein Schicksalsjahr. Sein Schwager, der junge Julius von Zimmermann, starb kurz nachdem er die Boltze-Betriebe von seinem Vater geerbt hatte. Da er unverheiratet und ohne Nachkommen war, fiel das gesamte Vermögen der Familie von Zimmermann an Ella Wentzel. Carl Wentzel wurde Generalbevollmächtigter seiner Frau. Von nun an führte er die rechtlich getrennten Unternehmen Wentzel-Teutschenthal und I.G. Boltze unternehmerisch aus einer Hand.

Diese Aufgabe war im Hinblick auf die immer schwieriger werdende Ernährungslage eine besondere Herausforderung. Weil sie gleichzeitig auch kriegswichtig war, wurde Wentzel vom Dienst an der Front freigestellt, leistete aber seinen Kriegsdienst unter der Woche in Berlin ab. Auf diese prägende Zeit ist noch zurückzukommen. Hier genügt die Feststellung, dass es ihm damals trotz der Doppelbelastung gelang, den Besitz selbst unter Kriegsbedingungen zu konsolidieren. 1915 muss der Betriebsgewinn bei mehr als einer Million Reichsmark gelegen haben. Das Kapital der kombinierten Betriebe lag gegen Kriegsende immerhin bei 28 Millionen. Carl Wentzel war es gelungen, etwas zu formen, das mehr war als die Summe seiner Teile.

Ein spektakulärer Baustein in Wentzels landwirtschaftlichem Imperium war die von der Familie seiner Frau gepachtete Landwirtschaft Schochwitz: 250 Hektar Land, Einheitswert 1943: 495 000 Reichsmark. Sie liegt nur wenige Kilometer von Teutschenthal entfernt. Im Zentrum des Ortes steht das gleichnamige Schloss. Es existiert noch heute. Die im 17. Jahrhundert zu einem Renaissanceschloss ausgebaute Wasserburg erhebt sich mit ihrer in mächtigen Abmessungen aus Bruchstein und Quadern gebauten ungegliederten Hauptfront in drei Geschossen. Aus der Tordurchfahrt führte früher eine Zugbrücke über den jetzt zugeschütteten Burggraben. Im Innenhof ragt ein achteckiger Treppenturm mit welscher Haube und Renaissanceportal hervor. Den alten Dachgiebel und die Kuppelhauben gibt es nicht mehr. Der gewölbte Rittersaal im Erdgeschoss war mit Bildern des Spätbarock und der Romantik ausgestattet. Rokokostuckaturen schmückten die Räume der oberen Stockwerke, die einen französischen Besucher in den 1920er Jahren vom »Luxus des 18. Jahrhunderts« schwärmen ließen.

Als städtebauliches Ensemble gehört die etwas schwer wirkende Schlossgruppe zusammen mit dem Barockturm der Pfarrkirche St. Benedikt zu den besterhaltenen Baudenkmälern dieser Art zwischen Saale und Harz.

Schochwitz gehörte seit 1783 der Familie von Alvensleben und stand, wie Udo von Alvensleben angemerkt hat, besonders stark in der militärischen Tradition der Familie. Die Schochwitzer Alvenslebens waren damals fast ausnahmslos Offiziere, preußische Generäle, die mit ihren Söhnen ins Feld zu ziehen pflegten. Viele sind im Sarg nach Schochwitz zurückgekehrt. Schloss Schochwitz war vornehmlich »geschätzter Rückzugsort« und erst nach dem

Abschied vom Militär ständiger Wohnsitz.[50] Diese Lebens- und Sterbeform bekam den Finanzen der Familie nicht gut. Die Schochwitzer waren eigentlich immer finanziell klamm und auf Verpachtung angewiesen. General Hermann von Alvensleben war gezwungen, das Gut im Jahr 1849 an Johann Gottfried Boltze in Salzmünde zu verpachten, weil er es wegen seiner militärischen Pflichten als Rittmeister im Garde du Corps und späterer Leiter der Militärreitschule Hannover nicht mehr selbst bewirtschaften konnte. Das war übrigens damals nichts Ungewöhnliches, denn etwa ein Drittel aller Güter in Adelsbesitz waren verpachtet.[51]

Die Pacht ging mit Tod des Generalmajors Ludolf von Alvensleben im Jahr 1912 durch Erbfolge auf dessen Sohn, den jungen Ludolf von Alvensleben als Verpächter und auf Ella Wentzel als Erbin nach dem Tod ihres Bruders als Pächterin über. Es gab Tausende von Pachtverhältnissen dieser Art, aber dieses sollte später eine Dynamik ganz eigener Art in Gang setzen.

Das Ende des großen Krieges wurde in Deutschland von vielen auch als Ende eines als ruhig und stabil empfundenen Kaiserreichs und als eine Beschleunigung und Radikalisierung des politischen Lebens betrachtet. Am 9. November 1919 rief der Sozialdemokrat Philipp Scheidemann in Berlin von einem Balkon des Reichstags aus die deutsche Republik aus. Fast gleichzeitig tat dies vor dem Schloss der Kommunist Karl Liebknecht. Die Parallelität war kein gutes Omen. Die ersten vier Jahre des jungen Staates konnten dramatischer kaum sein.

Neben den Überresten der alten staatlichen Gewalten, Armee und Verwaltung, standen die gemäßigten Kräfte der Reichstagsmehrheit von 1917, Sozialdemokratie, Zentrum und Linksliberale, die für die Umwandlung des monarchischen Obrigkeitsstaates in ein modernes demokratisches Staatswesen bei grundsätzlicher Beibehaltung der bestehenden wirtschaftlichen und sozialen Strukturen eintraten.

Die Konservativen, die zu den Gegnern der jungen Demokratie gehörten, setzten sich nicht nur aus dem Offizierskorps oder dem ostelbischen Junkertum zusammen; zu ihnen gehörten auch große Teile des gebildeten Bürgertums.

Die später vielfach beklagte schleppende Reaktion der konservativen Eliten auf das nationalsozialistische Unrechtsregime war zum großen Teil das Resultat der nicht verarbeiteten Revolution von 1918. Die Zeit zwischen Kriegsende und der nationalsozialistischen Machtergreifung ist von konservativer Seite nicht zuletzt auch als eine Abfolge von Demütigungen empfunden worden: Der als schmählich und ehrlos empfundene Ausgang des Weltkrieges, der Vertrag von Versailles, die Horrorzeiten der Inflation und die Gefährdung von Sicherheit

50 Alvensleben 2016, S. 6.
51 Vgl. Nabert 1992, S. 144f.

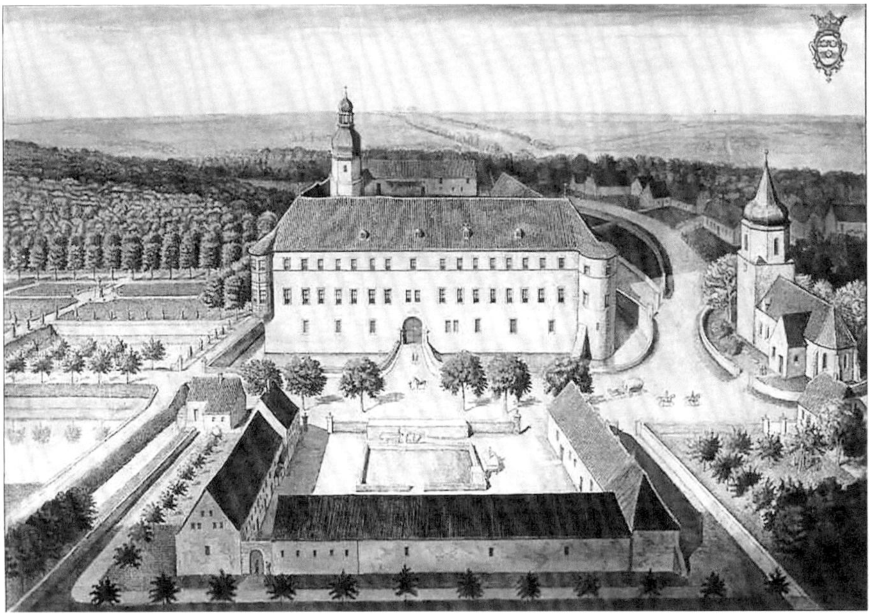

Schloss Schochwitz von Osten, Stich von Anco Wigboldus, 1780

Schloss Schochwitz, Fotografie von 1902

und Ordnung in den turbulenten ersten Jahren einer noch jungen deutschen Demokratie.

Das Land befand sich deshalb auch nach Ende des Krieges psychologisch im Bürgerkrieg. Vom Spartakusaufstand bis zur Schwarzen Reichswehr, vom Aufmarsch der Nationalsozialisten vor der Münchner Feldherrnhalle bis zu den Hamburger Arbeiterkämpfen wurde die Demokratie immer wieder in Frage gestellt.

Paradoxerweise zwang das die Republik noch stärker in die Kontinuität zum Kaiserreich. So hatte beispielsweise die SPD wegen der Sicherung der Lebensmittelversorgung auf eine Bodenreform in den ostelbischen Gebieten völlig verzichtet.

Es waren die Monate des Aufstiegs und Falls der Münchner Räterepublik, der heftigen sowjetischen Propaganda und Waffenlieferungen, des Wahlboykotts der KPD und des Kampfes »roter« Truppen gegen Sozialdemokratie und Nationalversammlung. Die Ermordung Rosa Luxemburgs und Karl Liebknechts durch Angehörige der Garde-Kavallerie-Schützendivision am 15. Januar 1919 in Berlin beleuchtete den Grad des Hasses und der Intoleranz, der die politische Szenerie beherrschte. In den Freikorps hatten sich junge Frontoffiziere und Studenten versammelt, die sich die Kriegsniederlage nicht eingestehen, ihren verletzten Nationalismus nicht bändigen und die verhasste »Linke« nicht im Besitz der Macht sehen wollten. Zugleich fanden sich dort aber auch abenteuerlustige Landsknechte und militärische Desperados zusammen, die eine Rückkehr in das zivile Leben scheuten. Ihre Verbände, deren Aktionen immer wieder zu Exzessen auch gegenüber Unbeteiligten führten, hinterließen bei weiten Teilen der arbeitenden Bevölkerung ein Gefühl der Erbitterung und der Ohnmacht. Der Kapp-Putsch im März 1920 scheiterte zwar, bot aber auf der Gegenseite den Arbeitern eine Gelegenheit, den Aufstand zu proben. Auch auf der Linken hatte es Übergriffe gegeben, aber das Vorgehen der Freikorps stellte das doch alles in den Schatten.

Wentzels Heimat durchlebte die Auseinandersetzungen besonders hautnah. Sie wurde in jenen Jahren zu einem Schauplatz der Extreme und der aufeinanderprallenden Gegensätze. Damals entstand der Mythos von Mitteldeutschland als dem »roten Herz« Deutschlands.

Die Region hatte ein industriell-agrarisches Doppelgesicht. Der späte und rapide, sogar von dem konservativen Zeitzeugen Wilmowsky als »rücksichtslos« bezeichnete Industrialisierungsprozess[52] in einer Landschaft ohne traditionelle Industriearbeiterschaft hatte zu einer massenhaften Proletarisierung von Handwerkern und Bauern und zu einem stetigen Zustrom von Arbeitskräften aus

52 Wilmowsky 1961, S. 64.

anderen Gebieten des Reiches geführt. Dabei hatte sich in der Arbeiterschaft eine Mentalität entwickelt, die gewerkschaftlichen Konzepten wenig zugänglich war und zu rebellischen, militanten und unorganisierten Kampfformen neigte. Zudem sorgte die enge Verflechtung von landwirtschaftlicher und industrieller Fertigung dafür, dass revolutionäre Gedanken den Landarbeitern leichter als anderswo vermittelt werden konnten.

Das Ergebnis war eine intensive politische Polarisierung der Provinz Sachsen. Die ersten Arbeiter- und Soldatenräte entstanden im November 1918 in Magdeburg und Halle. Einer starken Linken – in Halle saß der »Rote Frontkämpferbund« – standen aber auch beträchtliche konservative Kräfte gegenüber. Bereits im Dezember 1918 war in Magdeburg der »Stahlhelm« gegründet worden, der in Halle rasch ein zweites Zentrum fand.

So fanden sich die Wentzels nach ruhigen Aufbau- und Ausbaujahren, die aus der Sicht eines Großlandwirts geordnet und ertragreich waren und deren Belastungsproben nicht zuletzt im Zusammenhang mit der Unternehmenszusammenführung nach dem Tode des Schwagers Zimmermann, gemeistert worden, plötzlich in der Mitte eines wahren Hexenkessels wieder.

1919 streikten die Arbeiter des mitteldeutschen Industriegebiets für die Verstaatlichung der Grundstoffindustrien. Das Freikorps von Generalmajor Georg Ludwig Maercker, das noch kurz zuvor die in Weimar zusammentretende Nationalversammlung geschützt hatte, marschierte im März 1919 in Halle ein und setzte den Soldatenrat ab. Das war der Beginn einer Reihe von Befriedungsmaßnahmen der Reichsregierung.

Auch oder gerade hier wirkte aber der Kapp-Putsch wie ein neuerlicher Zündfunke. Das Mansfelder Land und die Umgebung von Halle wurden zu einem der Mittelpunkte von Streiks und politischen Unruhen. Dort holten die linksradikalen Kräfte zum Gegenschlag aus, der sich vor allem gegen Halle und Eisleben richtete. Ziel der Aktionen waren die Großgrundbesitzer der Region.

Carl Wentzel hatte sich entschlossen, in Teutschenthal zu bleiben. Das war riskant, denn er entging damals nur knapp einer Erschießung durch Aufständische in der Nähe einer seiner Zuckerfabriken. Man hatte ihn auf einer seiner Inspektionsfahrten aus seinem Wagen herausgeholt und bereits an die Wand gestellt.[53] In Berlin war bereits das Gerücht verbreitet worden, Wentzel sei von Spartakisten erschlagen worden.[54] In Wirklichkeit aber war ihm die Rückkehr zu seinem Gut gestattet worden. Dort wurde er zehn Tage festgehalten.

Nach kommunistischer Lesart entzog sich Wentzel danach »der Kontrolle der revolutionären Arbeiter«.[55] Er wollte sich in der Tat nach Halle durch-

53 Etzrodt 1937, S. 159.
54 Litzmann 1928, Tagebucheintrag vom 29.3.1920.
55 Bues 1972, S. 7.

schlagen, von wo seit Tagen schweres Artillerie- und Maschinengewehrfeuer herüberschallte. Der Familienchronist Etzrodt hat das Erlebnis, das man als einen Ausbruch bezeichnen konnte, plastisch geschildert.[56] Es ging mit Auto und Chauffeur Otto Vogt im Morgengrauen an den schlafenden Wachen vorbei zum hinteren Parktor hinaus und auf Feldwegen zu dem nahegelegenen Ort Zscherben, den die Flüchtigen noch ungehindert passieren konnten. Am Ostausgang des Dorfes wurde das Fahrzeug durch eine »rote Radfahrerpatrouille« entdeckt. Durch das von den Aufständischen eröffnete Feuer hindurch versuchte Fahrer Vogt mit höchster Geschwindigkeit den Ort Passendorf zu erreichen, der noch von regulären Truppen besetzt war. Dies gelang schließlich, wenn auch nur zu Fuß, denn die Hinterachse des Wagens brach. Wentzel und seine Begleiter erreichten schließlich am Nachmittag Halle und bezogen im Hotel »Stadt Hamburg« Quartier.

Das Haus in Teutschenthal hatte Wentzel der Obhut seines Lehrlings Karl-Siegmund Litzmann anvertraut, dem Sohn von General Litzmann, der im Krieg Carl Wentzels Kommandeur gewesen war. Litzmann jun. war hochdekoriert aus dem Krieg zurückgekehrt. Der alte General hatte in seinen Erinnerungen geschrieben, dass sein Sohn »nicht republikanischer Offizier sein mochte«[57] und deshalb seinen Abschied als einfacher Leutnant und ohne Pension genommen hatte. Litzmann jun. wurde Landwirtschaftseleve in Teutschenthal. 1925 übernahm er die Verwaltung des Wentzel'schen Gutes Althof-Ditlaken bei Insterburg in Ostpreußen. Er sollte später noch eine Rolle in Wentzels Leben spielen.

Im Frühjahr 1920 gelang es ihm, das Geschehen unter Kontrolle zu bringen. Die Situation war bizarr: Das Hauspersonal verrichtete unter der diplomatischen Führung der für ihren Mutterwitz bekannten Zofe von Ella Wentzel, Margarete Seyfarth, wie immer seinen Dienst. Es briet, buk und siedete für die einquartierten Aufständischen, während mit der Zeit an die 40 Zentner Sprengstoff in das Haus gebracht wurden, die aus dem massiven Herrenhaus jederzeit einen Trümmerhaufen hätten machen können.

In und um Halle herum wurde währenddessen zehn Tage lang gekämpft. Die Stadt wurde durch eine »rote Armee« von über 20000 Mann regelrecht belagert und galt nach einem mühsamen Straßenkampf mit hohen Verlusten auf beiden Seiten schon fast als eingenommen. Weite Teile des Stahlhelm, besonders die Ortsgruppe Halle, sympathisierten mit den »Kappisten« und hatte sich der dortigen, ins Kapp-Lager übergeschwenkten Reichswehrgarnison zur Verfügung gestellt. An den folgenden blutigen Kämpfen mit den Kommunisten war der Stahlhelm führend beteiligt. Am 21. März 1920 nahmen reguläre Reichs-

56 Etzrodt 1937, S. 160f.
57 Litzmann 1928, S. 251.

wehrtruppen unter General Maercker nach kurzem Kampf Halle wieder ein. Georg Maercker, eine Persönlichkeit, die den ganzen Zwiespalt der Konservativen in der Frühzeit der Weimarer Republik verkörperte, galt als regierungstreu. Er hat die Ordnung auch für die gewählte SPD-Regierung verteidigt, gleichzeitig aber versucht, während des Kapp-Putsches als Vermittler eine eigene politische Rolle zu spielen. Das hat ihn schließlich sein Amt gekostet.

Wentzel hatte inzwischen von Litzmann eine durchgeschmuggelte Meldung erhalten, die ein alarmierendes Bild der Lage in Teutschenthal vermittelte. Er stellte daraufhin mit Genehmigung von General Maercker sein eigenes Freikorps auf, eine Kompanie von Freiwilligen, meistens Studenten, die er auf Lastautos nach Teutschenthal führte. Das war eine Rettung in letzter Minute, denn die auf dem Rückzug befindlichen Aufständischen hatten bereits die Sprengung des Hauses angeordnet.

Im Mansfelder Land kehrte Ruhe ein. Sie sollte aber nur von kurzer Dauer sein. Eine zweite Welle der Gewalt folgte binnen Jahresfrist auf die erste.

Im Februar 1921 hatte die Vereinigte Kommunistische Partei Deutschlands (VKPD) in ihren Hochburgen im Industrierevier Halle, Leuna und Merseburg bei den Wahlen zum preußischen Landtag gute Wahlergebnisse erzielt. Sie wurde im Bezirk Halle-Merseburg zur bestimmenden Kraft. Bei Nachwahlen im Mansfelder Seekreis im Juni musste sie allerdings erhebliche Einbußen hinnehmen.[58]

Im März kam es im Mansfelder Bergwerksgebiet zunächst zu kleineren örtlichen Konflikten, woraufhin die preußische Regierung Polizeiverstärkung einmarschieren ließ. Die Bergarbeiter sahen dies als Provokation an und griffen zu den Waffen. Der Generalstreik wurde ausgerufen.

Diese Situation nutzte die VKPD aus, die sich nach ausführlichen parteiinternen Strategiedebatten für das sog. »Offensivkonzept« entschieden hatte: Durch Kämpfe der »Avantgarde« sollte eine Massenbewegung ausgelöst werden mit dem Ziel, eine Gegenreaktion des Staates hervorzurufen. Letztere wiederum sollte zum Beweis dafür dienen, dass die bestehende Ordnung reformunfähig war. Damit sollte schließlich die gesellschaftliche Polarisierung vorangetrieben und die Arbeiter zu Widerstandsaktionen verleiten werden.

Getragen wurde der bewaffnete Aufstand von unterschiedlichen Gruppen. Die Situation wurde durch das Eingreifen von Max Hoelz (1889–1933) nur scheinbar übersichtlicher. Der aus dem Vogtland stammende Anarchokommunist Hoelz, ein wilder Mann, genoss seit den Kämpfen gegen die Kapp-Kräfte einen legendären Ruf. Seine Person hat zu historischen Vergleichen angeregt, wobei er einmal als Robin Hood geschildert wurde, freilich ohne

58 Bues 1972, S. 80, der das auf den politischen Einfluss von Wentzel zurückführt.

dessen legendäre Disziplin, ein andermal als eine dem Schinderhannes der Französischen Revolution vergleichbare Gestalt, so die Publizistin Margarete Buber-Neumann. Man sagte Hoelz nach, er enteigne die Reichen und beschenke die Armen. Jedenfalls war er eine schillernde Figur von unbezweifelbar großer Suggestionskraft, primitiver Eitelkeit, politischer Hitzköpfigkeit und krimineller Energie. Selbst auf der Linken war er sehr umstritten. Die kommunistische Geschichtsschreibung hat ihm später vorgeworfen, seine anarchistische Einstellung und die von ihm angewandte Taktik hätten dazu beigetragen, dass er »Dinge tat, die geeignet sind, den Kommunismus in Mißkredit zu bringen und manche Menschen zurückzustoßen, ja abzuschrecken statt sie für den gemeinsamen Kampf zu gewinnen«.[59]

Hoelz übernahm die Führung des Aufstands. Auf der anderen Seite stand der Oberpräsident der Provinz Sachsen, der Sozialdemokrat Otto Hörsing. Er berief, als die Lage immer bedrohlicher wurde, eine Konferenz ein, an der Landräte, Oberbürgermeister, die Direktoren der Industrieunternehmen und die »Gutsbesitzer der Umgebung«, teilnahmen. Man beschloss, im mitteldeutschen Industriegebiet eine »Polizeiaktion zur Herstellung der Staatsautorität« durchzuführen. Am 19. März 1921 besetzten schwerbewaffnete Verbände der Schutzpolizei Teutschenthal und andere Orte. In der Nacht zum 24. März verhängte Reichspräsident Friedrich Ebert den Ausnahmezustand über die gesamte Provinz Sachsen.

Hoelz quartierte seine Truppen in den Gütern ein, so auch bei den Wentzel-Nachbarn Nette in Beesenstedt, das Hoelz als ein »Hamsterschloß« bezeichnete. Aus dem Zuchthaus heraus erinnerte er sich später: »Wir fühlten uns in das Schlachthaus einer Großstadt versetzt. Da hingen Reihen von geräucherten Schinken, Speckseiten und Würsten ... . Verschiedene Rotgardisten bekamen über diese zum äußersten Gipfel getriebene Selbstsucht Wutanfälle. Mir erschien es als ein Verbrechen an der notleidenden Arbeiterschaft, die Vorräte in ihrer Einsamkeit zu belassen.«[60]

Durch Erfahrung klug geworden schien es Wentzel diesmal geraten, die Familie zu Freunden in der Nähe von Hannover in Sicherheit zu bringen. Er selbst kehrte aber schon nach wenigen Tagen nach Teutschenthal zurück. Dabei wurde das Haus zum zweiten Mal Quartier der Aufständischen. Es wiederholte sich das schon aus dem Vorjahr bekannte seltsame Zusammenleben des Personals mit dem »roten« Kommando, dessen Anführer diesmal sogar ein Angestellter Wentzels, ein Buchhalter der Langenbogener Zuckerfabrik war.

Das Schicksal von Schloss Teutschenthal hatte nun zum zweiten Mal auf des Messers Schneide gestanden. Durch praktizierten Pazifismus, d.h. durch

59 Gebhardt 1989, S. 63.
60 Hoelz 1969, S. 167f.

viel und gutes Essen, das wieder von Fräulein Seyfarth aufgetragen wurde, konnte der revolutionäre Elan zum zweiten Mal so begrenzt werden, dass kein größerer Schaden entstand. Margarete Seyfarth blieb der Familie treu. Über den Tod von Carl Wentzel hinaus sollte sie der unter einfachen Umständen lebenden Witwe Ella bis zu deren eigenem Tod ein Vierteljahrhundert später nicht von der Seite weichen.

Etzrodt stellte in der Familienchronik fest, »zur Ehre der Arbeiter des Betriebes (sei) gesagt, daß sie sich bis auf wenige Ausnahmen nicht an den Aufständen beteiligten, sondern zum Hause Wentzel hielten«.[61]

Über die Stärke der in der Nacht vom Ostersonntag aus Schraplau in Richtung Ammendorf abziehenden Truppen gab es unterschiedliche Angaben. Hoelz will 2000 Kämpfer befehligt haben, andere nennen die Zahl von etwa 800 Arbeitern, die aus Teutschenthal abrückten. Die Waffenfunde nach Beendigung der Konfrontation lassen kleinere Zahlen vermuten. Jedenfalls scheiterte der Aufstand. Ende März misslang der Vorstoß von Hoelz auf Halle. Seine Truppen wurden nach Irrungen und Wirrungen am Freitag, dem 1. April 1921, in einem Gefecht mit der Schutzpolizei bei Beesenstedt aufgerieben.

Die »blutige Osterwoche«, in der die Polizeikräfte den teilweise nach Guerilla-Taktik operierenden Aufrührern auch schon mal örtlich unterlegen waren, hat nach neueren Schätzungen 180 Menschen, darunter 145 Zivilisten und 35 Polizeibeamte, das Leben gekostet.

Die unmittelbare physische Bedrohung des Bürgertums durch den »roten Terror« mag in jenen Jahren übertrieben dargestellt worden sein. Sie konnte aber, wie die geschilderten Episoden zeigen, im Einzelfall durchaus real sein.

Danach setzte der »weiße Schrecken« ein, mit Massenverhaftungen und standrechtlichen Erschießungen. Erst im September wurde der Ausnahmezustand aufgehoben. Der Klassenkampf sollte sich viel später auf andere Art erfüllen. So kam ein DDR-Biograph von Max Hoelz 1983 zu folgendem Schluss:

> Oft wird gesagt, dass es unnötig war, in den letzten Tagen der Kämpfe noch die Gutsbesitzer zu schröpfen. Sicher war deren entschädigungslose Enteignung ohnehin historisch längst überfällig und erfolgte so 1945 als eine der ersten demokratischen Maßnahmen der neuen Ordnung. Aber Proviant und Ausrüstung für seine kämpfende Truppe mußte Hoelz dort nehmen, wo er sie bekommen konnte: das Fleisch von den Gütern, das Brot von den Bäckern, das Geld von den Sparkassen.[62]

Die sogenannte »Märzaktion der KPD« stellte sich rückblickend als eine folgenlose Episode in der noch um ihre innere Stabilität ringenden Weimarer

61 Etzrodt 1937, S. 162.
62 Gebhardt 1989, S. 143f.

Republik heraus. Funktioniert hatte die Offensivstrategie nicht. Das Vorhaben blieb ein Aufstand ohne Aufständische. Es war aber auch nicht nur die kleine Abenteuergeschichte, wie Chronist Etzrodt sie geschildert hat. Auch wenn das Schicksal der Republik nicht am seidenen Faden gehangen haben mag, so wäre es doch, falls sich die Reichsregierung zum Einsatz von Militär entschlossen hätte, zu einer noch wuchtigeren Destabilisierung der jungen Demokratie mit ungewissen politischen Folgen gekommen. Heute ist sich die Geschichtsschreibung im Übrigen darüber klar, dass die Märzaktion keine proletarische Massenerhebung, sondern ein von der Komintern inszenierter Umsturzversuch war. Die streikenden und kämpfenden Anhänger der KPD und der noch radikaleren Kommunistischen Arbeiterpartei Deutschlands (KAPD) waren von außen gelenkt und blieben zudem ohne größere Resonanz in der Bevölkerung.[63]

Für Wentzel war wieder einmal die Gelegenheit für eine Liebesgabe gekommen. Er dankte der Hundertschaft der Schutzpolizei durch eine Geldspende in Höhe von 30000 Mark. Das war damals viel Geld. Bereits 1918 hatte er dem damals von kommunistischer Seite als reaktionär eingestuften Soldatenrat mit einer Spende unter die Arme gegriffen.

Wentzel wird in jenen Jahren kaum auf der Seite der »Linken« zu finden gewesen sein, aber auf der Seite der Humanität auf jeden Fall. So hat ein Teutschenthaler Folgendes berichtet:

> Selbst mein Großvater, der als »linker Anarchist« und aktiver Antifaschist große Teile seines Lebens in Zuchthäusern und Konzentrationslagern verbracht hat und an den Kämpfen mit Max Hoelz und gegen den Kapp-Putsch aktiv beteiligt war, konnte Carl Wentzel nicht Respekt und Hochachtung für ein menschlich höchst eindrucksvolles und sozial engagiertes Auftreten verweigern – trotz aller riesigen politischen, sozialen und religiösen Unterschiede. [...] Das Leben meines Großvaters in den zwanziger Jahren hing – gejagt von den Freikorps – einmal an einem seidenen Faden. Nur der Intervention Carl Wentzels hat er sein Überleben zu verdanken. Der bat sich gegenüber den Freikorpslern aus, über »seine Leute« selbst zu richten und rettete damit auch meinem Großvater das Leben.[64]

Die eruptiven Störungen von Sicherheit und Ordnung in der Weimarer Republik wurden begleitet von erheblichen strukturellen Problemen der Landwirtschaft. Der Zusammenbruch des Kaiserreichs und die anschließenden politischen Wirren verhießen agrarwirtschaftlich nichts Gutes.

63 Wehler 1995, S. 405.– Winkler 1985, S. 517f. – Einschränkend dazu Koch-Baumgarten 1986, S. 14, die davor warnt, die Analyse der Märzaktion auf die Einbindung der KPD durch die Komintern zu reduzieren.

64 Schreiben Jürgen Heyne vom 24.9.2019.

Durch den Versailler Vertrag waren dem Reich wichtige landwirtschaftliche Überschussgebiete in Posen und Westpreußen verlorengegangen, immerhin 4 Millionen Hektar Ackerland. Das waren etwa 14 % der gesamten landwirtschaftlichen Nutzfläche des Reiches. Zudem brachte die Landwirtschaft 1918 auf ausgelaugten Böden nur noch gut zwei Drittel der Getreideproduktion von 1913 zustande. Ihr Viehbestand war um 20 % reduziert. Ihre Bedeutung für die Gesamtwirtschaft nahm rapide ab.

Die Inflation 1923 führte zunächst zu einer Entschuldung der Landwirte, was auch die zumeist verschuldeten Großgrundbesitzer zu ihren Gewinnern machte. Nach der Währungsstabilisierung im Jahr 1924 stiegen die ländlichen Einkommen wieder an.

Später kam es infolge der weltwirtschaftlichen Überproduktion zu einem dramatischen Preisverfall bei Agrargütern. Die Einkommen in der Landwirtschaft sanken atemberaubend. Unzählige große und kleine Bauern mussten ihre Höfe verlassen, weil sie bei sinkenden Erlösen ihre Schuldenlast nicht mehr tragen konnten. 1928 lag das landwirtschaftliche Durchschnittseinkommen fast um die Hälfte niedriger als das aller Erwerbstätigen.

Diese Lage traf kleine und mittlere Besitzer wesentlich härter als die Großgrundbesitzer, die wenigstens einen Teil der durch den Preissturz verursachten Einnahmeverluste durch Vermehrung und Umstrukturierung der Produktion ausgleichen konnten und mehr Nutzen aus den staatlichen Hilfsmaßnahmen zogen. Vom Höfesterben waren daher vor allem kleinere Einheiten betroffen. Erst im Dezember 1932 stiegen Beschäftigung, Umsatz und Produktion wieder an.

Die schwierigen Nachkriegsjahre hatten auch bei Wentzel zu einem erheblichen Abschreibungsbedarf geführt. Die Gewinne schrumpften auf ein knappes Fünftel und konnten in den Folgejahren nur langsam wieder hochgefahren werden. Bei Etzrodt heißt es: »Allmählich gelang es, die [Wentzel-] Betriebe der neuen Zeit und den niedrigen Preisen anzupassen«.[65] Dabei hat geholfen, dass Zuckerindustrie und rübenbauende Landwirtschaft durch die Marktordnungs- und die Zollpolitik der späten Weimarer Jahre staatlich subventioniert wurden.

Wentzel konnte seinen Jahresgewinn zwischen 1924 und 1932 nahezu kontinuierlich von 300 000 auf 800 000 Reichsmark (ca. 3,2 Mio Euro) steigern. Wiewohl die Entwicklung nicht bei allen Betrieben in die gleiche Richtung ging, lassen die Entwicklung der Bruttogewinne einzelner landwirtschaftlicher Betriebe weitere Gewinnsteigerungen – sozusagen auch gegen den Trend – annehmen. Nach zweimaligen Einbrüchen im Inflationsjahr 1924 und im

65 Etzrodt 1937, S. 167.

Ludolf von Alvensleben, 1932

Jahr 1927, in denen jeweils heftige Korrekturen angesagt waren, dürften die Wentzel-Betriebe in etwa die Million Reingewinn gemacht haben, die eingangs genannt wurde. Das entsprach einer Umsatzrendite von etwa 4 %. In den Hallischen Nachrichten wurde Carl Wentzel im Jahr 1928 gefeiert:

> Die Agrarkrisis ist heute eines der schwierigsten Wirtschaftsprobleme und das Wort von der Not der Landwirtschaft hallt durch die Lande. Männer, die nicht nur mit sehnsüchtigen Augen die Hilfe von außerhalb abwarten wollen, haben in notvoller Zeit die Parole geprägt, daß vor allem durch Selbsthilfe die Landwirtschaft in ihrem Existenzkampf sich behaupten soll. In Mitteldeutschland ist ein Weg gezeigt, der zur Gesundung führen kann![66]

Dass es sich hierbei um eine Einzelleistung und nicht nur um die geschickte Verfolgung eines allgemeinen Trends handelte, zeigte das Schicksal Ludolf von Alvenslebens, der Wentzel seine Landwirtschaft Schochwitz verpachtet hatte.

Ludolf Hermann Emmanuel Georg Kurt von Alvensleben (1901–1970) war mehr als zwanzig Jahre jünger als Wentzel. Er war ein typisches Produkt der »Generation 1900«, jener Menschen, die den Ersten Weltkrieg als Jugendliche zwar bewusst miterlebt hatten, aber für den aktiven Kriegsdienst zu spät

66 Hallische Nachrichten vom 12.7.1928.

geboren waren. Aus ihr sollten später zentrale Funktionsträger des Dritten Reichs hervorgehen, etwa Goebbels, Himmler, Speer oder auch Bormann. Viele von ihnen litten unter dem Trauma der Niederlage im Ersten Weltkrieg, die sie als die eigentliche Katastrophe in ihrem Leben empfanden. Thomas Mann, der Altersgenosse von Wentzel, hat diesen Jahrgang als »entbürgerlicht und völlig enthumanisiert, gestählt und zerrüttet zugleich, athletisch und verzweifelt« beschrieben.[67]

Nach dem Kriegsende folgten für den jungen Alvensleben kurze Freikorps-Erfahrungen, wo wir ihn möglicherweise auf derselben Seite wie Wentzel finden können. Er absolvierte eine Landwirtschaftslehre, pachtete das Rittergut Storkau in der Altmark und trat, wie konnte es anders sein, dem »Stahlhelm« bei. Wirtschaftlich ging es ihm weniger gut, denn als er die Pacht in Storkau Mitte der 1920er Jahre aufgeben musste, war er, wie er später einmal seinen Vorgesetzten beichten musste, »völlig zusammengebrochen« und hatte Schulden von einer Dreiviertelmillion Reichsmark.[68]

1929 trat Ludolf in die NSDAP und in die SA ein, Er übernahm verschiedene lokale und regionale Parteiämter und wurde noch vor der Machtübernahme für die NSDAP in den preußischen Landtag gewählt. Im November 1933 zog er als Reichstagsabgeordneter in das allerdings mittlerweile politisch bedeutungslos gewordene Parlament ein.[69]

Die Erinnerung an diesen Ludolf von Alvensleben in Schochwitz, auch »Bubi« genannt, es gab viele Ludolfs in der Familie, ist durch dessen spätere Karriere im Vernichtungsapparat des Dritten Reichs so stark verschattet, dass es schwierig ist, zu einem unvoreingenommenen Urteil zu gelangen. Dass wir jenseits der Personalakte überhaupt eine lebendige Überlieferung von ihm haben, verdanken wir einer ungewöhnlichen Freundschaft, der Freundschaft Alvenslebens mit dem französischen Dandy und Literaten André Germain (1882–1971).

Germain war das genaue Gegenteil von Alvensleben. Er war gebildet und reich. »Eine Aura von Luxus und Preziosität, von Zerbrechlichkeit und Verwöhntheit umgab den französischen Millionenerben mit schriftstellerischen Ansprüchen.« So hat ihn Nikolaus Sombart, in dessen Elternhaus Germain verkehrte, in seinem Erinnerungsbuch »Jugend in Berlin« beschrieben.[70] Sombart hat den Literaten, der damals eine bekannte Figur in den Salons von Paris, Monte Carlo und Berlin war, so geschildert, wie er ihn Ende der 1930er Jahre erlebt hat. Wie ein Greis habe er gewirkt, ein spindeldürres Männlein mit einem

67 Mann 1994, S. 17.
68 Stellungnahme Alvensleben an SS-Oberabschnitt Mitte vom 11.12.1934 (BArch R 9361-III 565749 (13468).
69 Vgl. Birn 1986, S. 330.
70 Sombart 1984, S. 108ff.

schmalen Gesicht und silbergrauer, glattgescheitelter Perücke, ein unübersehbar markanter Gegensatz zu dem fast zwei Meter großen, gutaussehenden, sportlichen, vitalen und tatkräftigen Hünen Ludolf von Alvensleben.

Germain, der Sohn des Gründers der französischen Bank »Crédit Lyonnais« und einer seiner Erben reiste in Europa von einem Ort zum andern und gab großartige Diners und Feste. Von einem berichtet Sombart: Ende der 1930er Jahre hatte Germain in der Nähe von Berlin ein Schloss gemietet, um dort ein grandioses Fest für die Offiziere der Leibstandarte Adolf Hitler zu geben.[71] Er gehörte zu denjenigen französischen Schriftstellern und Rechtsintellektuellen, die sich einerseits für eine deutsch-französische Verständigung einsetzten, andererseits der Machtentfaltung des Dritten Reichs weitgehend unkritisch gegenüberstanden.[72] Die ästhetischen Inszenierungen der faschistischen Männerbünde haben Germain beeindruckt. Er schwärmte für den heroischen Aktionismus der nationalsozialistischen Kampfzeit und ließ sich vom virilmartialischen Auftreten ihrer Protagonisten beeindrucken. Damit entsprach er ziemlich genau dem Muster der Adepten der high society, die für radikale politische Positionen warben und für die der amerikanische Schriftsteller Tom Wolfe in unserer Zeit den einprägsamen Begriff »radical chic« prägte.

Auf die Alvenslebens ist Germain freilich nicht erst nach der Machtergreifung getroffen. Der Kontakt muss sich über »Bubis« aus ursprünglich italienischer Familie stammende Frau Melitta schon vor dem Ersten Weltkrieg ergeben haben. Germain hat »Bubi« als alten Freund bezeichnet. In seinem heute zu Recht der Vergessenheit anheimgefallenen, mit politischen Irrtümern reich gesegneten Buch »Hitler ou Moscou« aus dem Jahr 1933 hat er in einem mit »Besuch bei einem Sieger« übertitelten Kapitel wenig Nachdenkliches, dafür aber umso Prägnanteres über das Ehepaar von Alvensleben zu Protokoll gegeben.[73]

Der weiblichen Seite ordnete er das Prädikat »delikate und durchsichtige Schönheit« zu. Mit unbestreitbar distanzierter Präzision hielt er »Bubis« Schwiegermutter für »noch schöner« als die Tochter. Bubis« Frau ist für ihn immerhin noch eine »gotische Prinzessin«, deren »körperlose Größe, leichte Haare und ein Antlitz mit delikaten Zügen...« er als legendenhaft und traumhaft empfindet. Interessant ist seine Einschätzung, Melitta sei überhaupt die einzige Person gewesen, vor der »Bubi« Respekt gehabt habe. Überschwänglich hat Germain die Atmosphäre eines Nachmittags in Schochwitz beschrieben, als »über beide der Friede der abendlichen Dämmerung bei einer Tasse Tee im Schloßpark

71 Ebd. S. 110.

72 Vgl. hierzu detaillierter Liebold 2012, S. 176ff., der allerdings auf das Verhältnis Alvensleben – Germain nicht eingeht.

73 Zu Folgendem Germain 1933, S. 201ff.

Dandy und Literat: André Germain in Berlin, 1928

hereinbricht«. Aber das war nicht nur pure Emotion, sondern darin steckte auch eine gute Prise psychologischer Analytik. Er bezeichnet Frau von Alvensleben als »entrückt« und ihren Ehemann als »expansiv«.[74] Damit beschreibt er nicht nur ein Spannungsverhältnis, das dieses Paar ausgezeichnet haben mag, sondern lässt gleichzeitig Kommendes erahnen.

Alvensleben und Germain: Zwei Personen wie Feuer und Wasser, und wohl gerade deshalb hat »Bubi« auf Germain eine ungeheure Faszination ausgeübt. So wurde Schochwitz als Refugium für die aus Germains Sicht vor der Machtergreifung noch »verfolgten« Nazis. Und der junge Kämpfer wurde zu einer willkommenen Projektionsfläche seiner snobistischen Ambitionen. Vielleicht hat Germain die Nazis in ihrer Anfangszeit aus der Perspektive des kosmopolitischen Dandys betrachtet wie ein Anthropologe einen Indianerstamm. Mit Sicherheit zeichnete ihn die Attitüde des Nonkonformisten aus.[75] Sie, die

74 Ebd. S. 206.
75 Liebold 2012, S. 193.

Idealisten, die Verfolgten, die Zuflucht auf der »Raubritterburg« Schochwitz nehmen konnten, das schien seine Perspektive gewesen zu sein. Eindringlich hat er die Wohlgesinntheit von Ludolf beschrieben:

> Ein Junge, der gut beieinander ist, überschwänglich und unternehmungslustig. Der zu denen gehört, die alles wagen und denen man alles verzeiht, weil seine Wagnisse gut gemeint sind und er sich danach mit Grazie entschuldigt, gleich wie kühn seine waghalsigen Unternehmungen sind. Pferde, Autos, wertvolles Mobiliar aus der Familie der milanesischen Ahnen seiner Frau, schwungvoll zerschlägt er alles, was man ihm in die Hand gibt.[76]

Germains Erinnerung deckt sich im Wesentlichen mit dem, was man sich damals über »Bubi« auf der Straße erzählte. Jugendliche Unbekümmertheit, spätfeudale Anmaßung und barocke Rauflust, so wird man »Bubi« als jungen Mann gesehen haben. Im nahen Eisleben war er dafür bekannt, dass er Kindern Bonbons »kaufte«, freilich ohne sie zu bezahlen, und eine drohende Zwangsvollstreckung in sein Auto dadurch umging, dass er vor allfälligen Fahrten die Türen des Wagens aushängte, an denen der Kuckuck des Gerichtsvollziehers klebte. Er soll, wie man sich unter den Wildhändlern in Halle erzählte, nach der Jagd eine Strecke gern schon mal doppelt verkauft und doppelt für sie kassiert haben. Auf einem Jahrmarkt ist er einmal als Boxer aufgetreten, um eine Wette zu gewinnen. Als Reichskanzler Heinrich Brüning in der Spätzeit von Weimar einmal die Braunhemden verbot, soll »Bubi« sein SA-Uniformhemd ausgezogen und sich in aller Öffentlichkeit ein Hakenkreuz auf die Brust gemalt haben.[77]

Germain, der aus schwärmerischer Distanz berichtende Chronist der Kampfzeit, hat ihn als den »Proconsul einer ganzen Region« bezeichnet: »Welch schöner brauner Hauptmann mit der provokanten, ein wenig schräg aufgesetzten Schirmmütze! Junge und Vorgesetzter gleichzeitig, mit allem was man braucht, um seine Männer zum Kampf und zum Tod zu erziehen!«[78]

Über die Auseinandersetzungen vor der Machtergreifung durch die Nationalsozialisten, bei denen sowohl »links« wie »rechts« nicht immer sonderlich zimperlich agiert wurde, schrieb »Bubi« später in seinem Lebenslauf für die SS voller Stolz, er sei »im Kampf um die Macht 21 mal vorbestraft und 2 mal verwundet worden«.[79] Nach Germain, der sich selbst an anderer Stelle nicht ganz uneitel zur Gewaltfreiheit bekannt hatte, war aus dem mittelalterlichen Haudegen, der »Soldat eines sehr modernen Krieges« geworden. Er wird »mit Leder ausgerüstet und mit Worten bewaffnet« auf den »roten« Mansfelder

76 Germain 1933, S. 202.
77 Vgl. Pfeiffer 2011, S. 101. – Germain 1933, S. 202ff.
78 Germain 1933, S. 204.
79 Personalakte SS (BArch R 9361-III 565749 [13498]).

Kreis geworfen. Mitleidlos schildert Germain, wie »Bubi« auf Schädel Andersdenkender einschlägt und wie zurückgeschlagen wird.[80] Bald befehligte der »Proconsul« seine »Legion« von SA-Leuten, 30000 Mann, im Mansfelder und Eislebener Kreis. In diesen Jahren stieß er in hitzigen Wahlkämpfen auf den mittlerweile legendären Max Hoelz. Der Widersacher der Grundbesitzer während der Märzunruhen im Jahr 1921, den man wegen Mordes an einem Grundbesitzer zu einer langjährigen Freiheitsstrafe verurteilt hatte, war 1928 nach einer öffentlichen Kampagne amnestiert worden und in den Schoß der KPD zurückgekehrt. Seine Wahlkampfauftritte in der Provinz waren allerdings nur ein Zwischenspiel, bis er in die Sowjetunion emigrierte.

André Germain hat eine Wahlkampfveranstaltung geschildert, bei der »Bubi« auf den DNVP-Vertreter Ernst von Harnack[81], Sohn des berühmten Theologen Adolf von Harnack, und eben auf Hoelz traf. Er sah »Bubi« triumphieren, denn dieser ging Harnack wegen dessen »mickrigen wilhelminischen Adels« an. Harnack entgegnete ihm: »Ach wenn ich doch auch eine so große Klappe hätte wie Sie, Herr von Alvensleben«, worauf »Bubi« entgegnet haben soll: »Was nützt Ihnen meine Klappe, wenn Sie nicht mein Herz haben?«

Aber auch gegenüber Hoelz ließ »Bubi« nicht locker und lüftete im Eifer des Gefechts ein wenig den Schleier, der zu der Zeit in den Augen vieler noch über den nationalsozialistischen Ambitionen lag. Dem früheren Schrecken der Bourgeoisie, der immerhin Anfang der 1920er Jahre einen kleinen Bürgerkrieg angezettelt hatte, warf er an den Kopf: »Mein kleiner Max, Du glaubst, dass Du ein großer Mann bist, weil Du zwei kleine Dörfer herunter gebrannt hast! Aber wenn wir marschieren und das Dritte Reich gründen, werden wir ganze Städte anzünden«.[82]

Alvensleben hatte die Zuhörer damals auf seiner Seite, wie Germain berichtet. Der feingeistige Berichterstatter selbst hatte den Ernst der Drohung allerdings kaum begriffen. Er glaubte damals daran, dass eine Verständigung, wenn nicht Versöhnung, zwischen Hoelz und Alvensleben noch möglich sei.

Alvensleben opponierte im Übrigen auch gegen seine eigene bedächtige, mit Grund und Boden verbundene Schicht, denn gegen sie polemisierte er auch bei Familientreffen. Einmal – da schreiben wir schon das Jahr 1934 – sah sich sogar die Gestapo zu einem besorgten Aktenvermerk veranlasst, weil der damalige Kreisleiter der NSDAP von Alvensleben, so der Berichterstatter, »zum Klassenkampf aufgerufen hatte«. In einer öffentlichen Veranstaltung im Kristallpalast in Magdeburg mit dem Titel »Kampf gegen die Reaktion« hatte

80 Germain 1933, S. 202.
81 Später Widerstandskämpfer, hingerichtet am 5.3.1945.
82 Germain 1933, S. 119ff.

er vor einem johlenden Publikum gegen Monarchisten, Intellektuelle und die Beamtenschaft gewettert, wobei er die Beamten als »aktenstauberbleichte Arschbackenakrobaten« bezeichnet hatte. Das ging selbst der Gestapo zu weit.[83]

Aber zunächst einmal wurde im April 1932 die SA entwaffnet und »Bubi« zu zehn Tagen Haft verurteilt. Im Februar 1933, kurz vor der Machtergreifung, kam es dann in Eisleben bei einem Propagandamarsch von SA und SS, an dessen Organisation Ludolf von Alvensleben als Kreisleiter der NSDAP führend beteiligt war, zu dem, was als »Eisleber Blutsonntag« in die Geschichte eingehen sollte. Ein junger SS-Mann wurde im Zuge eines Angriffs auf das »Klassenkampfgebäude« der Kommunisten erschossen. Die Reaktion der Nationalsozialisten bezahlten drei Kommunisten mit ihrem Leben.

Auf diese Ereignisse hat André Germain bei Betrachtung eines Fotos des SS-Opfers, das Alvensleben in Schloss Schochwitz aufgestellt hatte, ergriffen reagiert: »Nie habe ich einen Toten gesehen, der so schön war. Jung, heroisch, strahlend. Man muss diese Gesichter gesehen haben, erhellt durch die Freude, sich hingegeben zu haben, um zu verstehen…«. Er schließt: »C'est par de tels sacrifices que ce fait l'histoire«.[84] Mit dieser pathetischen Beschönigung endet das Zeugnis Germains.

Die Eingliederung von »Bubi« in den bürokratisch geführten und systematisch agierenden Sicherheitsapparat des Dritten Reichs, von dem noch zu berichten sein wird, hat der distinguierte Beobachter aus dem Nachbarland nicht mehr aus der Nähe miterlebt.

83 Schreiben Staatspolizeistelle Magdeburg an die Geh. Staatspolizei vom 18.2.1934 (BA SA 40000000 27).

84 »Aus solchen Opfern entsteht Geschichte«, Germain 1933, S. 207.

Der Krupp der deutschen Landwirtschaft

Wer es fertigbringt, zwei Halme wachsen zu lassen, wo bisher nur einer wächst, der ist größer als der größte Feldherr.
(Friedrich der Große)

Was Carl Wentzel in all den Jahren unternehmerisch gelungen war, hat der damalige Direktor der Kaiser-Wilhelm-Gesellschaft, Friedrich Glum, mit einem Schuss Bewunderung, vielleicht aber auch etwas eingeschüchtert, als eine »Landwirtschaftsfabrik« bezeichnet.[85] In Wirklichkeit war es ein über die Fläche verteilter, in Sparten gegliederter Konzern, ein besonders markantes Beispiel für die enge Verflechtung agrarischen und industriellen Kapitals.

Es gab die Gutsbetriebe und die industriellen Nebengewerbe, später auch noch andere Industriebeteiligungen, die mit der Landwirtschaft kaum noch etwas zu tun hatten. Hier sei nur zusammengefasst, was Erich Neuß und Hubert Olbrich, früher Professor für Zuckertechnologie an der TU Berlin, über die Unternehmungen aus landwirtschaftlich-betriebswirtschaftlicher Sicht berichtet haben.[86]

1944 hatte die Wentzelsche Unternehmensgruppe im Halleschen Becken 9000 Hektar fast ausschließlich besten Ackerbodens unter dem Pflug, produzierte Saatgut, hatte angegliederte Zuckerfabriken, Mühlen-, Bergbau- und andere Betriebe sowie ein Waldgut. Bei Umsätzen, die zwischen 21 und 23 Millionen Reichsmark gelegen haben müssen, erwirtschaftete sie damit einen jährlichen Reingewinn von etwa einer Million Reichsmark (ca. 4 Millionen Euro). Zahlen zu den beschäftigten Arbeitnehmern sind angesichts der verschachtelten Unternehmensstruktur nur bedingt aussagekräftig. Allein in der Landwirtschaft im weitesten Sinne sollen es 18 000 gewesen sein.[87]

Die meisten der 21 Güter, die ganz überwiegend im Eigentum standen und nur zu einem knappen Fünftel zugepachtet waren, lagen von Ost nach West vielleicht 20 km, von Nord nach Süd etwa 23 km auseinander. In mächtigen Blöcken, die an der Peripherie aber mehr und mehr Streulagen waren, gruppierten

85 Glum 1964, S. 370.
86 Im Einzelnen: Neuß 1957 (Typoskript), S. 81ff. – Olbrich 1981, S. 33ff. – Scherf 2018, S. 53ff.
87 Pfeiffer 2011, S. 76. Insgesamt ist von über 40000 Menschen die Rede, die bei Wentzel in Lohn und Brot waren, vgl. Wentzel 2004, S. 64.

sich die Ackerflächen um die ursprünglichen Erwerbungen und Pachtungen: Um Oberröblingen-Schraplau, um Teutschenthal und Salzmünde, um Brachwitz, Pfützthal und um Langenbogen.

Die Mansfelder Landschaft, die auch ihre lieblichen Ecken und freundlichen Idyllen hatte, wurde an diesen Orten stark von den Betrieben geprägt. In Teutschenthal und in Salzmünde mit ihren mächtigen Kornspeichern und Industrieanlagen traten auch die Schattenseiten des industriellen Wandels hervor.

Erich Neuß, im Allgemeinen ein Bewunderer Wentzels, hat in seiner bereits erwähnten Skizze »Wanderungen durch die Grafschaft Mansfeld«, die in den 1930er Jahren entstanden ist, einen realistischen aber auch kritischen Blick auf diese Landwirtschaft geworfen, die immer mehr zu einer Industrielandschaft wurde:

> Nicht immer ist das Teutschenthal ein Reiz fürs Auge und ein Ort zum beschaulichen Schlendern, am wenigsten um die Zuckerrübenzeit, wenn ein trüber Novemberhimmel über einer trostlos grauen Landschaft hängt, das Dorfbild beherrscht wird von den Wagen, die die Rüben zur Fabrik, die Schnitzel wiederum zum Bauern fahren, wenn die Straßen handhoch bedeckt sind vom schwärzlich-schmierigen Ackerlehm, die Gärten aber verwüstet daliegen und die entlaubten Bäume vor Nebelnässe triefen. Freilich ist auch der Gegensatz von schlummernder Natur und von gedrängtestem Arbeitstreiben von eigenem Reiz, es wölkt und dampft und raucht überall aus den Nüstern der Pferde, über den Klärteichen der Zuckerfabriken, aus den Essen der Kaliwerke und der Kohlengruben.[88]

Der »Wirbel des Übergangs der deutschen Nation aus einem Bauernvolk in einen Industriestaat«, wie es Wilhelm Raabe in seiner kleinen Erzählung »Pfisters Mühle«[89] genannt hat, hatte ja schon fünfzig Jahre früher eingesetzt. Die Geschichte, in der die Tage der klappernden Mühle am rauschenden Bach gezählt sind und am Oberlauf des Gewässers eine »zinnengekrönte, gigantisch beschornsteinte Zuckerfabrik entsteht, und das industrielle Zeitalter schon im Entstehen seine Unschuld verloren hat«, beschreibt die Zustände, wie sie zu Zeiten des Kommerzienrats Boltze und von Carl Emil Wentzel, des »Langenbogeners« geherrscht haben.

Die gedämpfte politische und wirtschaftliche Stimmung nach dem Ersten Weltkrieg konnte den Landwirt, mittlerweile in den Vierzigern, nicht bremsen. Ganz im Gegenteil, er hat gegen die politischen Konfrontationen und wirtschaftlichen Brüche der frühen Weimarer Jahre mit aller Kraft regelrecht aninvestiert. Vor allem setzte er, wie er selbst einmal stolz vermerkte, gegen

88 Neuß 1938, S. 57.
89 Erzählung von Wilhelm Raabe aus dem Jahr 1884 (Union Verlag Berlin 1971).

den Trend der lahmen Nachkriegskonjunktur eine rege Bautätigkeit in Gang.[90] Hinzu kamen Projekte, die dem agrartechnisch nicht vorgebildeten Leser wenig bedeuten, im Wentzel-Imperium aber alltägliche Stichworte waren.[91]

Boden und Klima der Magdeburger Börde und des Halleschen Beckens gehören zum Besten, was man sich in Deutschland als Bauer wünschen kann. Die Bodenwerte liegen dort erheblich höher als in Ostelbien und auch höher als in manchen westlichen Gebieten. Der Grundsteuerreinertrag, eine Messgröße für die Bodenqualität, lag in der Provinz daher um mehr als die Hälfte höher als im preußischen Durchschnitt. Perfekt waren die Ausgangsbedingungen gleichwohl nicht. So lagen beispielsweise alle Wentzel-Betriebe im Regenschatten des Harz, weshalb auch arbeitsintensive, aber der Trockenheit eher widerstehende Feldfrüchte überwogen: Weizen, Gerste, Erbsen und Zuckerrüben.

Wer Wentzel nach seinem Erfolgsrezept befragte, bekam die lakonische Antwort: »Genügend Dünger und genügend Wasser!« Er errichtete umfangreiche Beregnungsanlagen, nach dem Zeugnis seines Freundes Wilmowsky damals ein »staunenerregendes Novum«.[92] Beträchtlichen Aufwand erforderte die Verwendung von Kunstdünger zusätzlich zur Stallmistdüngung. Daran wurde nach den Begriffen der damaligen Zeit nicht gespart.[93]

Wentzel stand seinen Betrieben mit Hilfe zweier »Oberinspektionen« in Teutschenthal und in Salzmünde vor. Er ließ sich gewöhnlich um sechs Uhr in der Frühe von seinem Diener Friedrich wecken. Der war ihm beim Ankleiden behilflich und servierte ihm das Frühstück. Ab sieben Uhr saß Wentzel am Schreibtisch und erledigte seine umfangreiche Privatkorrespondenz. Eine Stunde später erschienen Mitarbeiter zu Rücksprachen oder Besprechungen. Im Laufe des Vormittags startete er mit Auto und Chauffeur zu seinen Rundfahrten in die Betriebe. Sie endeten regelmäßig im Herrenhaus Salzmünde, wo er zu Mittag aß und die laufenden Geschäfte im dortigen Betrieb erledigte. Der übrige Tag war mit Konferenzen und Besprechungen ausgefüllt. Wentzel hatte »immer Zeit für jeden« (Neuß).

90 1920 wurden in Langenbogen ein Beamten- und ein Arbeiterwohnhaus gebaut, die Wohnkolonie Oberteutschenthal, 1921 die Kolonie Langenbogen. In Salzmünde entstanden Wohnhäuser und das Saatzuchtlaboratorium mit seinem Versuchsgelände. Zwischen 1920 und 1935 wurden fast zweihundert Wohnungen neu gebaut oder hergerichtet.

91 Saatgutspeicher, Rübenschwemme, Schnitzeltrocknung, der Wasserturm in Teutschenthal, der Neubau der Leichtölgewinnung in der Grube Henriette und das Sägewerk in Möllendorf im Harz.

92 Wilmowsky 1961, S. 131.

93 Im Vergleich zum Reichsdurchschnitt hieß das: Mehr als dreimal soviel Stickstoff, mehr als doppelt soviel Phosphorsäure und doppelt soviel Kali. Das war aber immer noch nur rund ein Drittel von dem, was man heute aufwenden würde. Die hohen Investitionen lohnten sich. Die Ernte bei Getreide, Zuckerrüben, Erbsen und Kartoffeln lagen bei Wentzel im mehrjährigen Schnitt beim Vierfachen der Durchschnittswerte im Deutschen Reich, vgl. Olbrich 1981, S. 45f.

Herrenhaus Salzmünde, ca. 1935

Betriebsamkeit, innere und äußere Unruhe werden manchmal als hervorstechende Merkmale des Provinzialsachsen bezeichnet. Wenn das stimmt, dann war Wentzel ein Provinzialsachse durch und durch. Ständige Telefonate, mit denen er bei seinen Mitarbeitern vor Ort die Niederschlagsmengen abrief, entwickelten sich bei ihm zu einer regelrechten Obsession. Es wurde berichtet, dass er, als die Ärzte ihm bei einer akuten Erkrankung das Telefonieren verbieten wollten, in einen solchen Erregungszustand geriet, dass das Verbot erschrocken zurückgezogen werden musste. Seinen Schwestern telegraphierte er manchmal, wieviel Niederschlag es gerade gegeben hatte. Zuviel Regen, zu wenig Regen, Wind, Sonne oder Trockenheit ließen ihn das Schlimmste befürchten und Gegenstrategien entwickeln, wobei er immer den »worst case« zu Grunde legte. Selbst in seiner Privatkorrespondenz mit befreundeten, der Problematik absolut fernen »Städtern« kehrte dieser breit gebildete Mann nach Exkursen über die Weltlage zum beherrschenden Thema des Wetters zurück, auch dann noch, als schon fast ganz Deutschland in Schutt und Asche lag. Als seine Schwiegertochter, Lore Pfeiffer-Wentzel, mehr als ein halbes Jahrhundert später ihre Erinnerungen zu Papier brachte, gab sie zu Protokoll, diese Eigenheit ihres Schwiegervaters habe sie dazu verleitet, noch bis ins hohe Lebensalter täglich eine Notiz zum Wetter in ihren persönlichen Kalender einzutragen.[94]

94 Pfeiffer 2011, S. 83.

Die ehemalige Saatzuchtanstalt Salzmünde, 2019

Als Saatgutzüchter erwarb sich Wentzel fast so etwas wie Weltruhm. Er hatte eine gute Nase für die Bedeutung neuer agrartechnologischer Entwicklungen und setzte sie in die Praxis um. Es gelang ihm, den Arzt, Biologen und Vererbungsforscher Erwin Baur (1875–1933) zu verpflichten, einen Großen seines Fachs, damals Professor an der Landwirtschaftlichen Hochschule Berlin (Dahlem). In dessen Hände legte er zu Beginn der 1920er Jahre die Leitung der Saatzuchtanstalt Teutschenthal-Salzmünde.[95] Professor Baur begann, in Salzmünde Hybridweizen zu züchten, der zu dem sandigen Boden Mitteldeutschlands passte. Wentzel war damals einer der wenigen Privatzüchter, die es sich leisten konnten, die aufwendige Kreuzungsmethode anzuwenden – mit Erfolg, denn die Saatgutproduktion wurde zu einem eigenen Geschäftsfeld, mit dem er zeitweise fast ein Viertel des deutschen Marktes beherrschte. Bereits unmittelbar nach dem Ersten Weltkrieg, in den Dürrejahren, lieferten die Wentzel-Betriebe 32000 Zentner Zuckerrübensamen nach Amerika, immerhin ein Sechstel der amerikanischen Gesamteinfuhren, und 20000 Zentner in »neutrale Staaten«.

95 Schiemann 1935, S. 81.

Der Züchtungsforscher Erwin Baur, 1928

Die Züchtungen hatten oft poetische Namen. Eine gegen Blattkrankheiten resistente, ertragreiche und gut backfähige Kreuzung hieß »Roggen-Weizen-Hochzeit«[96] es gab aber auch noch den »Original-Sturm-Roggen«, den »Original-Echo-Hafer« und den »Original-Standard-Winter-Weizen«.

Etwas überraschen und zu Interpretationen Anlass geben mag die Taufe einer lagerfesten Sommerweizensorte auf den Namen »Wentzels blaue Dame«. Da es einen allgemein gebräuchlichen Begriff »blaue Dame« nicht gibt und auch in Wentzels Leben eine blaue Dame in Fleisch und Blut nirgendwo auftaucht, mag die Titelgebung folgende Bewandnis haben: Auf Schloss Schochwitz hing damals ein Porträt der Johanna Caroline Christiana von Alvensleben, ein Ölgemälde von Christian Lisiewski, einem bedeutenden Hofmaler des 18. Jahrhunderts. Es wurde »Blaue Dame« genannt. Vielleicht hat sich Wentzel einen kleinen Scherz erlaubt und als Abgrenzung von ererbter Adelstradition seine agrartechnischen Erfolge dagegengesetzt. Seine neue Weizensorte war eben seine »blaue Dame«. Aber zu beweisen ist das nicht.

Wentzel machte sich die »listige Lüftung stiller Elementargeheimnisse«, von der Alfred Kerr gesprochen hatte, zunutze. Damit stand er in einer Reihe mit

96 Sie soll Weltruf besessen haben, Harney 1950, S. 342.

anderen bedeutenden Landwirten in Mitteldeutschland, die ähnliche Erfolge vorzuweisen hatten. Gerade in dieser Region wurde in jenen Jahren die wissenschaftlich-technologische Entwicklung des Agrarsektors aktiv vorangetrieben. In den provinzialsächsischen Gebieten, in denen der Zuckerrübenanbau dominierte, hatte sich eine den gesamten Großgrundbesitz der Provinz zunehmend prägende Schicht modern wirtschaftender Großagrarier herausgebildet, deren Betriebe hinsichtlich ihres Intensivierungsgrades, ihrer Betriebsorganisation und ihres Marktanteils für die damalige Zeit Maßstäbe für ganz Deutschland setzten.[97]

Zu den Pionieren der agrarischen Innovation gehörten Zeitgenossen wie etwa Johann Schubart, der den Rotklee einführte, Erich Rabbethge, der sich mit Zuckerrübensaatgut Weltgeltung verschaffte, Wilhelm Rimpau mit seinem Schlanstedter Roggen und schließlich Adolph Frank, der zum Begründer der deutschen Kali-Industrie wurde. Mit der Lochow-Petkus GmbH gründete Wentzel 1927 eine Verkaufsgesellschaft für Saatgetreide.

Wentzel hätte den Ausdruck nicht in den Mund genommen. Andere aber taten es: Sie nannten ihn einen »Zuckerkönig«; zuletzt geschah dies 1970 in einer DDR-Publikation.

Wentzel machte die von seinem Großvater gegründete Zuckerfabrik in Langenbogen zur größten ihrer Art in Deutschland. Die ebenso alte Fabrik der Boltzes in Salzmünde ließ er 1926 in eine Saftstation und Trocknungsanlage umbauen. Durch eine landschaftsästhetisch diskutierbare, damals jedenfalls aufsehenerregende 6,7 km lange Saftleitung über die Saale wurde die Fabrik in Langenbogen mit einer sog. »Saftstation« in Salzmünde verbunden, einem aus Frankreich übernommenen Verfahren.

Die Zuckerproduktion öffnete Wentzel die Tür zur Welt der deutschen Banken und der internationalen Rohstoffmärkte. Der deutschen Zuckerindustrie ging es nach dem Ersten Weltkrieg, nach der Inflation und während der Weltwirtschaftskrise schlecht. Zuckerrübenanbau ist kapitalintensiv und die internationalen Märkte waren starken zyklischen Schwankungen ausgesetzt. Vor dem Weltkrieg war Deutschland der größte Zuckerproduzent der Welt. 1923 wurde aber nur noch halb so viel Zucker in Deutschland hergestellt wie 1914. Nach Kriegsende sahen sich die Rübenbauern einer harten internationalen Konkurrenz ausgesetzt. Ihre Gewinne schrumpften.

Das hatte mehrere Gründe. Infolge der Gebietsverluste durch den verlorenen Krieg hatte sich die Produktion ebenso markant verringert wie die nach dem Krieg fast um die Hälfte reduzierte Zahl (billiger) ausländischer Wanderarbeiter. Hinzu kamen verringerte Arbeitszeiten, eine erheblich größere Streikneigung und Probleme bei der Beschaffung von Rohstoffen. Insbesondere bei der

97 Nabert 1992, S. 144.

Kohlebeschaffung gab es Engpässe. Der Kampf um die Einfuhrgenehmigung ausländischer Arbeitskräfte und die Abwehr ausländischer Zuckerimporte, insbesondere aus der Tschechoslowakei, blieben die beherrschenden Themen der deutschen Zuckerindustrie bis tief in das Dritte Reich hinein.

Mit dem Wegfall der Zwangswirtschaft im Jahre 1921 wurde der Ruf nach Konzentration in der rübenbauenden Landwirtschaft lauter. Wentzel hatte erkannt, dass die Abhängigkeit der Raffinerien von den Rohzuckerherstellern größer geworden war, weil erstere nicht mehr in der Lage waren, letztere zu finanzieren. Die Aussichten, die Abhängigkeitsverhältnisse im Interesse der Hersteller umzukehren, waren daher günstiger geworden. Diese Situation machte er sich zunutze.

Seine Strategie bestand aus zwei Schritten. Bereits 1919 gelang es ihm, die Rohzuckerhersteller des Hallenser Bezirks zur »Vereinigung Mitteldeutscher Rohzuckerfabriken«, im Folgenden kurz nach der allgemein gebräuchlichen Abkürzung »Vemiro« genannt, zusammenzuschließen, deren Sprecher er wurde. Mit dem zweiten Schritt wollte er die Raffinerien in die Hand bekommen. Dazu entfachte er einen erbitterten Übernahmekrieg. Im Zentrum der Taktik der von ihm angeführten Gruppe von Rohzuckerherstellern stand die Drohung, »im Falle irgendwelchen Widerstandes« eine Sperre über die Zuckerraffinerie Halle zu verhängen und sämtlichen Rohzucker an die Konkurrenz zu verkaufen. Aber auch auf Seiten der Rohzuckerhersteller gab es Widerstand. Viele opponierten gegen die Vereinigung und warnten vor den Risiken des Raffineriebetriebs.

Die damals in Fachkreisen sowohl betriebswirtschaftlich als auch wirtschaftspolitisch überaus streitige Übernahme wurde nicht nur unter den beteiligten Geschäftsleuten, sondern auch in den Medien ausgefochten. »Der Pressekampf tobt weiter«, hieß es einmal.[98] Dabei machte sich die Fachpresse in Gestalt des »Centralblattes für die Zuckerindustrie« zum Sprachrohr der Konzentrationsgegner.[99]

Die stürmisch verlaufende Hauptversammlung der Zuckerraffinerie Halle am 6. Februar 1922 war eine achtstündige Marathonsitzung, bei der man wegen des großen Andrangs in einen größeren Raum umziehen musste. Ein Vertagungsantrag wurde nach namentlicher Abstimmung abgelehnt. Danach wendeten sich die Dinge. Wentzel ließ in gewohnter Weise andere reden, vor allem den alten Vorstand der Raffinerie, der sich für die Übernahme aussprach. Wentzel erhöhte schließlich durch einen Zusatzantrag das Übernahmeangebot in Höhe von 1000 % des zu zahlenden Aktienwerts auf 1012 % und erreichte damit, dass eine Mehrheit der Anteilseigner seinem Vorschlag folgte.[100]

98 Centralblatt 1922, S. 644.
99 Centralblatt 1922, S. 380, S. 466, S. 498.
100 Centralblatt 1922, S. 524.

Malzfabrik Eisleben, eine von vielen Fabriken im Konglomerat Wentzel, um 1920

Ehemalige Ziegelei Salzmünde, 2019

Eine stattliche Minderheit stimmte aber dagegen und versuchte, eine Verletzung ihrer Minderheitenrechte gerichtlich geltend zu machen, scheiterte damit jedoch.[101] Noch nachdem die Übernahme längst unter Dach und Fach war, hielt der Verband deutscher Zuckerraffinerien den Zusammenschluss volkswirtschaftlich für unberechtigt.[102]

Man sprach ab jetzt von der »Zusammenschluss-Bewegung«.[103] Sie sollte bald die gesamte Zuckerindustrie erfassen, denn Halle war für Wentzel nur der erste Schritt gewesen. Bald folgten die Raffinerien Rositz und Holland. Das Konglomerat firmierte danach als »Konzern-Halle-Rositz-Holland«. Damit war durch den horizontalen Zusammenschluss der Zuckerfabriken und die anschließende Übernahme der Raffineriekapazitäten ein marktbeherrschender Zusammenschluss entstanden. Der Konzern führte 33 Rohzuckerfabriken (immerhin 11% aller deutschen Rohzuckerfabriken), drei Raffinerien und eine Schokoladenfabrik zusammen. Carl Wentzel übernahm zusätzlich zu seinem Vorsitz in der Rohzuckervereinigung nun auch den Vorsitz in den Aufsichtsräten Halle, Rositz und Alten und trat in den Vorstand des Vereins für die deutsche Zuckerindustrie ein.

Das Modell erwies sich in der Folgezeit als sehr attraktiv. 1929 war die Zahl der beteiligten Rohzuckerhersteller bereits auf 48 gestiegen. Im Laufe der Jahre haben der Vereinigung bis zu 55 Unternehmen angehört. Bald schlossen sich drei Viertel der gesamten deutschen Zuckerindustrie in ähnlicher Form zusammen.

Der Zusammenschluss war ein origineller industriepolitischer Schachzug, der mit einer gewissen Robustheit durchgeführt wurde. Wentzels Rechnung ging auf. Rentabilität und Wettbewerbsfähigkeit erhöhten sich. Es waren nicht mehr die Raffinerien, die den Herstellern die Preise diktieren konnten, sondern die Hersteller, die bis zum Fertigprodukt den vollen Erlös ihrer Arbeit bekamen. Der Rübenanbau wurde lohnender und die Fabriken profitierten von der Rationalisierung und von den Chancen, die sich durch den verstärkten Ausbau von Forschung und Entwicklung auftaten.

Unter ordnungspolitischen Gesichtspunkten war die Aktion freilich anfechtbar. Wentzel hatte zunächst die Raffinerien mit einem Rohstoffkartell in die Knie gezwungen, um dann vertikale Marktbeschränkungen einzuführen. Er selbst hat diese Operation vom »wirtschaftspolitischen Standpunkt der Marktbeeinflussung« als ein notwendiges Übel betrachtet.[104]

101 Urteil LG Halle, LASA, I 600, Nr. 345
102 Centralblatt 1922, S. 582.
103 Schöne 1934, S. 19.
104 LASA, H Rep. Teutschenthal, Nr. 12, Bl. 54.

Carl Wentzel, Gemälde von Hermann Groeber, 1922

Das Gelingen dieses Projekts, das nun wirklich nichts mehr mit dem »von den Vätern Ererbten, das man erwerben mußte, um es zu besitzen«, zu tun hatte, war einer der großen beruflichen Erfolge seines Lebens. Etzrodt, der Familienchronist, schreibt, Wentzel habe es »sein Leben lang als seine größte Leistung betrachtet, daß er der deutschen rübenbauenden Landwirtschaft die Veredelung des Rübenzuckers in eigenen Raffinerien ermöglichte«.[105] An anderer Stelle heißt es, erst die Rohzuckervereinigungen hätten einen Wiederaufbau der durch Krieg und Inflation zerbrochenen deutschen Zuckerindustrie ermöglicht und damit der deutschen Landwirtschaft wertvolle Dienste geleistet.[106] Im »Centralblatt für die Zuckerindustrie« wird ihm eine Weile später rückblickend bescheinigt, dass es (den von ihm gewiesenen Wege) »allein zuzuschreiben ist, daß die Zuckerindustrie die schwere Zeit der Nachkriegsjahre überstanden und die Kraft behalten hat, sich für die Wiedereinnahme der Stellung zu rüsten, die ihr vor dem Kriege zufiel.«[107]

Direktor der Zuckerraffinerie Halle war damals der Agrarchemiker Professor Edmund Oskar von Lippmann (1857–1940), eine akademisch hochgeehrte Persönlichkeit. Aus seinen Erinnerungen geht hervor, dass mit der Übernahme neue Saiten aufgezogen wurden und es ihm anfangs nicht leicht fiel, sich mit den völlig veränderten geschäftlichen und persönlichen Beziehungen abzufinden. Lippmann hat seine Meinung später korrigiert und an seinem Lebensende voller Respekt über Wentzel gesprochen. Dazu hat sicher beigetragen, dass dieser, wie Lippmann sich erinnert, (unter den führenden Persönlichkeiten des Zuckerkartells) einer der wenigen war, die nicht »von rein agrarischen Interessen erfüllt waren«.[108]

Als Wentzel 1925 dem dann schon Hochbetagten dessen bevorstehende Entlassung aus dem Vorstandsvorsitz ankündigen musste, hat Lippmann ihm gleichwohl »vornehme Gesinnung und überragenden Einblick«[109] bescheinigt.

Ernteprobleme sind auch Finanzierungsprobleme. Der Lohnaufwand, die notwendige Lagerung, die schwierige Beleihbarkeit der Zuckerrübenernte, die Kapitalauszehrung der Landwirtschaft sowie der hohe Investitionsstau hatten in der Zuckerwirtschaft eine hohe Kreditnachfrage ausgelöst. Im Herbst 1923 verfügten die meisten Zuckerfabriken nicht einmal mehr über die Mittel, um die Kohlen für die Eröffnung der Betriebszeit zu bezahlen, geschweige denn den Rübenbauern die notwendigen Barvorschüsse zu geben, um die Rübenernte zu bergen.[110]

105 Etzrodt 1937, S. 171.
106 Schöne 1934, S. 89.
107 Centralblatt (1926), S. 1273.
108 Lippmann 1982 (1992), S. 122.
109 Ebd., S. 123.
110 Schöne, S. 82.

Im August 1923 gründete Wentzel deshalb auf der Basis der Fabriken der Rohzuckervereinigung und der angeschlossenen Raffinerien die »Zuckerkreditbank AG Berlin«. Das ursprüngliche Aktienkapital betrug 400 000 Goldmark. Zur Finanzierung der ersten Zuckerkampagne wurde zudem eine Anleihe von 12 Millionen Goldmark gegeben, die sofort auf dem Kapitalmarkt untergebracht werden konnte und in der Kampagne immerhin nahezu ein Drittel der deutschen Zuckerproduktion finanzierte.[111]

Ursprünglich hatte die Bank nur einen regionalen Auftrag. Am Ende nahmen aber mehr als 40 % aller deutschen Zuckerhersteller sie in Anspruch. Sie entwickelte sich zu einem anerkannten Spezialinstitut, das auch im Ausland einen guten Ruf genoss und eine ansehnliche Dividende ausschüttete.

Die schnelle Gründung trug zur Stabilisierung der mitteldeutschen Zuckerindustrie bei. Die Bank, die 1942 mit dem Halleschen Bankverein von Kulisch, Kaempf & Co. verschmolzen wurde, bestand bis 1945. Carl Wentzel war bis zu seinem Tode Vorsitzender des Aufsichtsrats.

Über seinen spezifischen Beitrag im Rahmen der Verhandlungen über internationale Regulierungen des Zuckermarktes im Zusammenhang mit dem 1931 unterzeichneten Chadbourne-Abkommen, eine äußerst komplexe Materie, die hier nicht vertieft werden kann, ist wenig bekannt. Dabei ging es darum, mithilfe von vereinbarten Exportquoten und damit einhergehenden Produktionseinschränkungen das weltweite Überangebot vom Markt zu nehmen und den Fall der Weltmarktpreise zu stoppen.[112] Originellerweise war das Abkommen kein Regierungsabkommen im eigentlichen Sinne, sondern wurde ausschließlich von privaten Geschäftsleuten verhandelt. Diese waren allerdings darauf angewiesen, bei der innerstaatlichen Umsetzung gesetzgeberische Rückendeckung ihrer jeweiligen Regierungen zu bekommen.[113] Wentzel war eines der maßgeblichen Mitglieder der deutschen Delegation.[114] Delegationsleiter war Erich Rabbethge-Klein-Wanzleben, auch so etwas wie ein deutscher Zuckerkönig, der bei diesen Verhandlungen schnell zum Wortführer der europäischen Zuckerindustrien wurde.[115] Als nach Maßgabe des Chadbourne-Abkommens der Internationale Zuckerrat (»International Sugar Council«) gegründet wurde, ein Überwachungs- und Schlichtungsorgan, war Wentzel wiederum einer der deutschen Delegierten.[116] Im Beratenden Wirtschaftskomitee des Völkerbunds arbeitete Wentzel zusammen mit seinem

111 Ebd., S. 83.
112 Dazu im Einzelnen Graevenitz 2017, S. 321ff.
113 Ebd., S. 347ff.
114 Mikusch 1932, S. 57.
115 Graevenitz 2017, S. 332f.
116 Ebd., S. 131.

Konferenz der europäischen Zuckerindustrie, Brüssel 1930, rechts außen die deutsche Delegation, 3. von rechts Carl Wentzel

französischen Kollegen einen konstruktiven, nicht ausschließlich deutsche Interessen berücksichtigenden Vorschlag zur Regulierung der Zuckerproduktion aus.[117]

Diese Aufgaben haben den fließend englisch und französisch sprechenden Zuckerfachmann Anfang der 1930er Jahre des Öfteren zu internationalen Verhandlungen nach London, Genf, Brüssel oder Paris geführt.

Wentzel wurde ein ganz Großer der deutschen Landwirtschaft. Er war jetzt nicht mehr nur Landwirt, sondern auch Saatgutzüchter und Zuckerproduzent von nationaler und internationaler Geltung. Er war mehrfacher Millionär geworden. Das Anlagevermögen dürfte in den 1940er Jahren bei 30 Millionen Mark gelegen haben. Andere sprechen von 40 Millionen.

Die Wentzel'schen Betriebe hatten sich zu einem agrikulturellen Wallfahrtsort entwickelt. Politiker, Lehrende und Lernende aus aller Herren Länder besichtigten sie. 1936 wurde in Anwesenheit von Reichsbankpräsident Hjalmar Schacht ein neuer Betriebsfilm uraufgeführt. Die Besucherbetreuung blieb bis in den Krieg hinein eine wichtige und den Chef selber stark in Anspruch nehmende Aufgabe.

117 Ebd., S. 207f.

Heinz Haushofer hat Wentzel in seiner 1958 erschienenen »Ideengeschichte der deutschen Agrarwirtschaft« als den »erfolgreichen Organisator der bis zum Ende des Zweiten Weltkriegs größten landwirtschaftlichen Betriebseinheit Deutschlands« bezeichnet.[118] Wilmowsky sprach von einer Unternehmerpersönlichkeit von internationalem Ansehen, einem »ausgesprochenen Typ eines mit der Landwirtschaft wie mit der Industrie gleich stark und gleich schöpferisch verbundenen Wirtschaftsführers«.[119] Professor von Lippmann hielt Wentzel für einen der angesehensten Fachgenossen, »maßgebend durch ausgedehnten und vorbildlich bewirtschafteten Grundbesitz, durch mannigfache industrielle Beteiligungen, sowie durch vielseitige Kenntnis und wirtschaftliche Einsicht«.[120] Selbst der Volksgerichtshof sah sich veranlasst, in seiner schrecklichen Urteilsbegründung auf Wentzels große Verdienste hinzuweisen, und Justizminister Thierack bezeichnete ihn gegenüber Hitler als »einen der bedeutendsten Saatzüchter Europas«.[121]

Wentzel selbst, der den Mund nie zu voll nahm, hat sich nach der Verurteilung zum Tode, als alles nichts mehr half, in seinem Gnadengesuch als den größten deutschen Landwirt »der Produktion nach« bezeichnet.

Das ist ein wenig missverständlich. Wentzel war beileibe nicht »der größte«. Nimmt man die landwirtschaftliche Nutzfläche als ersten groben Maßstab, dann hatte er nicht einmal den größten landwirtschaftlichen Besitz der Provinz Sachsen. Die größten Grundbesitzer dort waren die Fürsten Stolberg, von denen allein der Fürst Stolberg-Wernigerode eine Gesamtfläche von fast 23 000 Hektar mit sechzehn Großbetrieben bewirtschaften ließ.

Wentzel war auch nicht der Reichste, weder im Deutschen Reich noch in der Provinz Sachsen. Vor der Fusion figuriert er im »Jahrbuch der Millionäre in der Provinz Sachsen« (aus dem Jahr 1913) auf dem 16. Platz hinter dem fürstlichen Reichtum, dem einiger Bankiers in Halle sowie anderer Grundbesitzer und Fabrikanten.[122] Die »Boltze-Wentzel-Hochzeit« kam erst zwei Jahre später. Sie sollte das Ehepaar Wentzel mit einem zusammengelegten Betriebsvermögen von etwa 20 Millionen Reichsmark in die Spitzengruppe der provinzialsächsischen Millionäre katapultieren.

Wentzel hatte seine Unternehmen durch Krieg, Wirtschaftskrisen und politische Umwälzungen intelligent hindurchgesteuert. Von der Kaiserzeit über den Ersten Weltkrieg, die turbulenten Weimarer Jahre, Inflation und Agrarkrise, blieb er nachhaltig erfolgreich.

118 Haushofer 1958, S. 336.
119 Wilmowsky 1961, S. 183.
120 Lippmann 1982 (1992), S. 121.
121 Schreiben Thierack an Bormann vom 22.11.1944 (BArch NS 6/19, Bl. 72).
122 Martin 1913, S. 4.

Ein Vergleich mit dem Schicksal anderer Betriebe zeigt das besser als alle Zahlenvergleiche. In der Folge der Agrarkrise hatte es in der Weimarer Republik einen raschen Anstieg von Zwangsversteigerungen auch bei landwirtschaftlichen Großbetrieben gegeben. Der spektakulärste Fall war der Bankrott der bereits erwähnten Fürsten zu Stolberg-Wernigerode Ende der 1920er Jahre. In dessen Regulierung übernahm die Dresdner Bank das gesamte Vermögen des fürstlichen Hauses, damals die Nr. 1 der Latifundienbesitzer in der Provinz Sachsen. Zwischen 1924 und 1933 gingen in der Provinz Sachsen neunzehn landwirtschaftliche Großbetriebe (über 200 Hektar) in die Zwangsversteigerung, im Freistaat Preußen waren es insgesamt gut 700.

Das Erfolgsrezept des Teutschenthaler Unternehmers war die integrierte Betriebsstruktur mit ihren vertikalen Verflechtungen. Wenzel hatte die Rohstoffversorgung und die Veredelung in sein System integriert. »Nach unten« die Kohlegruben, die Wälder und die Sägemühlen, »nach oben« die Mühlen, die Zucker- und die Malzfabriken. Das Risiko war auf diese Weise breiter gestreut und die Lieferungs-, Vermarktungs- sowie Transportprobleme waren leichter zu kontrollieren. Hinzu kam, dass ein Finanzausgleich, der durch den unterschiedlichen jahreszeitlichen Finanzierungsbedarf notwendig war, innerhalb der Gesamtunternehmung stattfinden konnte und im Übrigen bei Kauf und Verkauf Konjunkturschwankungen besser ausgenutzt werden konnten. Freilich darf hier nicht unerwähnt bleiben, dass der Agrarindustrielle in den ersten Jahren des Dritten Reichs, etwa bis 1936, von der die Bauern bevorzugenden Preispolitik, die zu stark wachsenden Einkommen in der Landwirtschaft führten[123], und von Beihilfen[124] objektiv profitiert hat.[125]

Bei Übernahme des Unternehmens durch Carl im Jahr 1907 soll der Volksmund das Wort geprägt haben: »Der alte Herr war ein Edelmann, der junge ist ein Kaufmann«. In Wirklichkeit war Carl Wentzel beides. Letzteres mag er mit der Muttermilch aufgenommen haben, denn die »fabelhafte Begabung auf merkantilem Gebiet« war eine Eigenschaft, die in der Tat seiner Mutter zugeschrieben wurde.

Wer genau hinsieht, stellt leicht fest, dass sich hinter dem von Wentzel selbst sorgsam gepflegten Bild des biederen Praktikers ein (wenn auch nur autodidaktisch gebildeter) Volks- und Betriebswirt mit Hang zum unternehmerischen Risiko verbarg. Schon als junger Landwirt war er, wie seine Schwester berichtet, auf die Idee gekommen, dass man die Veilchenpolster, von denen der Heimatforscher Neuß eingangs über Brachwitz poetisch-romantisch berichtet hat, auch pflücken und auf dem Markt in Halle zu Geld machen konnte. Der Berliner

123 Vgl. Dornheim 2011, S. 102f.
124 Scherf 2018, S. 91.
125 Vgl. auch Bues 1972, S.223ff.

Verleger Alfred Schuster[126], ein eher exotisches Gewächs im Wentzel'schen Freundeskreis, sprach von einer Kombination eines gesunden und entwickelten Erwerbssinns mit einem großen Verständnis für die allgemeine Lage.[127]

Wentzel atmete und lebte völlig mit der Landwirtschaft, war aber andererseits ein in Zahlen verliebter, scharf kalkulierender Unternehmer. Er war ein geschickter Lobbyist und vor allem in diesem Kontext ein politisch denkender Zeitgenosse. Ordnungspolitisch zeigte er eine vielleicht etwas opportunistische Mischung industriepolitischen und freihändlerischen Denkens. Alfred Schuster sprach von der »merkwürdigen Zusammenarbeit eines feudalen Konservativismus mit kapitalistischen, sozialistischen, modernen Ideen.«[128] Mit dieser originellen, in ihrer Überdehnung vielleicht auch ein wenig hilflosen Beschreibung ist die Spannweite Wentzel'schen Unternehmertums dann doch irgendwie plastisch dargestellt.

Tilo von Wilmowsky erinnerte sich nach dem Krieg an einen Mann, der »in beiden Sparten (Landwirtschaft und Industrie) Risiken mit genial anmutender Sicherheit« einging. Mit feinem Differenzierungsvermögen fügte der ihm landwirtschaftlich-unternehmerisch nahezu Ebenbürtige hinzu: »... und letzten Endes meist Erfolg hatte«.[129]

Wentzel selbst hat stets das Bild des Landwirts, des Volksernährers gepflegt. Er »hat mehr Halme wachsen lassen« als manch anderer, und er zitiert dieses Wort Friedrichs des Großen noch in seiner Verteidigungsrede vor dem Volksgerichtshof.

Unter seiner Ägide wurde der Anteil industrieller Beteiligungen im Wentzel-Boltze-Vermögen allerdings immer wichtiger. Wilmowsky war sogar der Auffassung, dass (bei Wentzel) »in Notzeiten die industriellen Beteiligungen das Rückgrat bildeten«.[130]

Eine so stark diversifizierte Unternehmensstruktur ist allerdings nur schwer handhabbar und deshalb anfällig. Auch im Wentzel'schen Imperium zeigten sich Risse daher immer dann, wenn der ausgreifende Unternehmerwille sich zu weit vom Kerngeschäft entfernte.

Die von Wentzel mehrheitlich beherrschte Braunkohlengewerkschaft Bruckdorff-Nietleben engagierte sich in den 1920er Jahren in der Benzin/Kohle-Konversion. Da die hierzu entwickelten Verfahren unausgereift waren, rentierten die hohen Investitionen sich nicht und, so lesen wir bei Etzrodt, waren »die ungezählten Millionen, die im Laufe der Jahre in das Werk hineingesteckt

126 Kunstverlag Frankfurter Verlagsanstalt AG, Berlin und Frankfurt.
127 Schuster an Elster am 28.8.1947 (StaH, N 42 Nr.13).
128 Ebd.
129 Wilmowsky 1961, S. 183.
130 Ebd.

worden waren, restlos verloren«.[131] Die Verluste, die auch andere Braunkohleunternehmungen beeinträchtigten, waren am Ende so beträchtlich, dass ein wesentlicher Teil von Wentzels Betriebskapital aufgezehrt wurde. Die Übernahme der Zuckerraffinerie Alten im Rahmen des von Wentzel betriebenen Konzentrationsprozesses in der mitteldeutschen Zuckerindustrie in den frühen 1920er Jahren erwies sich ebenfalls als Fehlschlag. Sie wurde nicht rentabel und musste stillgelegt werden.

Wentzel wurde vorsichtiger. In der mit dem Jahr 1937 abschließenden Familiengeschichte gedenkt er am Schluss in Form eines Appells an die Nachkommen auch seiner Fehlschläge: »Den Söhnen und Enkeln sei gesagt, dass das Leben der Familie immer bewiesen hat, wie falsch es ist, Zeit und Geld auf Unternehmungen zu verwenden, die nicht in unmittelbarem Zusammenhang mit der Landwirtschaft und ihren Veredelungsbetrieben stehen«.[132]

Wentzel konnte als Geschäftsmann konsequent in der Verfolgung seiner von ihm als berechtigt empfundenen Interessen sein. Unternehmerischer Egoismus lag ihm nicht fern. Gleichzeitig sind Beispiele seiner menschlichen Großzügigkeit reichlich überliefert: Seine Flexibilität, wenn beispielsweise ein Partner unverschuldet seinen Verpflichtungen nicht nachkommen konnte, seine spontane Freigebigkeit, die weit hinausging über die auf dem Lande geforderten patriarchalischen Notwendigkeiten oder über das, was man heute mit betrieblicher Fürsorge umschreiben würde. Da ging es um den Sack Kartoffeln für den Städter in Kriegszeiten, die Erholungsreise für den Freund, der sie sich selbst nicht leisten konnte, oder etwa um das Pferd, das er abkaufte, weil der Verkäufer keine Verwendung, aber auch keinen Käufer dafür hatte. Mal schickte er »10 Pfund Zucker« an Freunde, mal schenkte er der Familie Neuß Futter für ihre Sau »Julanthe« und gab der Hoffnung Ausdruck, dass diese ihr Gewicht von »pflichtgemäß« 4 Zentnern erreicht und es den Kindern Freude macht, das Tier zu füttern.

Das Problem, die komplexe Unternehmensstruktur personen- und damit auch generationenunabhängig zu machen, muss den Gutsbesitzer in späteren Jahren sehr beschäftigt haben. Unübersehbar ist, dass das unternehmerische Gesamtkonzept stark von der Entschlusskraft eines Einzelnen abhängig war, der das System einschließlich der sich aus der sozialen Verantwortung ergebenden Verpflichtungen stabil halten konnte.

Der Beobachter Neuß hat in einer seiner Publikationen die Sorge klar formuliert:

131 Etzrodt 1937, S. 173.
132 Ebd., S. 174.

> Wir wagten freilich nicht die Frage an das Zukünftige der Erscheinung zu stellen: Welches Schicksal diese riesenhafte Zusammenballung von landwirtschaftlich genutzter Fläche, von landwirtschaftlichen Nebengewerben und Nebenbetrieben, von wissenschaftlichen Arbeitsstätten und Gemeinschaftsanstalten erleiden würde, wenn die persönlichen Kräfte, die dies alles bisher meisterlich zusammenhielten, einmal erlahmen und erlöschen sollten.[133]

Neuß selbst hat Wentzel später besorgt gefragt, ob dieser die Textpassage nicht als geschäftsschädigend empfunden habe. Wentzel habe nur geantwortet: »Der Mann hat recht!«[134]

Bei aller Güte, bei aller Bescheidenheit, bei allem Familiensinn: Hochgekommen ist neben Carl Wentzel keiner. Er hatte »Beamte«, aber keine Partner. Man kann die Unternehmensgruppe in diesem Sinne noch nicht einmal als Familienunternehmen, man muss sie als »Ein-Mann-Konzern« bezeichnen. Die hinter ihm stehenden Betriebsdirektoren oder etwa der Justiziar Drache brachten nicht annähernd das gleiche Gewicht auf die Waage, weder der Sohn, noch der Pflegesohn, die Schwestern, und auch nicht die Schwiegersöhne. Es gab eben fast nur Wentzel. Er war ein zu starker Baum, als dass in seiner Nähe noch andere Pflanzen hätten gedeihen können. Für viele Verwandte hatte er etwas »getan«, manchen hier oder dort »untergebracht«, für viele in die Tasche gegriffen, ihm nahestehende Bedürftige in dem penibel ausgefeilten Testament sogar mit Leibrenten bedacht. Aber in Menschen ihre eigenen Fähigkeiten zu entwickeln, sie zu motivieren und zu fördern, war ihm allem Anschein nach nicht gegeben.

Er wäre nicht der erste Familienunternehmer gewesen, dessen Unersetzlichkeit die entscheidende Schwäche war. Als ihm die Führung aus der Hand genommen wurde, war er 68 Jahre alt. Die Landwirtschaft lief da noch gut. Die Felder waren bestellt. Nur ein Feld hatte er nicht bestellt: Das seiner Nachfolge.

Die nach der deutschen Vereinigung renovierte Wohnkolonie Salzmünde steht heute unter Denkmalschutz. Die Häuser im Gartenstadt-Stil der frühen 1920er Jahre, die man vielleicht auch heute als »schmuck« oder als »gemütlich« bezeichnen mag, sind steinerne Zeugen des sozialen Engagements ihres Schöpfers. Es war ein Engagement ganz besonders patriarchalischer Prägung.

Das Beispiel leuchtet vor allem vor dem Hintergrund der eher düsteren sozialpolitischen Situation in der rübenbauenden Landwirtschaft der preußischen Provinz Sachsen im vergangenen Jahrhundert. Nachdem die Magdeburger

133 Neuß 1938, S. 69.
134 Neuß 1957 (Typoskript), S. 136.

Die unter Denkmalschutz stehende Arbeitersiedlung Salzmünde, 2019

Börde sich zum zentralen Anbaugebiet für Zuckerrüben entwickelt hatte, zog sie magnetisch landwirtschaftliche Wanderarbeiter an, die wegen der Zugehörigkeit des Gebiets zur damaligen preußischen Provinz Sachsen »Sachsengänger« genannt wurden. Viele hunderttausend haben über die Generationen hinweg zum Aufschwung der Zuckerrübenindustrie in dieser Region beigetragen.

Es waren überwiegend Frauen, die um die Mitte des 19. Jahrhunderts zur Saisonarbeit in die Börde zogen. Sie kamen zu Anfang aus anderen deutschen Regionen, später dann auch aus Polen, aus Galizien und aus Russland. Im Jahr 1907 zum Beispiel arbeiteten etwa 300 000 ausländische Wanderarbeiter in der deutschen Landwirtschaft. Ein einziges Gut hatte oft 200 Wanderarbeiter oder sogar noch mehr unter Vertrag. Sie logierten in Kasernen, die den Charakter von Notunterkünften hatten und deren Wohnverhältnisse oft menschenunwürdig waren.

Das wurde bereits in den 1860er Jahren Gegenstand einer Untersuchung, die man heute als Sozialenquête bezeichnen würde. Ihr Autor war der Pfarrer Johannes Hesekiel, der im Auftrag der Inneren Mission durch die Provinz Sachsen reiste. Der Kirchenmann sah sehr wohl die wirtschaftlichen Argumente, die die Arbeitsmigration für Arbeitgeber wie für Arbeitnehmer attraktiv machten. Er wog sie aber gegen die, wie es damals hieß, »sittlichen Argumente« ab. Das Leben in den Kasernen barg große Gefahren für die Gesundheit[135], aber auch für den Lebenswandel. Hesekiel nannte in diesem Zusammenhang die unzureichende enge Unterbringung vor allem mit Blick auf die Trennung der Geschlechter.[136] Er hob hervor, dass es während der »Kampagnen« keine Möglichkeit gab, am sonntäglichen Gottesdienst teilzunehmen, weil entweder durchgearbeitet wurde oder mangelnde Kirchentreue der protestantischen Arbeitnehmer dies verhinderten.[137]

Der strenge Herr Pfarrer ließ aber auch nicht unerwähnt, dass es im Übrigen Zeit für »Lustbarkeiten aller Art« gegeben habe:

> In vielen Kasernen wird fast jeden Abend getanzt. Die Harmonika gibt den Takt an. Der Speiseraum, im Sommer der Hofraum, bildet den Tanzsaal, und wenn nicht so oft, so gibt es doch jeden Sonntag einen Tanz, und da, wo nur ein Wirtshaus in der Nähe ist, monatlich doch wenigstens einmal dort einen Ball. Wo mehrere Wirtshäuser nahe sind, mehrt sich die Zahl dieser Bälle ...[138]

Hesekiel sah, und deutlicher kann man es – man stand damals noch vor der zweiten Reichsgründung – eigentlich nicht zum Ausdruck bringen, ein »Missverhältnis zwischen den Leistungen der Arbeiter und Arbeitgeber«. Er schrieb: »Der Arbeitgeber verlangt, wenn nicht direkt, doch indirekt, von seinen Arbeitern ein Aufgeben fast aller Grundbedingungen sozialen Lebens: Haus, Familienleben, Kindererziehung, Zucht in den Geschlechtsverhältnissen, Sonntagsfeier«. Er sieht den sittlichen und sozialen Verfall der Wanderarbeiter voraus, weil, wie er schreibt, »der materielle Gewinn, den ihm der Arbeitgeber durch die Löhnung zuführt, nur ein scheinbarer ist; denn die Verwertung desselben hängt wesentlich von dem Vorhandensein jener Grundbedingungen ab.«[139]

Das war vierzig Jahre bevor Carl Wentzel die Bewirtschaftung seiner Güter übernahm. In der Zwischenzeit hatte es staatliche Regulierungsversuche beispielsweise durch die Festschreibung räumlicher und sanitärer Mindestanforderungen gegeben. Das wird sich im Laufe der Zeit verbessert haben, war aber auch zu Wentzels Zeiten noch bedrückend. Auch in jenen Jahren wohnten die Saisonarbeiter in den Schnitterkasernen außerhalb des Gutes. Wenn sie dennoch ständig verfügbar waren und in Scharen herbeiströmten, beruhte das vor allem darauf, dass ihre Situation in den Herkunftsgebieten noch prekärer war. Bei Wentzel lag der Anteil an polnischen Fremdarbeitern auf den Rübenfeldern immerhin zwischen 36 % und 49 %.[140] Seine Wohnungsbauprojekte begründete er auch damit, dass die »Abhängigkeit der Betriebe vom Zuzug

135 Hesekiel 1982, S. 121.
136 Ders., S. 120.
137 Ders., S. 124.
138 Ders., S. 125.
139 Ders., S. 126.
140 Bues 1972, S. 139.

von Wanderarbeitern sehr (!) vermindert« worden sei.[141] Die Löhne bei den männlichen Fremdarbeitern waren übrigens im Allgemeinen gleich hoch wie bei Ortsansässigen, bei den weiblichen fielen sie sogar höher aus.[142]

Nach dem Ersten Weltkrieg führten strenge Grenzregelungen und die Devisenbewirtschaftung zur Kontingentierung ausländischer Wanderarbeitnehmer. Auch in der Weimarer Zeit waren die Wanderarbeiter ein politisches Thema. So stand der sozialdemokratische Reichsarbeitsminister Rudolf Wissell auf dem Standpunkt, die deutschen Rübenbauern müssten ihre Arbeit mit inländischen Arbeitnehmern bewerkstelligen. Gelänge das nicht, so sei das ein Beweis für die mangelnde Wettbewerbsfähigkeit der deutschen Zuckerindustrie. Deutschland tue dann besser daran, seinen Zucker von dort zu beschaffen, wo er mit bodenständigen Kräften erzeugt werden könne. Dem widersprach der Teutschenthaler Unternehmer. Er betrachtete diese Auffassung als »extrem freihändlerisch« und »wirklichkeitsfremd« und damit als existenzgefährdend.[143]

1928 plante das Reichsernährungsministerium einen rigorosen Abbau der bestehenden Kontingente, die von der Vemiro »als drohende Gefahr der absoluten Existenzvernichtung« bezeichnet wurden. Auch im Dritten Reich wurde die Zahl der ausländischen Wanderarbeiter weiter reduziert. Wentzel machte seinen Einfluss auf Regierungsstellen geltend und erreichte schließlich, man schrieb das Jahr 1937, dass das Bedürfnis nach ausländischen Arbeitskräften in Mitteldeutschland anerkannt wurde. Am 1. April 1937 wurden unter weitgehendem Ausschluss der Öffentlichkeit die Grenzen für ausländische Landarbeiter wieder geöffnet, weil auch wegen der Einführung der Wehrpflicht spürbare Engpässe auf dem Arbeitsmarkt aufgetreten waren.

Der zweite große Krieg im vergangenen Jahrhundert führte auch hier zu einem Umschwung. Es wurde nur ein Minimum an Zuckerrüben angebaut. 1944 stellten die Fremdarbeiter und Fremdarbeiterinnen in der Landwirtschaft die Hälfte aller Arbeitskräfte, wobei es sich überwiegend um Zwangsarbeiter und nur zu einem geringeren Teil um Kriegsgefangene handelte.

So war es auch in Teutschenthal und Salzmünde, weil die angestammte Belegschaft verstärkt zum Kriegsdienst eingezogen wurde. Am 22. April 1943 schrieb Wentzel: »Gestern wurde mir der letzte deutsche Mann aus den teutschenthaler Betrieben eingezogen. Ich habe hier, also am Hauptsitz, nur noch Franzosen und kriegsgefangene russische Offiziere«.[144] Diese mussten im

141 Unser Betrieb, 1.6.1934.

142 Obermeier 1999, S. 26.

143 Protokoll Sitzung des Hauptausschusses der Vereinigung mitteldeutscher Rohzuckerfabriken vom 17.8.1928 (LASA, MD,H Teutschenthal, Nr. 12).

144 Wentzel an von Mettenheim am 22.4.1943.

Schnitterkaserne in der Magdeburger Börde, 1935

Rüben verziehen in der Magdeburger Börde, Klein-Wanzleben 1940

Widerspruch zum damaligen Kriegsvölkerrecht offensichtlich arbeiten. Im März 1944 kam es zu einem erschreckenden Zwischenfall, als sowjetische Offiziere einen ihrer Kameraden, der als deutschfreundlich galt, »auf bestialische Weise« (so Wentzel in einem Brief an Paul Reusch) ermordeten. »Sie werden nun wohl sämtlich erschossen werden, aber ich werde sie als Landarbeiter sehr vermissen«, kommentierte Wentzel den Vorgang.[145]

Die soziale Einstellung von Wentzel erhellt aus einem Vermerk des Gauarbeitsamts Halle, der dem Gutsbesitzer in anderem Kontext noch zum Verhängnis werden sollte. Dort hieß es, Wentzel habe bei einer persönlichen Vorsprache im März 1944 mitgeteilt, er habe anlässlich der Geburt seines Enkelsohns dem Roten Kreuz bereits 100000 Reichsmark gestiftet. Nun wolle er der gesamten Belegschaft, »Beamten, Arbeitern und ausländischen Arbeitskräften« als Gratifikation ein zusätzliches Monatsgehalt in Höhe von noch einmal insgesamt 100000 Reichsmark, heute etwa 400000 Euro, auszahlen. Später, als er verhaftet worden war, sollen die Gestapobeamten, laut Bericht des von den Nazis eingesetzten Treuhänders, erstaunt festgestellt haben, wie viele Renten Wentzel an bedürftige Menschen freiwillig aus seinem Privatvermögen ausgezahlt hatte.

Mit seinem umfangreichen Werkswohnungsprogramm hat Wentzel einen Beitrag zur Entschärfung des Wanderarbeiterproblems, zur Eindämmung der Landflucht und damit generell zur Verbesserung der sozialen Lage geleistet. 1935 gab es in Teutschenthal und Salzmünde mehr als 1000 gut ausgestattete Wohnungen in angenehmer Lage und mit einem kleinen Stück Land zur Eigenbewirtschaftung. Die Arbeitnehmer konnten nach ihrem Ausscheiden aus dem Betrieb in den Wohnungen bleiben. So wohnten 1935 in den Werkswohnungen 165 Rentnerfamilien, das sind immerhin über 15 %. Schon 1934 musste der Prinzipal Teile der Belegschaft beschwichtigen, die unzufrieden waren, weil sie wegen der hohen Zahl der Antragsteller nicht berücksichtigt werden konnten. Wentzel verwies etwas ungehalten auf den Vorrang für Invalide und Rentner und fühlte sich offensichtlich in seiner Ehre getroffen: »Es steht auch fest, dass es kaum irgendwo einen Betrieb gibt, der annähernd so viel für gute Wohnungen der Gefolgschaft getan hat und noch tut«.[146]

Auch die Rentner erhielten weiterhin ihr Deputat und eine Zusatzrente aus den Zinserträgen der von Wentzel gegründeten und alimentierten sog. »Erinnerungsstiftungen«, deren Erträge ausschließlich für diese Rentenzahlungen verwendet wurden.[147] Anlässlich seines 60. Geburtstages wurde der Pensions-

145 Wentzel an Reusch am 21.3.1944 (RWWA 130-400101290/155).
146 Unser Betrieb, 1.6.1934.
147 Betriebsbroschüre o.D., S. 42.

fonds der Betriebe von 1,4 auf 1,7 Millionen Reichsmark erhöht.[148] Neuß hat den patriarchalischen Alltagsmenschen plastisch geschildert:

> Bei goldenen Hochzeiten und anderen Festen in den Familien der Belegschaft erschienen oft Wentzel und seine Frau persönlich und nie ohne den Festbraten und den Wein aus der Teutschenthaler oder der Salzmünder Küche mitzubringen. Zu Weihnachten gab es zahllose Bescherungen, Hunderte von Paketen wurden gepackt mit Geschenken, unter denen nicht eines war, das Ella Wentzel nicht persönlich eingekauft, ihr Ehemann oft selber überbracht hat. Bei Entbindungen gab es die Säuglingswäsche und die Aussteuer für die ersten Lebensjahre.[149]

Der Philantrop Wentzel fand auch in karitativen Unternehmungen ein breites Betätigungsfeld, indem er Stiftungen errichtete oder Siedlungsgesellschaften Land zur Verfügung stellte.

Seine Freigebigkeit, die nicht nur spontane Austeilung von Liebesgaben war, sondern auch systematische Unterstützung seiner bedürftigeren Umgebung, beispielsweise der Witwe des Familienchronisten Etzrodt, der jung in Russland gefallen war oder der Familie Neuß, ist im Augenblick seiner Verhaftung zu einer Gefahr auch für seine Umgebung geworden: Ella Neuß, die Ehefrau von Erich Neuß, damals im Kopf eher noch linientreu, mit dem Magen aber ganz auf der Seite ihres Wohltäters, berichtete, wir sprechen von 1944, dass Wentzel immer alle Wege liebenswürdig geebnet habe (gemeint sind Zuwendungen) und dass jetzt »alle mächtig im Druck sind, denn man hat sich durch die Souveränität von Herrn Wentzel natürlich manche Eigenmächtigkeit gestattet«.[150]

Damit hatte sie recht, denn Wentzel blieb auch in den Kriegsjahren ihr Wohltäter, der Zucker und Kartoffeln schickte, oder auch Bohnen, ein andermal »20 Pfund Rübensaft«. Wentzels Inspektor, den Frau Neuß bei der Übergabe des Saftes traf, mag sie dessen »pessimistische [politische] Reden» nicht glauben: »Ich ließ mich nicht verblüffen, sondern widerlegte sie ihm so, dass er mir Recht geben mußte«, schrieb sie ihrem Mann ins Feld.[151] Als Wentzel verhaftet wurde, wurden die Zuwendungen an die Familie Neuß ein Problem, und Frau Neuß musste schnell eine Stelle als Landarbeiterin bei Wentzel annehmen, damit die guten Gaben noch nachträglich als »Deputat« gerechtfertigt werden konnten.[152]

148 Ebd.
149 Neuß 1957 (Typoskript), S. 80.
150 Neuß 2004, S. 140.
151 Dies., S. 120.
152 Dies., S. 140.

Eine farbige Erinnerung an den Stil, den Wentzel pflegte, bildete auch das jährlich stattfindende Bierhügelfest zu Ehren der Heiligen Elisabeth. Ein Geschäftspartner hat den Auftritt des Gutsherrn auf der Feier im Jahr 1920 beschrieben:

> Er stand neben dem Hauptlehrer, als dieser die Himmelfahrtsgeschichte erzählte. Im Kreise um ihn her stand die Salzmünder Schuljugend und dahinter das Volk von Salzmünde und die Zuschauer der weiteren Umgebung. Er war damals 44 Jahre alt, also in der Vollkraft seines Lebens. Von Gesundheit strotzend, bildete er mit seinem tiefschwarzen Haar und dem scharfen markanten Gesicht den Mittelpunkt dieses Kreises. Als die offizielle Feier zu Ende war, kam ein Ochsengespann. Die Tiere waren schneeweiß, gewaschen und mit Girlanden umkränzt, eine Mistschleppe ziehend, auf welcher sich ein großes Faß Bier befand. Es gab Freibier. Die Menge trank auf das Wohl ihres Chefs, der die alte Tradition der Vorfahren seiner lieben Frau, geborene Ella v. Zimmermann, übernommen hatte und pflegte.[153]

Natürlich konnte die patriarchalisch motivierte Wohltätigkeit Wentzelscher Prägung keine nachhaltige politische Antwort auf die soziale Frage geben, auch nicht draußen in der Geborgenheit der ländlichen Gemeinschaft im Schatten der Herrenhäuser von Teutschenthal, Salzmünde Boltzenhöhe oder Brachwitz.

Die sozialen Verhältnisse bedurften generell der Verbesserung über das hinaus, was Wentzel in seinen Betrieben anbot. In den Jahren der Weimarer Republik wurde auch in den Wentzel-Betrieben gern und oft gestreikt. Für eine nostalgische Romantisierung der Verhältnisse besteht deshalb kein Anlass. Auch ein Wentzel konnte und wollte sich nicht völlig aus den damals herrschenden Arbeits- und Produktionsbedingungen verabschieden. Jenseits der praktisch gelebten gegenseitigen Verantwortung, die in seinem Leben eine so große Rolle spielte, möglicherweise sogar jenseits eines fast familiären Zusammengehörigkeitsgefühls, gab es, sozusagen eine Etage tiefer, die andere Realität der »Beamten«, der »Inspektoren«, die konsequent auf Hierarchie und Effizienz achteten, um damit die Betriebsergebnisse zu sichern, die es dem Chef überhaupt erst erlaubten, der tief empfundenen Verantwortung durch wohltätige Werke nachzukommen. In den 1920er Jahren herrschte außerdem ein für heutige Begriffe schwer verständliches, aber den damaligen Verhältnissen nicht fremdes, strenges Regime vaterländisch-konservativer Indoktrination.[154]

Als im Zuge der Bodenreform in der Sowjetischen Besatzungszone hunderte von Scherbengerichten tagten, bei denen auch die soziale und politische Ein-

153 Zit. nach Neuß 1957 (Typoskript), S. 104.
154 Mit Beispielen Scherf 2018, S. 60f.

stellung der Inspektoren und der anderen »Beamten« auch der Wentzel-Güter, insbesondere auch ihre Einstellung zum Faschismus diskutiert wurden, ergab sich ein gemischtes, aber letztlich positives Bild. Die Bauern oder früheren Arbeitnehmer legten Zeugnis ab über SA und NSDAP-Mitglieder unter den Beamten, die sich im Betrieb anständig verhalten hatten, aber auch über Aufseher oder Vorgesetzte, die Leute kujonierten oder Fremdarbeiter schlecht behandelt hatten.

Die Bindung an die »Leute« – im Dritten Reich hieß es dann die »Gefolgschaft«, schon nicht mehr das »Gesinde« – an den Betrieb als Ganzen hatte zusammen mit der stark empfundenen Loyalität gegenüber der Familie und dem »Erbe« eine politische Kehrseite von nicht zu unterschätzender Wirkungskraft. Sie erschwerte es, angesichts der Schrecken des Dritten Reichs alles zu riskieren. Fast alle, die in Wentzels Lage waren, haben sich für den »Besitz« entschieden, und man konnte diese Entscheidung nicht ausschließlich als eine solche für das eigene »Vermögen«, sondern auch als Entscheidung für die als soziale Einheit empfundene Existenzform verstehen.

Wentzel wurde, wenn auch nur in seiner lokalen Umgebung, so etwas wie eine Lieblingsgestalt der Volkserinnerung. Der Wegbegleiter Erich Neuß hat in den 1950er Jahren von Hunderten gesprochen, die sich des Landwirts dankbar erinnerten. Das ist ein zwar vergängliches Denkmal, vielleicht aber das schönste, das ihm gesetzt worden ist.

Ende der 1920er Jahre hatte Wentzel seinen Aufstieg in die deutsche Wirtschaftselite erfolgreich abgeschlossen. Er war eine regional verehrte, deutschlandweit in Fachkreisen und darüber hinaus geachtete Persönlichkeit.

Sein Name fand sich in den Nachschlagewerken der damaligen Zeit. Als einer der größten Postensammler unter den Großagrariern der Provinz Sachsen saß er in den Aufsichtsräten der Darmstädter und Nationalbank (»Danat«), der Brandenburger Versicherungs-AG Berlin, der Roddergrube und, wie bereits beschrieben, in denen einschlägiger Zucker- und Saatgutgesellschaften.[155] Später kamen noch die Colonia-Versicherung und Mannesmann hinzu und nach der Bankenkrise anstelle der Danat-Bank die Dresdner Bank. Sein Freund, der Verleger Alfred Schuster, hielt große Stücke auf den »genialen kapitalistischen Geschäftsmann, der die Bedingungen großkapitalistischer Geldwirtschaft meisterhaft beherrschte und den meisten Bankdirektoren in Erkenntnis weit überlegen war«.[156]

Ein »Krupp der deutschen Landwirtschaft«? So groß war er nicht. Mit der Nachfolgefrage hatte auch er zu kämpfen, und sein soziales Engagement hielt

155 Wenzel 1929, S. 2430.
156 Schuster an Elster am 28.8.1947.

sich, mutatis mutandis, mit dem der Familie Krupp vielleicht die Waage. Das goldene Parteiabzeichen hingegen hatte er nicht, vielleicht auch deshalb nicht, weil er keine Kanonen, sondern Weizen und Milch hergestellt hat.

Wentzel hatte wenig Umgang mit schillernden, ungewöhnlichen Figuren. Deshalb fiel Jakob Goldschmidt aus dem Rahmen seines konservativ-großbürgerlichen, sehr traditionell geprägten Umkreises. Mit Goldschmidt ist Wentzel ein Stück Weges gemeinsam gegangen.

Der Bankier Goldschmidt, Chef der Darmstädter und Nationalbank (Danat) hat den Agrarier Wentzel 1926 in den Aufsichtsrat seiner Bank geholt. Umgekehrt gehörte Goldschmidt dem Aufsichtsrat der Zuckerkreditbank an. Wentzel wird ihn als der unermüdliche Mäzen, der Goldschmidt auch war, in die Kaiser-Wilhelm-Gesellschaft optiert haben. Der aus bescheidenen Verhältnissen stammende Goldschmidt war Ende der 1920er Jahre zu einer führenden Figur in der deutschen Bankenszene aufgestiegen. Er war der »new and very bad boy on the great bankers block«, wie sich der Wirtschaftshistoriker Gerald Feldman ausgedrückt hat.[157] Hohe Risikobereitschaft, Wachstumsorientierung, agressive Wettbewerbsmethoden und ein autoritärer Führungsstil hoben den brillanten Bankier von den aus altehrwürdigen Bankhäusern stammenden traditionsbewussten, bedächtigeren Kollegen der damaligen Zeit ab. Bis zum Zusammenbruch seiner Bank erhob er den Anspruch, der bedeutendste Bankier der Weimar Republik zu sein. Der Wentzel-Freund Wilmowsky schilderte den geschmackssicheren und mit hohem Kunstsinn begabten Mann als einen »vielumstritten Schillernden« und als glanzvolle Figur auf dem Berliner Parkett, mit hohen sozialen und kulturellen Ansprüchen.[158]

Wentzel und Goldschmidt mögen sich in ihren Gegensätzen angezogen haben. Vielleicht stand Wentzel, dessen Image von bäuerlicher Treuherzigkeit den risikobereiten Unternehmer nur camouflierte, Goldschmidt näher als es den Anschein hatte.

Als es bei der Danat 1931 zu ernsthaften Zahlungsschwierigkeiten kam, wurde Goldschmidt Auslöser und Mittelpunkt der größten Bankenkrise der Weimarer Republik. Die Geschichte der Krise, bei deren Bewältigung sowohl Goldschmidt als auch andere Banken schwere Fehler gemacht hatten, ist hier nicht zu bewerten und nur insoweit nachzuerzählen, als sie für Wentzel unmittelbare Folgen hatte.

Durch die Stützungsmaßnahmen der Reichsregierung wurden die beiden vor dem Konkurs stehenden Banken, Danat und Dresdner, mehrheitlich vom Deutschen Reich übernommen und anschließend unter Beibehaltung des

157 Feldman 1995, S. 12.
158 Wilmowsky 1961, S. 183f.

Jakob Goldschmidt (1882–1955), Chef der Darmstädter und Nationalbank (Danat), um 1920

Namens der Dresdner zwangsfusioniert. Um die Besetzung des neuen Aufsichtsrats gab es ein hartes Ringen. Den Kampf um die Frage, welche Aufsichtsräte ihre Mandate nach der Verschmelzung behalten sollten, konnten die bisherigen Posteninhaber der Dresdner Bank weitgehend für sich entscheiden. Nur vier Aufsichtsräte der Danat-Bank wurden in das mit über dreißig Personen bestückte neue Aufsichtsgremium übernommen. Einer davon war Wentzel. Er hatte mit dem Debakel der Danat-Bank nichts zu tun und galt in seiner allgemeinen Qualifikation als unumstritten.[159]

In Carl Wentzels Unternehmertum hatte die Wahrnehmung gesellschaftlicher Verantwortung durch die Förderung von Lehre und Forschung besondere Bedeutung. Als erster bedeutender Stifter unterstützte der Gutsbesitzer, der selbst nie eine landwirtschaftliche Fakultät von innen gesehen hatte, nach dem Ersten Weltkrieg den Ausbau der Dahlemer Dependance der Landwirtschaftlichen Hochschule Berlin mit einer substantiellen Dotation. Trotz der damaligen

159 Vier Jahre später, als die Bank ihren Aufsichtsrat analysierte und Überlegungen anstellte, wie man das Kontrollgremium im Interesse der Geschäftsentwicklung der Bank stärken könnte, wurde Wentzel in einer internen Bestandsaufnahme als einer der (wenigen) »bedeutenden Wirtschaftler« angesehen, die dem Aufsichtsrat bereits angehörten. Vermerk vom 2.4.1935 (HADrB – 30006 - 2001).

finanziellen Misere Preußens konnte das Institut in Berlin damit 1924 zu einer umfassenden Hochschule ausgebaut werden.[160]

Der in seiner Nachbarschaft liegenden Universität Halle stand Wentzel verständlicherweise besonders nahe. Als Erbe des protestantischen Wittenberg war Halle im 18. Jahrhundert die modernste deutsche Universität ihrer Art gewesen, hatte aber durch die von Napoleon angeordnete Zwangsschließung, die erst Jahrzehnte später eine Neugründung erlaubte, immer mehr an Rang verloren. Mitte des 19. Jahrhunderts begann auf nahezu allen Fachgebieten eine neue bedeutende Periode wissenschaftlicher Forschung und Lehre. In der Weimarer Zeit galt die Universität als reaktionär und rechtslastig. Nicht wenige Hochschullehrer gehörten der DNVP an. Die Universität hatte aber im Bereich der Agrarwissenschaften einen guten Ruf.[161] In jenen Jahren galt die Landwirtschaftliche Fakultät als ein Zentrum der deutschen Getreidezüchtung, für die bedeutende Namen standen, wie beispielsweise Professor Theodor Roemer, der sein Standardwerk »Handbuch des Zuckerrübenanbaus« Wentzel widmete.[162]

Wentzel interessierte sich natürlich besonders für die ernährungswirtschaftliche Seite. 1916 rief er anlässlich des fünfzigjährigen Bestehens des Landwirtschaftlichen Instituts der Universität eine Stiftung von jährlich 1000 Mark ins Leben, die für wissenschaftliche Arbeiten und zur Unterstützung fähiger, aber bedürftiger Studenten vorgesehen war.[163] Die Universität Halle ernannte ihn 1922 wegen seiner Stiftungen für das landwirtschaftliche Institut, der Unterstützung der Studentenhilfe, der Sammlung für Lehrmittelbeschaffung und der Fürsorge für die Mensa, die damals »Studentenspeiseanstalt« hieß, zum Ehrenmitglied.

Auch in den folgenden Jahren konnte die Universität Halle auf Wentzel zählen. Die Vemiro überwies der Universität jährlich 15 000 Mark. 1938 zeichnete Wentzel eine Stiftung in Höhe von 36 000 Mark für Stipendien.[164]

Dem Vorstand der Zuckerraffinerie Halle, Prof. von Lippmann, der 1926 in dieser Funktion in den Ruhestand treten musste, beließ Wentzel seine Dienstwohnung und bot dem Universalwissenschaftler damit vor allem die Möglichkeit, seine Bibliothek zu erhalten und Forschungsarbeiten auch an seinem Lebensabend weiterzuführen. Lippmann lehrte bis zum Frühjahr 1933 ohne Vergütung an der Universität Halle Geschichte der Chemie.

Die enge Bindung an die Universität Halle führte Wentzel mit Emil Woermann (1899–1980) zusammen. Der damals sehr junge, aber schon renommierte

160 Maute 1981, S. 20.
161 Hierzu und im Folgenden, Eberle 2002, S. 161.
162 Roemer 1927.
163 UAHW Rep. 6, Nr.1912.
164 UAHW Rep. 4, Nr. 503.

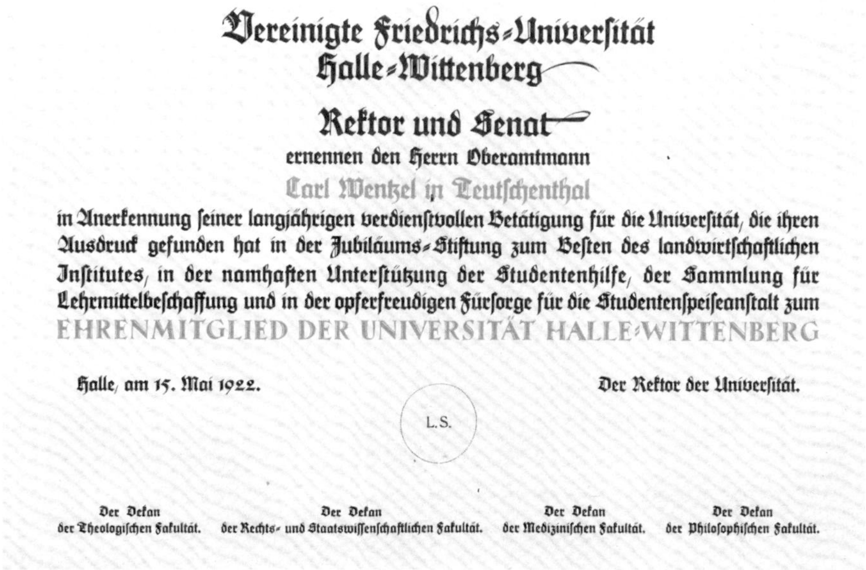
Vereinigte Friedrichs-Universität
Halle-Wittenberg

Rektor und Senat

ernennen den Herrn Oberamtmann

Carl Wentzel in Teutschenthal

in Anerkennung seiner langjährigen verdienstvollen Betätigung für die Universität, die ihren Ausdruck gefunden hat in der Jubiläums-Stiftung zum Besten des landwirtschaftlichen Institutes, in der namhaften Unterstützung der Studentenhilfe, der Sammlung für Lehrmittelbeschaffung und in der opferfreudigen Fürsorge für die Studentenspeiseanstalt zum

EHRENMITGLIED DER UNIVERSITÄT HALLE-WITTENBERG

Halle, am 15. Mai 1922. Der Rektor der Universität.

L.S.

Der Dekan der Theologischen Fakultät. Der Dekan der Rechts- und Staatswissenschaftlichen Fakultät. Der Dekan der Medizinischen Fakultät. Der Dekan der Philosophischen Fakultät.

Ehrenmitgliedsurkunde der Universität Halle für Carl Wentzel, 1922

Lehrstuhlinhaber für landwirtschaftliche Betriebslehre hatte 1933 einen Ruf an die Universität Halle erhalten und 1934, zunächst kommissarisch, das Amt des Rektors der Universität übernommen. Im Antrag des Kurators an das Ministerium wird ihm bescheinigt, dass auch der Gauleiter diese Maßnahme für richtig hielt. Woermann »besitzt das volle Vertrauen der Parteistellen«.[165]

1936 legte Woermann aber das Amt nieder. Er hatte sich dem Einfluss der Partei, des Ministeriums, des Kurators und der organisierten gleichgeschalteten Studentenschaft nicht entziehen können. Aber er hatte versucht, ihn einzudämmen. Berufungen von Theologen der Bekennenden Kirche hatte er nicht verhindert und später seine Hand über sie gehalten.[166] Der Entfernung jüdischer Hochschullehrer aus der Universität wirkte er vor allem dort entgegen, wo konservatives Gedankengut zu bewahren war, wie beispielsweise in den Fällen des Völkerrechtlers Max Fleischmann[167] und des Historiker Hans Herzfeld.[168] Andererseits galt er, zumindest zeitweise, als mit Minister Herbert Backe befreundet und war in zahlreichen politikberatenden Funktionen mit

165 Hierzu und im Folgenden Eberle 2002, S. 56, S. 161.
166 Ders., S. 57.
167 Ders., S. 75.
168 Ders., S. 82.

Emil Woermann (1899–1980), Rektor der Universität Halle, 1935

nationalsozialistischen Agrarpolitikern verbunden. 1938 trat er der NSDAP bei.[169] Im Urteil des Volksgerichtshofs gegen Wentzel wird er als »früherer Berater Backes« bezeichnet.

Bei der Gründung und dem Betrieb der ersten landbauwissenschaftlichen Forschungsstätte der Kaiser Wilhelm-Gesellschaft, dem Institut für Züchtungsforschung in Müncheberg (Brandenburg), hat Wentzel tatkräftig mitgewirkt. Der Anlass hierfür wird die bereits erwähnte intensive Zusammenarbeit mit Prof. Erwin Baur Anfang der 1920er Jahre gewesen sein. Das Institut wurde unter der wissenschaftlichen Leitung von Baur Ende der 1920er Jahre gegründet. Wentzel ließ ihm 25 000 Reichsmark und über die von ihm gesteuerte Behrens-Stiftung noch einmal denselben Betrag zukommen.[170] Andere Mittel hat er, wie sich Baur ausdrückte, »herbeigeschafft«. Im Juli 1927 wurden Wentzel und Goldschmidt, der gleiche Verdienste aufzuweisen hatte, in das Kuratorium des

169 Auch förderndes Mitglied der SS (UAHW, Rep.11, PA 17209, Woermann).
170 AMPG,1. Abt., Rep. 1A, Nr. 2612.

Instituts gewählt. Beide haben in den Anfangsjahren dafür gesorgt, dass weitere öffentliche und private Mittel für das Projekt zur Verfügung gestellt werden konnten. Müncheberg erwarb sich bald Weltruf mit spektakulären Grundlagenforschungen. Das Kollegium des Max-Planck-Instituts für Züchtungsforschung hat noch sechzig Jahre später darauf hingewiesen, dass das wissenschaftliche Werk Baurs, »heute im Zeitalter der Molekularbiologie« weltweit verstärkte Aufmerksamkeit genießt.[171]

Ein weiteres Wirkungsfeld fand der Agrarindustrielle in der bereits erwähnten Fritz Behrens Stiftung.[172] Wentzels Vater Karl Ludwig war mit dem hannoverschen Kommerzienrat Friedrich Eduard Behrens befreundet gewesen. Behrens war ein Selfmade-Mann, der es in der rheinischen Braunkohle und in der Brikettherstellung zum mehrfachen Millionär gebracht hatte. Er starb 1920 und bestimmte ein Drittel seines Vermögens guten Zwecken. Carl Wentzel wurde als einer der beiden Testamentsvollstrecker eingesetzt, die das Drittel vom übrigen Nachlass trennten und 1923 die Stiftung ins Leben riefen. Stiftungszweck war die Förderung von Wohltätigkeit und Krankenfürsorge, Kunst, Wissenschaft, Volksbildung und Sport. Robert Müser, damals Generaldirektor der Harpener Bergbau-AG, und Carl Wentzel wurden die ersten Vorstände der Stiftung. Ihm war es mit zu verdanken, dass die Stiftung die Inflation und und die Währungsreform von 1924 nahezu unbeschadet überstanden hat.[173] Nach dem Tode Müsers im Jahre 1927 übernahm Wentzel den Vorsitz im Vorstand allein.[174] Die Stiftung besteht noch heute.

Sohn Carl-Friedrich hat aufgezeichnet, sein Vater habe »die uneingeschränkte Hochachtung und die aufrichtigen Ehrungen, die ihm zuteilwurden, als einen der äußeren Höhepunkte seines Lebens empfunden«.[175] Was steckt nicht in diesem Satz!

Wentzel lud oft und gern ein. Schloss Teutschenthal, wie es die Dorfbewohner nannten, war eigentlich ein Herrenhaus, das im Jahr 1913 von Josef Kleesattel aus Düsseldorf, einem im Rheinland besonders durch seine zahlreichen neuromanischen Kirchenbauten bekannten Architekten, den manche zu den Modernisierern des beginnenden 20. Jahrhunderts zählen, umgebaut und erweitert worden war. Der Bau, der noch heute steht, war moderner als sein Vorgänger, aber immer noch wuchtig und respektheischend.

Vestibül und die dreigeschossige Halle, von der Salons, Arbeits- und Esszimmer abgingen, waren mit eher schweren, zum Teil schon als monumental

171 Kröner/Toellner/Weisemann 1994, S. 1.
172 Dazu im Einzelnen Zimmermann, Behrens Stiftung.
173 Behrens Stiftung 2013, S. 30.
174 Ders., S. 4f.
175 Tagebuch-Auszüge Carl-Friedrich Wentzel (StaH S.15 WEN N 42, Nr. 3).

Schloss Teutschenthal, 1940

zu bezeichnenden italienischen Renaissancemöbeln ausgestattet und dienten der Repräsentation.

Auf hohem Podest stand dort eine Kopie des berühmten Rauchschen Reiterstandbilds Friedrichs des Großen. Wentzel hatte den alten Fritz zeit seines Lebens verehrt. Er war von seiner Gestaltungskraft begeistert, zusätzlich angetrieben durch den in der Kaiserzeit auch gerade zur Erbauung der Jugend gepflegten und vom Dritten Reich nochmals ausgenutzten Friedrich- Mythos. Sein Vorbild war die wirtschaftliche Aufbauleistung des Großen Fritz, dessen agrikulturelles Schlagwort ihm stets präsent war: »Wer bewirkt, daß dort, wo bislang ein Halm wuchs, nunmehr zwei Halme wachsen, hat mehr für sein Volk getan, als ein Feldherr, der eine Schlacht geschlagen hat.« Das war seine Überzeugung und er hat sich das Zitat noch in schwersten Stunden zunutze machen wollen.

Die übrigen Räume des Erdgeschosses waren intimer. Dazu gehörte auch das Arbeitszimmer des Hausherrn. Von der Terrasse im Obergeschoss aus öffnete sich eine repräsentative Sichtachse mit einem weiten Blick über Rasenflächen, Blumenbeete und einen Schwanenteich zu dem von Baumwänden umstandenen Tempelchen in der Ferne.

Eine Expertise über den »wichtigsten privaten Kunstbesitz in Schloss Teutschenthal und im Herrenhaus Salzmünde« aus dem Jahr 1941[176] zählt auf: Zwei qualitativ hochwertige Canalettos, einen J. P. Hasenclever und einen Oswald Achenbach, letztere Vertreter der sog. Düsseldorfer Schule. Der Gutachter bemüht sich mit großer Gewissenhaftigkeit um eine Einordnung des Wentzel'schen Kunstverständnisses in einen größeren Zusammenhang: Er sieht die Sammlung als zwischen zwei Polen angesiedelt: Der Bindung an ein auf Generationen beruhendes kulturelles Gewissen einerseits und einem durch zähe und verantwortungsbewusste Arbeit geschaffenen gediegenen Reichtum andererseits. Füglich bleibt zu bezweifeln, ob all das tatsächlich bedeuten sollte, hier sei ein geistiges und künstlerisches Zentrum Mitteldeutschlands entstanden, wie der Gutachter höflich ausführt. Was Bestand hat, ist aber sicher das Urteil »geschmackvoll und solide«, den Geist des Hausherrn atmend, womit auch gemeint gewesen sein mag, dass der wohlhabende Eigentümer sich nicht beziehungslos an Modeströmungen anpasste oder sich sein Kunstverständnis durch Hinzuziehung aushäusigen Sachverstandes kaufte. Ein Ort in dem »sehr viel Geld mit sehr viel Kultur und sehr viel Geist eine glänzende Verbindung eingehen« wie es Nikolaus Sombart in anderem Zusammenhang einmal trefflich ausgedrückt hat[177], war es sicher nicht. In dieser Hinsicht war an Teutschenthal, um noch einmal das Wort der Schwester Margarete aufzugreifen, in der Tat wenig Romanhaftes.

»Ein bodenverbundener deutscher Landwirt mit dem Geschmack und den Vorurteilen seiner Kaste«, so hat ihn Alfred Schuster aus dem Exil liebevoll kritisch porträtiert und besonders seine literarische Bildung gelobt, allerdings auch mit feiner Kritik bemerkt, auf dem Gebiet der bildenden Künste sei Wentzels Bildung und Geschmack auf dem »seiner Kaste entsprechenden Niveau«. Schuster erinnert sich weiter:

> Aber es war rührend, wie er selbst dies empfand und auf Reisen in Italien, die ich mit ihm zu machen den Vorzug hatte, sich bemühte, auch in dieser Hinsicht seine Persönlichkeit auszubilden. Sein Haus in Teutschenthal entsprach dem gemäßigten Geschmack einer furchtsam fortschrittlichen Bourgeoisie.[178]

Ella und Carl Wentzel waren warmherzige und großzügige Gastgeber. Wentzels Schwiegertochter erinnert sich daran, dass es sich bei den Abendveranstaltungen eigentlich immer um einen überschaubaren Kreis gehandelt habe. Aber das kann auch darauf zurückzuführen sein, dass die Zeiten, aus denen sie aus eigener Anschauung berichten konnte, im Wesentlichen Kriegszeiten waren.

In Teutschenthal wurden keine »Salons« geführt; jedoch wurde die Atmosphäre in jeder Minute durch die Präsenz des Hausherrn bestimmt. Trotz

176 Gutachten von Paul Gerhard vom 1.9.1948, fußend auf Begehung vom 11.–15.3.1941 (IZG, ED 378 – 58).
177 Sombart 1984, S. 108.
178 Schuster an Elster am 28.8.1947 (StaH, N 42, Nr. 13).

eigentlich ununterbrochener beruflicher Anspannung konnte er gut umschalten und privat ein warmherziger und einfühlsamer Gesprächspartner sein. Den Pflichtmenschen konnte Wentzel aber nie ganz unterdrücken. Um Punkt 11 Uhr abends war jedes Mal Schluss. »Ich glaube, wir gehen zu Bette«, sagte er dann, wenn er die Abendgesellschaft nicht lieber mit einem tatsächlichen oder auch erfundenen Bibelzitat höflich, aber bestimmt aufhob. Und so will auch die Schwiegertochter ein Lebensalter danach noch festgestellt wissen, dass »die im Hause Wentzel herrschende Herzlichkeit eine andere war, als ich sie von meiner Familie her kannte«. Sie habe, so berichtet sie, keine ausgelassene, fröhliche Gesellschaft erlebt, und urteilt, die Wentzel'schen Familientreffen hätten auf sie oft »irgendwie offiziell« gewirkt.[179]

Untrennbar dazu gehörte auch Ella, die jahrelang für tausende von Gästen die Honneurs mit Format und mit viel »Menschenkenntnis und zielsicherer Intuition« (so Neuß) machte. Ella Wentzel war die »Mutter des Betriebes«, die neben ihrem Mann in der Gesellschaft ihren unbestrittenen Rang einnahm.

Ella, das echte Mansfelder Bauernkind, hat ihren Mann leidenschaftlich geliebt und war, so hat es Erich Neuß hinterlassen, »seiner wert, ohne ihm geistig ebenbürtig gewesen zu sein«.

Ella Wentzel hatte einen harten Bauernschädel, konnte brüsk und manchmal verletzend sein. Die ihr gegebenen Machtinstrumente gab sie nicht freiwillig aus der Hand, wie wir später noch sehen werden. In ihren äußerlichen Lebensansprüchen war sie, die sich eigentlich alles leisten konnte, ebenso bescheiden wie ihr Mann. Sie mag die Werkbesessenheit ihres Mannes nicht geteilt haben, ja vielleicht sogar mit eifersüchtigen Augen als etwas Fremdes und als etwas betrachtet haben, das zwischen ihnen stand. Es kam vor, dass ihr Ehemann sie behutsam und in vertrautem Kreis zur Zielscheibe seines Spottes machte, der in der noch gängigen, damals noch fast sozialadäquaten chauvinistischen Manier auf alle Frauen und ihre tatsächlichen oder auch vermeintlichen Bildungslücken ausgeweitet wurde. Die Schwestern, die ihren Bruder verehrten, ja als »Ideal eines Mannes« bezeichneten, haben diesen – nennen wir es mit gebotener Zurückhaltung mal etwas altmodischen – Charakterzug, in aller Deutlichkeit überliefert. »Ein Quell reiner Schadenfreude war es ihm, wenn Damen in Geschichte und Erdkunde ihren Mangel an Wissen verrieten, und er behauptete oft, Frauen seien für diese Fächer total unbegabt und das weibliche Gehirn zeige bei diesen Punkten ein bedauerliches Manko«.[180] Es störte den Ehefrieden auch nicht, dass ein Reittier auf Teutschenthal Klein-Ella gerufen wurde.

179 Pfeiffer 2011, S. 83.
180 Bericht Margarete von Dewitz (StaH S 15 WEN N 42 Nr. 8).

Ella Wentzel, um 1938

Erich Neuß hat Wentzel als einen »bis zuletzt rücksichtsvollen Ehemann« bezeichnet. Er war ein Ehemann, den aber der Freund des Hauses, der Berliner Verleger Alfred Schuster, der den gesellschaftlichen Konventionen der damaligen Zeit weniger verpflichtet war als das bäuerlich-biedere Umfeld in der Provinz Sachsen, als einen auch den Freuden des Lebens hingegebenen Menschen in Erinnerung hat, »der den Reizen vieler Frauen gern zugänglich war«.

Ella sollte in ihren schwersten Tagen, als sie, auf sich gestellt, die fürchterlichen Erlebnisse von Haft und Tod des Ehemanns, von eigener Verhaftung, KZ-Aufenthalt und späterer Enteignung zu erdulden hatte, menschliche Größe und Standfestigkeit unter Beweis stellen.

Kern der Freundschaftsbeziehungen blieben die nächsten Nachbarn, wie etwa die Schröders aus Etzdorf, die von Krosigks aus Wettin, die Wendenburgs aus Seeburg, die Nettes aus Beesenstedt, die von Erffas aus Wehrenburg, die Woermanns aus Seeben, die von Wuthenaus aus Niemburg und die weit verzweigte und von ihm intensiv gepflegte bäuerliche Verwandtschaft.

Wentzel war begeisterter Jäger. Bei seinen Jagdeinladungen mischten sich Freunde des Hauses meist konservativer Couleur mit Verwandten und ihm Anvertrauten. Unter ihnen befand sich schon mal Adolf Friedrich Herzog zu Mecklenburg oder der in Halle lebende, in jenen Jahren äußerst populäre als »Seeteufel« bekannte Seefahrer und Schriftsteller Felix Graf Luckner. Es war ein Ausschnitt aus der damaligen Gesellschaft, kein repräsentativer Querschnitt, der etwa Protagonisten der »Goldenen Zwanziger Jahre« eingeschlossen hätte. Künstler und Literaten standen seiner ganzen Lebenswelt fern. Man sucht sie in dem einen erhaltenen, den genannten Zeitraum umfassenden Gästebuch – das darauffolgende wurde von der Gestapo beschlagnahmt – vergeblich. Auch der Musik widmete er nicht mehr als die konventionell geforderte Aufmerksamkeit. Sein zeitweiliger Geigenlehrer soll die dem jungen Wentzel gegebenen Unterrichtstunden als die »schwersten seines Lebens« bezeichnet haben.

Wentzel war äußerlich nicht eitel und galt als bescheidener Mensch. Fritz Harney, eine der führenden Persönlichkeiten der deutschen Zuckerindustrie jener Jahre, hat ihm bestätigt, er habe nicht nach äußerer Anerkennung gestrebt, sondern immer die Belange der Allgemeinheit im Auge gehabt. Ein anderer Zeitzeuge hat sich über seine »sonderbare Zurückhaltung, ja Selbst-Zurücksetzung«, die er bei Führungen durch seinen Betrieb an den Tag legte, Gedanken gemacht. Er liebte es nicht, Reden zu halten. Feiern ließ er sich selber nur ungern. Seine Schwester erinnerte sich: »Er war ein Feind jeden Überschwangs, er haßte Szenen und ging ihnen bis zur Schwäche aus dem Wege«. Aus den wenigen Sitzungsprotokollen, die erhalten sind, ergibt sich, dass man Wentzel bei Verhandlungen kaum als Wortführer bezeichnen konnte. Zurückhaltung war sein Prinzip. Er griff nur ein, wenn es notwendig war. Es ist nicht abwegig oder ungerecht, diese Bescheidenheit als eine Bescheidenheit ganz besonderer Art einzuordnen. Sie ist nur denen gegeben, die sicher sind, dass ihre Erfolge für sich selbst sprechen.

Seine Kenntnisse stellte Wentzel denn auch nicht unter den Scheffel. Über seine Erfolge soll er gern geredet haben. Eine gewisse besserwisserische Komponente dürfen wir bei ihm vermuten. Seine formulierbegabte Schwester Margarete hat das nach dem Krieg wunderbar freimütig und zugleich elegant beschrieben:

> Er war ja so unendlich liebenswert, weil er seine seltene Güte und Weisheit mit genialem Auffassungsvermögen und großer Klugheit vereinte, und weil diese beiden Anlagen in ihm gewissermaßen im Streit lagen und weil er dauernd mit dem Vorrang der einen oder der anderen Anlage zu kämpfen hatte und immer versuchte mit dem schließlichen Resultat seiner Kämpfe vor Gott bestehen zu können.[181]

Der Gutsherr war keine bunte Figur, er hatte nichts Bizarres, Farbiges, im gesellschaftlichen Sinne Unkonventionelles, an sich. In seinen körperlichen Bedürfnissen war er »von äußerster Mäßigkeit, gänzlich unabhängig von Speise und Trank und frei von jeder Sucht«, so eine ihm sehr nahestehende Zeugin.[182] Dass er eigentlich ein kranker Mann war, wussten nur wenige.

Anekdoten wurden nicht über ihn erzählt, so wenig wie sich Gerüchte um ihn rankten. Er hatte keinen Spitznamen, er war »Wentzel«, kaum verwechselbar mit denen gleichen Namens vor und nach ihm. Er war ein Mann ganz außergewöhnlicher Konvention, »Ein Mann, ein Wort«-Mensch mit einer Weltsicht, die durch schichtenspezifische Vorurteile nicht wenig geprägt war. Nicht jedem aus Vorurteil oder Standesinteressen geborenen Zwang ist er ja bekanntlich ausgewichen.

An Lob und Bewunderung für eine Ausnahmepersönlichkeit sparen die ihm nahestehenden Zeitzeugen nicht, die dabei die Grenzen der Idolisierung oft erreichen und gelegentlich auch überschreiten. Es ist schwer vorstellbar, dass er das nicht, vielleicht auf eine sehr subtile Weise und vielleicht ganz und gar unbewusst, selbst eingefordert hat.

Und so findet sich in der engen Bandbreite zwischen kritiklosen Bewunderern und bewundernden Kritikern das Urteil seiner Zeit. Seine Schwiegertochter, die ihn in einer komplizierten Familiensituation kennenlernte, in der ihre ganze Loyalität ihrem Mann gehören musste, ist gleichwohl im Rückblick zu dem Schluss gekommen, dass der Oberamtmann sie stark beeindruckte und ihr sehr viel bedeutete: »Noch heute bin ich dem Leben dafür dankbar, einen solch außergewöhnlichen Menschen kennengelernt zu haben«.[183]

Die Stimmen, die sich nach dem Krieg zu Wentzel geäußert haben, enthielten im Hinblick auf den gewaltsamen Tod des nahen Verwandten oder des Freundes zweifellos auch Elemente der Verklärung[184]: Für die Schwester Gertrud, die sich

181 Margarete von Dewitz an Elster am 21.11.1946 (StaH S 15 WEN N 42, Nr. 13).

182 Johanna von Mettenheim an Elster vom 6.2.1947.

183 Pfeiffer 2011, S. 10.

184 Sein Schwager Karl Ossent, von Beruf immerhin Chefarzt einer Klinik, gab zu, er habe sich neben dem Landwirt immer wie »ein ganz kleiner Mann gefühlt«. »Unendlich liebenswert« schrieb jemand, der ihn mehrere Male im Leben gesehen hatte, ihm aber nicht wirklich nahestand, »vorbildlich« und »in jeder Beziehung entgegenkommend«, so äußerte sich ein anderer. Die »Times« soll nach Auskunft seines Sohnes den Mansfelder Landwirt als »Mann von den höchsten menschlichen Fähigkeiten einer Führernatur« bezeichnet haben. Ein Lieferant schrieb: »Schöpferisch waren seine Pläne, genial waren seine Entschlüsse und gottesfürchtig war seine Seele« Eine gute Freundin nannte den »Reichtum seines Wesens ... das hervortretendste Merkmal seiner einzigartigen Persönlichkeit« Eine seiner Schwestern porträtierte ihn mit dem Attribut »ideal«, die andere mit »gottbegnadet«. Seine Stiefmutter Anna Albrecht sprach in Liebe und Hochachtung von ihm und von der taktvollen Art, in der er die »sie betreffenden Fragen« (vermutlich finanzieller Natur) geregelt habe. Briefsammlung abgedruckt bei Neuß 1957 (Typoskript), S. 104ff.

selbst als voreingenommen bezeichnet hat, weil sie sich ihm zu nahe wähnte, ist er schlechthin das »Ideal eines Mannes, wie er leider nur ganz selten auf dieser Erde zu finden ist«.[185]

Selbst der ansonsten beißend kritische Ulrich von Hassell, früher Botschafter in Rom, notierte in seinem Tagebuch ein »fabelhaftes« Abendessen bei Prof. Emil Woermann in Seeben im Januar 1944 und schrieb dazu: »Unter den Gästen der größte deutsche Landwirt (in seiner Art), Wentzel-Teutschenthal ... Wentzel macht einen ausgezeichneten Eindruck und hat große Dinge geleistet – ein Betrieb, der seinesgleichen sucht.«[186] Auch der Gefängnispfarrer Harald Poelchau, durch dessen betreuende Hände eine vierstellige Zahl zum Tode Verurteilter gegangen ist, unter denen sich viele bedeutende Persönlichkeiten befanden, hat sich der Suggestion dieses Mannes nicht entziehen können.[187]

Zum Kern der komplexen, in Teilen vielleicht auch widersprüchlichen Persönlichkeit von Carl Wentzel vorzudringen, bleibt eine schwierige Aufgabe: Denn es gab den lebenslustigen Wentzel, der darauf achtete, dass Abendgesellschaften nicht bis in die Puppen gingen, es gab den warmherzigen Wentzel, der aber auch ein kalt funktionierender Perfektionist mit schroffen Tönen sein konnte, und es gab den liebenden Wentzel, der viel allein sein musste und von dem ein Freund gesagt hat, so richtig sei er nie an ihn herangekommen. In der Erinnerung steht ebenso der großzügige Wentzel, der gleichzeitig ein harter und konsequenter Geschäftspartner sein konnte, wie der disziplinierte Wentzel, dessen wetterabhängige Launen von vielen gefürchtet wurden, und schließlich Wentzel der gütige Patriarch, der doch seine Familie nicht in den Griff bekam. Er war auch der Zahlenmensch, der aber gleichzeitig seinem Acker verhaftet blieb und der rastlose Modernisierer mit paternalistischen Führungsmethoden. Zu guter Letzt sahen viele Zeitgenossen in ihm den traditionsverbundenen Gutsbesitzer, der gleichzeitig ein risikoorientierter Geschäftsmann war.

Zu seinem 60. Geburtstag wagte seine Schwester Gertrud in der Betriebszeitung unter dem Titel »Kleine Indiskretionen« den Versuch einer psychologischen Vignette:

> Niemals aber gab es ein reineres Temperament als dasjenige unseres heutigen Jubilars....kann er doch seine absolut sanguinische Einstellung, ohne Abstrich und Zusatz, niemals verleugnen... Unangenehmes leicht überwinden können, Besseres in naher Zukunft vervielfacht sehen, bedeutet das nicht allein schon Glück und Befriedigung? Möglich ist, daß aus dem Impuls zuweilen ein falscher

185 Gertrud Ossent an Elster, undatiert (StaH, S.15 WEN N 42, Nr. 4).
186 Hassell 1988, S. 419.
187 Poelchau 1949, S. 100, 142.

Entschluss geboren wurde, aber sicher ist auch, daß gerade diese Kraft die schönsten und größten Entscheidungen im reichen Leben unseres Geburtstagskindes zeitigte.[188]

Sie schildert als Beispiel eine Anekdote aus dem Leben des jungen Bauern Wentzel, in der der Gestaltungskraft ihres Bruders fast eine übersinnliche Wirkung zugeschrieben wird: Carl wurde im ersten Jahr seiner Selbständigkeit mit einer Dürre konfrontiert und bestieg noch einmal die höchste Erhebung der Porphyrfelsen an der Saale, um dem verdunkelten Himmel näher zu sein. »Und siehe da, ein leichter Regenschauer ging hernieder.«[189]

Eine gute Freundin hat in einem Brief nach dem Krieg ihr kleines Porträt des Verstorbenen wie folgt kommentiert:

> Hoffentlich empfinden sie meine Schilderung seines Wesens nicht als Vergötterung! Diese liegt mir ganz fern. Seine kleinen Schwächen, die in keinem Verhältnis zu seinen großen Vorzügen standen, habe ich unerwähnt gelassen. Wozu sollen sie überliefert werden? Er war unablässig an der Arbeit, sie zu überwinden, sobald er sie erkannt hatte, und das zu wissen, finde ich, genügt.[190]

In ihrer Beschreibung gibt sie allerdings auch den Blick frei auf eine ziemlich pedantische, zum Perfektionismus neigende, überkontrollierte Persönlichkeit. Wentzel sei durch das Sehnen nach Vollkommenheit unaufhaltsam aufwärts und vorwärts getrieben worden, was sich in einem großen Bedürfnis nach Schönheit und Harmonie ausgedrückt habe. Alle Unschönheiten, alles Aus-der-Rolle-Fallen, aller Zank und Streit, alle geistige wie körperliche Unsauberkeit seien ihm direkt qualvoll gewesen, fast bis zum körperlichen Schmerz.

Viele haben ihm schlechte Menschenkenntnis attestiert, eine Eigenschaft, die ihm in den Zeiten, in denen es auf diese Fähigkeit vielleicht ganz besonders ankam, zum Verhängnis werden sollte.

Natürlich hat Carl Wentzel den Wunsch gehabt, sein Werk der nächsten Generation weiterzugeben. Die Geburt seines einzigen Sohnes im Jahr 1907, die Doppelhochzeit von Sohn und Pflegesohn im Jahr 1934 und die Geburt des Enkelkindes Stephan im Jahr 1944 waren unter diesem Gesichtspunkt Marksteine in seinem Leben.

Der Sohn Carl-Friedrich war kein einfaches Kind. Er wuchs zusammen mit einem Pflegekind auf. Dietrich von Kietzell war der Sohn eines im Ersten

188 Unser Betrieb, 9.12.1936.
189 Ebd.
190 Johanna von Mettenheim an Elster am 6.2.1947.

Silberhochzeit in Teutschenthal, 1933, vorn in der Mitte Ella Wentzel, links von ihr Sohn Carl-Friedrich, rechts von ihr Ehemann Carl Wentzel

Feier zur Taufe von Enkel Carl-Stefan, Ella und Carl Wentzel, Otto Schaumburg, 1944

Weltkrieg gefallenen Kriegskameraden, dessen sich sein Vater angenommen hatte. Carl-Friedrich wurde am Anfang von Hauslehrern unterrichtet. Später besuchte er Höhere Schulen in Potsdam und Ilfeld.

Nach einer Ausbildungszeit in England hatte Carl-Friedrich die Betriebsleitung in Salzmünde übernommen und erhielt 1933 Prokura für alle mütterlichen Betriebe. Es kam zu Differenzen mit dem Vater wegen der nach dessen Auffassung zu aufwendigen und zu riskanten Wirtschaftsführung des Sohnes. Mit dem Jahreswechsel 1935/36 gab Carl-Friedrich Salzmünde auf und übernahm Boltzenhöhe und Fienstedt, wo er zu Beginn der 1940er Jahre einiges geleistet hat, aber weiter darunter litt, dass sein Vater seinen Beamten mehr vertraute als ihm.

1941 ließ sich Carl-Friedrich von seiner ersten Frau, einer Nichte des bedeutenden Saatzüchters Rabbethge-Klein-Wanzleben, scheiden und ging alsbald eine neue Ehe mit der Hallenserin Lore Petzhold ein. Seine zweite Frau hat der Nachwelt in ihren Erinnerungen manches Indiz für den problematischen Charakter ihres damaligen Mannes hinterlassen. Sie berichtet darüber, dass sich der Konflikt zwischen Vater und Sohn zu Beginn der 1940er Jahre verschärfte, was sie in eine Vermittlerrolle gedrängt habe. Nach der Geburt ihres Sohnes Carl-Stefan habe Wentzel seine Befriedigung darüber zum Ausdruck gebracht, dass er (in Gestalt seines Enkelkindes) nun »endlich« einen Nachfolger habe.[191] Lore Wentzel hat sich dazu nicht wertend geäußert, aber man mag dieses Wort Wentzels gleichwohl mindestens für taktlos halten. Carl-Friedrich muss es, falls er davon erfahren hat, verletzt haben.

Der Vater hatte, vielleicht ohne es zu wollen, den Sohn charakterlich und fachlich seine Überlegenheit fühlen lassen. Der Sohn hat dagegen versucht, seinen Wunsch nach Freiheit und eigenem unternehmerischem Handlungsspielraum auszuleben.

Die Mutter Ella war gegenüber dem einzigen Sohn zu nachgiebig. Sie verwöhnte und verzärtelte ihn und schirmte ihn gegen die Unbill des Lebens ab, wo sie konnte. Lore Petzhold berichtet darüber, dass Ella ihren erwachsenen Sohn immer ihren »herzallerliebsten Kleinen« genannt habe. Die Mutter trug damit zu den Problemen bei, die sie eigentlich lösen wollte. Auch wenn ihr das von ihrem Sohn nicht immer gedankt wurde, suchte sie diese Position, wo immer es ging, gegenüber ihrem Mann, dem »harten« Kaufmann und kühlen Rechner, zu verteidigen. Der Sohn hat einmal frühe Angstgefühle gegenüber dem strengen Vater bekannt und seine Erziehung als »spartanisch« bezeichnet.[192] Er hat dem Vater Gefühlskälte vorgeworfen, und es ist nicht völlig auszuschließen, dass

191 Pfeiffer 2011, S. 110.
192 Tagebuch-Auszüge Carl-Friedrich Wentzel (StaH S.15 WEN N 42, Nr. 3).

der Vater es versäumt hat, seinem heranwachsenden Kind den geistigen und emotionalen Rückhalt und vor allem die einheitliche Orientierung zu geben, die diesem in jener Lebensphase möglicherweise gut getan hätte. Der sonst in allem so unbestrittene und erfolgreiche Mann konnte sich mit seinen Appellen an die Pflichtethik am Ende weder bei seinem Sohn noch bei seiner Frau durchsetzen und hatte damit nach der aufgezwungenen Wahl der Ehefrau die zweite große Niederlage in seinem Leben zu verkraften.

Die Verwandten und Freunde haben sich, der Diskretion der Zeit geschuldet, nur zaghaft dem Thema genähert. Margarete schrieb nach dem Krieg, die eigentlichen Lebensprobleme ihres Bruders seien tief in seinem Familienleben verankert gewesen.[193] Neuß erinnert sich an den »von Schwermut beschatteten Mann der Lebenshöhe«.[194] Es ging dabei vielleicht auch um die aufgezwungene Ehe mit Ella, der er sich letztlich aus Pflichtgefühl nicht entziehen wollte und aus unternehmerischen Erwägungen heraus nicht entziehen konnte. Die latente, oft sicher nur stumm geführte Auseinandersetzung über die richtige Behandlung des einzigen Sohnes kam hinzu.

Ella hatte hierbei ein ebenso unausgesprochenes wie wirkungsmächtiges Druckmittel, gegen das ihr Ehemann machtlos war. Sie konnte jederzeit damit drohen, dem Sohn die immer noch ihr allein gehörenden Salzmünder Unternehmensteile unverzüglich zu übertragen und ihm damit nicht nur echte unternehmerische Unabhängigkeit zu gewähren, sondern auch die integriert geführte Wentzelsche Unternehmensgruppe zu spalten. Dies muss zu psychologischen Machtproben in der Ehe geführt haben, die die natürliche gegenseitige Achtung und Anerkennung im Laufe der Jahre in Gefahr bringen konnte. Nach außen wurde das aber nie erkennbar.

Anzeichen dafür, dass Carl Wentzel bewusst war, dass das ersehnte Ziel einer Weitergabe seines Lebenswerks gefährdet war, gab es. Trotz der bis Ende der 1930er Jahre bestehenden und dokumentierten Vorbehalte[195] blieb Sohn Carl-Friedrich jedenfalls in dem von Carl und Ella gemeinschaftlich aufgestellten Testament im Jahr 1944, einem fein austarierten Gesamtgebäude von Vermächtnissen und Leibrenten an nahe und ferne Familienmitglieder sowie auch an Dritte, als Alleinerbe eingesetzt, wobei die die Erben verpflichtende Zielvorstellung des Unternehmenserhalts besonders hervorgehoben wurde.

Der unternehmerische Gestaltungswille des ja durchaus in die Jahre gekommenen Vaters ist durch all das nicht gebremst worden, genauso wie in den frühen 1920er Jahren als er sich scheinbar unüberwindbaren wirtschaftlichen und politischen Schwierigkeiten durch entschlossene Investitionstätigkeit ent-

193 Margarete von Dewitz an Elster am 21.11.1946.
194 Neuß 1957 (Typoskript), S. 5.
195 Scherf 2018, S. 74.

gegenstemmte. Mit ihm war immer noch zu rechnen. Noch im Spätherbst 1942, nachdem die Wehrmacht vor Moskau zum Stehen gebracht worden war und die Niederlage in Stalingrad nicht mehr fern war, kaufte er einen neuen Hof dazu.[196]

Eine Bestimmung des politischen Standorts von Wentzel in den Wirren der Mitte des »zweiten Dreißigjährigen Krieges« ist nicht einfach. Es gibt keine Dokumente und keine klaren Bekenntnisse, es gibt nur Indizien. Ohne Zweifel ist der Landwirt mit dem politischen Gefühlsgerüst seiner Schicht und seiner Generation in das demokratische Deutschland hineingewachsen.

Es ist gut möglich, dass der Knabe Carl Kaiser Wilhelm I. noch mit eigenen Augen gesehen hat. Als Preuße von Geburt war er in seinen persönlichkeitsbildenden Jahren geprägt von der politischen und militärischen Präsenz des preußischen Staates. Vor allem aber zählte die einfache Tatsache, dass der Aufstieg seiner Familie dem Dienst an eben diesem Staat zu verdanken war. Er wird stolz auf das zweite Kaiserreich gewesen sein, auf seinen glänzenden wirtschaftlichen Aufstieg, den er auch für sich nutzen konnte. All das hatte sich zunächst in seiner »treudeutschen« Seele festgesetzt. Das Epitheton hätte er vermutlich ohne zu zögern akzeptiert. Den Untergang der Monarchie hat er deshalb sicher beklagt, und im November 1918 wird auch für ihn eine Welt zusammengebrochen sein. Er wird sich eine Zeit lang die Rückkehr der Hohenzollern gewünscht haben.

Sein Sohn und sein Pflegesohn hatten zusammen zeitweise mit den hohenzollernschen Prinzen in Potsdam Konfirmandenunterricht durch Hofprediger Dr. Johannes Vogel erhalten. Wie der Sohn im Rückblick meinte, habe sein Vater nach einer ersten Einladung in das Schloss Cäcilienhof »als ehrgeiziger Mann den Sprung ins Kaiserhaus gewittert«.[197] Hieraus resultierte dann auch ein Besuch bei Wilhelm II. in dessen Exil im holländischen Doorn im Jahr 1921. Für Wentzel verlief die Audienz in Haus Doorn enttäuschend und führte zu einem Wendepunkt in seinem politischen Denken, denn die monarchistische Perspektive war eingetrübt. Die von dem abgedankten Kaiser geäußerten politischen und wirtschaftlichen Ansichten führten dazu, dass für ihn jedenfalls das Thema der Rückkehr *dieses* Kaisers erledigt schien. Nicht anders ist es zu verstehen, wenn Wentzel nach dem Besuch von »Rissen in seiner Weltanschauung« sprach, wie es Neuß festgehalten hat.[198] Ob dies allerdings zu einer völligen Abkehr vom monarchischen Gedanken geführt hat, ist unsicher.

In einer von Pfarrer Kurt Diete, damals der Sozialsekretär der Wentzel-Betriebe. im Jahr 1923 verfassten Schrift, die dieser »seinem Chef, Oberamt-

196 Wentzel an von Mettenheim am 6.11.1942.
197 Tagebuch-Auszüge Carl-Friedrich Wentzel (StaH S.15 WEN N 42, Nr. 3).
198 Neuß 1957 (Typoskript), S. 142.

mann Carl Wentzel in Gesinnungsfreundschaft« gewidmet hatte, wird ausführlich zur Frage der Rückkehr zur Monarchie Stellung genommen. Es ist wohl als Ausfluss dieser Gesinnungsfreundschaft zu deuten, wenn der Verfasser das Versagen der Monarchie unter Wilhelm II. kritisiert und als Zukunftsentwurf die Rückkehr zu einem (konstitutionell) monarchischen System befürwortet, wie es idealtypisch in der Kombination Bismarck/Wilhelm I. verwirklicht gewesen sein sollte.[199] Einer seiner Neffen meinte später, sein Onkel sei Zeit seines Lebens überzeugter Monarchist geblieben.[200]

Jedenfalls hatte der Agrarunternehmer das Anachronistische der wilhelminischen Monarchie erkannt. Es muss ihm leichter gefallen sein, sich mit der neuen Republik abzufinden und zu versuchen, die eigenen Vorstellungen innerhalb eines neuen politischen Systems umzusetzen. Ohne aus der konservativen Empfindungswelt ganz herauszutreten, öffnete er sich dem neuen politischen Leben. Er erfuhr die Veränderung, aber auch leichter das Übergängliche der Geschichte. Er konnte dann ja auch mit Weimar, wie man heute sagen würde, »umgehen«. Eine bedeutende Rolle hat dabei sicher gespielt, dass er auch unter schwierigen Bedingungen ein erfolgreicher Unternehmer geblieben war.

Hatte er schließlich nicht eine doppelte Herausforderung hervorragend bestanden? Die blutige Osterwoche ebenso wie die Lösung der Probleme, mit denen der Betrieb und die gesamte Zuckerindustrie in harten wirtschaftlichen Zeiten konfrontiert waren? Die Revolution war für seine Familie und für seine Lebenswelt keine wirkliche Zäsur. Die innenpolitischen Wirren der Weimarer Republik, Inflation und Weltwirtschaftskrise haben seine Familie nicht deklassiert und ihn als Unternehmer nicht in den Ruin gestürzt.

Der vielzitierte Ausspruch von Friedrich Meinecke, er bliebe »der Vergangenheit zugewandt, Herzensmonarchist und werde, der Zukunft zugewandt, Vernunftrepublikaner« passt wie angegossen auf Wentzel. Dabei werden bei dem konstitutionalen Monarchisten das monarchische und das konstitutionale Prinzip miteinander im Streit gelegen haben: Seine Schwester Margarete hat es so beschrieben: »Als 1918 das stolze Kaiserreich versank und einer machtlosen Republik weichen musste, da blutete wohl sein königstreues Herz, ...aber er richtete doch das Steuer vorwärts den Wogen entgegen und spannte sich wieder in den Dienst des Vaterlandes ein...«.[201]

Klar ist bei alledem, dass Wentzel in einer Zeit lebte, in der es ein in allen Schichten der Gesellschaft geltendes gemeinsames Bewusstsein von der Gültigkeit des demokratischen Prinzips, der Rechtsstaatlichkeit und der sozialen Gerechtigkeit, eine Übereinstimmung in den grundlegenden und maßgebenden

199 Diete 1924, S. 76ff.
200 Zit. nach Neuß 1957 (Typoskript), S. 126.
201 Bericht Margarete von Dewitz (StaH S 15 WEN N 42 Nr. 8).

Werten, nicht gab, schon gar nicht in der Kaiserzeit, aber auch nicht in der Weimarer Republik.

Kurt Diete, den man mit aller Vorsicht als eine Art ideologischen Kronzeugen Wentzels betrachten kann, hat denn auch eine Krise des Parlamentarismus diagnostiziert und davor gewarnt, dass diese wieder in ein »Zeitalter der absoluten Herrschaft eines Einzelnen« führen werde.[202] Diete sah die Funktion der politischen Partei als notwendiger Mittler zwischen Volk und Staatsführung, kommt dann aber bei der Frage der Parteienvielfalt zu dem etwas halbherzigen Ergebnis, es genüge vielleicht *eine* (wirklich) starke Partei, die die übrigen Parteien »ins Schlepptau« nehmen könne.[203] Die Freiheit des Einzelnen könne darüber hinaus wirkungsvoll nur durch eine Rückgewinnung der Macht des Reiches nach außen geschützt werden.[204]

Dies klingt für heutige Ohren mehr als rückständig. Bei einer Gesamtbeurteilung wird man in Rechnung zu stellen haben, dass Dietes hundertseitiges Pamphlet, in der sich autoritäre, nationale, völkische, revisionistische und antikapitalistische Vorstellungen finden, vor dem Hintergrund der allgemeinen Verunsicherung in den ersten turbulenten Krisenjahre der Weimarer Republik entstanden ist. In den Jahren 1922/23 war mit der anhaltenden politischen Instabilität im Innern, dem Ringen um die Erfüllung der Bedingungen des Versailler Vertrags und dem rechtsradikalen Terrorismus, dem Politiker wie Matthias Erzberger und Walter Rathenau zum Opfer fielen, in der Tat nur wenig Beruhigendes zu vermelden. Die Zeit war eigentlich der frühe Tiefpunkt der krisengeschüttelten Weimarer Republik.

In einem Artikel über seine USA-Reise 1936 hatte Carl Wentzel seine Eindrücke in dem Ausspruch zusammengefasst: »An die Demokratie muss man sich wirklich gewöhnen!«.[205] Das war vielleicht nicht zuletzt auch ein Stück politischer Selbstdisziplin, denn in Wirklichkeit hatte er das ja bereits getan. Auf die soziopolitischen Umbrüche nach der Revolution von 1918 hatte Wentzel über die Jahre mit stoischem Realismus reagiert. Er gehörte nicht zu den Konservativen, die unbedingt gegen Weimar Front machen mussten, auch wenn die Vertretung der Interessen des Großgrundbesitzes und der Schwerindustrie, der Revisionismus und die Idee des starken Staates ihm nahegestanden haben dürften. Wentzel war so etwas wie ein autokratischer Marktwirtschaftler. Schuster nannte ihn einen »Konservativen, der nach vorn blickt«[206] und hat mit dieser etwas unscharfen Formulierung doch etwas von dem erahnen lassen, was

202 Diete 1924, S. 5.
203 Ebd. S. 6.
204 Ebd., S. 62ff.
205 Sonntagsruf, S. 11, Anm. 12.
206 Schuster an Elster am 28.8.1947.

Wentzel wirklich war und was ihn im Vergleich zu seinen weniger innovativen Standesgenossen originell machte.

Schuster mag mit seiner Charakterisierung Wentzels zwischen Konservativismus und Sozialismus auch noch auf etwas anderes angespielt haben. Der von dem Großindustriellen Paul Reusch geförderte und auch von Wentzel mit Interesse gelesene, damals äußerst populäre Publizist Oswald Spengler hatte hierzu den Ton angegeben. In seiner Schrift »Preußentum und Sozialismus« setzte er die Ideale »deutscher Kultur« eher bei Pflicht, Ordnung, Gerechtigkeit an als bei Freiheit, Gleichheit und Brüderlichkeit, also eine Art Synthese zwischen Gemeinwirtschaft und Monarchie. Spengler formulierte in seiner zentralen Programmschrift übrigens auch schon die aus seiner Sicht alles entscheidende Frage, ob »in Zukunft der Handel den Staat oder der Staat den Handel regieren« solle. So gäbe es für den Staat nur Demokratisierung oder nichts. Gleichzeitig gehe es aber um eine Befreiung von den Formen der englischen oder französischen Demokratie, wozu es einer Klasse »sozialistischer Herrennaturen« bedürfe.[207]

Dieses Ideologieangebot einer vielleicht nur scheinbar widerspruchsfreien Kombination von autoritärem Staat und einem eigentümlichen »Sozialismus« muss für den Pragmatiker Wentzel verführerische Ansatzpunkte gehabt haben, auch wenn er dem bei Spengler zum Ausdruck kommenden Kulturpessimismus, der die Anhänger der »konservativen Revolution« damals begeisterte[208], wenig abgewonnen haben dürfte.

Wentzel war ein Wirtschaftsliberaler, der aber nicht so fundamentalistisch dachte, dass er etwa nicht Subventionen oder Schutzmaßnahmen als seiner konkreten unternehmerischen Interessenlage willkommene Nebenprodukte der staatlichen Lenkung willkommen geheißen hätte. Man denke dabei nur an seine bereits beschriebene Haltung zur Frage der Beschäftigung ausländischer Arbeitskräfte und zur Organisation der Zuckerindustrie, deren Kartellisierung er selbst nach Kräften betrieben hatte.

Im Prozessbericht über die mündliche Verhandlung vor dem Volksgerichtshof bezeichnet ihn der Parteiberichterstatter Dr. Lorenzen als (früheres) Mitglied der Deutschnationalen Volkspartei (DNVP).[209] Ob er tatsächlich Mitglied der Partei war, ist nicht mehr festzustellen.[210] Dass aber diese Partei es war, die, wenn überhaupt eine Partei dem politischen Individualisten Wentzel eine Heimat bieten konnte, ihm am nächsten stand, steht außer Zweifel.

207 So auch Diete 1924, S. 67f.
208 Klausa 1994, S. 220.
209 Fernschreiben Lorenzen an Bormann vom 13.11.1944 (BArch NS 6/19 Bl. 56ff).
210 Scherf 2018, S. 55, geht davon aus, dass er nicht Mitglied war.

Zusammen mit anderen Gutsbesitzern stand Wentzel in den Anfängen der Weimarer Republik hinter der Gründung der DNVP im Mansfelder Seekreis. Am 24. Dezember 1918 zeichnete er zusammen mit vielen anderen als »Vertrauensmann der Kreisgruppe Mansfelder Seekreis des deutschnationalen Wahlvereins für den Bezirk Merseburg« einen Wahlaufruf der DNVP.[211] Die bereits mehrfach herangezogene Publikation von Kurt Diete, in der dieser die DNVP schon im Titel als die Partei der Zukunft bezeichnet, weist in die gleiche Richtung.

Schlüsse auf Wentzels politische Haltung können daraus allerdings nur bedingt gezogen werden, weil die DNVP ein außergewöhnlich breites Spektrum politischer Richtungen in sich vereinigte.

Die Partei, die ihr politisches Hoch im krisenhaften Beginn der jungen Republik erlebte, war anfangs ein Auffangbecken für die Anhänger der Vorkriegsparteien konservativer Schattierung, für Deutsch- und Freikonservative, Völkische und Christlich-Soziale und auch für einige Nationalliberale. Neben der Landwirtschaft sah auch ein erheblicher und einflussreicher Teil der Industrie seine Interessen in der DNVP vertreten. Sehr ausgeprägt war die Verbindung zur protestantischen Kirche, zur Staatsbürokratie und zum Militär. Hinzu kam das Interesse an der Erhaltung bedrohter Traditionen und alter Machtverhältnisse. Als radikale völkische Gruppen maßgebenden Einfluss auf ihr Programm gewannen, in dem von der Bekämpfung der Vorherrschaft des Judentums in Regierung und Öffentlichkeit die Rede war, führte dies auf Betreiben der Altkonservativen allerdings zur Abspaltung der völkischen Gruppen.

Mit ihrer scharf antisozialistischen und extrem revisionistischen Ausrichtung blieb jedoch auch das, was danach von der DNVP übriggeblieben war, ein Sammelbecken der erklärten Gegner der Republik.

Wentzel war zudem Mitglied im Wehrverband »Stahlhelm« (»Bund der Frontsoldaten«).[212] Die Provinz Sachsen konnte damals als die Geburtsstätte des Stahlhelm und auch als Ausgangspunkt des Hineinwachsens dieser Organisation in die NS-Bewegung gelten.[213] In einer Propagandaschrift der Nazis (»Des mitteldeutschen Stahlhelm Kampf«) wird Halle als die Kerntruppe des mitteldeutschen Stahlhelms, wenn nicht gar des gesamten Stahlhelms in Deutschland bezeichnet.[214]

211 Bues 1972, S. 62 und Anhang 6.
212 Frontsoldatenvereinigung und Selbstschutzorganisation, die sich in den späteren Jahren der Weimarer Republik zu einem antirepublikanischen, politischen Kampfbund entwickelte.
213 Klotzbühler 1964, S. 9ff., weist darauf hin, dass die Zusammensetzung des Führungspersonals insb. in den frühen 1920er Jahren in der Gründungsstadt Magdeburg mehrheitlich der politischen Mitte zuzurechnen gewesen sei, während in Halle eine entschieden radikalere Richtung mit Freikorpscharakter den Ton angegeben habe.
214 Poche 1934.

Aus der vergleichsweise harmlosen, sich selbst zunächst weniger politisch verstehenden Erinnerungsgemeinschaft alter Soldaten mit sozialen und karitativen Aufgaben, die sich aber auch im Kampf »für Ruhe und Ordnung« engagierte, war im Laufe der Jahre eine markant politische, an radikal oppositionelle Parteien angelehnte Massenbewegung geworden. Sie fand sich im Wirrwarr republikfeindlicher Gesinnungsgemeinschaften wieder und trug ihren Teil an der Verantwortung für die Militarisierung des politischen Lebens in den 1920er Jahren. Ab 1929 trat der Stahlhelm offen republik- und demokratiefeindlich auf.

In den ersten Jahren der Weimarer Republik ist der Stahlhelm vor Ort, in der Provinz, möglicherweise von Wentzel unterstützt worden. In allen Orten, wo Wentzel mit Grundbesitz präsent war, soll es Stahlhelmgruppen gegeben haben, die von seinen Mitarbeitern oder Beauftragten organisiert und aufgebaut worden waren.[215]

Eine führende Rolle hat Wentzel im Stahlhelm nie gespielt. Im Juni 1934 erhielt er im Rahmen einer Ehrung der alten Kämpfer das Ehrenzeichen.[216] In der Phase des Niedergangs der Stahlhelm-Organisation, verbunden mit der sich über Jahre hinziehenden Gleichschaltung des Verbandes nach der Machtergreifung und schließlich seiner Auflösung[217] war Wentzel offensichtlich schon nicht mehr dabei. Eine Mitgliedschaft in einer NS-Organisation ist ihm niemals vorgehalten worden, vor allem aber ist sie in seinen lebenskritischen Momenten von niemandem »entlastend« angeführt worden.

Im Mansfelder Seekreis kam es in der ersten Hälfte der 1920er Jahre wiederholt zu schweren politischen Auseinandersetzungen mit der Linken auf kommunaler Ebene, wobei bisweilen auch scharf geschossen wurde. Den in der »Roten Fahne«, dem Zentralorgan der KPD, 1921 erhobenen Vorwürfen, wonach Wentzel auf seinen Gütern Mitgliedern der rechtsradikalen Organisation Orgesch[218] Unterschlupf gewährt haben soll, sind die Behörden nachgegangen. Sie fanden dafür aber »keinerlei Anhaltspunkte«.[219]

Die Novemberrevolution blieb nicht ohne Folgen für die politische Rolle der Großagrarier. Mit der Kriegsniederlage war das etablierte agrarische Interessenkartell zerfallen und der Agrarsektor verlor seine privilegierte politische Position.

Ungeachtet der Verschiebungen in der wirtschaftlichen Rangordnung bestanden die Großagrarier aber weiterhin auf ihrem gesellschaftlichen und

215 Bues 1972, S. 81ff.
216 Unser Betrieb, 29.6.1934.
217 Vgl. Klotzbühler 1964, S. 273ff. Es gab keine automatische Übernahme von »Altstahlhelmern« in die SA.
218 Eigentlich »Organisation Escherich«, republikfeindlicher Selbstschutzverband.
219 Vermerk Meldestelle Magdeburg vom 5.3.1921 (LASA, C 20 XIII, Nr. 4669).

politischen Führungsanspruch. Völlig realitätsfern war das nicht, weil ihre soziale Machtstellung in gewisser Weise unangetastet blieb. Es gab keine nennenswerte Bewegung von Landarbeitern, die ihre Enteignung forderte, und weder für die deutsche noch die preußische »Revolutionsregierung« stand eine Umwälzung der ländlichen Eigentumsverhältnisse auf der Tagesordnung. Die Sozialdemokratie selbst hielt die wirtschaftlichen Risiken einer solchen Umwälzung, besonders die Auswirkungen auf die Lebensmittelversorgung für unabsehbar, weil sie an der Sichtweise festhielt, dass Großbetriebe effizienter zu bewirtschaften waren. Das wirtschaftliche, soziale und kulturelle Rückgrat der alten Elite wurde daher durch die Novemberrevolution allenfalls gebogen, aber kaum gebrochen. Außer verbalen Attacken gegen das »Junkertum« blieb es nach 1918 faktisch bei einer Hinnahme der bestehenden Besitzverhältnisse. Trotz aller sozialen Brüche und hitzigen Auseinandersetzungen und trotz des subjektiv empfundenen Einflussverlustes dieser Klasse konnte sich in keiner anderen hochindustrialisierten Gesellschaft eine vorindustrielle Elite so viel politische Macht bewahren wie die Junker in der Weimarer Republik.

Tilo von Wilmowsky selbst hat aus seiner Zeit im Vorstand des Reichslandbundes die Rolle der (radikalen) Agrarier kritisch betrachtet, die mit dem Schlagwort von der »Ausplünderung der Landwirtschaft zugunsten der allmächtigen Geldbeutel-Interessen der international eingestellten Exportindustrie« alle Vernunftgründe ausgeschlossen hätten. Er, Wilmowsky, habe deshalb auf die letzten endlosen Vorstandsitzungen des Verbandes um die Wende zu den 1930er Jahren »mit Schaudern« zurückgeblickt.[220]

Nicht alles blieb aber beim Alten. Die staatsrechtliche Auflösung des Gutsbezirks als ländlicher Verwaltungs- und Rechtseinheit traf den Großgrundbesitz in einem Kernbereich. Dagegen hat der Oberamtmann Wentzel Widerstand geleistet. Die Auflösung des Gutsbezirks »Haus Würdenburg« (Teutschenthal) war ursprünglich bereits 1919 geplant, ist aber wohl aufgrund des energischen Protests von Wentzel, der Rechtsgrundlage einerseits und Zweckmäßigkeit andererseits bezweifelte, zunächst verhindert worden.[221] Zu einer endgültigen Entscheidung über die Auflösung des Gutsbezirks kam es dann erst 1928.[222]

Auch der politische Einfluss des Grundbesitzes verringerte sich. Sein Schwerpunkt verlagerte sich von der nationalen auf die regionale oder kommunale Ebene.

Die provinzialsächsischen Großgrundbesitzer waren bis zur Agrarkrise Ende der 1920er, Anfang der 1930er Jahre ziemlich geschlossen aufgetreten. Gemein-

220 Wilmowsky 1961, S. 102.
221 Schreiben Wentzel an den Landrat in Eisleben vom 26.7.1919 (LASA, C 50 Eisleben B, Nr. 173).
222 Ebd. Nr. 175.

sam kämpften sie für höhere Agrarsubventionen, agierten gegen »links«, gegen »Weimar« und gegen »Versailles«. Dabei galt der Großgrundbesitzer generell immer noch als der agrarpolitische Vertreter der Bauernschaft schlechthin. Sein politischer Platz war in der DNVP.[223]

Was Wentzel selbst betrifft, wurde nichts aus einer politischen Karriere, wie sie Wentzel sich als Primaner vielleicht einmal ausgemalt haben mochte.[224] Nach bedeutenden politischen Kandidaturen oder nach öffentlichen politischen Initiativen sucht man im Leben des Oberamtmanns vergeblich.

Wentzel hatte zwar fast dreißig Jahre im Ausschuss der Landwirtschaft der Provinz Sachsen, im Kreistag und in der Gemeindevertretung von Teutschenthal gesessen. Mit Beginn der Weimarer Republik, der Abschaffung des Dreiklassenwahlrechts, dem Verlust des »Amtes« in seiner wortwörtlichen Bedeutung, die den Verlust anderer Ämter nach sich zog, schien jenseits der Interessenpolitik das politische Wirken des Großgrundbesitzers im Sinne einer aktiven Teilnahme an der *res publica* schwieriger zu werden. Ämter fielen nicht mehr zu, sie mussten erkämpft werden.

1929 kandidierte Wentzel noch einmal erfolgreich für ein politisches Amt: Er zog für den »Vaterländischen Volksblock« in den Kreistag ein. Der Block lag mit den Kommunisten gleichauf.

Eine Rolle in der Politik hat er darüber hinausgehend damals im Gegensatz zu vielen seiner Standesgenossen nie gespielt. Der damals noch durchaus üblichen, fast schon zwanghaften Symbiose von Grundbesitz und Politik, von wirtschaftlicher Macht und politischen Ämtern, hat sich Wentzel weitgehend verweigert. Das ist umso bemerkenswerter, als auch im 20. Jahrhundert gerade in der Provinz Sachsen die Großgrundbesitzer es waren, die von allen wirtschaftlichen Interessengruppen am entschiedensten nach direkter Teilhabe an politischer Macht strebten.[225]

Es ist bisweilen der Vorwurf erhoben worden, dass Wentzels Betriebe in den Weimarer Jahren gezielt die NSDAP unterstützt hätten.[226] Das ist so nicht richtig. Allerdings hatte der Hauptausschuss der Vemiro unter dem Vorsitz von Carl Wentzel festgelegt, für die Reichstagswahlen 1930 solle die Wahlunterstützung nicht zentral vom Konzern aus vorgenommen werden. »Man weiß wirklich nicht, welcher Partei man Mittel zur Wahlunterstützung bewilligen soll«, schrieb einer der Fabrikdirektoren.[227] Angesichts der großen Zersplitterung der Parteien auf der Rechten wurde beschlossen, sie »den Fa-

223 Vgl. Nabert 1992, S. 100f.
224 Vgl. Lebenslauf (Naumburg).
225 Nabert 1992, S. 148.
226 Bues 1972, S. 208. – vgl. auch Hans-Heinrich Müller 1997, S. 481.
227 LASA H 229, Nr. 13, S. 50ff.

briken einzeln zu überlassen« Festgelegt wurde eine Spendenquote, die sich an der Tonnage des produzierten Rohzuckers ausrichtete.[228] Bei der zögerlichen Haltung der Vemiro hat außerdem das Argument mitgespielt, dass angesichts der politischen Lage überhaupt zweifelhaft war, ob die Spenden sich wohltuend auf die Zuckerindustrie auswirken würden.

Die sich in diesem Fall zeigende schillernde Haltung der Privatwirtschaft zu politischen Spenden war damals weitverbreitet. Zahlreiche Unternehmen der Großindustrie leisteten in jenen Jahren Spenden an die Politik, an einzelne Parteien, an mehrere Parteien gleichzeitig, an einzelne politische Persönlichkeiten, unter Aus- aber auch unter Einschluss der NSDAP. So wurde oft mit einem defensiven politischen Investment nach vielen Seiten gegeben, nicht um der politischen Partizipation willen, sondern um mit Hilfe einer »politischen Versicherungsprämie« oder einem »Schutzgeld« möglicherweise zu erwartenden Unannehmlichkeiten vorzubeugen.[229]

Man kann das als erratisch oder auch opportunistisch bezeichnen. Im Ganzen, auch im Verhalten Wentzels, spiegelt sich hier eine Zeit, in der eine verunsicherte Gesellschaftsschicht ihre Interessen in einer Demokratie wahren wollte, die sie ablehnte und deren Regeln sie keinen Respekt entgegenbrachte.

Zu den persönlichen Spenden gibt es an dieser Stelle und in diesem Kontext noch eine fast kontrafaktisch erscheinende Geschichte. Sie illustriert in zugespitzter, vielleicht sogar einmaliger Form die ideologische Orientierungslosigkeit, vielleicht auch die Verzweiflung, vielleicht aber auch die frühe Erkenntnis über die Aussichtslosigkeit der politischen Situation, in der Wentzel sich in der zu Ende gehenden Weimarer Zeit wähnte. Irgendwann im Jahr 1932, in den Monaten vor der Machtergreifung kam es im Park von Teutschenthal zu einer bizarren Begegnung.[230]

Der Kommunist Heinz-H. Schmidt, damals Redakteur der von der Vereinigten Kommunistischen Partei Deutschlands (VKPD) herausgegebenen Zeitung »Klassenkampf« erhielt von seiner Bezirksleitung den Auftrag, nach Teutschenthal zu fahren, um am Pavillon des Gutsparks einen Koffer zu übernehmen. Er traf dort den Gutsbesitzer persönlich. Die abendliche Begegnung war kurz. Wentzel überreichte Schmidt den Koffer mit der Bemerkung, die Kommunisten seien jetzt wohl die einzigen, die noch etwas gegen die Nazis ausrichten könnten.

Wie konnte es zu diesem Zusammentreffen kommen? Schmidt war einmal Arbeiter in einem der Wentzel-Betriebe gewesen. Obwohl es bei einer Diskussion in der Universität Halle einmal zu einem scharfen Wortgefecht zwischen dem

228 LASA H 229, Nr. 13.
229 Vgl. Turner 1985, S. 411ff.
230 Neue Deutsche Bauernzeitung 1989 (29).

jungen Kommunisten und dem alten Gutsbesitzer gekommen war, vertraute Wentzel dem Mann. Wentzel hatte sich in seinen Kontakten mit der kommunistischen Bezirksleitung äußerste Diskretion ausbedungen und gefordert, dass die Übergabe nur über Schmidt erfolgen dürfe.

Schmidt wurde ein Jahr danach in anderem Zusammenhang verhaftet, zu einer dreijährigen Gefängnisstrafe verurteilt und emigrierte anschließend. Erst zwei Jahrzehnte später will Schmidt erfahren haben, dass sich in dem Koffer 100 000 Mark befunden hatten. Eine Summe, die, so Schmidt, für »die Partei eine große Hilfe gewesen ist«. Heinz Schmidt, beileibe kein Nobody, sondern ein Mann, der später journalistische Spitzenämter in der DDR bekleidet hat[231], hat sich nach über fünfzig Jahren, kurz vor seinem Tod, einem Journalisten anvertraut. Die Geschichte schien ihm im Lebensrückblick wichtig gewesen zu sein.[232]

Es gibt keinen Grund, an der Darstellung zu zweifeln, aber es ist schwierig, die Episode richtig einzuordnen. In das Bild von sich überschneidenden Oppositionskreisen passt sie so gar nicht. Vielleicht handelt es sich um ein einmaliges taktisches Bündnis unter beiderseitigem Verstoß gegen die »Klassentradition«. Eine nennenswerte Abwehrkoalition gegen die NSDAP von »Rechts« unter Einschluss der Kommunisten hat es natürlich damals nie und nirgendwo gegeben und die Frage, wie viele deutsche Großgrundbesitzer vielleicht der KPD damals Geld zugesteckt haben, ist müßig.

Im Gegensatz zu denen, die glaubten, nach Weimar könne es nur besser werden, war dem Oberamtmann offensichtlich völlig klar, dass es auch noch schlechter werden konnte. Sein anlässlich einer Familienfeier im Oktober 1932 geschmiedetes Verslein: »Nur die Zähne zusammengebissen! Aus der Tiefe herauf ging es immer bergauf!« kann angesichts seiner pessimistischen Lageanalyse nur als ein trotziges Pfeifen im Walde verstanden werden. Das war kurz nach der Septemberkrise und kurz vor den Reichstagswahlen im November 1932. Diese fielen dann zwar für die NSDAP enttäuschend, für die Kommunisten ermutigend aus. Aber letztlich blieben alle entsprechenden Mühen vergeblich, denn nach der Machtergreifung ein gutes halbes Jahr später wurden die Kommunisten ebenso hinweggefegt wie andere Opponenten der NS-Bewegung.

Eine politische Figur, die sich über die lokale Interessenvertretung hinaus in einem breiteren öffentlichen Rahmen für das Wohl des Landes eingesetzt hätte, eine Rolle, die er, betrachtet man sein unternehmerisches Geschick, seinen Weitblick und sein soziales Verantwortungsbewusstsein, vermutlich

231 In der SBZ Intendant des Berliner Rundfunks, 1949 von diesem Posten entfernt. Später u. a. Chefredakteur der Satirezeitschrift »Eulenspiegel«.

232 Mitteilung des Autors Werner Wühst.

erfolgreich hätte ausfüllen können, ist er erst geworden, als es um alles oder nichts ging. Seine innere Migration vom politisch unabhängigen Unternehmer zum politischen Mitbürger begann sich in den späten Weimarer Jahren abzuzeichnen und sollte in eine im doppelten Sinn unumkehrbare Entwicklung münden.

Der Weg in die Schreckenszeit

Der Platz des Moralisten ist immer auf verlorenem Posten.
(Erich Kästner, Fabian)

Am 30. Januar 1933 wurde Adolf Hitler von Reichspräsident Paul von Hindenburg in das Amt des Reichskanzlers berufen. Die Zeit der von Alfred Kerr schon zur damaligen Jahrhundertwende beschworenen »größten Machtanbetung« begann jetzt Wirklichkeit zu werden. Trotzdem gelang es den Nazis nicht, bei den Wahlen am 5. März eine Mehrheit zu gewinnen. Sie verschaffte sich diese Mehrheit dann auf andere Weise, indem sie den KPD-Abgeordneten ihre Mandate per Verordnung aberkannte. Der Weg für das Ermächtigungsgesetz vom 24. März 1933 wurde frei. Ihm stimmten mit Ausnahme der Sozialdemokraten alle im Reichstag vertretenen Parteien zu. Damit war das Schicksal der Weimarer Republik besiegelt.

Mit dieser Machtergreifung wurde ein atemberaubender politischer Rhythmus in Gang gesetzt, der in seiner Konsequenz im Rückblick deutlicher erkennbar ist als den Zeitgenossen damals: Eroberung, Ausbau und Behauptung, schließlich Expansion, rassistischer Vernichtungskrieg mit Niederlage und Zusammenbruch.

Schon in den ersten Monaten zeigten die neuen Inhaber der Macht ihr wahres Gesicht. Die demokratischen Parteien wurden beseitigt, die Länder wurden gleichgeschaltet, die Nazis eroberten die Macht in den Städten und Gemeinden, und die freien Gewerkschaften wurden abgeschafft. Im April folgten erste Boykott-Aktionen gegen Juden, die »Säuberung« der Beamtenschaft und der Hochschulen einschließlich der Studentenschaft. Politische Gegner wurden in Schutzhaft genommen wie Carl von Ossietzky, der Herausgeber der »Weltbühne«, der Schriftsteller Erich Mühsam oder der »rasende Reporter« Egon Erwin Kisch, übrigens derjenige, der sich in den 1920er Jahren für die Begnadigung von Max Hoelz eingesetzt hatte. Bertolt Brecht floh nach Prag, und der langjährige preußische Ministerpräsident Otto Braun ging in die Schweiz. Auch Thomas Mann kehrte von einer Auslandsreise nicht mehr nach Deutschland zurück. Abertausende von Regimegegnern wurden verhaftet. Schon am 22. März 1933 wurde das erste deutsche Konzentrationslager in Dachau eingerichtet.

Es war übrigens, man kann es nicht anders sagen, eine Machtergreifung der »Jugend«. Zentrale Funktionsträger des Dritten Reichs – Goebbels, Himmler, Speer, Bormann – gehörten zur »Generation 1900«, hätten also Wentzels

Söhne sein können. Sie begriffen sich und ihresgleichen als die »Avantgarde eines jungen Volkes«.[233]

Die Konservativen hatten erstaunlich schnell kapituliert.

Diejenigen Konservativen, diejenigen »Barone«, die adligen und die Ruhrbarone, die geglaubt hatten, die Kräfte der NS-Bewegung durch die Ernennung Hitlers zum Reichskanzler einrahmen und zähmen zu können, sollten sich grundlegend irren. Ähnliches galt für diejenigen Industriellen und diejenigen Bankiers, die sich durch die für sie vordergründig günstige Zerschlagung der Arbeiterbewegung blenden ließen.

Dass dabei auch die Konservativen selbst in Gefahr gerieten, wurde zunächst kaum wahrgenommen. Nur wenige schien es zu stören, dass ihre Parteien und Organisationen verboten oder zwangsüberführt und ihre Anhänger verhaftet wurden. Die politischen Kräfte, denen Wentzel nahestand und die in Weimar noch politisch mitbestimmt hatten, verloren von heute auf morgen ihren Einfluss. Nach Hitlers Machtantritt verschwanden die DNVP und der Stahlhelm spurloser als die von den Nazis weit härter bekämpften sozialistischen Parteien. Das konservative Lager stand vor einem Scherbenhaufen.

Als Spezifikum der Nationalkonservativen gilt, dass sie typischerweise nach der Machtergreifung loyale, wenn nicht begeisterte Anhänger des neuen politischen Systems waren oder wurden.[234] Dessen Ziele entsprachen oft ihrem autoritären Gesellschaftsideal und ihren außenpolitischen revisionistischen oder hegemonialen Vorstellungen. Man hat das die »Gemeinsamkeit im Nationalen« genannt. Das historische Urteil, dass die konservativen Eliten und die nationalsozialistische Bewegung vor allem im Negativen übereingestimmt haben, nämlich in der Ablehnung der republikanischen Ordnung, der Zerschlagung der organisierten Arbeiterbewegung und in der Beseitigung der Fesseln des Versailler Vertrages ist richtig, aber genauso richtig ist, dass diese negative Übereinstimmung weiter getragen hat, als es Deutschland gut tat und Deutschland in die Katastrophe führen sollte. Die mit der Machtergreifung der Nazis scheinbar errungene neue Stabilität und eine klare Führung wurden dabei in der Tat anfangs ebenso als attraktiv empfunden wie die Verbindung des Nationalen mit dem Sozialen. Die Beseitigung der demokratischen Regierungsform hatte zunächst auch diejenigen nur wenig berührt, die die später zu Tage tretenden erschreckenden Konsequenzen dann scharf missbilligten.[235] Damit

233 Aly 2005, S. 14.

234 Vgl. Klaus-Jürgen Müller 1994, S. 24.

235 Sog. »Entente-Theorie« Im Einzelnen umstritten, dazu mit jeweils unterschiedlichen Differenzierungen Mommsen 1994B, S. XXIVf. – Klausa 1994, S. 230. – Klaus-Jürgen Müller 1994, S. 329ff. – Fest 1994, S. 328. – Anders Steinbach 1994, S. 23. – Münkler 2009, S. 277 ist sogar der Auffassung, dass das Bündnis der alten Eliten mit Hitler überhaupt erst mit dem Attentat auf Hitler aufgekündigt wurde.

war nach dem Ende der wilhelminischen Monarchie in diesem gesellschaftlichen Segment zum zweiten Mal das Gespür für die Zeitenwende weitgehend verpasst worden. Ekkehard Klausa hat das auf den Punkt gebracht, als er schrieb, die Konservativen hätten Hitler vor 1933 um vieles mehr genützt als sie ihm nach 1933 schaden konnten oder wollten.[236]

Der Konservative Wentzel selbst hat sich im Gegensatz zu der geschilderten allgemeinen politischen Entwicklung auf der Rechten, auch wenn man ihn als »politischen Realisten« bezeichnen könnte, mit dem Dritten Reich in erheblich geringerem Maße abgefunden als mit Weimar. Obwohl er im hohen Grade »national« sozialisiert war, ließ sich der Gutsbesitzer nicht nationalsozialisieren.

In dieser Phase der Biographie des Agrarindustriellen ist eine Tatsache wichtig: Das »von Anfang an«….

Freunde haben nach dem Krieg bezeugt, dass Wentzel schon lange vor 1933 die heraufkommende Gefahr der braunen Bewegung erkannt hatte und zunehmend Sorge über die politische Entwicklung äußerte.

»Von Beginn an ein erklärter Gegner der verbrecherischen Methoden Hitlers«, so hat ihn der Widerstandskämpfer Carl Hans Graf von Hardenberg nach dem Krieg beschrieben.[237] Der Gutsbesitzer Friedrich-Karl von Zitzewitz-Muttrin erinnerte sich nach dem Krieg, Wentzel habe als »einer der ersten deutschen Landwirte« die völlige Aussichtslosigkeit des Krieges mit aller Deutlichkeit gesehen, womit Zitzewitz übrigens ein bezeichnendes Licht auf seine Gesellschaftsschicht warf.[238]

Wentzels Neffe hat nach dem Krieg berichtet, viele seiner Verwandten und Freunde hätten in dessen offener Kritik am Nationalsozialismus eine Gefahr für den Oberamtmann gesehen, denn er habe über diese Fragen manchmal auch mit Menschen gesprochen, bei denen die Diskretion nicht unbedingt gesichert gewesen sei. Seine Schwester Gertrud erinnert sich, dass Besucher, die ihn nicht näher kannten, wegen seiner politischen Offenherzigkeit »oft förmlich betroffen« waren.[239]

Auch bei Wentzel zeigt ein Blick auf die Freunde und Bekannten, wer er war. Bei ihm traf man auf nationalgesinnte, konservative, schon auch auf reaktionäre Zeitgenossen. Vertreter der neuen braunen Elite, oder auch der alten Elite, die sich der neuen angeschlossen hatte, muss man allerdings mit der Lupe suchen. Dazu zählte allenfalls sein Neffe und früherer Eleve Karl Siegmund Litzmann (1893–1945), dessen NS-Karriere bis zum Amt des Generalkommissars in Est-

236 Klausa 1994, S. 234.
237 Hardenberg an Carl-Friedrich Wentzel vom 22.12.1947 (StaH S 15 WEN N 42).
238 Zitzewitz an Elster am 5.3.1947.
239 Gertrud Ossent an Elster, o.D.

land führen sollte. Da hatten sich Wentzels und Litzmanns Wege schon lange getrennt. Später sollten sie sich auf fast schon tragische Weise noch einmal kreuzen. Mit dem Staatssekretär und späteren Minister ohne Geschäftsbereich Herbert Backe (1896–1947), einem zentralen Entscheidungsträger des Dritten Reichs im Bereich Ernährung und Landwirtschaft, der sich später von Wentzel abwandte, bestanden fachliche Kontakte.

Den damals oft vorzufindenden »Oberklassenantisemitismus«[240] deutschnationaler Kreise scheint er bei Zeiten abgestreift zu haben. Mit Jakob Goldschmidt und Edmund von Lippmann verbanden ihn, beginnend in den späten 1920er Jahren bis ins Dritte Reich hinein, von Respekt getragene – soviel ist bekannt – wenn nicht sogar freundschaftliche Beziehungen – soviel darf vermutet werden. Mit dem Leiter eines vornehmlich kunstorientierten Verlages, Alfred Schuster, war er befreundet und hat mit ihm, wie bereits an anderer Stelle erwähnt, gemeinsame Bildungsreisen nach Italien unternommen.[241] In den späten 1920er Jahren hatte Wentzel der Physikerin Freda Herzfeld, die später die erste deutsche Patentanwältin wurde, im Institut der deutschen Zuckerindustrie eine wichtige Stellung verschafft.[242]

Zu der politischen Haltung Wentzels gegenüber der nationalsozialistischen Rassepolitik im Allgemeinen, ein Unterschied, der zu machen ist, gibt es, wenn einem die Schilderung seines Umkreises nicht genügt, wenig konkrete Überlieferungen.

In Wentzels Betriebszeitung findet sich, wir schreiben das Jahr 1935, einmal eine Passage zur »Rassenfrage«. Sie zielt auf die »Schwarzen«, die die »geistige und rassische Überheblichkeit (der Europäer) nicht mehr anerkennen.«.[243] Ebenfalls deutlich ist eine aus seiner USA-Reise gewonnene und im Jahr 1936 (!) publizierte Schlussfolgerung, dass der Boden (»die Scholle«) den Menschen forme, während Rasse und Abstammung wenig bedeuteten.[244]

Im Zusammenhang mit dem Gesetz über die (sog.) Wiederherstellung des Berufsbeamtentums, einem wirkungsvollen Instrument zur Entfernung von Nichtariern aus dem öffentlichen Dienst, hat er sich um die Milderung der Folgen dieser Maßnahme bemüht.

Emil Woermann hat nach dem Krieg berichtet, Wentzel habe im Jahr 1935 auf seine Bitte bedrängten Professoren der Universität Halle, die sich mit Emigrationsgedanken trugen, geholfen, indem er wiederholt der »Gesellschaft der Freunde der Universität« namhafte Beträge zur Verfügung gestellt habe.

240 Dipper 1994, S. 599.
241 Schuster an Elster am 28.8.1947.
242 Später Freda Wuesthoff.
243 Unser Betrieb, 23.8.1935.
244 Ebd., 31.7.1936.

Mit diesen sollte die Gesellschaft in die Lage versetzt werden, dem Wunsch entlassener Professoren zu entsprechen, ihre Bibliotheken großzügig zu erwerben. Woermann weiter: »Auch direkte persönliche Hilfen konnten anonym geleistet werden«.[245] Woermann, damals Rektor der Universität, nennt in diesem Zusammenhang die Namen der Professoren Max Fleischmann, Alfred Hauptmann, Richard Laqueur, Richard Friedländer, und Hans Herzfeld.[246] Im gleichen Atemzug ist hier Wentzels fortlaufende Unterstützung des ebenfalls existenzbedrohten Prof. von Lippmann zu nennen.

Im scharfen Kontrast zu diesen Erkenntnissen muss verstörend erscheinen, wie in Teutschenthal über die Juden noch zu Beginn der Weimarer Republik gedacht wurde. Im Jahr 1923 hatte der Carl Wentzel nahestehende Mitarbeiter Kurt Diete in seinem bereits zitierten Pamphlet scharfe antisemitische Töne angeschlagen.[247] Das war zehn Jahre vor der Machtergreifung. Wenn man Wentzel einfach einmal unterstellt, dass er die Meinung von Diete damals geteilt hat oder zumindest für tolerierbar hielt, wofür angesichts der Umstände der Veröffentlichung des Pamphlets von Diete einiges spricht[248], so steht seine spätere Haltung dazu in einem krassen Gegensatz. Aber ist es denn ausgeschlossen, dass bei Wentzel im Laufe der Weimarer Jahre ein Umschwung im politischen Denken eingesetzt hat? Das Thema Antisemitismus war für ihn dann irgendwann erledigt.[249]

Vergleicht man Wentzel mit der zugegebenermaßen generalisierenden und im Einzelfall deshalb notgedrungen ungerechten historischen Zeichnung seines nationalkonservativen Umfelds, kommt man sicher an die Grenzen einer typisierenden Betrachtung: Wie ist es zu erklären, dass die durchaus vorhandenen antidemokratischen, revisionistischen und nationalistischen Prägungen des Gutsbesitzers im Zusammentreffen mit der Realität des Dritten Reichs nicht den weithin üblichen sich dem Nationalsozialismus annähernden deutschnationalen Reflex ausgelöst haben? Warum fand in diesem Fall eine Annäherung an das NS-Regime, auf den sich die Nazis zwar nicht in jedem Fall, aber doch einigermaßen solide verlassen konnten, und die eine signifikante Abwendung von der politischen Ausrichtung diese Schicht bedeutete, nicht statt?

245 Woermann 1987, S. 177. Im vorhandenen Archivmaterial der Gesellschaft finden sich hierzu allerdings keine Belege.

246 Ebd. Jedenfalls Herzfeld konnte sich noch bis 1938 an der Universität halten.

247 Diete 1924, S.14ff.

248 Vgl. S. 104f.

249 Über die Reaktion der amerikanischen Öffentlichkeit seit Beginn der Judenverfolgung soll Wentzel regelmäßig auch durch Freunde in den USA unterrichtet worden sein, so schreibt Neu 1957, S. 152, allerdings ohne nähere Erläuterungen. Denkbar ist eine Korrespondenz mit Goldschmidt und Schuster.

Wentzel hatte 1933 das 56. Lebensjahr überschritten. Das von den Nazis während und nach der Machtergreifung erzeugte Gefühl eines Rausches historischer Hochgeschwindigkeit, dem viele, die später zu Regimegegner wurden, erlegen waren, hat den Skeptiker offensichtlich kalt gelassen.

Die Trauer über das Ende der Monarchie und die Erfahrung der inneren Schwäche der Weimarer Republik, waren Traumata, die er in unterschiedlicher Graduierung überwunden hatte. Deshalb gab es bei ihm nicht den Wunsch nach einem starken Mann Hitlerscher Prägung. Ausschlaggebend war die in seinem christlichen Denken verankerte und aus seiner Sicht mit der monarchischen Idee zu vereinbarende ethisch-moralische Forderung nach der Wiederherstellung des Rechtstaates. Der Gefährte Zitzewitz hat dies einmal so auf den Punkt gebracht als er schrieb, dass sich nicht die Frage der Monarchie als Regierungsform, sondern als Rechtssicherung und zwar als »allein wurzelechter Rechtsschutz«[250] stelle. Das Kaiserreich war, so gesehen, nicht nur für Wentzel »eine moralisch bessere Welt«, wie es Ralph Dahrendorf einmal ausgedrückt hat.[251]

Auch als Industrieller musste er dem rhetorischen Antikapitalismus der Nazis skeptisch gegenüberstehen. Im Dezember 1930 hörte Wentzel den Vortrag eines damals prominenten Wirtschaftsexperten der NSDAP, Dr. Gottfried Feder. Er schrieb daraufhin seiner Schwester:

> Ich war aufs tiefste enttäuscht und verbittert, dass man der Wirtschaft einen solchen konzentrierten Unsinn vorzusetzen wagt. Gnade Gott uns, wenn diese »doctoren« auf das Wirtschaftsleben losgelassen werden. Sie würden in Kürze den Untergang vollenden.[252]

Der Hobby-Ökonom Feder, der Wege aus der »Zinsknechtschaft« weisen wollte, hatte allerdings im real existierenden Nationalsozialismus bald jeden politischen Einfluss verloren.

Nun könnte das auch für die anderen Konservativen gelten, die das Nazi-Regime jedenfalls zu Anfang hoffnungsvoll begrüßten. Den Ansatz zu einer möglichen Erklärung ist vielleicht in der Außenseiterposition des Gutsbesitzers zu finden. Wentzel fiel es vielleicht leichter, Wege aus dem schematischen, traditionsvorgegebenen Denken zu finden, weil er offener für Ideen außerhalb seiner an sich doch gefestigten nationalkonservativen Vorstellungswelt war. Hier kam vielleicht ein trotz aller deutschnationaler Verankerung vorhandener individualistischer Zug zum Vorschein.

Für eine auch nur opportunistische Einreihung in die terroristische Machtpolitik des NS-Staates war da jedenfalls kein Platz. Das ist ihm auch in seinem

250 Aufzeichnung Zitzewitz, S. 60 (IfZ 318-14).
251 Dahrendorf 1965, S. 444.
252 Bericht Margarete von Dewitz (StaH, S 15 WEN N 42, Nr. 3).

Todesurteil vorgehalten worden, in dem der Volksgerichtshof die innere Einstellung des Gutsbesitzers als »einen guten Pflanzboden für den Goerdelerschen Verrat« bezeichnete.[253]

Bei aller Ablehnung nationalsozialistischen Gedankenguts war die Machtergreifung für den Landwirt und Unternehmer zunächst keine existentielle Zäsur. Die ersten Jahre des Dritten Reichs gingen ins Land. Die Phase einer (vorgetäuschten) Liberalisierung des Regimes während der Olympischen Spiele 1936 war schnell vorbei. Im September verkündete Hitler auf dem Nürnberger Reichsparteitag den »Vierjahresplan«, der nichts anderes bedeutete als eine Beschleunigung der Rüstungsanstrengungen. Die deutsch-italienische Achse wurde geschmiedet, der Antikominternpakt trat in Kraft und die Legion Condor übte in Spanien für den nächsten großen Krieg.

Wentzel ist nach der Machtergreifung – genau genommen bis zu seiner Verhaftung – von Not und Leid, von Belästigungen und Verfolgung weitgehend verschont geblieben. Auch den Krieg konnte man als Großlandwirt besser als andere ertragen. Im Saalekreis machte er nur einen kleinen Teil der gelebten Wirklichkeit aus, wenn man nicht grundsätzlich annimmt, dass es Zeiten gibt, in denen schlechthin alles »politisch« ist. Teutschenthal war doch so etwas, was man heute einen *safe space*, einen Rückzugsraum, nennen würde. Es war nicht Berlin und verkörperte beispielsweise nicht die Lebenswelt eines liberalen Journalisten in der Reichshauptstadt. In Teutschenthal, in Salzmünde und anderswo wurde wie immer die Ernte eingebracht, wurden wie immer die Rüben verzogen und rauchten wie immer die Schornsteine der Zuckerfabriken.

Der Niedergang des Bürgertums als Klasse kann Wentzel in seinem Güterkomplex, der ja fast so etwas wie ein »Staat im Staate« war, nur gestreift, aber kaum unmittelbar betroffen haben. Was hatte sich in Teutschenthal politisch und sozial verändert? Die Wellen, die die grausame Berliner Politik schlug, liefen vor den Toren der selbstgenügsamen und im wörtlichen Sinne autarken Gutswirtschaft in einer kleinen Brandung aus, deren sanftes Säuseln man nur hören konnte, wenn man wollte. Aber letztlich gab es an solchen Orten keine völlig hermetisch abgeschlossenen gesellschaftlichen Rückzugsräume. So berichtete seine Schwester über ein verstörendes Ereignis des Jahres 1943. Ein Feldhüter der Wentzel-Betriebe hatte beobachtet, wie ein denunzierter polnischer Landarbeiter im Dorf exekutiert wurde. Wentzel zu seiner Schwester Margarete: »Du machst dir ja keinen Begriff, welcher Blutrausch bei diesen Verbrechern herrscht«.[254]

253 Urteil VGH vom 13.11.1944 (BArch 6/19, Bl. 73ff).
254 Bericht Margarete von Dewitz (StaH S 15 WEN, N 42, Nr. 3).

Eine Insel der Seligen war das Hallesche Becken auch strategisch nicht. Es war ja weitgehend eine Industrielandschaft. Die näher rückende Gefahr, als im weiteren Kriegsverlauf der Bombenkrieg intensiver wurde und die Treffer näherkamen, war durchaus zu spüren. Im September 1942 schrieb Wentzel: »Unser schönes Deutschland wird nach einem weiteren Jahr Krieg ein Trümmerhaufen sein. Wir erwarten hier jeden Tag den ersten Großangriff auf Leuna-Buna. Damit ist das hiesige Haus in höchstem Maße gefährdet. Man muss auf alles gefasst sein«.[255] Später konnte die Familie tatsächlich von dem hoch gelegenen Gut Boltzenhöhe aus die Fliegerangriffe mit ihren »Weihnachtsbäumen« beobachten. Im Juli 1943 wurde eine Wentzel gehörende Brauerei in Wuppertal-Elberfeld dem Erdboden gleichgemacht.

Allerdings galt Wentzel in Parteikreisen zunehmend als politisch unzuverlässig. Als er im Jahr 1937 vom Gauleiter in Halle nochmals aufgefordert wurde, der Partei beizutreten, soll er erwidert haben: »Ihr Führer spricht immer davon, dass der Konjunkturjahrgang 1933 in Ihren Reihen keine hohe Achtung genieße. Glauben Sie, dass das mit dem Jahrgang 1937 anders sei, und wollen Sie mir das zumuten?« So berichtet es jedenfalls Neuß.[256] 1938 musste seine Bank eine »Eilanfrage« der Industrie und Handelskammer beantworten, ob die maßgeblichen Personen der Firma Wentzel »nichtjüdischer Abstammung«[257] sind. Im Juni 1943 bezeichnete Himmler in einem Schreiben an eine andere Dienststelle Wentzel als den »unrühmlichst bekannten C. Wentzel-Teutschenthal«.[258]

Einsam wurde es in all den Jahren nicht um den Gutsbesitzer. Seine gutsherrlichen Nachbarn hatten unmittelbar nichts zu fürchten. Sie blieben allesamt. Manche freundeten sich mit der braunen Ideologie an, viele hielten durch.

Wenn es im Dritten Reich nur einen anständigen Weg zu leben gegeben hat, nämlich überhaupt nicht in Erscheinung zu treten, sich aus dem öffentlichen Leben ganz und gar fernzuhalten, dann ist Carl Wentzel dem trotz aller bei ihm zu beobachtenden Zurückhaltung im öffentlichen Raum nicht gerecht geworden.

Wentzel lebte ein richtiges Leben im falschen und das ging nicht, ohne mit dem falschen in Berührung zu kommen. Das Schlüsselwort für ihn war »die Sorge um den Betrieb«. Als Berater der Vierjahresplanbehörde, hierauf wird noch im Einzelnen zurückzukommen sein, stand er in einer Reihe mit all denjenigen Regimekritikern, die »auf Posten« geblieben waren, nicht um

255 Wentzel an von Mettenheim am 21.9.1942.
256 Neuß 1957 (Typoskript), S. 125.
257 Schreiben vom 28.5.1938 (LASA, C 110 Halle, Nr. 977a).
258 Himmler an Greifelt vom 9.6.1943 (BArch 19/1265 Bl. 114).

»Schlimmeres zu verhüten«, dazu hatten nicht alle Gelegenheit, sondern um in einem ganz allgemeinen Sinn Einfluss zu behalten.

Er blieb einflussreich in einem generellen Sinn, denn bei aller Begrenztheit seines fachspezifischen Blickwinkels und seiner im ländlichen Raum angesiedelten Aktionsbasis war er gleichzeitig ein Mann auf dem »Berliner Parkett«, man kann überspitzt sagen, bis zum Augenblick seiner Verhaftung. Er fuhr wöchentlich nach Berlin, residierte im Hotel Esplanade, konferierte mit anderen Landwirten, mit Persönlichkeiten der Vierjahresplanbehörde und nahm seine verschiedenen Mandate war. Dort muss er Zugang zu privilegierten Informationen gehabt haben, die ihm Einblicke eröffneten, die dem damaligen Normalbürger verwehrt geblieben sind.

Jenseits der Leitung seiner Unternehmen behielt er seine zahlreichen Ämter in Wirtschaft und Wissenschaft, wo immer er konnte. Aus Protest gegangen ist er nie. Die Gründe hierfür mochten vielfältig gewesen sein. Der von ihm mit Leib und Seele ausgeübte Beruf des Agrariers und sein Einsatz für die Ernährungspolitik, von der noch die Rede sein wird, mochten ja auch kein wirklich zwingender moralischer Anlass gewesen sein. Nicht einmal durch seine Verhaftung verlor er seine Positionen, da war er zunächst einmal »an Teilnahme verhindert«, wie es in der *lingua tertii imperii* hieß.

Dem Vereinsausschuss für die deutsche Zuckerindustrie hatte Wentzel seit 1925 angehört und dort den Vorsitz in der Abteilung Rohzuckerfabriken geführt. Im Herbst 1934 wurde der Verein im Zuge der Gleichschaltung zwangsaufgelöst und in die »Wirtschaftsgruppe Zuckerindustrie« überführt. Dem Beirat gehörte Wentzel bis zu seinem Todesjahr an.

Die damalige Idee einer Fragebogenaktion der Kreisbauernführer aus verschiedenen Landkreisen der Provinz, mit deren Hilfe ermittelt werden sollte, ob Wentzel der geeignete Mann für die Führung der deutschen Zuckerindustrie im nationalsozialistischen Sinne sei, wurde vom Landesbauernführer, dem späteren Gauleiter von Halle-Merseburg, Joachim Eggeling, als unangemessen abgebogen. Es wurde entschieden, am Oberamtmann festzuhalten. Die tradierte Aussage, dass Wentzel als Vorsitzender der Vereinigung mitteldeutscher Rohzuckerfabriken berechtigt und berufen sei, an der Führung der deutschen Zuckerindustrie bestimmend mitzuwirken, auch deshalb, weil er »unbedingt die Voraussetzungen für eine Wirtschaftsführung im nationalsozialistischen Sinne erfüllt«, stammt nicht von nationalsozialistischer Seite[259], sondern von dem Leiter einer der Vemiro-Fabriken, der mit dieser Argumentation Wentzels Verbleib sichern wollte.[260]

259 So aber noch Hans-Heinrich Müller 1997, S. 481.

260 Schreiben Generaldirektor Aumüller (Delitzsch) am 30.10.1933 (LASA, I 599, Nr. 7).

Seine Aufsichtsratsmandate hat er bis weit in die Kriegsjahre behalten. Das galt auch für das Mandat bei der Dresdner Bank, das er als einer der wenigen Nicht-Parteigenossen halten konnte.

Die Bindung Wentzels an die Dresdner Bank im Dritten Reich mag zunächst einmal als ein problematisches Kapitel im Lebensweg von Wentzel bezeichnet werden. Eine Wegstrecke, auf der sich die Bank bereits im hohen Maße in das Herrschaftssystem verstrickt hatte, ist er zumindest mitgegangen.

Noch bei der Machtergreifung stand die Dresdner Bank dem neuen Regime ferner als ihre Wettbewerber, ja sie verkörperte sogar ziemlich genau das Feindbild, das die NSDAP vom »jüdischen Charakter« des Finanzkapitals und seiner zerstörerischen Rolle in der Volkswirtschaft pflegte.[261] Der Ausnahmebankier Carl Friedrich Goetz (1885–1965), der nicht als Nazi galt sondern, wie sich Wilmowsky erinnert hat, ein »geschmeidiger Meister im Ausglätten von Gegensätzen« war[262], führte die Bank im Dritten Reich zu neuen Höhen. Die Bank folgte zu Beginn nicht der Nazi-Ideologie, wurde aber bald zu demjenigen Finanzierungsinstitut, das am stärksten mit dem Machtapparat vernetzt war und dies auch geschäftlich ausnutzte, um den Beinahe-Bankrott in der Bankenkrise zu kompensieren.[263]

Interessanterweise wurde der Aufsichtsrat der Bank bis 1943, ganz im Gegensatz zum Vorstand, von Nicht-Nazis dominiert.[264] Danach waren es nur noch Hans Walz, Geschäftsführer der Firma Bosch nach dem Tod von Robert Bosch und dessen Weggefährte auf seinen regimekritischen Wegen, und Wentzel selbst, die einwandfrei diesem Personenkreis zuzurechnen waren. Sein Einfluss dürfte aber beschränkt gewesen sein. In dem dem Vorstand gegenüber weisungsberechtigten Arbeitsausschuss des Aufsichtsrats war er nicht vertreten.[265]

Wentzel hat dem Aufsichtsrat formal bis zu seinem Tode angehört.[266] Von seiner Verhaftung erfuhr die Bank, als ein Kriminalinspektor sich höflich nach

261 Henke 2006, S. 40.

262 Wilmowsky 1961, S. 183.

263 Vgl. dazu ausführlich Henke 2006, S. 221. Henke spricht in der von der Dresdner Bank unterstützten Forschungsarbeit von »offener Mittäterschaft« und »energisch forcierter Regimenähe« (S. 222).

264 Bähr 2006, S. 115f.

265 Ebd. S. 18.

266 Die US-Militärregierung (OMGUS-Report) empfahl nach dem Krieg, alle Aufsichtsratsmitglieder anzuklagen und als Kriegsverbrecher vor Gericht zu stellen. Vgl. OMGUS 1986, S. 3. Der Inhalt des Gutachtens deckt diese Schlussfolgerung allerdings nicht, weil er auf den Aufsichtsrat kaum Bezug nimmt und dessen Verantwortung nicht näher untersucht. (Henke 2006, S. 2 kommentiert den Report als ohne jede Objektivitätsbemühungen, eine reine Anklageschrift). Eine Ausnahme bildete nur die ungewöhnlich starke Stellung des Aufsichtsratvorsitzenden Götz. Die Empfehlung der Militärregierung ist denn auch in dieser Form nie umgesetzt worden.

Schließfächern von Wentzel bei der Bank erkundigte (es gab sie nicht) und die Filiale daraufhin den Vorstand unterrichtete.[267]

Auch in der von Wentzel mitgeleiteten Behrens Stiftung begann 1933 der Druck des neuen Regimes spürbar zu werden. Die Stiftung wehrte sich gegen personalpolitische Einflussnahmen und kooptierte, um weitere Angriffe abzuwehren, den damaligen Bürgermeister Hannovers, Arthur Menge, der kein Nazi war, in den Vorstand.[268] Mit dem so erzielten Waffenstillstand konnte die Stiftung ihre Arbeit fortsetzen. Der Druck blieb aber bestehen, so dass Wentzel in einem Fall seinen Neffen Litzmann, der inzwischen Staatsrat und SS-Obergruppenführer geworden war, um Vermittlung bitten musste.[269]

Die Stiftung erkämpfte sich ihre Freiräume dadurch, dass sie einzelne Zuwendungen leistete, die vom Regierungspräsidium »erbeten« worden waren. Dabei ging es um den hannoverschen Luftsportverband, das Kriegsopferamt der NSDAP oder das Gauheimatwerk, das Winterhilfswerk, aber auch um die SS.

Es ist Wentzel natürlich nicht verborgen geblieben, dass in einem schleichenden, aber gleichwohl in Intention und Implementierung deutlich konturierten Prozess einige seiner Bekannten zwangsweise von der Bildfläche verschwanden. Der Vorsitzende des Aufsichtsrats der Dresdner Bank, Fritz Andreae, musste ebenso wie ein weiteres Aufsichtsratsmitglied 1936 sein Amt aus »rassischen Gründen« aufgeben. Wentzels Freund, der Verleger Alfred Schuster wanderte 1933 in die USA aus, sein Verlag, die Frankfurter Verlagsanstalt AG, wurde 1938 im Zusammenhang mit den Nürnberger Gesetzen liquidiert. Jakob Goldschmidt ging ins Ausland, zunächst mit einer Rückkehrberechtigung. 1940 wurde er ausgebürgert, seine Aktiva wurden konfisziert und zur Befriedigung seiner Gläubiger verwendet.

Der von Wentzel unterstützte, mittlerweile hochbetagte Edmund Oskar von Lippmann beantwortete 1933 die Forderung nach Ausfüllung eines Fragebogens bezüglich seiner arischen Abstammung mit dem Gesuch, ihn von seiner Lehrtätigkeit an der Universität Halle zu entbinden.[270] In seinen Erinnerungen schrieb er subtil, dass »die Ankündigung des bevorstehenden Dritten Reichs und der von ihm geplanten Maßregeln den genannten Zeitpunkt als den naturgegebenen erscheinen ließ«.[271] 1936 wurde ihm die Lehrbefugnis entzogen. 1940 musste die Vemiro auf den Druck der Partei reagieren,

267 Schreiben Filiale Halle an Vorstand A. Busch vom 4.8.1944 (LASA, Dresdner Bank, Fil Halle, Nr. 221).

268 Zimmermann o.D., S. 7.

269 Ebd. S. 24.

270 UAHW Rep.11, PA 10183, Lippmann.

271 Lippmann 1982 (1994), S. 937.

die seit Jahren die Unterbringung »nicht-arischer, früher leitender Beamter«, darunter auch Lippmann, in *einem* Wohnhaus forderte. Der Konzern hat dann beschlossen, dass die Zuckerraffinerie Halle ein geeignetes Haus erwerben soll.[272]

Das waren Zeichen an der Wand. Sie mögen ebenso auf der Seele des Großgrundbesitzers gelastet haben wie die täglichen Kompromisse mit einem Regime, dem man feindlich gegenüberstand. Nicht anders verhielt es sich mit dem Widerspruch zwischen der Überzeugung, als Ernährungsfachmann im Interesse des Allgemeinwohls mitwirken zu müssen und der Ablehnung des Regimes als solchem.

Das real existierende Dritte Reich bot einerseits Freiräume, forderte dem Einzelnen aber auch ihre unschönen Kompromisse ab. Wenig wog es, dass beim Himmelfahrtsfest und bei anderen Gelegenheiten Wentzel schon mal das Horst-Wessel-Lied und Sieg-Heil-Rufe über sich ergehen lassen, vielleicht sogar in sie einstimmen musste.[273]

Schwerer wogen die Tributzahlungen. Das weitgespannte Firmenimperium blieb nicht frei von NS-Versuchungen. Ab 1933 zahlte die Zuckerraffinerie Halle jährlich zwischen 6500 Mark und 22000 Mark an die NSDAP oder andere NS-Organisationen, einschließlich der SS. Der Spitzenbetrag wurde 1935/36 erreicht, wobei allerdings allein 19000 Mark an das Winterhilfswerk gingen.[274]

Eine Spende auf ein SS-Konto »zur persönlichen Verfügung von Herrn von Alvensleben« wurde im Dezember 1936 überwiesen.[275]

Ein anderes Thema, das Wentzel ebenso wie die sonstige Unternehmerschaft gewisser Größe betraf, waren die Loyalitätsbekenntnisse zur Staatsführung in der Mitarbeiterzeitung oder auf Betriebsfeiern. Sie dienten oft dem Zweck, sich einer näheren Überprüfung der politischen Zuverlässigkeit zu entziehen. Sie waren im Dritten Reich durchaus auch bei »Nichtnazis« an der Tagesordnung.[276] Wentzels Zeitung »Unser Betrieb« war voll davon, aber sie war auch voller Widersprüche.

Noch in den 1920er Jahren hatte Wentzel seine Betriebszeitung als Element kooperativer Unternehmensführung herausgestellt.

272 Arbeitsausschuss Vemiro 6.8.1940 (LASA, I 599, Nr. 6).

273 Vgl. Veranstaltungsberichte in »Unser Betrieb« bspw. vom 18.5.1934.

274 LASA, I 600, Nr.84; Im Jahr 1940 weist der Hauptausschuss der Vemiro eine Spendenbitte der SA zur Finanzierung einer Broschüre wegen der angespannten Situation in der Zuckerindustrie ab, Sitzung des Hauptausschusses der Vemiro vom 14.3.1940 (LASA I 599, Nr. 6).

275 Wentzel schreibt am 4.12.1936 an SS-Standartenführer Alvensleben, dass er sich dessen so freundschaftlichen Ausführungen nicht verschließen könne und die gewünschten 5000 Reichsmark überweisen werde (LASA I 613 Nr. 109).

276 Vgl. zu den Banken: Kopper 2005, S. 4.

"Unser Betrieb"

Vaterländisches Wochenblatt für die Betriebe der Firmen C. Wentzel und J. G. Boltze

für Anregung, Aufklärung und Unterhaltung

Nr. 28 | Hauptschriftleitung: Teutschenthal, Verwaltungsgebäude C. Wentzel. | Freitag, den 12. Juli 1935 | Herausgeber: C. Wentzel, Teutschenthal und J. G. Boltze, Salzmünde. Verlag: C. Wentzel, Teutschenthal. | 14. Jahrg.

Kopf der Zeitung »Unser Betrieb«, 1935

In dieser Zeitschrift, die sich von jeder Politik fernhält, wird alles Wissenswerte über die Betriebsvorgänge mitgeteilt, lehrreiche Unterhaltung geboten und durch aufklärende Aufsätze der Gegensatz zwischen Arbeitgebern und Arbeitnehmern zu überbrücken versucht.[277]

Die Auffassung, die Zeitung sei »dreimal deutsch, aber nicht nationalsozialistisch« gewesen, wie noch Hubert Olbrich in seiner Schrift zu Wentzel gemeint hat[278], lässt sich aber nicht halten. Ein Blick in die geschlossen erhaltenen Jahrgänge von Mitte 1934 bis Mitte 1937 lehrt das Gegenteil.

Die Zeitschrift beschäftigte sich in äquidistanter Weise mit Themen wie etwa dem 125. Todestag der Königin Luise, der Lebensdauer von Schnittblumen, aber eben auch in prononcierter Form mit Politik. Jede Wochenausgabe beginnt mit einer meist außenpolitischen Betrachtung stark deutschnationaler, meist aber auch nationalsozialistischer Prägung, gezeichnet vom Hauptschriftleiter Dr. Hans-Ronald Keßler, in denen vor allem gegen Versailles und gegen den Völkerbund gewettert wird. Dabei bringt der Verfasser das Kunststück fertig, stets für den Frieden zu plädieren und die Verantwortung für die Gefährdung desselben den anderen europäischen Mächten aufzubürden.

Der Führer erhält zum Geburtstag immer seinen eigenen Aufmacher, mal vom Leitartikler, mal aus fremder Feder. Am 17. April 1936 steht dort zu Führers Geburtstag geschrieben: »Deutschland ist Dein. Du hast es erobert. Wir aber sind Dein, weil wir dich lieben, wie nie ein Volk einen Mann geliebt hat, der sein Herr und Herrscher war«.[279] Im November 1935 beginnt, nachdem

277 Olbrich 1981, S. 100.
278 Ebd., S. 102.
279 Unser Betrieb, 17.4.1936.

es vorher um unverfänglichere Werke gegangen war, der Abdruck eines Fortsetzungsromans »Der Tiroler Hakenkreuz-Hirtenbub«.[280]

Artikel von nationalsozialistischen Funktionsträgern finden sich in aller Regel nicht. Eine Ausnahme sind die jeweils auf der letzten Seite abgedruckten Veranstaltungsmitteilungen der örtlichen NSDAP. Auch die Suche nach nationalsozialistischen Emblemen in der Zeitschrift oder Huldigungen von Wentzel selbst an Hitler und seine Ideologie bleibt vergeblich.

Wenn man die nationalsozialistischen Ergüsse für formelhafte, dem totalitären politischen Druck geschuldete Zugeständnisse halten will, so wird man hierzu durch einen Blick auf andere Inhalte des Blattes ermutigt. Denn die Zeitschrift hatte ein zweites Gesicht.

In die Klagen über die ungerechte Behandlung Deutschlands durch die anderen Großmächte mischen sich versöhnliche Töne. »Unfrieden und Krieg sind nur Zerstörer«, wobei in der gleichen Ausgabe die Wünsche für das persönliche Wohlergehen des Führers mit der Versicherung verbunden werden, »dass jeder an seiner Stelle arbeitet und kämpft, so wie er es uns gezeigt hat«.[281]

Außerdem gibt es versteckte Friedensbotschaften: In der Ausgabe vom 23. August 1935 heißt es:

> England und Frankreich haben über den Erdball ein Netz gezogen, das keiner ungestraft zerreißen kann. Der Platz auf der Erde ist verteilt und wer eine neue Verteilung sucht, wird es nur mit Gewalt und unter der Gefahr eines neuen Weltbrandes tun können.[282]

Möglicherweise mit Beginn der Beratertätigkeit von Wentzel in der Vierjahresplanbehörde, über die noch zu berichten sein wird, rücken weltwirtschaftliche Themen stärker in den Vordergrund. Die wirtschaftspolitischen Betrachtungen der Zeitschrift stellen denn auch das wahre Einfallstor behutsamer, aber dennoch klarer Regimekritik dar.

Auch im Jahr 1935 wird ein autarkiekritisches Plädoyer des zu dem Zeitpunkt bereits als Regimekritiker gezeichneten Prof. Carl [von] Tyszka[283] publiziert, das sich gegen die Überschätzung der Möglichkeiten der Selbstversorgung ausspricht und für eine stärkere Integration Deutschlands in das Weltwirtschaftssystem wirbt.[284] Kaum ein Jahr später heißt es:

280 Ebd., 15.11.1935.
281 Ebd., 19.4.1935.
282 Ebd.
283 Carl von Tyszka (1873–1935), Finanzwissenschaftler und Professor an der Universität Hamburg, 1934 aus politischen Gründen in den Ruhestand versetzt.
284 Unser Betrieb 26.7.1935; von Tyszka hat mehrere Aufsätze in der Betriebszeitung publiziert.

> Wir wissen, wie oft heute gerade die Politik der einzelnen Länder den wirtschaftlichen Belangen geradezu widerspricht, wie eine vom Haß diktierte Machtpolitik wirtschaftliche Beziehungen zerreißt oder verhindert, so daß bis heute der Weltkrieg auf diesem Gebiet noch immer weiter geführt wird, ohne daß man absehen kann, wann die Weltwirtschaftsnot endlich durch einen Frieden beendet wird.[285]

Das war immerhin schon 1936. Man mag in diesen wie in den folgenden Zeilen auch ein Stück trotziger kontrafaktischer Naivität erblicken, mit dem ein anderer Zeitgeist beschworen werden sollte.

> Es kann daher auch keine Phrase sein, wenn wir immer wieder verkünden, daß wir den Frieden wünschen. Dieser Frieden ist die Vorbedingung für die Weiterentwicklung der Völker. Mögen sich auch sonst Gegensätze mancher Art dazwischenschieben, und die Entwicklung des einzelnen Volkes grundverschieden von allen andren sein, gerade die Ernährungsfrage müßte schon das friedliche Nebeneinander ermöglichen. Restlos wird kein Volk auf sich gestellt sein können.[286]

Im März 1937 druckt die Zeitschrift einen Artikel von SA-Obergruppenführer Manfred von Killinger, einem fanatischen ehemaligen Freischärler, ab, in dem es um das deutsche Recht geht, Kolonien zu erwerben.[287]

Ob es der Druck der Obrigkeit war oder die auf der Verschärfung der Widersprüche basierenden Zweifel des Herausgebers: Am 23. April 1937 erschien ohne weiteren Kommentar die letzte Nummer.

Von den außenpolitischen Anfangserfolgen der Hitlerschen Politik hat sich Wentzel nicht blenden lassen. Schon in der Zeit der Siegeseuphorie, im Jahr 1940, hat er klar zum Ausdruck gebracht, dass schon allein unter rein landwirtschaftlichen Aspekten ein Durchhalten unmöglich sei. »Er hat in tapferster Weise immer wieder in diesem Zeitpunkt zum Frieden geraten, als der Friede noch wirklich herzustellen war. Er übernahm damit eine Gefahr, von der er sich selbst wohl kaum eine richtige Vorstellung gemacht hat«, so berichtete es von Zitzewitz-Muttrin nach dem Krieg.[288]

Wentzel verfolgte die Vorbereitungen für einen neuen Krieg, der unweigerlich ein Mehrfrontenkrieg und schließlich ein neuer Weltkrieg sein würde, mit Sorge. Vor der gewaltigen und damals unerschöpflich scheinenden Wirtschaftsmacht der Sowjetunion hatte er großen Respekt.

285 Ebd., 26.6.1936.
286 Ebd., 19.6.1936.
287 Unser Betrieb 5.3.1937.
288 Zitzewitz an Elster am 5.3.1947 (StaH S 15 WEN N 42, Nr. 4).

Wentzel korrespondierte mit Carl-Friedrich von Mettenheim, meinem Vater, zwischen 1941 und, jedenfalls soweit die Briefe auf Empfängerseite erhalten sind, bis Ende 1943. Es ist ein kleiner Stapel sauberer, kleinformatiger Briefe, DIN A 6, klein gefaltet und handgeschrieben. Es sind einige der wenigen wirklich authentischen Dokumente, die zumindest einen kursorischen Blick auf sein politisches Denken erlauben.[289]

Die Briefe zeichnen das Bild eines in weltpolitischen Dingen durch die Kriegspropaganda nicht völlig unbeeinflussten, menschlichem Leid und dem Zynismus des Krieges aber sensibel gegenüberstehenden, realistischen Zeitgenossen. Sein pessimistischer Blick in die Zukunft zeigt dabei auch politische Weitsicht. Die Sprache ist, an damaligen Zwängen gemessen, von großer Offenheit.

Im August 1941, kurz nach dem Angriff auf die Sowjetunion, schrieb er: »Ich bin seelisch tief deprimiert, weil ich mehr denn je (!) der Überzeugung bin, daß bei der belagerten Festung Deutschland alle Heldentaten einer Wehrmacht schließlich nichts nutzen werden«.[290]

Das war im Übrigen noch die Zeit des Jubels über die ersten raumgreifenden militärischen Bewegungen nach Osten. Aber der Schreiber blieb skeptisch. In einem Brief an Erich Neuß im gleichen Monat hat er seine Auffassung präzisiert.

> So groß unsere Erfolge im Osten sind, sie wurden mit schweren Blutopfern erkauft. Der Russe von heute ist ein anderer wie der von 1914/18. Das russische Menschenreservoir ist unerschöpflich und so scheint es wohl heute schon sicher, dass wir vor einem Winterfeldzug im Osten stehen. Was dieser Gedanke auch für die Heimatfront bedeutet, brauche ich Ihnen nicht zu sagen ... Ich kann schon heute sagen, dass selbst bei einem glücklichen Ausgang des Krieges viel mehr Menschen an Mangelkrankheiten sterben werden als auf dem Schlachtfelde fallen, und bei der Entschlossenheit unserer Gegner, Deutschland zu vernichten und dem Bolschewismus auszuliefern, ist ein Ende des Krieges, den wir gewinnen müssen, einfach nicht abzusehen.[291]

Ein Jahr später, im August 1942, ging er von einem »Abschluß der Offensivhandlungen im Osten« aus, wo, wie er schreibt, »wir an der Wolga halt machen werden«.[292] Das war zur Zeit des Beginns der Sommeroffensive, bei der es der Wehrmacht zum letzten Mal gelang, verlorene Gebiete zurückzuerobern und,

289 Privatarchiv des Autors. Mein Vater (1901–1961) und Carl Wentzel kannten sich aus der Zeit, als mein Großvater Friedrich von Mettenheim von 1921 bis 1926 Landrat in Eisleben war. Zur Schwester meines Vaters, Johanna, siehe insb. S. 134. Mein Vater war damals, nach Gestapohaft 1933, Angestellter beim »Westdeutschen Kaufhof«.

290 Wentzel an von Mettenheim am 28.8.1941.

291 Wentzel an Neuß am 21.8.1941 (StaH, S 15 NEU 38, 14, Nr. 40).

292 Wentzel an von Mettenheim am 28.8.1941.

im September 1942, Stalingrad teilweise einzunehmen. Auch dann werde aber, so Wentzels Kommentar, eine Millionenarmee im Osten bleiben müssen. Er hatte da noch die Hoffnung, es werde möglich sein, einen erheblichen Teil der Luftflotte nach Westen abzuziehen. Dies sei erforderlich, weil, wie er voraussah, in den nächsten Jahren der Krieg im Wesentlichen mit der »Flugwaffe« geführt werde. – In der Tat haben die deutschen Truppen dann an der Wolga »Halt gemacht«.

»Die Angelsachsen werden systematisch unser Land aus der Luft zerstören«. Er sieht dann England und Deutschland als Trümmerhaufen, Roosevelt als den Mann, der bestimmt, wann der Krieg zu Ende geht und Stalin als immer stärkeren Sieger, je länger der Krieg dauert. Da hatte der Luftkrieg schon begonnen, wenn auch noch nicht die spätere Intensität der Tagesangriffe in Großverbänden erreicht.

Wenige Monate später spürt Wentzel den »Abnutzungskrieg der Amerikaner«. Ein »zweites Wunder des Hauses Brandenburg«, wobei er auf den Tod der Zarin Elisabeth und der dadurch herbeigeführten Wende zugunsten Preußens im Siebenjährigen Krieg anspielte, hielt er da schon für ausgeschlossen: »mehr und mehr werden wir in die Verteidigung gedrängt«.[293] Es folgt der Durchbruch der Engländer bei El-Alamein, der einmal mehr zu dem Kommentar veranlasst, »alle unsere Pläne fallen ins Wasser«. »Werden die Italiener bei der Stange zu halten sein, oder ist dies der Anfang vom Ende?«[294], fragt er offen in einem der Briefe. Das war im November 1942 und noch ein gutes halbes Jahr vor dem Sturz Mussolinis und der Besetzung Italiens durch deutsche Truppen. Auf das einerseits gefürchtete, andererseits ersehnte wirkliche »Ende«, ein Ende das der Autor nicht mehr erleben sollte, musste man da noch eineinhalb Jahre warten. Ein Brief vom 4. Januar 1943:

> Möchte ein Wunder diesen furchtbaren Krieg, der die Völker zerfleischt und die Welt in tiefste Armut und Verwirrung stürzt, endlich zu Ende (bringen) und uns allen die Heimat neu schenken... Leider zeigt Russland noch immer kein Zeichen von Schwäche. Wie es Herr Stalin fertig bringt, trotz des Verlustes seiner Ernährungsbasis und wichtiger anderer Rohstoffquellen, den Krieg in dieser Form fortzusetzen, ist ein Geheimnis, das ich nicht – und leider wohl auch nicht der deutsche Generalstab – zu enträtseln vermag. Auf alle Fälle ist die russische Leistung bewundernswert. Unsere Tapferen im Osten haben auch immer Übermenschliches zu leisten. Gott gebe, dass das Schlimmste überwunden ist![295]

293 Ebd., 27.10.1942.
294 Ebd., 6.11.1942.
295 Ebd., 4.1.1943.

Einen knappen Monat später kollabiert die 6. Armee in Stalingrad, mehr als 100 000 Soldaten gehen in russische Gefangenschaft. Spätestens jetzt war der Wendepunkt des Krieges erreicht. Im Januar 1943 beschlossen Roosevelt und Churchill die Landung alliierter Truppen in Sizilien. Roosevelt forderte die bedingungslose Kapitulation Deutschlands und die Allierten einigten sich über die Grundsätze einer systematischen Bombardierung des Reichs.

Sein stets um ein unabhängiges Urteil bemühter Geist teilt die Verunsicherung der europäischen Eliten infolge der Konsolidierung der bolschewistischen Herrschaft, entwickelt aber ein erstaunlich hohes Maß an Grundskepsis gegenüber der angelsächsischen Welt. Einerseits analysiert er den Aufstieg der Vereinigten Staaten von Amerika zu einer weltpolitischen Führungsmacht früh und nüchtern, befürchtet aber andererseits eine wachsende Kluft zwischen den USA und Großbritannien: So hielt er Anfang 1943 einen »ersten Weltkrieg der Zukunft« zwischen Amerika und England[296] für möglich: »Um ihn führen zu können, braucht das schwach gewordene England einen starken Festlandsdegen, den nur Deutschland stellen kann«. Dabei beunruhigt ihn die britische Politik: »Unklar bleibt mir allerdings noch die Politik der Angelsachsen. Würde unser Vaterland wirklich zertrümmert, so fiele der letzte Riegel, der in der Zukunft Russland von der Weltherrschaft trennen könnte. Sehen die Angelsachsen diese immense Gefahr nicht, die ihnen durch eine bolschewistische Abschnürung Europas vom Weltmarkt droht, ganz zu schweigen von den ungeheuerlichen militärischen Übergewicht, das dieses Eurasien haben müßte«.[297]

Im Frühjahr 1943 hält Wentzel eine weitere Offensive im Osten für sinnlos, weil »wir nur in Landstriche vorstoßen könnten, über die der Krieg zerstörend hinweggegangen ist, wo es also nichts mehr zu holen gibt. Denn um nach Baku vorzustoßen, fehlt uns nach all den Rückschlägen die Kraft.«[298] Der Krieg müsse zu einem Ende kommen, wenngleich er meint, die Zeiten seien so ernst geworden, dass man gar keine Pläne mehr machen könne.[299] Er sieht »die Angelsachsen am Ziel«: Deutschland und Russland haben sich gegenseitig bis zum Verbluten geschwächt. Das Ergebnis eine »pax americana«? fragt er sich.[300]

Im Juli 1943 leitete die Wehrmacht ihre letzte Offensive an der Ostfront im Kursk-Bogen ein, die sie bald abbrechen musste. Dass die Kräfteverhältnisse immer ungleicher wurden, hat Wentzel erkannt und sich im Sommer 1943 die

296 Geht möglicherweise auf regierungsinterne amerikanische Ernstfallplanungen »War Plan Red« zurück (Invasion von Kanada), deren Einordnung hier nicht diskutiert werden kann, die aber mit Ausbruch des Zweiten Weltkriegs ohnehin gegenstandslos geworden waren.

297 Wentzel an von Mettenheim 4.1.1943.

298 Ebd., 15.3.1943.

299 Ebd., 3.4.1943.

300 Ebd., 22.4.1943.

Frage gestellt, »was unsere Staatsleitung zu tun gedenkt, um der sinnlosen und nie wieder gut zu machenden Zerstörung unseres Landes zu begegnen. Unsere Gegner sind derart überlegen, dass es ein absolut ungleicher Kampf geworden ist«.[301]

Er zitiert aus Schillers Jungfrau von Orléans: »Ein Schlachten wars, nicht eine Schlacht zu nennen« und bezieht sich auf Hamburg, wo ihm der schwere Luftangriff auf die Stadt, bei dem fast alle Außenbezirke zerstört worden waren, vor Augen stand und auch die Intensität des immer energischer geführten Luftkrieges gemeint war. Wentzel war aber auch klar, dass »unsere Führung bis zum letzten Deutschen kämpft«.

Im Oktober 1943 verdüsterte sich sein Bild weiter:

> Die Zeit ist nicht mehr fern, wo auch der letzte Deutsche erkennen wird, dass es hiernach um Sein oder Nichtsein gehen wird und Versailles ein Kinderspiel (gewesen) sein wird gegen das, was uns im Fall einer Niederlage erwartet … Unser Volk ist sehr still geworden, und alle philosophierenden und hochtönenden Reden helfen nur noch wenig.[302]

Die Entwicklung der allgemeinen Lage leistete ihren Beitrag zu der wachsenden Depression des Erfolgsmenschen, über die viele berichtet haben. 1943 schrieb er in einem Brief, er könne keine Nacht mehr schlafen, weil er »immerfort an die deutsche Zukunft denkt«[303] Schuster, der Freund der Weimarer Zeit, konnte bei Carl Wentzel noch eine gesunde Mischung aus Optimismus und Pessimismus erkennen. Sein jahrelanger Wegbegleiter Wilmowsky erinnert sich daran, dass Wentzel in den letzten Jahren einen depressiven Eindruck gemacht habe, als ob er sein Schicksal geahnt hätte.[304] Auch Neuß berichtet aus der Vorkriegszeit von Begegnungen mit dem Prinzipal, die in ihm die Überzeugung gefestigt hätten, dass ihm ein »von Schwermut beschatteter Mann der Lebenshöhe« gegenüberstehe.[305]

Die politische Lage allein wird allerdings dafür nicht verantwortlich gewesen sein. Zurückweisungen und Konflikte, Krankheit und unerfüllte private Wünsche schienen ihren Tribut zu fordern. Zu Beginn des Krieges hatte er die sechzig bereits überschritten. Die Grenzen der existentiellen Bedeutung und möglicherweise auch der Nachhaltigkeit seines unternehmerischen Erfolges müssen ihm bewusst geworden sein. Religiös genährte Selbstzweifel plagten

301 Ebd., 5.8.1943.
302 Ebd., 11.10.1943.
303 Ebd., 27.10.1942.
304 Wilmowsky 1961, S. 183.
305 Neuß 1957 (Typoskript), S. 5.

ihn. Er konnte ein schlechtes Gewissen haben, weil, wie er einmal sagte, »es mir zu gut geht«[306]

Der Kaufmann, der Mathematiker, der strenge Rationalist hatte auch eine esoterische Seite. Wentzel hatte sich schon, spätestens zu Beginn der 1930er Jahren den Gedanken der Christian Science-Bewegung zugewendet. Die Ende des 19. Jahrhunderts von Mary Baker Eddy in den USA gegründete Sekte praktiziert ein idealistisch beeinflusstes, fundamentalistisch orientiertes Christentum, das sich an den Heilungsberichten der Bibel orientiert. Ihre Anhänger sind davon überzeugt, dass Gebete, und nur Gebete, heilen. Die Glaubensgemeinschaft genoss in jenen Jahren eine gewisse Popularität. So zählten zum Beispiel auch die Eltern von Helmut James von Moltke zu ihren Anhängern.

Ab 1937 begann das NS-System, die freie Betätigung der Bewegung zu behindern, indem Mitglieder mit Strafverfahren überzogen wurden. Schließlich wurde sie verboten. Nicht wenige Mitglieder wanderten ins KZ.

Carl Wentzel stand in dieser Hinsicht maßgeblich unter dem Einfluss von Johanna von Mettenheim, genannt Hanni, die ebenso wie ihre Schwester aktives Mitglied der Sekte war. Die Freundschaft zwischen Wentzel und Hanni berührte beider Gemüter. Manche der Briefe, die Wentzel an einen von ihren Brüdern richtete, mit dem und mit dessen Frau ihn ein herzliches Verhältnis verband, zeichnete er mit der Schlussformel »Dein treuer Schwager Carl«. Das war unter Berücksichtigung der Diskretion der damaligen Zeit sehr offenherzig. Noch in seiner Haftzeit konnte der alte Mann auf die moralische und tatsächliche Unterstützung der elf Jahre jüngeren Frau rechnen.

Hannis Schwester Dorothee, die körperlich behindert war, und an deren Seite ein Leben lang zu bleiben Hanni sich verpflichtet fühlte, erinnerte sich an den Tag nach der Urteilsvollstreckung, als ihre Schwester nach einem vergeblichen Haftbesuch nach Potsdam zurückkam: »Als sie abends ziemlich spät zum Hintereingang bei der Küche hereinkam, setzte sie den noch gefüllten Koffer hin und sagte nur ein Wort ›Tot‹ und ging dann still auf ihr Zimmer. – Dies war das Ende einer bald zwanzigjährigen Freundschaft ...«[307]

Mit der Machtergreifung des NS-Regimes begann der unaufhaltsame Aufstieg des Ludolf von Alvensleben.[308] Am 5. April 1934 begann seine SS-Karriere als Obersturmbannführer und Führer der SS-Standarte 46 in Dresden. Die nächsten Stationen waren Standartenführer und Oberführer. Ende 1938 wurde er Chefadjudant des Reichsführers SS, Heinrich Himmler. Er übte das Amt faktisch aber nur ein Jahr lang aus, denn schon ein Jahr später nahm er Aufgaben in Polen wahr.

306 Gertrud Ossent an Elster o.D. (StaH Nachlass S 15, N 42).
307 Dorothee von Mettenheim, S. 38.
308 Überblick bei Schulz 2003, S. 18ff.

Bad Gastein 1940, v.l.: Carl Friedrich von Mettenheim, seine Ehefrau Ilanga von Mettenheim, Johanna »Hanni« von Mettenheim, Carl Wentzel

Von dort schrieb »Bubi« im Herbst 1939 einen Brief an Himmler, in dem er berichtete, die Arbeit mache ihm riesige Freude, es werde aber leider nicht so durchgegriffen, wie es nötig wäre. Dies liege an den »sogenannten Kriegsgerichten« und an den Ortskommandanten der Wehrmacht, die Reserveoffiziere seien und auf Grund ihrer bürgerlichen Berufe zu schwach.[309]

Alvensleben trat in einem Prozess der graduellen politischen Fanatisierung aus der Rolle des Herrensohns heraus und wurde zum Herrenmenschen. Aus ihr sollte er nicht mehr herausfinden. Es ist historisch belegt, dass »Bubi« 1939/40 als Leiter des Selbstschutzes in Westpreußen zahlreiche Morde an Polen auf sein Gewissen lud.[310] Hierzu gehört insbesondere die Beteiligung an der sog. »Intelligenzaktion«, der im Spätherbst 1939 insgesamt etwa 60000 Polen zum

309 Alvensleben an Himmler am 17.9.1939 (BArch R 9361-III-565749 [13809]).
310 Birn 1986, S. 187, Anm. 1.

Opfer fielen. Dazu schreibt Heinz Höhne in seinem Standardwerk über die SS: »Bereichsführer von Alvensleben warf sich zum Herren über Leben und Tod auf. Eine einfache Denunziation durch Volksdeutsche, ein kleiner Haken auf einer Liste, und schon führten die Selbstschützler einen Polen in einen Keller oder in eine Garage oder in ein Waldstück, um den Todeskandidaten zu liquidieren«.[311]

1942 diente »Bubi« als SS- und Polizeiführer auf der Krim, wurde im Oktober 1943 Höherer SS-Führer und Generalleutnant der Polizei im Gebiet der Heeresgruppe A und ab Februar 1944 »Höherer SS-Führer Elbe«. Er hat sich bei Himmler dafür bedankt, dass er an »Endkampf und Sieg« teilnehmen durfte.[312] Das, was von der Personalakte noch übrig ist, ist zum großen Teil auch eine Krankenakte.

Aber es wird schon etwas dran gewesen sein: Im Kriegsverlauf und möglicherweise auch unter dem psychologischen Druck der »Bandenbekämpfung« hinter der Ostfront wirkte »Bubi« körperlich verbraucht. Die immer wieder erforderlich werdenden Erholungsurlaube ließen einen untersuchenden Arzt zu dem Urteil kommen, hinter dem äußerlich maskulin und vital wirkenden Kämpfertyp verberge sich eine bis in die Substanz erschöpfte Persönlichkeit.[313]

Die folgenden Ereignisse sind nur verständlich, wenn man die persönliche Beziehung von »Bubi« zu Himmler in Rechnung stellt, denn diese Beziehung hat sich trotz der nur kurzen Zeit, die der junge SS-Mann im Leitungsbereich und deshalb in unmittelbarer persönlicher Nähe zum Reichsführer-SS verbrachte, zu einem Vertrauens-, wenn nicht Freundschaftsverhältnis entwickelt.

»Bubi« war ein besonders geeignetes Objekt für Himmlers erzieherische Ambitionen, die generell weit über das Dienstliche hinaus in private Bereiche, wie Lebensführung, wirtschaftliche Verhältnisse, und sogar Familienplanung der ihm Untergebenen reichte. Der Reichsführer-SS versuchte, seine Untergebenen umfassend zu kontrollieren. Er behielt sich vor, SS-Angehörigen bis hinunter zu den niedrigsten Diensträngen durch gezieltes Einschreiten seine Strenge und Allmacht vor Augen zu führen, wie sein Biograph Hubert Longerich zu berichten weiß.[314]

311 Höhne 1967, S. 277.

312 Alvensleben an Himmler am 3.9.1942 (BArch NS 19/1265, Bl.100). Diese Teilnahme hat sich freilich, wie Bettina Birn in ihrer Monographie über »die Höheren SS- und Polizeiführer« feststellt, im Großen und Ganzen auf Erschießungen von Juden und auf Saufgelage beschränkt. Sein einziger Fronteinsatz dauerte wegen eines Gallenleidens genau zwei Tage, Birn 1986, S. 382, Anm. 2.

313 So etwa ärztliches Gutachten vom 3.11.1943 (BArch R 9361-III 565749 [13640]). Am 13.12.1943 wird Himmler von den Ärzten geraten, Alvensleben in seiner Vitalität etwas zu dämpfen (BArch R 9361-III 565749 [13732]).

314 Longerich 2008, S. 327ff.

Ludolf von Alvensleben (r.) in Bromberg (Bydgoszcz), 1939

Die ranghöchsten Mitglieder des SS-Führerkorps mussten sich eine peinlich genaue Überwachung gefallen lassen. So hatte Himmler auch auf Alvensleben zu Anfang ein strenges Auge und noch 1934, als sich ein Gläubiger dessentwegen bei der SS beschwerte, schriftlich Weisung gegeben, dass ein weiterer Verbleib von Alvensleben in der SS nicht möglich sei, wenn dieser für den Vorgang keine befriedigende Erklärung liefern könne.[315]

Himmler verstand es, seine Untergebenen, deren Schwächen er erkannt hatte, hier insbesondere die ständigen Finanznöte des Schochwitzers, von sich abhängig zu machen. Er kam ihnen dann auch entgegen, indem er ihnen bei der Sanierung zerrütteter Finanzen beistand. Dies mündete schließlich sogar in eine Großmaßnahme ein, in der die SS Kredite aufnahm, um ihr Personal zu entschulden. Weil Himmler den SS-Mann für das »ehrlichste Menschengeschöpf, das es in Deutschland geben kann« hielt, verbot er von da an jede Verschuldung.[316]

Schon 1937 hatte die SS Schulden von Alvensleben abgedeckt. 1938 gelang es «Bubi», über einen befreundeten Industriellen eine Spende von 100000 Reichsmark einzuwerben und davon eine Provision von 25000 Reichsmark zu

315 Vermerk Himmler vom 25.10.1934 (BArch R 9361-III 565749 [13471]).
316 Longerich 2008, S. 339.

Besprechung mit Himmler in Berlin 1938, links der Chef des persönlichen Stabes Reichsführer SS Karl Wolff, in der Mitte Ludolf von Alvensleben

kassieren. Gleichzeitig gestattete ihm Himmler die Aufnahme einer beratenden Tätigkeit bei eben diesem Industriellen, die ihm immerhin weitere 1000 Mark im Monat einbrachte[317], obwohl Nebentätigkeiten von SS-Mitgliedern eigentlich scharfen Kontrollen unterliegen sollten.[318]

1939 verschaffte Himmler Alvensleben die formale Stellung als Treuhänder eines Staatsgutes im Warthegau, das vorher in jüdischem Eigentum gewesen war, jedoch ohne Präsenzpflicht, denn »Bubi« hatte das Recht, sich als Treuhänder vertreten zu lassen, was er auch tat.[319] 1943 ließ Himmler die Beauftragung seines »lieben Alvensleben« als Treuhänder verlängern, diesmal unter Einschluss einer Vergütung.[320]

Selbst im eigenen Lager wurde diese Haltung Himmlers nicht kritiklos hingenommen. Der Reichsführer-SS musste sich gegen Gerüchte unter den Volksdeutschen im Gau zur Wehr setzen. Als der Chef des Reichssicherheitshauptamts,

317 SS-Gruppenführer Wolff an Alvensleben am 23.11.1938 (BArch NS 19/1265, Bl. 51).
318 Vgl. Longerich 2008, S. 338.
319 Himmler an Gauleiter Greiser am 3.11.1939 (BArch R 9361-III – 565749 [14279]).
320 Himmler an Alvensleben am 8.6.1943 (BArch NS 19/1265 Bl. 113).

Reinhard Heydrich, eine entsprechende Beschwerde an ihn weitergeleitet hatte, antwortete Himmler an Heydrich, er wolle »A. nicht bevorzugt behandeln«. Die Begründung, die er für sein widersprüchliches Verhalten gab, war zynisch. Er habe der Übernahme der Bewirtschaftung durch seinen engen Mitarbeiter zugestimmt, weil dieser »bei der Durchführung der notwendigen Exekutionen verantwortlich beteiligt war und ihm von manchen Volksdeutschen gesagt wurde, er täte sich leicht, denn er verlasse das Land ja wieder«. Er, Himmler, habe ihm die Möglichkeit geben wollen, »in das Land als Bürger und Bewohner wieder zurückzukommen und damit den Volksdeutschen mit einem guten und mutigen Beispiel voranzugehen«.[321]

Als »Bubi« zum SS-Gruppenführer befördert worden war, bekam er vom Reichsführer ein Telegramm, in dem dieser ihn seiner herzlichen Verbundenheit versicherte und die feste Erwartung ausdrückte, dass »Sie auf der Krim eine Säule des Glaubens, der Zuversicht, des Anpackens und niemals des Nachgebens sind«.[322]

Die Beziehung wirkte aber auch in der Gegenrichtung. Himmler brauchte Leute wie Alvensleben. Zu einer seiner Lieblingsideen gehörte die Vorstellung, in Osteuropa eine neue Landaristokratie zu etablieren, die den aus seiner Sicht alten, schwach gewordenen und seines Besitzes weitgehend entfremdeten degenerierten Adel ersetzen sollte. Der Ersatz sollte aus einer neuen herrschenden Klasse hervorgehen, die nach dem Krieg systematisch mit Grundeigentum zu versorgen war. Himmler wird in dem sich aus seiner aristokratischen Schale herauspuppenden überzeugten Nationalsozialisten insgeheim den Prototyp des von ihm propagierten NS-Neuadels und damit als die Erfüllung auch seines Traumes vom Landwirt, der er ja von der Ausbildung her selber war, gesehen haben.

Zudem wird eine Portion kleinbürgerlicher Snobismus mitgespielt haben. Auch die Herren über Leben und Tod haben sich entgegen der propagierten Ideologie ersichtlich von Namen, Wappen und alten Gemäuern beeindrucken lassen. Die Chemie zwischen den beiden Männern stimmte. Himmler hat den etwa gleichaltrigen Alvensleben im Rahmen seines Konzepts der SS als permanenter Erziehungsanstalt und Reservoir einer neuen Elite, eines »neuen Adels, eines Adels, der niemals alt wird«, wie er sich in anderem Zusammenhang einmal ausgedrückt hat[323], in besonderer Weise als Familienmitglied behandelt.

»Bubi« hat die erzieherischen Ambitionen des Reichsführers-SS in einem Maße bedient, das dazu geführt hat, dass sich die psychologischen Machtverhältnisse umkehrten. Es war ihm offensichtlich gelungen, Himmler in Ver-

321 Himmler an Heydrich am 26.3.1940 (BArch NS 19/1265 Bl. 64).
322 Telegramm Himmler an Alvensleben vom 1.11.1943 (BArch R 9361-III 565749 [13358]).
323 Rede Himmler am 8.11.1937 (BArch NS 19/4004 Bl. 278–351).

folgung seiner Ziele die Hand in einer Weise zu führen, die den Reichsführer gegenüber dem eigenen Apparat in einen peinlichen Rechtfertigungszwang brachte. Dem notorisch unzuverlässigen Alvensleben war es gelungen, so schrieb Jutta Birn, durch Eingehen auf dessen Lieblingsideen wie vorgeschichtliche Grabungen, Landwirtschaft und Kinderreichtum eine starke emotionale Verbindung herzustellen, die ihm Himmlers Wohlwollen sicherte und auf diese Weise seine Defizite an wirklicher Leistung und seine ständigen Bestrebungen, sich persönlich zu bereichern, übertünchen konnte.[324]

Die Grundsätze der »ständigen Einsatzbereitschaft, des Gehorsams und der Bewegung wie Leistung«, die Prinzipien einer SS, die sich als Ordnungsfaktor und disziplinierte Truppe sah, säuberlich, stramm, klar, tapfer und selbstlos, galten in diesem Fall offensichtlich wenig.

324 Birn 1986, S. 382, Anm 2.

Im Banne der Autarkie

Autarkie (altgr. αὐτάρκεια autárkeia, ›Selbstgenügsamkeit‹, ›Selbstständigkeit‹) im allgemeinen Sinne bedeutet, dass Organisationseinheiten oder Ökosysteme alles, was sie ver- oder gebrauchen, aus eigenen Ressourcen selbst erzeugen oder herstellen.
(Wikipedia)

Trotz seiner ambitionierten industriellen Aktivitäten waren es letztlich die Ernährungsproduktion und die Ernährungspolitik, die Wentzels zentrales Lebensthema blieben. Auf diesem zunächst harmlos und unpolitisch erscheinenden Gebiet war es schwierig und mit den sich verstärkenden Kriegsvorbereitungen des NS-Staats wurde es immer schwieriger, sich von der nationalsozialistischen Ideologie nahtlos zu isolieren.

Am Anfang stand die politische Eroberung des Landwirtschaftssektors durch die Machthaber des Dritten Reichs. Sie kann als eine kleine gesellschaftliche Revolution verstanden werden, die bereits vor der Machtergreifung begonnen hatte. Bereits in den letzten Jahren der Weimarer Republik hatte sich die Zusammensetzung der »agrarpolitischen Elite«, zu der neben den aus dem Agrarsektor stammenden Parlamentariern vor allem die Kammer- und Verbandsfunktionäre zählten, zunächst graduell, dann aber immer radikaler verändert. Nicht zuletzt durch die Agrarkrise wurden bereits Ende der 1920er Jahre die traditionell durch Grundbesitz legitimierten Inhaber lokaler Ämter zunehmend von Bauern oder von Funktionären ohne eigenes Land abgelöst.

Parallel dazu entwickelte sich eine schleichende Hinwendung von Teilen auch des Großgrundbesitzes zur braunen Bewegung. In der Provinz Sachsen war noch bei den Wahlen 1928 (zum Preußischen Landtag), 1929 (zum Provinziallandtag) und 1930 (zum Reichstag) keiner der gewählten Großgrundbesitzer Mitglied der NSDAP. Aber schon bei den Landwirtschaftskammerwahlen 1931 waren neun der 39 gewählten Großgrundbesitzer Nationalsozialisten.[325] Auch bei den preußischen Landtags- und Reichstagswahlen 1932 und 1933 wurden einige Großgrundbesitzer auf NS-Listen gewählt. Einer von ihnen war Wentzels Pachtgeber, der junge Ludolf von Alvensleben.[326] Er war vielleicht typisch für

325 Nabert 1992, S. 106.
326 Mitglied im Kreistag, im Provinziallandtag der Provinz Sachsen, im Reichstag, Schulz 2003, S. 18ff.

einen neuen Funktionärstyp. Keiner der in den letzten Jahren der Weimarer Republik in der Landwirtschaftspolitik aktiven Nazis war bis 1932 durch eine agrarpolitische Tätigkeit aufgefallen. Meist handelte es sich um junge Politiker der Weltkriegsgeneration, die die altkonservativen, standesbewussten aristokratischen Kreise aber auch die moderneren Kräfte von der agrarpolitischen Bühne verdrängten.[327]

Die mächtigen Landwirtschaftsverbände, die vormals politisch und wirtschaftlich von den ostelbischen Grundbesitzern dominiert worden waren, waren schon in den letzten Jahren von Weimar unter nationalsozialistischen Einfluss geraten. Sie wurden damit schneller als andere gesellschaftliche Gruppen ideologisch durchdrungen und gleichgeschaltet. Der Reichslandbund (RLB), ursprünglich angetreten, um eine allzu einseitige Interessenvertretung durch den in der Weimarer Republik rasch schrumpfenden Bund deutscher Landwirte (BDL) zu vermeiden, öffnete sich schon 1931 der NSDAP. Als der Verband begann, im Dezember 1932 aus relativ banalen interessenpolitischen Gründen massiv auf den Sturz des Reichskanzlers, General Kurt von Schleicher, zu drängen, der aus vielerlei Gründen am 28. Januar 1933 aufgeben musste, leistete er seinen Beitrag zu der kommenden politischen Katastrophe.[328]

Die einfachen Bauern liefen in der Endphase der Weimarer Republik scharenweise der NSDAP zu, weil diese das Ende ihres sozialen Abstiegs und ihrer Existenznot versprach. Der Erfolg der Nationalsozialisten war dabei vor allem einer geschickten Öffentlichkeitsarbeit der Agitatoren des Reichsbauernführers Walther Darré (1895–1953) zu verdanken. Sie hatte drei Ansatzpunkte: Kritik am Versagen der traditionellen Agrareliten, der politische Kampf gegen die »Reaktion« in Gestalt der Junker und die unmittelbar drohende Gefahr des Marxismus.

Damit lieferte sich im Ergebnis ein Wirtschaftssektor, der etwa 20 % der Bevölkerung und des Sozialprodukts umfasste, widerstandslos den Nazis aus.[329] Die preußischen Junker, so schreibt der Wirtschaftshistoriker Avraham Barkai, verschwanden bereits Anfang 1933 als »eigenständige Machtgruppe für immer von der politischen Bildfläche«.[330] An die Stelle von gewählten Vertretern landwirtschaftlicher Organisationen traten nun die vom Reichsnährstand ernannten Orts -und Kreisbauernführer.

Interessant ist, wie Wentzel mit diesen Veränderungen umgegangen ist. Auch seine Lage hatte sich nach der Machtergreifung verändert. Er wurde im öffentlichen politischen Leben in die Passivität gedrängt. Sein Biograph Etzrodt

327 Nabert 1992, S. 106f.
328 Vgl. Barkai 1988, S. 135.
329 Ders., S. 147.
330 Ders., S. 148.

schrieb dazu in erstaunlicher Offenheit im Jahr 1937 (!) in der von Wentzel publizierten Familiengeschichte:

> Die politischen Umwälzungen des Jahres 1933 veränderten die bisherige Wertung der deutschen Landwirte. Während vordem der Großgrundbesitz in allen landwirtschaftlichen Vereinigungen die Führung hatte, wurde sie nunmehr bewußt in die Hände der Bauernschaft gelegt, deren Standesbewußtsein sich außerordentlich hob. Von dieser Entwicklung wurde Carls Tätigkeit insofern berührt, als er die Ehrenämter, die er bis dahin in öffentlich-rechtlichen Korporationen bekleidet hatte, niederlegen mußte. So schied er bei der Landschaft der Provinz Sachsen aus, deren Ausschuß er fast 30 Jahre lang angehört hatte. Ebenso erlosch sein Mandat im Kreistag und in der Gemeindevertretung von Oberteutschenthal. Den Posten als Amtsvorsteher hatte er bereits unmittelbar nach dem Kriege unter der marxistischen Regierung [sic] abgeben müssen.[331]

Die Landwirtschaftspolitik entwickelte sich geradezu zu einem ideologischen Kernbereich des nationalsozialistischen Systems. In der romantisch-rassistisch begründeten Bauernideologie, die unter dem Schlagwort »Blut und Boden« bekannt geworden ist, verbanden sich germanische Rassepolitik und Expansion miteinander. Der städtischen Zivilisation wurde das bäuerliche Leben als völkisch-rassischer »Urquell« entgegengesetzt, wobei die siedlungspolitische Ausdehnung zugleich der strategischen Sicherung gegenüber dem Osten dienen sollte.[332]

Eine wichtige Stellung nahm in diesem Konzept der Kleinbauer ein, der ideologisch zur Gegenfigur des Großgrundbesitzers als dem prototypischen Angehörigen der alten Führungsschicht wurde. Reichsbauernführer Darré lehnte das ostelbische Junkertum aus rassenideologisch-bevölkerungs- und siedlungspolitischen Gründen ab. Er wollte einen »neuen Adel auf der Grundlage anerkannter Erbsitze« schaffen.[333] Wie stark sein Widerwille gegen Adel und Großgrundbesitz war, ist umstritten.[334] Darré hat einmal offen zugegeben, er habe bewusst die die monarchische Tradition fördernden Großgrundbesitzer dem Reichsnährstand fernzuhalten versucht.[335]

331 Etzrodt 1937, S. 169. Auch sonst finden sich in diesem Buch keine nationalistischen oder völkischen Töne. Es gibt nicht eine einzige Textpassage, die man als opportunistische Anpassung an die Meinung der damals Herrschenden interpretieren könnte.

332 Vgl. Corni/Giess 1994, S. 17ff.

333 Vgl. Darré 1930, S. 39ff.

334 Vgl. dazu Dornheim 2011, S. 54f.

335 Unter Bezug auf die reichen Rittergutsbesitzer, die in Halle Landwirtschaft studierten, schrieb er: »Diesem Geschlecht war der Stolz auf seinen Beruf als Bauer abhandengekommen«, Darré 1942, S. 79. Siehe zur grundbesitzerfeindlichen Haltung Darrés auch Corni/Giess 1997, S. 184.

Mit der Schaffung dieses »Reichsnährstandes«, der die deutsche Landwirtschaft ständisch durchorganisierte und mit einer Marktordnung versah, sowie mit der Verschmelzung der Funktionen des Reichsbauernführers und des Ernährungsministers wurde der Agrarbereich dann eigentlich der einzige Wirtschaftssektor, in dem es ernsthafte Ansätze gab, braune Ideologie ordnungspolitisch umzusetzen.[336]

Gleichwohl konnte von einer konsistenten Agrarpolitik nicht gesprochen werden. Die Tendenz zur Verdrängung unrentabler Höfe wurde durch die Technisierung der Landwirtschaft sogar noch verstärkt. Nach dem Prinzip »Wachsen oder Weichen« wurden aus Bauernhöfen mehr und mehr landwirtschaftliche Betriebe. Am Ende konnte die Landwirtschaftspolitik wenig zur Stabilisierung des heimischen Bauernstandes und zur Reagrarisierung beitragen. Landflucht und das Wachstum städtischer Ballungszentren waren am Ende nicht aufzuhalten. Ebenso scheiterten alle Ansätze zu einer bäuerlichen Siedlungspolitik. Dafür war auch das Reichserbhofgesetz verantwortlich, das den mittleren bäuerlichen Familienbetrieben vorschrieb, der Hoferbe müsse Bauer werden. Sein Besitz war nur noch bedingt hypothekarisch belastbar, und vor allem durfte er nicht zwischen Familienmitgliedern aufgeteilt werden. Die Folge war eine Landflucht, die zwischen 1933 und 1939 neue Rekorde erreichte.[337]

Die Bauern wurden weiter deklassiert und ihr Lebensstandard sank. Nach zunächst kräftigen Zuwächsen, besonders in den ersten Jahren nach der Machtergreifung, lagen die landwirtschaftlichen Einkommen ab Mitte der 1930er Jahre nur noch bei einem Drittel des Durchschnitts.

Die Führungsrolle Darrés begann zu verblassen, als immer deutlicher wurde, dass effizient arbeitende landwirtschaftliche Großbetriebe für einen neuen Krieg unverzichtbar wurden. Das Regime kam außerdem nicht umhin, die mit dem Rückgang der Arbeitslosigkeit steigenden Konsumbedürfnisse der städtischen Bevölkerung zu befriedigen.

Befürchtungen grundbesitzerlicher Kreise, der Nationalsozialismus würde »agrarbolschewistische« Ideen in die Tat umsetzen[338], wurden denn auch bald zerstreut. So kam es, dass auch hier im Gegensatz zur propagierten Ideologie der landwirtschaftliche Großbesitz faktisch zum Hauptnutznießer der nationalsozialistischen Agrarpolitik wurde.

Mit der Blut-und-Boden-Ideologie konnte Wentzel wenig anfangen.[339] Der Gedanke der Ernährungsautarkie hat ihn aber ein Leben lang fasziniert,

336 Corni/Giess 1997, S. 11.

337 Zwischen 1933 und 1939 ging die Landbevölkerung von 20,8% auf 18% zurück, Barkai 1988, S. 132.

338 Vgl. Tooze 2007, S. 222.

339 Vgl. Bericht Margarete von Dewitz (StaH S.15 WEN N 42, Nr. 3). Ministerialdirektor Friedrich Gramsch aus der Vierjahresplanbehörde hat berichtet, Wentzel habe in »entschei-

wenn nicht beherrscht. Es waren vor allem die kollektiven Erfahrungen des Ersten Weltkrieges, die Autarkiegedanken beflügelten. Nicht vielen ist heute bewusst, dass der Erste Weltkrieg der Generation, die ihn selbst erlebt hatte, insbesondere im Hinblick auf die Hungererfahrung mehr in den Knochen saß als den Nachfolgegenerationen der Zweite.

Das Deutsche Reich war 1914 auf einen langjährigen großen Staatenkrieg nicht vorbereitet gewesen. Bei Kriegsbeginn war man noch der Meinung, der Krieg könne nach einem Vierteljahr beendet werden. Am Anfang des Krieges hatten ein Produktionsrückgang um 40 % und Massenarbeitslosigkeit gestanden. Fehlende Arbeitskräfte, eine unzureichende Versorgung mit Dünger, Geräten und Futtermitteln hatten die landwirtschaftliche Eigenproduktion stark vermindert. Investitionen und Rohstoffversorgung gingen an Kleinunternehmen und an der Landwirtschaft vorbei. Unter den Landwirten hatte sich Missstimmung zusammengebraut, Widerwillen gegen den »Kriegssozialismus«, also gegen staatlichen Ablieferungszwang und Preisvorschriften, gegen Mangel an Kapital, Kunstdünger und Maschinen, der viele Höfe ruinierte. Die Ernte reichte zur eigenen und zur Versorgung der Verbündeten bei weitem nicht aus. Die hohe Abhängigkeit von Agrarimporten, die sich in den ersten zwölf Jahren des Jahrhunderts fast verdoppelt hatten, erwies sich jetzt als fatal.

Die unerwartet lange Dauer des Krieges führte schließlich zum Zusammenbruch der deutschen Nahrungsversorgung. Im Frühjahr 1916 war der Krieg unter ernährungswirtschaftlichen Gesichtspunkten bereits verloren. Schätzungen gehen davon aus, dass im Verlaufe des Krieges etwa 800 000 Menschen in Deutschland unmittelbar an Unterernährung gestorben sind. Dies muss man im Kopf haben, wenn man das Weitere verstehen will.

Wentzel war mit diesem Thema ganz persönlich befasst. Nach seiner Rückversetzung von der Front wohnte Wentzel während der Woche im Hotel Adlon in Berlin und arbeitete zunächst im Kriegsernährungsamt und dann in der Abteilung für Volksernährung des neu geschaffenen »Kriegsamtes« im preußischen Kriegsministerium. Dort musste er die Hilfsmaßnahmen für die infolge des Krieges vernachlässigten Landgüter koordinieren. Der Chef des Kriegsamtes, General Wilhelm Groener (1867–1939), hat in seinen Erinnerungen den Rat Wentzels bei der Errichtung der provinzial gegliederten Kriegswirtschaftsämter hervorgehoben, die eine Kontrolle und Steuerung der Landwirtschaft unter Umgehung anderer militärischer Dienststellen erlaubte.[340]

denden Sitzungen 1936/37 nachdrücklich seine von der offiziellen Nährstandsparole abweichende Auffassung« vertreten. Gramsch, dienstliche Erklärung.

340 Groener 1957, S. 354.

General Groener hatte erkannt, dass die Kriegführung sich ausschließlich militärstrategischen Aspekten widmete, während Fragen der Wirtschaftskraft, der Rohstoff- und Technologieversorgung und der damit im Zusammenhang stehenden Logistik völlig ausgeblendet wurden.[341] Demjenigen, der damals unter Groener aktiv an der Schadensbegrenzung mitgearbeitet hatte, muss der Blick auf die Notwendigkeit der Eigenversorgung bis zur Überspitzung geschärft worden sein. Für Wentzel war es eine prägende Zeit.

Aber auch nach dem Ende des großen Krieges blieb der Gedanke der Selbstversorgung, mitnichten nur auf dem Gebiet der Ernährung, ein sehr aktueller Topos. Die Kriegserfahrung hatte in den 1920er und 1930er Jahren das Bedürfnis nach nationaler Unabhängigkeit in der Ernährungswirtschaft stark gefördert. Außerdem hatte die Bevölkerung während der Mangelwirtschaft des Krieges die Erfahrung gemacht, dass die Bauern die Verknappung von Lebensmitteln für eigene Einkommensverbesserungen genutzt hatten. Der daraus resultierende Konflikt zwischen Produzenten und Konsumenten von Nahrungsgütern wirkte mental weiter und vertiefte die Kluft zwischen Land- und Stadtbevölkerung.

In den 1920er Jahren hatten vor allem national-konservative Kräfte unter sorgfältiger Ausblendung politischer Fehlentscheidungen daraus den Schluss gezogen, die deutsche Landwirtschaft sei ihrer ernährungsstrategischen Aufgabe nicht gerecht geworden, ja die mangelhafte Nahrungsversorgung sei sogar eine wichtige Ursache für die Niederlage im Krieg gewesen.

Außerdem geriet das Prinzip weltweiter Arbeitsteilung in Misskredit. Obwohl die Wiederherstellung eines liberalen Weltwirtschafts- und Handelssystems nach Krieg und Inflation für die Mehrheit der Politiker noch ein selbstverständliches Ziel gewesen war, schlug mit der Weltwirtschaftskrise die Stimmung um. Der Konkurrenzkampf auf den internationalen Agrarmärkten hatte sich zugespitzt. Der wachsende Druck billiger überseeischer Agrarimporte wurde zunehmend als bedrohlich empfunden. Das Interesse der deutschen Finanz- und Wirtschaftseliten an der heimischen Landwirtschaft wuchs spürbar. Nicht nur politische, sondern auch wirtschaftliche Unabhängigkeit galt als notwendiger Bestandteil nationaler Souveränität. Die deutsche Landwirtschaft stand damals, wie Wilmowsky sich erinnerte, der selbst Autarkie für eine Utopie hielt, »ganz im Banne dieser Idee«.[342]

Auch andere Investitionsentscheidungen Wentzels werden vor diesem Hintergrund verständlicher. Von seinem Engagement in der Benzin-Kohle-Konversion war schon die Rede. Zu seinen Industriebeteiligungen gehörten auch die »Deutschen Molybdän-Werke« (DMW), die aus den Kupferschieferabfällen der

341 Ders., S. 328ff.

Mansfeldschen kupferschieferbauenden Gewerkschaft, einem der bedeutendsten Bergbaubetriebe Deutschlands in Eisleben, jährlich 600 Tonnen des für die Rüstungsproduktion wichtigen Reinmolybdäns gewann. Die hierzu notwendigen Verfahren waren schon vor dem Krieg entwickelt worden. Während des Ersten Weltkrieges wurde die Produktion erweitert, um den »inzwischen in ein dringendes Stadium getretenen Bedarf zu befriedigen«.[343] Wentzel hat sich auch bemüht, Molybdän-Erzlager in einem auf der österreichischen Seite der Zugspitze gelegenen Bergbaubetrieb (»Gewerkschaft«) zu erschließen und sich entsprechende Erzvorkommen in Oberbayern gesichert. 1918 ist Wentzel dann aber als Aufsichtsratsvorsitzender aus den »DMW« ausgeschieden, wahrscheinlich weil das Projekt nach der Niederlage im Krieg keine Zukunftschancen mehr hatte.

Ein geistiger Weggenosse Wentzels in Sachen Autarkie war Prof. Erwin Baur, mit dem ihn schon zu Beginn der 1920er Jahre eine enge Zusammenarbeit verbunden hatte. Baur war der Überzeugung, dass eine zu teuer produzierende Landwirtschaft immer krisenhaft bleiben würde. Abhilfe konnte nach seiner Ansicht nur mit Hilfe der Wissenschaft, nämlich durch züchterische Verbesserungen und Leistungssteigerungen der Kulturpflanzen geschaffen werden. Der Wissenschaftler hatte schon zu Beginn der 1930er Jahre eindringlich die Notwendigkeit der Selbstversorgung Deutschlands mit Nahrungsmitteln und anderen Agrarprodukten eingefordert und argumentiert, dieses Ziel sei auch binnen kurzem erreichbar. Er hatte dabei die Wettbewerbsfähigkeit auf dem Weltmarkt im Auge[344], aber auch die »Unabhängigkeit von den Schwankungen der Außenpolitik«, wie seine enge Mitarbeiterin Elisabeth Schiemann 1935 schrieb.[345]

Die Machtübernahme hatte dann auch ihre Auswirkungen auf das Institut für Züchtungsforschung in Müncheberg, an dessen Spitze Erwin Baur wirkte. Das Institut steuerte im Jahr der Machtergreifung in eine institutionelle und finanzielle Krise, in deren Mittelpunkt Baur stand.[346] Darré war gerade Reichsbauernführer und Landwirtschaftsminister geworden und hatte Mitte Juli 1933 auch den Vorsitz im Kuratorium des Instituts übernommen. Er nahm umgehend die Gelegenheit wahr, das Kuratorium nach seinen Vorstellungen umzubauen. Der Wissenschaftler Baur und der Nazi-Ideologe Darré verstanden einander nicht. Der Professor sah in dem Politiker einen Dilettanten, was Letzterem nicht verborgen bleiben konnte. Baur ließ es wegen der Finanzierung des Instituts

342 Wilmowsky 1961, S. 189, 220.
343 Vorbericht deutsche Molybdänwerke vom 22.12.1916 (LASA, H 229, Nr. 10).
344 Kröner 1994, S. 123f.
345 Schiemann 1935, S. 96.
346 Kröner 1994, S. 90ff.

und wegen Besetzungsfragen im Kuratorium auf einen offenen Konflikt mit Darré ankommen, wobei der Landwirtschaftsminister dem Wissenschaftler auch mal per Telefon seine Verhaftung angekündigt haben soll.[347]

Bei der Umbildung des Kuratoriums wurden nicht weniger als vierzehn Personen entfernt. Jakob Goldschmidt musste das Kuratorium des Instituts und den Senat der Kaiser-Wilhelm-Gesellschaft (KWG) verlassen, dem er seit 1929 angehört hatte. Ihm wurde nahegelegt, aus der KWG auszutreten, der er seit 1926 als förderndes Mitglied angehört hatte. Er tat das, sandte seinen Mitgliedsausweis zurück und verließ Deutschland noch im selben Jahr.

Auch Wentzel war zunächst nicht mehr für das Kuratorium vorgeschlagen worden. Er beschwerte sich daraufhin im August 1933 bei Baur, der sich bei dem damaligen Präsidenten der KWG, dem Nobelpreisträger Max Planck, wenn auch zunächst nur halbherzig, für Wentzel »als Geldgeber« einsetzte.[348] Planck setzte daraufhin nachträglich die Wiederwahl von Wentzel durch, dem alle Senatoren zustimmten.[349] In dem Brief, in dem er Wentzel das mitteilte, sprach er von einem bedauerlichen Missverständnis und gab der Hoffnung Ausdruck, dass Wentzels »Wohlwollen für die KWG als solche und das Institut für Züchtungsforschung im besonderen durch diesen bedauerlichen Irrtum keine Einbuße erleiden« werde.[350]

Baur, der sich auf seine Weise mit den Nazis arrangiert hatte, andererseits aber um seine wissenschaftliche Unabhängigkeit kämpfte, war später von Wentzel enttäuscht, weil dieser sich in einer internen organisatorischen Frage auf die Seite Darrés geschlagen hatte.[351]

Darré übte Druck auf das Institut aus, indem er Finanzmittel verweigerte und Neubesetzungen über den Kopf von Baur hinweg plante. Der selbstbewusste, aber auch egozentrische und rechthaberische Wissenschaftler hatte die Kräfteverhältnisse allerdings massiv falsch eingeschätzt. Er konnte die politische Auseinandersetzung nicht gewinnen und starb im Dezember 1933 an einem Herzinfarkt.[352]

Nach Baurs Tod und andauernden Querelen über die Nachbesetzung führte das Kuratorium des Instituts nur noch ein Schattendasein. 1934 hatte der Staats-

347 Ders., S. 97.
348 Schreiben Baur an Planck vom 27.7.1933 (AMPG, I.Abt.,Rep. 1A, 2612).
349 Rundschreiben Plancks an die Senatoren der KWG vom 1.8.1933 (AMPG).
350 Planck an Wentzel am 1.8.1933 (AMPG).
351 Kröner 1994, S. 101.
352 Kritik an Baur, als Eugeniker radikaler Vertreter des NS-Rassismus gewesen zu sein, ist durch ein von der Max-Planck-Gesellschaft 1990 in Auftrag gegebenes Gutachten als »sachlich falsch, historisch unwahr und moralisch gegenstandslos« zurückgewiesen worden. Es plädiert gleichwohl für ein »differenziertes Urteil«. Kroener/Toellner/Weisemann 1994, S. 1.

sekretär im Ernährungsministerium Herbert Backe in einer Denkschrift, mit der er auf die Inspektion des Instituts reagierte, deutlich gemacht, dass allein die Politik die Forschungsaktivitäten des Instituts bestimmen dürfe. Drittmittel seien unbedingt abzulehnen: »Volkswirtschaftliche Notwendigkeiten können nicht auf Sammelbüchsen aufgebaut werden«.[353] Das war ein klares Signal, dass auch die Tage des Teutschenthalers als Förderer des Instituts gezählt waren. Als nach langen Personalquerelen schließlich das Kuratorium »neu errichtet« wurde, schrieb man das Jahr 1939. Wentzel war da nicht mehr Mitglied.

In der Zwischenzeit hatte sich das Naziregime von der Autarkieidee in ihrer ursprünglichen Intention bereits abgewendet.

Die Nazis hatten diesen Gedanken für sich zunächst ideologisch im Sinne einer volks- und nationengebundenen Ordnung verwendet.[354] Allerdings musste diese Zielsetzung, ebenso wie die romantische Kleinbauernideologie, bald anderen, brutaleren Realitäten geopfert werden. Sie wurde schließlich integraler Bestandteil der Kriegsvorbereitungen.

Die komplexen Zusammenhänge zwischen der ideologischen Intention, die Bauern als Bollwerk gegen die moderne Welt aufzubauen und andererseits die Ernährungsproduktion zu maximieren, können hier nur sehr vergröbert dargestellt werden.[355] Aufgabe der Wirtschaftspolitik insgesamt wurde es, die Voraussetzungen für die angestrebte »Selbstbehauptung«[356] des Volkes zu schaffen. Das bedeutete vor allem die Bereitstellung des notwendigen Rüstungs- und Rohstoffpotentials. Ziel war die Herstellung der Kriegsfähigkeit der deutschen Wirtschaft, weil, wie es schon 1936 in vertraulichen Dokumenten hieß, »die Auseinandersetzung mit Russland unvermeidlich« sei.

Nach außen galt weiterhin das Prinzip der Sicherstellung der Ernährung der Gesamtbevölkerung. Es fußte auf der bereits 1934 ausgerufenen Strategie, die den propagandistischen Titel »Erzeugungsschlacht« bekommen hatte. Die Landwirtschaft sollte die begehrte »Nahrungsfreiheit für das deutsche Volk« gewährleisten. Dies bedeutete damals vor allem eine möglichst weitgehende Sicherung der Ernährung aus eigener Produktion, aber auch die Versorgung der Bevölkerung mit Lebensmitteln zu möglichst niedrigen und stabilen Preisen.

Da war Wentzel, den wir, um einmal ausnahmsweise bei dieser Sprache zu bleiben, aus Erzeugungsschlachten als alten, siegreichen Haudegen kennen, mit von der Partie. An einem sonnigen Erntedankfest im September 1936 schaffte Wentzel seine gesamte Belegschaft im Rahmen des Betriebsausflugs mit Sonderzügen nach Potsdam. In seiner Begrüßungsrede beschwor er den Geist

353 AMPG, 1. Abt., Rep.2, 172.
354 Petzina 1968, S. 10.
355 Im Einzelnen dazu Dornheim 2011, S. 32ff., 46f.
356 Ders., S. 49.

preußischer Pflichterfüllung: »Unser Betrieb steht in der Erzeugungsschlacht vorn in der Front. Viele schauen auf ihn. Das ist eine Ehre, aber auch eine Verpflichtung. Preußens Könige haben uns das Beispiel gegeben«.[357]

Es wurde aber sehr schnell deutlich, dass die von Göring propagandistisch hervorgehobene Sicherung der Ernährung des deutschen Volkes mit den Aufrüstungsbemühungen in Konflikt geraten musste.[358] Eine forcierte Rüstungspolitik hatte erheblichen Devisenbedarf und trat damit in unmittelbare Konkurrenz zu Nahrungsmittelimporten. Der Zielkonflikt zwischen Ernährung und Rüstung führte deshalb zunächst zu erbitterten internen Auseinandersetzungen. Trotz vorübergehender Konzessionen an die Landwirtschaft wurde er schließlich zugunsten der Rüstung und damit eigentlich im Widerspruch zu den Grundsätzen der nationalsozialistischen Agrarideologie entschieden.

Als Darrés Stellvertreter Herbert Backe im Oktober 1936 eine Schlüsselstellung in der Vierjahresplanbehörde bekam, wurde dieser Politikwandel personell besiegelt und auch politisch anerkannt.[359] Leitlinie wurde der den Zeitraum 1936 bis 1940 abdeckende Vierjahresplan. Unter der Leitung von Hermann Göring entwickelte sich die neu geschaffene Vierjahresplan-Behörde zum entscheidenden Lenkungsgremium der Wirtschaftspolitik und das galt uneingeschränkt sowohl für die Ernährungs- als auch die allgemeine Rüstungspolitik.[360] Der ehrgeizige, kompetente und politisch rücksichtslose Technokrat Backe verkörperte das, was wirklich gewollt war, nämlich eine auf Effizienz ausgerichtete nationale Landwirtschaft. Das ursprünglich angedachte, vor allem gesellschaftspolitisch gemeinte »Blut und Boden«-Konzept wurde zwar nicht *ad acta* gelegt, so doch im Wesentlichen auf die Zeit nach dem Krieg und der damals erwarteten erfolgreichen Eroberung von Lebensraum im Osten verschoben.[361]

Den entscheidenden Akteuren der Ernährungspolitik, vor allem eben Backe unter der Oberaufsicht von Göring, reichten Produktionssteigerungen im Altreich nicht aus. Die durch den Vorrang der Rüstungsanstrengungen entstehende, nicht zu vermeidende Versorgungslücke in der Ernährung musste auf andere Weise geschlossen werden: Erst Eroberung und Ausplünderung neuer Gebiete konnte die gewünschte Autarkie sicherstellen. Hitler selbst hatte die Grenzen klassischen Autarkiedenkens übrigens in seiner Denkschrift vom Oktober 1936[362] schon früh erkannt. So sehr er die Kriegsvorbereitungen vorantrieb, so wenig ging es auch ihm letztlich um Autarkie im engeren Sinn. Eine »endgültige

357 Unser Betrieb 25.9.1936.
358 Vgl. Dornheim 2011, S. 32ff., 45ff.
359 Corni/Giess 1997, S. 416ff.
360 Ders., S. 23.
361 Hierzu im einzelnen Dornheim 2011, S. 32f.
362 Abgedruckt in Vierteljahreshefte für Zeitgeschichte, Jg. 3 (1955), S. 204ff.

Herbert Backe, kommissarischer Leiter des Reichsministeriums für Ernährung und Landwirtschaft, 1942

Sicherung der Existenzgrundlage des deutschen Volkes« war in erster Linie durch eine Erweiterung des Lebensraums bzw. der Rohstoff- und Ernährungsbasis zu erreichen. Abgesehen davon, dass das schon eine Perversion des Autarkiegedankens an sich ist, bekam die Ernährungspolitik damit eine zusätzliche politische und moralisch fatale expansionistische Komponente. Das notwendige Mittel für die Expansion war die Aufrüstung, mit welchen Mitteln auch immer. Daraus entstand eine Politik, die Götz Aly in seinem Werk »Hitlers Volksstaat« als »staatlich organisierten Großraub« bezeichnet hat.[363] Die Sicherung der Volksernährung hatte sich auf die Nutzung neuen Lebensraums verlagert. Die militärische Expansion schuf sich ihre eigene Basis.

Möglich wurde eine solche Politik in einem ersten Schritt durch die frühen, sich aneinanderreihenden Erfolge der deutschen Wehrmacht. Viele Millionen Tonnen Nahrungsgüter und ein Heer von Kriegsgefangenen und mehr oder weniger versklavten zivilen Arbeitskräften bildeten die Grundlage für die Nahrungsversorgung im Altreich. Schätzungen zufolge stammten zum Höhe-

363 Aly 2005, S. 346.

punkt der Ausbeutungspraxis 45 % des deutschen Bedarfs an Brotgetreide und ein ähnlich hoher Anteil bei Fetten und Fleisch aus dem Ausland oder aus der Produktion von Fremdarbeitern. Die Ernährungslücke im Inland konnte auf diese Weise weitgehend geschlossen und auf die Menschen besetzter Länder, auf verfolgte Minderheiten und sowjetische Kriegsgefangene verlagert werden.[364]

Im Dritten Reich war deshalb die Ernährung auch im Krieg weitgehend gesichert. In der »Blitzkriegphase« (1939–41) blieben die zugeteilten Mengen der Lebens- und Verbrauchsmittel nur geringfügig unter dem vorherigen Durchschnitt. Es kam nicht zu einer Ernährungskatastrophe in den ungeheuren Dimensionen des Ersten Weltkrieges. Selbst nach der Wende zum totalen Krieg ging die Produktion nur marginal zurück. Bis in das letzte Kriegsjahr hat es zwar Millionen Kriegstote, aber, so zynisch das klingt, keine wesentliche Unterversorgung in der Ernährung gegeben.

Die Aufrechterhaltung dieses Systems forderte allerdings einen ständig steigenden moralischen Preis. Unter dem Kürzel »Hungerplan Ost«, der 1941 Gestalt gewann, sollten die in den von der Wehrmacht im Osten besetzten Gebieten produzierten Lebensmittel ausschließlich an die deutschen Besatzungstruppen sowie ins Deutsche Reich geliefert werden. Spiritus rector des Planes war Herbert Backe unter Beteiligung von General Georg Thomas, der zu dem damaligen Zeitpunkt Chef des Wehrwirtschafts- und Rüstungsamts und einige Monate im Sommer 1942 auch kommissarischer Leiter des »Wirtschaftsstabes Ost« war. Auch wenn Einzelheiten der Interpretation und der Intentionen des sogenannten »Hungerplan Ost« umstritten sind, bedeutete das im Ergebnis die billigende Inkaufnahme, also vorsätzliche Tötung von Menschen in zweistelliger Millionenhöhe.

In dieser Situation ist Wentzel in gefährliche Nähe zur nationalsozialistischen Politik geraten. Denn sein Rat als Fachmann war auch unter den neuen Machthabern gefragt. So hat er im Sommer 1936 als Sachverständiger an einer Sitzung unter Görings Leitung, von dem ebenfalls teilnehmenden Woermann als »Kleines Kabinett« bezeichnet, teilgenommen, bei der »wesentliche Beschlüsse auf ernährungswirtschaftlichem Gebiet«, so die Aussage von Woermann nach dem Krieg, getroffen wurden.[365] Das war allerdings lange bevor die allgemein als »Hungerplan Ost« bezeichneten Ideen realisiert wurden.[366] Das geschah erst im Frühjahr 1941. Carl Wentzel hat aber noch bis Frühjahr/Mitte 1944 pro-

364 Ders., S. 197.

365 Woermann 1987, S. 182. Es gab zwei Sitzungen. Sonstige Teilnehmer: Mehrere Minister, die Generäle Keitel und Thomas, Himmler, bezogen auf die erste Sitzung. Über den Teilnehmerkreis der Fortsetzungssitzung zwei Tage später, an der Wentzel und Zitzewitz teilnahmen, gibt es keine konkreten Erkenntnisse.

366 Woermann hat noch im November 1936 das Gewicht ganz auf die Eigenversorgung gelegt: »Noch mehr Brot von eigener Scholle.« (Saale-Zeitung vom 28.11.1936).

aktiv in beratenden Gremien der Vierjahresplanbehörde mitgewirkt. Wentzels tradiertes kritisches Wort, Backe sei »zu stark Theoretiker«, war aus der Sicht des Gutsbesitzers sicher ein Teil der Wahrheit, denn Theoretiker in einem politisch-strategischen Sinn war Backe mehr als Wentzel. Der Begriff »Theoretiker« (oder auch »doctores«) war übrigens Wentzels vielleicht etwas stumpfe Waffe im Kampf der Ideen, die ihn gleichzeitig vor dem Vorwurf des Defaitismus schützte. In Wirklichkeit war Backe auch ein hervorragender Praktiker mit ideologischem Antrieb.[367] Es ist anzunehmen, dass es über die Jahre zwischen Wentzel und Backe, aber auch mit General Georg Thomas, engere Kontakte gegeben haben muss. Für General Thomas galt das auch im Hinblick auf den sogenannten Reusch-Kreis, von dem noch die Rede sein wird.[368]

Da die Vierjahresplanbehörde eine Querschnittbehörde mit dem Ziel der Herstellung der Kriegsfähigkeit des Reiches war, muss Wentzel eine ziemlich klare Vorstellung darüber gehabt haben, wohin die Reise gehen sollte. Dies muss auch für den Hungerplan Ost, jedenfalls für seine Grundidee, nämlich die Versorgung der Inlandsbevölkerung zulasten der besetzten Gebiete, gegolten haben. Die Verstrickung des Gutsherrn in die politische Praxis des nationalsozialistischen Herrschaftssystems muss hier ihren Höhepunkt erfahren haben.

Es ist aber zu berücksichtigen, dass die Entscheidungsprozesse zwischen Ernährungsministerium, Vierjahresplanbehörde, dem Rüstungsbereich und dem Reichsministerium für die besetzten Ostgebiete komplex und intransparent waren.[369] Eine Mitverantwortung für die Kriegsvorbereitungen oder für den Hungerplan Ost wird man Wentzel unter den genannten Bedingungen seiner fachlichen Zuarbeit in einem beratenden Gremium aus folgenden Gründen jedenfalls nicht unterstellen dürfen:

Der genaue Gegenstand der erwähnten Sitzung des »Kleinen Kabinetts« ist nicht bekannt. Es ist zwar nicht auszuschließen, dass auch die von Woermann so genannten »wesentlichen Beschlüsse« bereits unter dem Oberthema der Kriegsvorbereitung gefasst wurden, jedoch ist damit über die Rolle von Wentzel als zugezogenem Fachmann noch nichts gesagt. Eines der Kerndokumente zur Kriegsvorbereitung unter besonderer Berücksichtigung der Versorgungsfrage, die (nur in drei Exemplaren ausgefertigte) von Hitler selbst formulierte Denkschrift[370], die als »intimste und geheime Begründung des Vierjahresplans« (Treue[371]) in den hier interessierenden Fragen den Ton angeben sollte, wurde

367 Vgl. Tooze 2007, S. 209f.

368 Siehe S. 168ff.

369 Corni/Giess 1997, S. 417.

370 Abgedruckt in Vierteljahreshefte für Zeitgeschichte, Jg. 3 (1955), S. 204ff.

371 Treue 1995, S. 203.

erst später verfasst. In ihr hatte Hitler den Autarkiegedanken relativiert und das Ziel der Erweiterung des Lebensraums und damit auch der Rohstoffbasis des deutschen Volkes präzisiert. Sie ist im Übrigen auch als Streitschrift gegen die deutsche Wirtschaft zu lesen, die bemerkenswerterweise den Plänen Hitlers gerade nicht entgegenzuarbeiten bereit war.

Der unter den Bedingungen der Kriegsvorbereitungen sich verschärfende Zielkonflikt zwischen Rüstung und Ernährung einerseits und zwischen Selbstversorgung und Ausbeutung der besetzten Gebiete andererseits haben Wentzel in vielerlei Hinsicht in ein schweres Dilemma gestürzt. Die Effizienzsteigerung der Landwirtschaft im Altreich war ja mit Kriegsbeginn zu einer Nebensache geworden. Dass er seiner Sicht über die Haltung der »maßgeblichen Stellen« und seiner Sorge, dort nicht gehört zu werden, auch später noch beredt und unumwunden Ausdruck verliehen hat, ist gut dokumentiert.

Von fundamentaler Bedeutung ist in diesem Zusammenhang deshalb der Befund, dass Wentzel seiner ganz auf Selbstversorgung und Ertragssteigerung im Inland verpflichteten Linie, die der von Backe und anderen vertretenen Strategie diametral widersprach, stets treu geblieben ist. Im Gegensatz zu dem braunen Slogan der »Nahrungsfreiheit«, der gefährlichere Interpretationen mit expansionistischer Tendenz zuließ, sprach Wentzel vorzugsweise von der »Ernährung aus der eigenen Scholle«, ein wesentlich engerer Begriff, der schon sprachlich ja gerade nicht auf die besetzten Gebiete angewendet werden konnte.

In seiner Betriebszeitung hatte er im Juni 1936 seine Auffassung zur Bedeutung der Ernährungspolitik (aus der Feder seines Schriftleiters, aber seinen Prägestempel tragend) zum Ausdruck gebracht:[372] Die Erde sei fast restlos verteilt, woraus internationale Spannungen entstünden. Erfreulich sei aber, dass Deutschlands Nahrungsbedarf zu 87 % durch eigene Erzeugung gedeckt werde, zunächst fehle nur ein kleiner Rest. Dieser sei für den Unfrieden unter den Völkern verantwortlich. Diese Spanne könne aber ohne Schwierigkeiten gemeinschaftlich überwunden werden.[373]

Im November 1936 hatte Wentzel Hermann Göring ein Exposé zur Ernährungslage vorgelegt. Auch darin stand die Ernährung »aus eigener Scholle« ganz vorne an. Allerdings ist der Lobby-Charakter der Aufzeichnung unübersehbar. Wentzel hob auf den Arbeitskräftemangel ab und empfahl nach den Erfahrungen der letzten Ernte die Beschaffung von geeigneten (aus dem Ausland anzuwerbenden) landwirtschaftlichen Arbeitskräften. Diese Maßnahmen,

372 Unser Betrieb, 19.6.1936.

373 Allerdings betrugen die Lebensmitteleinfuhren 1936 immerhin 35,6 % der Gesamteinfuhren, vgl. Barkai 1988, S. 142.

374 Protokoll der Sitzung des Hauptausschusses der Vereinigung mitteldeutscher Rohzuckerfabriken vom 16.12.1936, S. 6 (LASA, MD, H Teutschenthal, Nr. 15).

so sein Kalkül, würden der Zuckerindustrie besonders zugutekommen.[374] Im darauffolgenden Jahr hatte er mit seinem Drängen Erfolg.[375] Auch die offizielle Wirtschaftspolitik hatte Interesse daran, dem Arbeitskräftemangel entgegenzuwirken.[376]

Der Vorstellung, man könne die Ernährungslücke durch Einfuhren ausgleichen, stand Wentzel skeptisch gegenüber. Zu der immer wieder von Nazigrößen als »Kornkammer« gepriesenen Ukraine bemerkte er gegenüber einem Geschäftspartner einmal trocken: »Auch wenn die Ukraine deutscher Acker würde, stünde die Ertragssteigerung in keinem Verhältnis zu unseren Aufwendungen«.[377] Kurz nach dem Angriff auf die Sowjetunion schrieb er einen Brief an den im Felde stehenden Erich Neuß:

> Soweit ich höre, rechnen unsere maßgebenden Stellen in Berlin damit, daß wir aus der Ukraine etwa 350000 Tonnen Getreide herausziehen können. Das ist natürlich bei dem Fehlbedarf in Deutschland ein so verschwindendes Quantum, dass es entscheidend nicht ins Gewicht fallen kann. Ein neuer starker Entzug von Menschen steht bevor. Nach zuverlässigen Mitteilungen sollen neu in diesem Herbst 3 Millionen Mann eingezogen werden.[378]

Damit verfolgte er einen äußerst unabhängigen Standpunkt, denn die Meinung der Herrschenden war eine andere. »Ukraine« war damals ein Sehnsuchtsort der ernährungspolitischen Selbstversorgung. Auf ihn fiel auch Hitlers optimistischer Blick.[379] Wentzel sollte übrigens insofern Recht behalten, als die Lieferungen aus den besetzten Ländern tatsächlich nicht den hochgespannten Erwartungen der Planer entsprachen. Dies galt auch und gerade für die Ukraine. Gerade dort waren die Annahmen der Besatzer über die Höhe der zu transferierenden Erträge zu optimistisch gewesen.

»Nach meinen Informationen«, so fuhr Wentzel in dem gerade zitierten Brief fort, »sollen die Russen hinter der Stalin-Linie jede Maschine bis zum Pflug hinunter zerschlagen haben, so daß es für uns eine Unmöglichkeit sein dürfte, den größten Teil der Ukraine neu zu bestellen. Herrn Stalin ist es ja gleichgültig, ob viele Millionen seines eigenen Volkes verhungern und für unsere Besatzungstruppen ist eine verhungernde Inlandsbevölkerung dort zweifellos eine große Belastung«.[380] Damit kritisierte er zwar Stalin, hatte dabei aber,

375 Schreiben des Präsidenten des Landesarbeitsamts Mitteldeutschland vom 16.12.1936 (LASA, H 229, Nr. 16, S. 162).
376 Barkai 1988, S. 14.
377 Neuß 1957 (Typoskript), S. 108.
378 Wentzel an Neuß am 21.8.1941 (StaH, S 15 NEU 38, 14, Nr. 40).
379 Jochmann 1980, S. 70.
380 Wentzel an Neuß am 21.8.1941.

vielleicht in gespielter Naivität, den Kern der NS-Expansionspolitik erfasst.

Ein Freund Wentzels, der Landwirt von Zitzewitz-Muttrin, mit Wentzel auch über den genannten Reusch-Kreis verbunden, hat im September 1941, also nach dem deutschen Angriff auf die Sowjetunion, in einem Brief an den Industriellen Paul Reusch ebenfalls eine warnende Stimme erhoben, indem er die sowjetische Versorgungslage folgendermaßen schilderte:

> Geradezu verzweiflungsvoll aber sind die Aussichten für den Teil von Rußland, der von uns nicht besetzt ist. Es fehlt dort der Getreideüberschuß, der regelmäßig von der Ukraine dorthin ging und die kriegerischen Handlungen werden ja nicht gerade dazu geführt haben, dass die Ernte in diesem Teil Rußlands pfleglich behandelt wurde. Die Folgerungen sind absolut entsetzlich! Man wird mit einer Hungersnot in Rußland rechnen müssen, die jedes bisher bekannte Maß übersteigt: Das kann nun selbstverständlich zu einem Zusammenbruch der russischen Kampfkraft führen; Das kann aber ebenso verzweiflungsvolle Maßnahmen ergeben, denen mit größter Sorge entgegengesehen werden muß.[381]

Letztere Einsicht, nämlich die Berücksichtigung der negativen Konsequenzen einer Hungerkatastrophe auf die Nahrungsproduktion für die dortige Wohnbevölkerung, aber auch auf die Moral der Truppe, war den Hungerplanstrategen offenbar nicht gegeben oder ist zumindest billigend in Kauf genommen worden. Sie behielten in gewisser Weise sogar Recht, denn das System der Ausplünderung ließ sich noch recht lange aufrechterhalten.

Dem übergriffigen Charakter der deutschen Ernährungspolitik stand Carl Wentzel auch in einem Fall, in dem seine Firmen direkt betroffen waren, zurückhaltend gegenüber: Im Herbst des Jahres 1942 war die Vemiro von der »Wirtschaftsorganisation Ost« gebeten worden, beim »Wiederaufbau der russischen Zuckerindustrie« (in der Ukraine) zu helfen. Aufgabe dieser Behörde war die Ausbeutung der im deutsch-sowjetischen Krieg besetzten Gebiete. Wentzel beurteilte ein solches Abenteuer negativ, insbesondere weil, wie er in einer Konzernbesprechung vortrug, der Mangel an Kohle, die Überlastung der Bahnlinien und andere Infrastrukturmängel die Inbetriebnahme russischer Zuckerfabriken schwierig gestalte.[382] (Das sollte sich im Übrigen auch bewahrheiten). Des Weiteren machte er negative Auswirkungen auf die Armee im Osten und – seinem Grundcredo insofern treu bleibend – eine Schwächung der ohnehin belasteten Zuckerindustrie im Altreich geltend.[383] Andererseits wuchs bei ihm die pragmatische Erkenntnis, dass man den Ruf zur Übernahme

381 Zitzewitz an Reusch am 23.9.1941 (RWWA 130-40010124).
382 Vgl. Abschlussbericht Wirtschaftsstab Ost, in Müller, Wirtschaftspolitik, S. 102f.
383 Protokoll Hauptausschuss Vemiro 11.11.1942 (LASA, I 599 Nr. 5, Bd. 3).

von Fabriken im Osten nicht vollständig ablehnen könne.[384] Ob es angesichts der offensichtlich abwartenden Haltung der Vemiro und der sich im Laufe des Jahres 1943 verschlechternden Lage an der Ostfront überhaupt noch zu den genannten Aktivitäten gekommen ist, lässt sich nicht mehr feststellen. Es wird eher nicht der Fall gewesen sein. Im Frühjahr 1943 waren in der Ukraine immerhin 106 Zuckerfabriken wieder in Gang gebracht worden, von denen Ende des Jahres allerdings nur noch 54 in Betrieb waren.[385]

Wentzels Betonung der vitalen Bedeutung der Ernährungsfrage und sein auch im Krieg unbeirrter Einsatz für die heimische Landwirtschaft, waren Positionen, die auf den ersten Blick recht einseitig wirken. Sie provozieren erneut die Frage, ob es ein richtiges Leben im falschen geben kann. Aber sie hatten vordergründig so wenig mit den Dingen zu tun, um die es doch im Kern zu gehen schien. Vor dem Hintergrund der unter dem Rubrum »Hungerplan Ost« zusammengefassten kriegsökonomischen und rassenpolitischen Überlegungen bekamen sie überhaupt erst ihren rechten Sinn.

Sein stetes Drängen auf Verbesserung der Ernährungssituation im Innern kann unter Berücksichtigung seiner politischen Grundeinstellung eigentlich nur so verstanden werden, dass er den Druck auf die besetzten Gebiete verringern wollte. Dass er seine insgeheim ethischen Einwände gegen den »staatlich organisierten Großraub« in eine Schutzschicht technokratischer Bedenken eingewickelt hat, wäre unter den Bedingungen des Dritten Reiches nicht außergewöhnlich.

Wie die einschlägigen Beratungen in der Vierjahresplanbehörde ausgesehen haben, möchte man sich unter diesen Umständen gar nicht vorstellen. Wentzel stand auf ziemlich verlorenem Posten. Man mag so weit gehen, in diesem Fall seinen Verbleib im Amt tatsächlich mit der abgedroschenen exkulpatorischen Formel, er habe Schlimmeres verhüten wollen, zu rechtfertigen. Vielleicht muss man sich auch mit dem Diktum von Peter Steinbach zufriedengeben, dass es »in einem diktatorischen System keine Schuldlosen gibt.«[386] Wentzel hat jedenfalls in den letzten Kriegsjahren noch beharrlich versucht, in seinem Sinn Einfluss auf die Ernährungspolitik zu nehmen. Im April 1943 berichtete er: »Der völlige Unverstand der verantwortlichen Stellen den Belangen der Landwirtschaft gegenüber stimmen mich sehr ernst. Ich habe jetzt einen Weg zu Minister Speer gefunden, einem der wenigen Männer, die noch Zutritt zum Führer haben, soll für ihn monatlich kurze Berichte über die Lage der Landwirtschaft machen. Ob es etwas nützen wird?«[387] Damit hatte es seine besondere

384 Protokoll Arbeitsausschuss Vemiro vom 30.11.1942 (LASA, I 599, Nr. 6).
385 Abschlussbericht Wirtschaftsstab Ost, Rolf-Dieter Müller 1991, S. 458f.
386 Steinbach 2004, S. 12.
387 Wentzel an von Mettenheim am 22.4.1943.

Bewandtnis. Die Vierjahresplanbehörde hatte sich entschlossen, Wentzel Aufzeichnungen über die Agrarentwicklung auszuhändigen, die Wentzel an seine Freunde in der Industrie weiterleiten sollte. Sie erhoffte sich von diesem Verfahren, Rüstungsminister Speer in einer Form für ernährungswirtschaftliche Anliegen einzunehmen, die nicht den Verdacht erweckte, es ginge nur um rein landwirtschaftliche Interessen.[388]

Der von Wentzel halbherzig-hoffnungsvoll bewertete neue Kommunikationskanal darf aber nicht über den letztlich doch geringen Einfluss des Agrarindustriellen hinwegtäuschen. Wentzel hatte nämlich selbst keinen direkten Zugang zum Rüstungsminister, sondern war auf den Generaldirektor der AEG, Bücher, angewiesen, der die Berichte Wentzels weiterleitete. Im Mai 1943 hat Wentzel sich noch Illusionen darüber gemacht, dass, wie er schrieb, das »Eis zwischen dem Rüstungssektor und den Belangen der Landwirtschaft gebrochen ist«. Freilich fügte er an: »Aber vielleicht ist es schon zu spät«.[389]

Das Verfahren wurde im Frühjahr 1944 eingestellt, weil man im Vierjahresplan inzwischen glaubte, infolge der weiter gestärkten Position von Staatssekretär Backe dieser Umwege nicht mehr zu bedürfen, aber auch weil sich die Gesamtlage weiter verschlechtert hatte und es nicht mehr opportun erschien, Wentzel zu beliefern.[390]

Die große Variante der Autarkie ist die Großraumwirtschaft. Im Begriff spiegelten sich bereits die zu Weimarer Zeiten entwickelten Gedanken eines einheitlichen europäischen Marktes.[391] Sie wurden vor allem von dem Mitteleuropäischen Wirtschaftstag (MWT) propagiert. Präsident des MWT war Tilo von Wilmowsky, der auch Ulrich von Hassell dort eine Anstellung verschaffte. Auch Wentzel war Mitglied im MWT.[392]

Der MWT war eine Anfang der 1930er Jahre gegründete und aus Beiträgen der deutschen Industrie geförderte Organisation, die sich der Förderung der wirtschaftlichen Beziehungen zwischen dem Deutschen Reich und den Ländern Mitteleuropas, insbesondere Südosteuropas, widmete. Durch Industrieinvestitionen in den »unterentwickelten« Ländern Südosteuropas, durch Technische Hilfe und durch die Unterstützung der Landwirtschaft durch Modernisierungs- und Ausbildungsmaßnahmen sollte dieser Raum »wirtschaftlich durchdrungen« werden und eine Art geschlossener Wirtschaftsraum auf der Basis der Komplementarität zwischen den Randgebieten als Rohstofflieferanten und dem industriellen Zentrum entstehen.[393]

388 Ministerialdirektor Friedrich Gramsch (Vierjahresplanbehörde), dienstliche Erklärung.
389 Wentzel an von Mettenheim am 2.5.1943.
390 Ministerialdirektor Friedrich Gramsch (Vierjahresplanbehörde), dienstliche Erklärung.
391 Vgl. Tooze 2007, S. 201.
392 Wilmowsky 1961, S. 192.
393 Schoellgen 1990, S. 109. – Vgl. auch Corni/Giess 1997, S. 524.

Ab Herbst 1940 leitete Professor Woermann den landwirtschaftlichen Beirat des MWT. Später unternahm er in dieser Funktion Vortragsreisen in südosteuropäische Länder mit dem Ziel, für eine engere ernährungswirtschaftliche Zusammenarbeit mit diesem Raum zu werben.[394]

In seiner Schrift »Europäische Nahrungswirtschaft« aus dem Jahr 1944 entwickelte Woermann, »engster Berater nationalsozialistischer Agrarpolitiker«[395], den Gedanken einer Abkehr von der weltwirtschaftlichen Arbeitsteilung und plädierte für einen einheitlichen europäischen Wirtschaftsraum. Kernpunkte eines solchen Programms seien die Bindung in Kultur und Religion, die Eigenständigkeit der Völker und die Pflege der »in ihrer Volksgemeinschaft verwurzelten Einzelpersönlichkeit«.[396]

Der MWT galt in den Augen der Nazis als »liberalistisch«, erhielt keine öffentliche Förderung und seine führenden Mitarbeiter wurden überwacht. Anfang 1943 musste Ulrich von Hassell aus politischen Gründen aus dem MWT ausscheiden.[397]

Verschiedentlich ist die Forderung erhoben worden, Marktordnung und Agrarpolitik von der Weimarer Republik bis hin zur europäischen Union unter dem Gesichtspunkt von Kontinuitäten systematisch zu erforschen.[398] Wiewohl ein europäisches Agrarmarktprojekt auch eine internationale Dimension hatte[399], dürfen hegemonialpolitische Vorstellungen, wie sie insbesondere innerhalb der sog. Honoratiorengruppe im deutschen Widerstand gepflegt wurden[400], nicht übersehen werden.

Grundidee der »Großraumwirtschaft« war nämlich ebenfalls, den Blöcken der bestehenden »Weltreiche« Frankreich, Großbritannien und der USA einen hinreichend stabilen Block unter deutscher Hegemonie entgegenzusetzen. Auch Emil Woermann plädierte ausdrücklich dafür, den europäischen Kontinent »um einen Kernstaat« zusammenzuschließen.[401] Die entsprechenden Anstrengungen waren auch erfolgreich, denn durch besonders vorteilhafte Handelsbeziehungen insbesondere zu den südosteuropäischen Ländern konnte die Ernährungssituation erstaunlich stabil gehalten werden.[402]

394 Hierzu ausführlich und kritisch: Eberle 2002, S. 236. Inwieweit dabei hegemoniale Bestrebungen eingeflossen sind, ist ohne Kenntnis der Texte im Hinblick auf Woermanns wiederholt geschilderte technokratisch auf Ertragssteigerung ausgerichtete Haltung allerdings nicht eindeutig feststellbar.

395 Corni/Giess 1997, S. 514.

396 Woermann 1944, S. 23.

397 Schoellgen 1990, S. 110.

398 Dornheim 2011, S. 142.

399 Zu dem Thema auch Graevenitz 2017, S. 392ff.

400 Vgl. Fest 1994, S. 166f.

401 Woermann 1944, S. 23.

402 Corni/Giess 1997, S. 394, 596.

Die Nähe Wentzels zu von Hassell, Wilmowsky und Woermann im Kontext des MWT legt nahe, dass Wentzel zumindest wirtschafts- und ernährungspolitisch der Idee eines »Großraums« Europa nahestand. Es ist allerdings Vorsicht geboten, diese Schlussfolgerung auch auf die (Wieder)herstellung eines großdeutschen Führungsanspruchs in Europa auszudehnen. Dazu hat Wentzel zu oft die »Ernährung aus der eigenen Scholle« beschworen.

1941 schrieb Wentzel, seine Prophezeiung, dass auch dieser Krieg »auf dem deutschen Acker entschieden wird«, werde vielleicht noch »rascher in Erfüllung gehen als er selber annahm«.[403] Seine Prognosen zur Ernährungslage änderten sich – wörtlich genommen – wie das Wetter. Im Sommer 1941 berichtete er von einer Wetterkatastrophe (zu viel Regen), wobei er glaubte, dass »die Nahrungsfrage alles andere, auch die militärische Lage (!) überschatten wird«.[404] Im Spätherbst 1942 warnte er vor den Folgen der militärischen Rekrutierungspolitik. »Es fehlt an allem, jetzt sogar an Menschen. Die rigorosen Einziehungen werden die Produktion weiter verringern«, schrieb er.[405] Ein halbes Jahr später bezeichnet er die Herabsetzung der Fleischration auf 250 Gramm als einen »Alarmruf an das deutsche Volk, über die Rüstung nicht die Landwirtschaft zu vergessen«.[406]

Den dann schließlich doch erfolgenden Zusammenbruch des Lieferungs- und Verteilungssystem mit der Jahreswende 1944/45 hat er nicht mehr erlebt. Als Speer begann, sich aktiv um die Ernährungslage zu kümmern, war es in der Tat schon sehr spät. Erst Anfang 1945 stellte Speer Rüstungs- und Ernährungstransporte gleich und erweiterte die Bestimmungen über die Energieversorgung auf alle diejenigen Betriebe, die der »Grundernährung des Volkes dienten«. Auch Stickstoffwerke, die Düngemittel produzierten, wurden dann dem Treibstoffbereich vorgezogen.

Dann brach das Dritte Reich auch militärisch zusammen. Der Krieg endete auf den Äckern rund um die Seelower Höhen vor den Toren Berlins, und so ging die Wentzel-Prophezeiung, dass der Krieg auf dem deutschen Acker entschieden wird, auf eine so ehemals nicht intendierte Weise in Erfüllung.

403 Wentzel an von Mettenheim am 28.8.1941.
404 Ebd. am 29.8.1942.
405 Ebd. am 27.10.1942.
406 Ebd. am 2.5.1943.

Die Opposition formiert sich

Das Wort ist frei, die Tat ist stumm, der Gehorsam blind.
(Friedrich von Schiller, Wallensteins Lager)

Als auch politikfernen Kreisen klar werden musste, dass das Dritte Reich ernst machte, war der Gutsbesitzer schon ein alter Herr. 1935 hatte er im Kreise seiner ländlichen Freunde den Abgesandten der Industrie, seiner Jagdgäste und der Aufsichtsräte seinen 60. Geburtstag gefeiert. Die meisten Gäste der Veranstaltung in Teutschenthal, zu denen Alvensleben übrigens nicht gehörte, hatten prägende Erfahrungen in der Kaiserzeit und der Weimarer Republik gemacht. Ihnen wäre der Weg in die Opposition vermutlich – und erst recht zum damaligen Zeitpunkt – mehr als beschwerlich erschienen. Selbst in der Welt der inneren Emigration mögen sich manche nur mit großem Unwohlsein eingerichtet haben.[407]

Die Annäherung an den Widerstand in der gesellschaftlichen Gruppe, in der sich Wentzel verorten ließ, ist auch deshalb so schwierig, weil den deutschen Widerstand von Anfang bis Ende soziale Breite und eine enorme politische, weltanschauliche und religiöse Vielfalt ausgezeichnet hat. Man wird die Geburtstagsgesellschaft in Teutschenthal generalisierend dem nationalkonservativen Milieu zurechnen dürfen. Wirft man einen generellen Blick auf dieses oft auch als »Honoratioren« bezeichnete Segment, stellt man freilich schnell fest, dass auch ihre Mitglieder sich nicht über einen Kamm scheren lassen und der schrittweise und zum Teil verzögernd ablaufende Prozess ihrer gedanklichen und operativen Annäherung an den Widerstand unzählige Varianten aufwies.[408] Eine Minderheit unter ihnen, wie ja überhaupt der Widerstand ein Minderheitenphänomen war, zählte allerdings dann zu den entschiedensten Gegnern Hitlers.

Ungezählt sind die Argumente, die zur Erklärung der Tatschwäche und mangelnden Entschlusskraft, die zu quälenden Verzögerungen geführt haben, vorgebracht wurden.[409] Die anfängliche, teils begeistert eingegangene »Entente« mit dem Nationalsozialismus zerbrach erst langsam.

407 Stauffenberg hat davon gesprochen, der geplante Umsturz könne als »Revolution der Greise« erscheinen, wenn Goerdelers Gruppe weiterhin dominiere. Klessmann 1994, S. 828.
408 Vgl. Fest 1994, S. 150ff.
409 Ebd. S. 215, 340. – Mommsen 1994B, S. 11.

Es kam das Jahr 1938. Es gilt gemeinhin als ein Markstein auf dem Weg zur Bildung eines Widerstandswillens. Mit der Sudetenkrise, dem Münchner Abkommen, das zum historischen Kennwort für die Bereitschaft der Demokratien wurde, vor der Drohung eines gewaltbereiten Regimes in die Knie zu gehen, mit der Reichskristallnacht, in der Deutschland zu einem Land der Diebe, Plünderer und Totschläger wurde, und mit dem Rücktritt des Generalstabschefs Ludwig Beck, der Hitlers Kriegskurs nicht länger mitverantworten mochte, musste auch die nationalkonservative Schicht, soweit sie überhaupt regimekritisch war, einen immer klareren Schnitt ziehen.

Mit der Besetzung der »Rest-Tschechei« unter Bruch des gerade geschlossenen Münchner Abkommens, der Entfesselung des Zweiten Weltkriegs, und schließlich mit dem Angriff der Wehrmacht auf die Sowjetunion im Juni 1941 konnte es eigentlich nicht mehr deutlicher kommen. An diesen Punkten mussten sich die Gedanken festigen, mussten die einzelnen Strömungen des Widerstands doch in so etwas wie einen kräftigen Strom der gemeinsamen Überzeugungen münden, vor allem der Überzeugung, dass der Willkürstaat wieder einem Rechtsstaat Platz machen musste.

Die Ausformung der sich in eher parallel und nicht immer synchron verlaufenden Entwicklungen bildenden Koalition des deutschen politischen Widerstands zu einer kohärenten Opposition unter Einschluss des Wagnisses von Staatsstreich und Attentat – worüber um die Kriegswende 1943 herum fieberhaft diskutiert wurde – erwies sich erneut als ein mühsamer Weg. Zu den retardierenden Elementen gehörte die grundsätzliche ethische Frage nach der Legitimität eines Attentats, eine Wasserscheide, die quer durch den gesamten Widerstand ging. Dazu gehörte aber auch das traditionelle preußische Gehorsamsdenken mit seinen durchaus wirkungsmächtigen Vorstellungen über »nationalen Verrat« und »Staatsloyalität«, die sich in erstaunlicher Abstraktion von politischen Inhalten selbst über die Katastrophe 1945 hinaus erhalten konnten. All das führte zu Verzögerungen der Planungen. Es machte aber auch inhaltlich die Gestaltung einer einheitlichen Strategie fast unmöglich. Die Verschlechterung der Kriegslage kam hinzu, denn entgegen einer weit verbreiteten Vorstellung befeuerte sie die Staatsstreichpläne kaum, sondern wirkte lähmend. Dem sich allen Veränderungsplänen geradezu trotzig entgegenstemmendem Prinzip »My country, right or wrong« konnten sich gerade unter den Konservativen viele nicht entziehen.

Da an einen wirksamen Widerstand gegen das Regime nur von innen heraus zu denken war, lastete die Verantwortung operationellen Handelns genau auf dieser Gruppe, genauer gesagt auf denjenigen zivilen oder militärischen Persönlichkeiten, die noch im Amt waren oder auf andere Weise in einer gewissen Nähe zur Macht standen. Diese mussten sich zunächst von dem Gedankengut, das sie mit Hitler verband, lösen.[410] Objektiv setzte sie jedenfalls die Inkaufnahme einer erheblichen Gefährdung unter den Bedingungen eines totalitären Staates voraus. Diese Wandlung gelang einigen früher, z. B. Carl Friedrich Goerdeler, anderen aber erst zu einem späteren Zeitpunkt. Erleichtert wurde ihre widerständige Entfaltung durch ein Netzwerk gesellschaftlicher Kontakte, das durch die allgegenwärtige Gleichschaltungspolitik nicht so leicht beschädigt oder unterlaufen werden konnte. Es konnte sogar als Ersatz für konspirative Organisation dienen.[411] Die Solidarität des Berufsstandes oder der sozialen Schicht schien über weite Strecken eine effiziente Sicherung gegen die Gefahr von Denunziationen darzustellen; wie sich nicht nur im Falle Wentzels herausstellen sollte, ein schrecklicher Irrtum.

Vor diesem Hintergrund gewinnt die Haltung derjenigen, die dennoch rückhaltlos zum Widerstand fanden, doppelten Wert. Teile des nationalkonservativen Widerstandes sowie Vertreter der Gewerkschaften und der Sozialdemokratie mündeten in die Bewegung des 20. Juli ein. Die Dinge hatten sich, wenn man an die Zeit der Machtergreifung denkt, umgekehrt. Hans Mommsen resümierte dazu:

> Es waren nicht die Demokraten und nicht die unterdrückten republikanischen Parteien, auch nicht die Kirchen als Institution, die Deutschland gegen Hitler zu verteidigen und die politische, militärische, vor allem aber moralische Katastrophe abzuwenden versuchten... es waren in vieler Hinsicht Außenseiter, ..., die den Entschluß fassten, unter unsäglich schwierigen Bedingungen ... den Umsturz zu wagen und damit ein Zeichen gegen die in Hitler verkörperte Herrschaft der absoluten Inhumanität zu setzen, während die große Mehrheit der Nation und ihrer Eliten schwieg.[412]

Dem von Mommsen skizzierten Personenkreis gehörten bemerkenswert viele alte Leute an. Nicht mit von der Partie war die Mehrheit der Generäle. Das hatte seine Wirkung auch auf den zivilen Widerstand. Ein Weggefährte Wentzels, Friedrich-Karl von Zitzewitz, hat wiederholt seine kritische Auffassung zur abwartenden Haltung der Militärs zum Ausdruck gebracht.[413]

Das war Wentzels Welt und war sie doch nicht. Seine Regierungsnähe war gering. Er war gewiss der Prototyp eines »Honoratioren«, aber einer ohne Nähe zum nationalsozialistischen Apparat oder zum Militär. Die Wiedererlangung einer politisch-gesellschaftlichen Führungsposition, ein den Konservativen oft unterstelltes Teilmotiv für den Gang in die Opposition, kam für ihn ohnehin nicht in Frage.

410 Mommsen 1994, B, XXIVf.
411 Ders., S. 9.
412 Ders., S. 17f.
413 Jacobsen 1984, S. 347.

Aber als konservativer Regimekritiker war er alles in allem doch ein Außenseiter unter Außenseitern. Was ihn von den meisten seiner oppositionellen »Standesgenossen« unterschied, war die bereits ausgiebig beleuchtete Tatsache, dass er kein konvertierter Nazi war. Die Epoche des Gesinnungswandels, die ja ein Teil seiner gesellschaftlichen Schicht erst in den fortgeschrittenen Hitlerjahren durchschritten hatte, hatte er übersprungen. Deshalb war er auch nicht in dem Sinne nationalkonservativ, dass seine Regimeopposition erst aus der anfangs eingegangenen klammheimlichen Kollusion mit dem Nationalsozialismus wie es hieß »herauswachsen« musste. Für den Teutschenthaler Unternehmer war seine Nähe oder seine Zugehörigkeit, wir werden sehen, zur Opposition ganz persönlich gerade nicht das, was einmal sarkastisch als der »Aufstand des schlechten Gewissens« bezeichnet wurde. Im Kreis der nationalkonservativen Opposition gegen Hitler war er schon heimisch, als die meisten anderen Konservativen erst hinzustießen.

Die Grundidee, die das moralische Fundament des Widerstands im Verständnis einer sittlichen und – worauf der tiefgläubige Christ Carl Wentzel besonderen Wert legen musste – religiösen Erneuerung in seiner Gesamtheit bildete, hat er vollständig geteilt. Ebenso, fast schon trivial, war er zutiefst der Idee der Wiederherstellung des Rechts, dem ganz großen gemeinsamem Nenner aller Widerstandsgruppen, verpflichtet. Er musste angesichts des Schreckens nationalsozialistischer Herrschaft die Wohltaten autoritärer Rechtsstaatlichkeit herbeisehnen. Mit Abscheu hat er Rechtsverletzungen in seinem Umfeld kommentiert[414] und auch in seinem Prozess ist seine Kritik an der Justiz, wenn auch nur marginal, aktenkundig geworden.[415]

Im Übrigen waren die politischen Ziele und Zukunftsentwürfe, der heterogenen Struktur der Widerstandskoalition entsprechend, sehr divers.[416] Joachim Fest hat gemeint, die Opposition gegen Hitler habe keinen noch so weiten gemeinsamen Nenner, keine verbindende Idee und nicht einmal einen Namen gehabt.[417] Was für die Widerstandsbewegung insgesamt zu gelten hat, gilt nicht weniger für das Teilsegment der nationalkonservativen Honoratioren.

Dem Erbauer der salzmündeschen Arbeitersiedlungen werden manche sozialpaternalistischen Vorstellungen der konservativen Opposition sympathisch gewesen sein, es ist aber schwer vorstellbar, dass sowohl dem Agrarindustriellen, dem man kaufmännische Weltoffenheit getrost unterstellen darf, die Idealisierung agrarischer Lebensverhältnisse als auch dem pragmatischen Materialisten und Multi-Aufsichtsrat antikapitalistische Gedanken nahezubringen gewesen wären. Mit Goerdeler wird er die Idee einer Erneuerung des

414 Siehe S. 90.
415 Siehe S. 165.
416 Ehlers 1964, S. 95, spricht von Stimmengewirr.

gesellschaftlichen und wirtschaftlichen Systems verfochten haben, das von politischer Intervention so weit wie möglich frei sein sollte. Das liberal-konservative Grundcredo von Goerdeler war beiden gemeinsam. Dabei mag in Wentzels Hinterkopf die konstitutionelle Monarchie als überwölbende, gleichwohl konkret inhaltlich wenig bestimmte Idee noch präsent gewesen sein. Es ist aber kaum denkbar, dass dies bei einschlägigen Zukunftsplanungen, bei denen es um aktuellere Probleme gegangen sein muss, eine Rolle gespielt haben kann, denn mit dem fortschreitenden Dritten Reich wurden entsprechende Zielsetzungen immer utopischer.

Der Wirtschafts- und Sozialhistoriker Wilhelm Treue hat sich ausdrücklich auf die Person Wentzel berufen, als er die These aufstellte, dass der Widerstand gegen den Nationalsozialismus von der deutschen Geschichtsschreibung sehr einseitig und praktisch unter Vernachlässigung, ja Auslassung des privatkapitalistischen Unternehmertums untersucht und dargestellt worden sei.[418] An dem Befund ist am Ende vielleicht auch nicht allzu viel zu ändern, denn Persönlichkeiten aus dem Wirtschaftsleben haben in der Geschichte des deutschen Widerstandes in der Tat nur ein merkwürdig blasses Kapitel geschrieben.[419] Eine Bewegung »Unternehmer gegen Hitler« gab es nicht. Die Vertreter der Kirchen, der Streitkräfte und des Beamtenapparats scheinen im Vergleich zu Großunternehmern und Kaufleuten um einiges furchtloser und politisch sensibler gewesen zu sein und haben persönlich größere Opfer gebracht. In der Großindustrie gab es Kritiker und Distanzierte, aber, wenn man einmal von Robert Bosch absieht, kaum aktiven Widerstand. Repräsentanten von Handwerk, Gewerbe, Industrie und der freien Berufe fehlten im Widerstand zwar nicht gänzlich, waren aber deutlich unterrepräsentiert.

In ihrer Mehrheit hatte auch die Wirtschaftselite dem parlamentarischen System nicht nachgetrauert. Es ist eine Ironie der Geschichte, dass dies in gewissem Umfang sogar für jüdische Bankiers galt, die noch im November 1932 den Reichskanzler Franz von Papen unterstützten, weil er ihre wirtschaftliche Stellung unangetastet lassen würde und, so glaubten sie, die Linke ebenso wie die radikale Rechte unter Kontrolle halten könnte. Jakob Goldschmidt gab Geld für Alfred Hugenbergs größte Verlagsgruppe.[420] Er war aber insofern weitsichtiger als die anderen, als er versuchte, Hugenberg zu einer Zusammenarbeit mit den Sozialdemokraten zu bewegen. Goldschmidt, gewiss auch in

417 Fest 1994, S. 329.

418 Treue 1994, S. 917ff.

419 Dazu im Detail Turner 1998, S. 21f. Als Ausnahmen wird in aller Regel auf Robert Bosch, Berthold Beitz, Oskar Schindler und Walter Cramer (hingerichtet) hingewiesen. Insgesamt dazu Treue 1994, S. 917ff. – Mommsen 1994B, S. 14f.

420 Feldman 1995, S. 12.

dieser Hinsicht eine Ausnahmeerscheinung im Bankiers-Club, hielt die SPD schon damals für eine bürgerliche Partei.[421]

Die Ernennung Hitlers zum Reichskanzler war noch bei »gespaltener Industriefront«[422] erfolgt. Später stand das deutsche Unternehmertum nach außen meist loyal zum Regime. Die Unternehmer wurden Nazis aus Geschäftsinteresse. Zudem hofften sie, mit Hitler ihre Ziele ohne die als lästig empfundene Arbeiter- und Gewerkschaftsopposition durchzusetzen, wenn sie nicht sogar von der Arisierung und der Expansion des deutschen Reiches nach Kriegsbeginn profitierten.[423]

Die in der preußischen Staatstradition verankerte These von den als »ewig« angesehenen Strukturen fand ihre Parallele in der Privatwirtschaft, wo alles darangesetzt wurde, die Unternehmen und die Produktionsmittel über die Zeiten zu retten. Auch im fortgeschrittenen Stadium des Krieges und trotz wachsender Zweifel am »Endsieg« arbeiteten fast alle Unternehmen daran, sich für die Nachkriegszeit fit zu machen. Den Nazis gelang es ja sogar, Todgeweihte wie Goerdeler oder den auf seinen Prozess wartenden Woermann zu Studien über Zukunftsfragen zu bewegen.[424]

Der Industrielle Paul Reusch (1868–1956) hatte Mitte der 1930er Jahre einen Gesprächskreis um sich versammelt, der gemeinhin nach ihm als »Reusch-Kreis« bezeichnet wird. Seine formelle Bezeichnung lautete »Freundeskreis Industrie und Landwirtschaft«. Wie der Titel erkennen lässt, dienten die Treffen des Kreises ursprünglich einer engeren Fühlungnahme zwischen Industrie und Landwirtschaft. Die Gutsbesitzer brachten ihre Erkenntnisse über die landwirtschaftliche Situation ein und formulierten Forderungen an die Industrie hinsichtlich Maschinen und der Versorgung mit Energie. Die Vertreter der (Ruhr)Industrie schilderten die industrielle Lage.[425]

Es waren regelmäßig zwölf Personen, die zusammenkamen, je zur Hälfte prominente Großindustrielle und Großlandwirte. Paul Reusch hatte den Vorsitz. Dass die Diskussionsgruppe sich über viele Jahre einer beachtlichen Stabilität erfreute und selbst unter schwierigen Verhältnissen vital blieb, beruhte vor allem darauf, dass es zwischen Landwirtschaft und Industrie immer wieder, zum Teil sogar scharfe Interessengegensätze[426] und daher immer Diskussionsbedarf

421 Ders., S. 17.
422 Begriff von Neebe 1981, S. 174f.
423 Barkai hat in diesem Zusammenhang den Begriff der »stillen Teilhaberschaft« geprägt, Barkai 1998, S. 117.
424 Zu Woermann siehe S. 197.
425 Die Schlussfolgerung von Marx 2013, S. 527, der Kreis habe ein »mächtiger Gegenpol zur Arbeiterbewegung« sein sollen, verträgt sich nicht mit den anderen Themen und auch nicht mit der Zusammensetzung des Kreises.
426 Vgl. Turner 1985, S. 411.

gab. Das hatte Tradition. Schon mit dem »Ruhrlade« genannten Gesprächskreis hatte sich ein großer Teil der später dem Reusch-Kreis angehörenden Industriellen in einem inoffiziellen und exklusiven Zirkel im rheinisch-westfälischen Industrierevier zusammengefunden.[427] Nachdem Hitler an die Macht gekommen war, begann die »Ruhrlade« freilich zu schwächeln, tagte aber bis 1938 immer noch parallel zum Reusch-Kreis. Ein früheres, im Wesentlichen von Wilmowsky gesteuertes Forum waren Zusammenkünfte »Industrie und Landwirtschaft« im Hotel Esplanade in Berlin, das wegen seiner elitären Anmutung »Smoking Club« genannt wurde.[428]

Zu den Gesprächsrunden traf sich die Crème de la Crème der deutschen Industrie Weimarer Provenienz, soweit sie noch in den NS-Staat herübergewachsen und in das NS-Wirtschaftssystem integriert war. Paul Reusch selbst, der Vorstandsvorsitzender der Gutehoffnungshütte (GHH) war, die Industriellen Albert Vögler (Vereinigte Stahlwerke), Friedrich von Siemens, Hermann Bücher von der AEG, Fritz Thyssen, und Carl Bosch (I.G. Farben), bildeten auf Seiten der Industriellen die ständigen Mitglieder.

Weniger prominent, aber sicher ebenso standesbewusst waren die Mitglieder auf der Landwirtschaftsseite. Hier ist an erster Stelle der bereits mehrmals erwähnte Friedrich-Karl von Zitzewitz-Muttrin, ein Schwager von Reichsfinanzminister Lutz Graf Schwerin von Krosigk zu nennen, der die landwirtschaftliche Seite koordinierte. Dieser gehörten als harter Kern Richard von Flemming-Patzig, Hans Carl Graf von Hardenberg, Tilo Freiherr von Wilmowsky, Berengar von Zastrow und Carl Wentzel an, der 1936 auf Vorschlag von Zitzewitz kooptiert worden war.[429] Das waren mit Ausnahme von Wentzel und Wilmowsky allesamt Ostelbier. Beiden Gruppen nicht eindeutig zuzurechnen war Carl Goerdeler, der aber auch, als er seiner öffentlichen Ämter verlustig gegangen war, unumstrittenes Mitglied dieser Kongregation blieb.

Eine Art Dauergast war Hjalmar Schacht (1877–1970), ab 1937 nicht mehr Wirtschaftsminister und ab 1939 auch nicht mehr Reichsbankpräsident. In seinem Fall wurde jedesmal über die Opportunität der Einladung diskutiert. Schacht hat im Rückblick mit einem gewissen Stolz betont, er sei »sein eigener Kreis« gewesen.[430] Damit hatte er sicher recht. Das galt aber auch aus der Sicht einiger Mitglieder des Reusch-Kreises oder erst recht der aktiven Männer des Widerstandes, die ihm auch ihrerseits keinen Platz unter den ihren einräumen

427 Luntowski 2000, S. 15f.
428 Wilmowsky 1961, S. 102.
429 RWWA 130-236-3.
430 Schacht 1949, S. 77.

wollten.[431] Im Übrigen gab es Gäste, die hin und wieder eingeladen wurden[432], als auch solche, die zu Vorträgen gebeten wurden oder auch nur am Abendessen teilnahmen.[433]

Reusch hat sich einmal bitter über Wilmowsky beklagt, weil dieser offensichtlich zeitweise mit dem Gedanken spielte, den Kreis zu verlassen. Reusch hielt es für angebracht, es sei zweckmäßig (gegenüber Wilmowsky) zu betonen, »daß wir kein Taubenschlag sind und Gastrollen nicht als erwünscht betrachten«.[434] Das war wohl im Zorn gesagt, denn solche Gastrollen gab es, wie bereits erwähnt, immer wieder.

Versuchen, neue Leute in den Kreis hereinzubringen, wurde von Reusch selbst sofort die Spitze abgebrochen. So geschah es beispielsweise im Falle des Hermann Freiherr von Lüninck, des Weingutbesitzers von Schorlemer-Lieser und des bereits in anderem Zusammenhang erwähnten General Thomas, der selbst den ausdrücklichen Wunsch geäußert hatte, auch an den internen Beratungen teilnehmen zu dürfen. Gelegentlich wurden Vertreter der Regierung wie Reichsfinanzminister Schwerin von Krosigk dazu gebeten, ebenso wie der Staatssekretär des Auswärtigen Amts, Ernst von Weizsäcker.[435] Einmal wurde auch der zu diesem Zeitpunkt bereits tief in die Endlösung der Judenfrage involvierte Staatssekretär in der Vierjahresplanbehörde, Erich Neumann, ein Fachmann in Agrarfragen, für eine Teilnahme vorgeschlagen, ohne dass es jedoch dazu kam. Hinter der restriktiven Einladungspraxis stand offensichtlich auch das Bedürfnis, die Diskretion zu sichern.

Es ist diese Vielfalt, die zu den verwirrenden und sich teilweise widersprechenden Angaben über die Zusammensetzung des Kreises geführt hat.

Der Reusch-Kreis tagte abwechselnd auf Einladung eines seiner Kernmitglieder. Das Wentzel'sche Teutschenthal, der kleine Ort in der Mitte Deutschlands war nur einer der verschiedenen Treffpunkte und wurde erst in der Verfolgungsperspektive zu so etwas wie einem Markenzeichen für den Reusch-Kreis. »Chef« der ganzen Veranstaltung war stets Reusch, ohne dessen

431 »Von den verhängnisvollen Zusammenkünften, deren Mittelpunkt Goerdeler und Popitz waren, habe ich mich ferngehalten«, Schacht 1953, S. 531.

432 Etwa die Gutsbesitzer Henning Graf von Borcke, Adolf Freiherr von Hammerstein-Loxten, Graf Bodo von Alvensleben aus Neugattersleben, übrigens ein Verwandter von »Bubi«. Der Chirurg Ferdinand Sauerbruch, in diesem Zusammenhang oft genannt, hat sich nach dem Krieg wohl an die Mittwochsgesellschaft, eine andere Diskussionsrunde, erinnert, aber die Tatsache, dass der Reusch-Kreis um seine Teilnahme geworben und er diese im Prinzip auch akzeptiert hatte (RWWA 130-236-3), nicht für berichtenswert gehalten.

433 Z.B. Emil Woermann, General Georg Thomas, Hjalmar Schacht, Reichsfinanzminister Graf Schwerin von Krosigk, die ausdrücklich zu den vertraulichen Aussprachen nicht eingeladen waren (vgl. Programm des Treffens am 16./17.5.1939, RWWA 130-40010124/4).

434 Reusch an Zitzewitz am 7.9.1938 (RWWA 130-40010124/4).

435 Teilnahme des letzteren am 7.11.1941 (RWWA 130-236-3).

Paul Reusch, um 1935

Carl-Hans von Hardenberg, nach 1945

Tilo von Wilmowsky, 1920er Jahre

Friedrich-Karl von Zitzewitz-Muttrin, 1950er Jahre

Zustimmung nichts passierte und der ihm nicht genehme Vorschläge teils mit großer formaler Höflichkeit, teils aber auch in harscher Sprache zurückwies.

Politische oder wirtschaftliche Zielvorstellungen mögen sich so oft überlappt haben, wie sie kontrovers waren: Allen gemein war ein gewisser Fortschrittsoptimismus und die Erkenntnis des Stellenwerts von Forschung und Entwicklung für Industrie und Landwirtschaft. Hinzu kam eine Neigung, in größeren Marktzusammenhängen zu denken und damit auch zur europäischen Großraumwirtschaft.

Paul Reusch, der Namenspate und Motor des Gesprächskreises war ein prägnantes Beispiel für das Spannungsverhältnis zwischen Unternehmern und nationalsozialistischer Elite. Er war der frühere Vorstandschef der Gutehoffnungshütte (GHH) und ihr Konzernarchitekt. Der selbstbewusst auftretende Unternehmer, zeitweilig auch Eigentümer eines kleinen Pressekonzerns und stellvertretender Präsident des Deutschen Industrie- und Handelstages (DIHT) stand für die Hitler gegenüber kritisch eingestellten Kreise der deutschen Schwerindustrie.[436] Wegen seiner Tatkraft und seines Temperaments hieß er »der Löwe von Oberhausen«. Weltoffen nach außen, befürwortete er im Innern einen Staat, der sich tunlichst aus der Wirtschaft herauszuhalten hatte, war aber andererseits für protektionistische Ideen zu gewinnen.

Zur Sozialdemokratie hatte Reusch in der Weimarer Republik in einer harten Frontstellung gestanden. Hauptziel müsse sein, schrieb er einmal an seinen politisch anders denkenden Freund Robert Bosch, die »Abwehrfront gegen den fortschreitenden Marxismus mit allen Mitteln zu fördern«.[437] So wie die meisten der politisch aktiven Großindustriellen war er daran interessiert, diejenigen Parteien finanziell zu unterstützen, die politische Kontinuität garantierten. Deshalb stand er im Oktober 1932 ebenso wie Vögler von den Vereinigten Stahlwerken und AEG-Vorstand Bücher hinter einem Aufruf der Industrie, das Kabinett Papen mit einem politischen Fonds in Höhe von zwei Millionen Reichsmark zu unterstützen.[438]

Außenpolitisch zählte er, so wie Bosch und auch Bücher zu den Kriegsgegnern. Er befürwortete eine europäische Ausgleichspolitik. 1925 hatte er sich beispielsweise öffentlich für den damaligen Reichskanzler Hans Luther ausgesprochen, als dieser wegen der Locarno-Politik scharf angegriffen worden war. Später hat sich der Industrielle der Protestbewegung der politischen Rechten gegen den Young-Plan, den jene mit seiner Neufestlegung der deutschen Reparationszahlungen als ein Mittel der »Versklavung« des deutschen Volkes

436 Zu Reuschs nicht immer geradliniger politischer Entwicklung vgl. Marx 2014, S. 279ff.
437 Scholtyssek 1999, S. 94.
438 Ders., S. 81.

brandmarkten, klar entgegengestellt. Mit Bosch und Bücher unterzeichnete Reusch einen von dem Sozialdemokraten Carl Severing initiierten öffentlichen Protestaufruf, der das Volksbegehren gegen den Young-Plan als »Versuch schlimmster Volksverhetzung« bezeichnete und sich in klaren Worten zu einer Verständigungspolitik bekannte. Einer Versöhnung mit Frankreich stand Reusch freilich skeptisch gegenüber.[439] Der Ruhrkampf 1923, in dem sich auch die Zuckerraffinerie Halle und Wentzel persönlich mit Solidaritätsspenden engagiert hatten[440], hatte bei ihm die Auffassung gefestigt, in Frankreich sei man zu einem Ausgleich nicht bereit.

»Weimar« gegenüber war Reusch indifferent geblieben. Hugenbergs DNVP mochte er nicht, weil diese den Bestrebungen von Kreisen der Schwerindustrie widersprach, zu einem breit angelegten bürgerlichen Parteienbündnis zu kommen. Die wirtschaftspolitischen Forderungen der NSDAP lehnte er ab. Weggefährten und Geschäftspartner haben die betont kritische Haltung von Reusch zum Nationalsozialismus bestätigt. Er war kein Steigbügelhalter Hitlers.[441]

Die Haltung des kantigen, bisweilen herrischen Reusch zum Nationalsozialismus war in der Zeit vor der Machtergreifung oszillierend und von der besonders in der damaligen Oberschicht verbreiteten Überheblichkeit gekennzeichnet. Im März 1932 war es zu einer Begegnung Reuschs mit Hitler gekommen. Die sog. »Novemberpetition«, eine Eingabe, mit der bedeutende Wirtschaftsführer, u.a. Hjalmar Schacht und Fritz Thyssen Hindenburg im Dezember 1932 bewegen wollten, Hitler die Führung der Reichsregierung zu übertragen, ist von Reusch am Ende aber nicht unterzeichnet worden.[442]

Wenn gesagt worden ist, dass Reusch später eindeutig Stellung gegen Hitler bezogen habe[443], so galt das für geschlossene Gesellschaften, aber nicht in direkter Konfrontation und nicht in der Öffentlichkeit. Die Gestapo hat ihm sogar noch 1938 einen »guten Ruf« bescheinigt und festgestellt, dass er politisch nicht in Erscheinung trete.[444] 1941 wurde freilich das Entgegengesetzte aktenkundig. In einer Leitungsbesprechung im Hauptamt IV der Kanzlei des Führers, in der es um eine politische Personalfrage in einem Tochterunternehmen der GHH ging, kam es zu einer harschen Kritik an Reusch. Reusch sei aufgrund des herbeigezogenen Materials des Sicherheitsdienstes ein ausgesprochener Reaktionär, der mit seiner herabsetzenden und verächtlichen Kritik selbst

439 Marx 2014, S. 281.
440 Spendenaufstellung Raffinerie Halle (LASA, I 600, Nr. 84).
441 Scholtyssek 1999, S. 94.
442 Die Rolle Reuschs blieb in dieser Sache aber ambivalent, vgl. Scholtyssek, 1999, S. 112ff. – Turner 1985, S. 365f.
443 So Mommsen, Spiegel-Interview (32/2001), S. 141.
444 Schreiben Gestapo Düsseldorf vom 5.2.1938 (LAV NRW, RW 58, Nr. 38752).

vor der Person des Führers und des Reichsmarschalls (Göring) keinen Halt mache. So habe er in Anlehnung an Oswald Spengler den Führer als einen »Wahnsinnigen, dem nur noch der Selbstmord übrigbleibe« bezeichnet. Es folgt die Wiedergabe weiterer Zeugenaussagen zu regimekritischen Bemerkungen Reuschs. Der Staatssekretär im Reichswirtschaftsministerium, Friedrich Landfried, war in dieser Sitzung zwar auch der Meinung, dass Reusch seinen Posten verlassen müsse, weitergehende Schritte aber nicht zweckmäßig seien, um die Wirtschaft nicht zu beunruhigen. Weiter heißt es: »Das gleiche meine auch der Gruppenführer Heydrich, der infolgedessen von der Anwendung staatspolizeilicher Mittel gegen Reusch absehen wollte«.[445]

Im Dezember 1939 hatte der ehemalige deutsche Botschafter in Rom, Ulrich von Hassell, einen Versuch unternommen, über Reusch in Sachen Widerstandsplanung an den Generalstabschef des Heeres, Generaloberst Franz Halder, heranzukommen. Er hatte sich dabei aber eine Abfuhr geholt: In der Sache war Reusch der Ansicht, so hat es v. Hassell in seinem Tagebuch notiert, dass zur Zeit besser nichts unternommen würde, weil die Generäle »der ewigen Einwirkung auf sie von allen Seiten satt seien«. Hassell schien Reusch sehr »groß«, ganz der »typische Industriekönig, vor dem alles kriecht«.[446] Mit der Unterredung Hassell-Reusch fanden alle Versuche ein Ende, Reusch auf die Seite des aktiven Widerstands zu ziehen.

In offenen Konflikt mit dem System geriet er dann aber dennoch. Im Jahr 1942 musste er im Streit mit NSDAP und der Deutschen Arbeitsfront die meisten seiner Ämter im GHH-Konzern niederlegen. Dem waren anonyme Denunziationen wegen »Rüstungssabotage« vorausgegangen. Wenig später ereilte seinen Sohn Hermann, der ebenfalls im Vorstand saß, das gleiche Schicksal. Reusch verließ das Ruhrgebiet.

Um Reusch nicht unrecht zu tun, muss berücksichtigt werden, dass Paul Reusch, immerhin zehn Jahre älter als der auch nicht mehr gerade jugendliche Wentzel in den fortgeschrittenen Kriegsjahren bereits seiner Ämter entledigt worden und gesundheitlich angeschlagen war. 1942 spielte er mit dem Gedanken, seinen Vorsitz im Kreis aufzugeben, konnte aber umgestimmt werden. 1944 stand er bereits im 78. Lebensjahr und hatte für seine zwar nicht sehr radikale, aber beständige Gegnerschaft zum Hitlerregime einige für einen Industriemanager nicht unbedeutende Opfer bringen müssen. Eines, das ihn besonders geschmerzt haben muss, war der Machtverlust. Einer seiner Freunde, der jüdische Wirtschaftswissenschaftler Edgar Salin, der seit 1927 einen Lehrstuhl in Basel hatte, hat nach dem Krieg Paul Reusch als ein Beispiel dafür

445 Vermerk Kanzlei des Führers, Hauptamt IV, vom 26.9.1941 (BArch R 261/51).
446 Hassell 1988, S. 149.

bezeichnet, »wie ein echter Deutscher in aufrichtiger Haltung durch diese Jahre hindurchgehen konnte«.[447]

Seit der Initiation Wentzels in den Kreis sind sich Reusch und Wentzel auch menschlich näher gekommen. Ihre Korrespondenz ist in einem sehr persönlichen Ton gehalten. Wenn Wentzel in einem Brief an Reusch aus dem Jahr 1940 die Gegenwart als eine Zeit bezeichnet, die einen »Übergang von der Kultur zur Barbarei« darzustellen scheine[448], so lässt das einen gewissen Gleichklang in regimekritischen Grundüberzeugungen erahnen.

Der Stahlindustrielle Albert Vögler stand am anderen Ende des politischen Spektrums im Reusch-Kreis. Vögler war ein guter Bekannter Wentzels, er teilte dessen großes Interesse an der Jagd, und er war ein Hobby-Agrarier mit einem Mustergut im Oldenburger Land. Er war eine imposante und stattliche Erscheinung, gebildet, kultiviert und charmant, gleichzeitig äußerst diszipliniert und autoritär. Im Gegensatz zu den meisten seiner Kollegen im Kreis der Ruhrbarone war er ein echter Selfmademan. Gefördert von Hugo Stinnes, war der Manager 1926 der erste Vorstandsvorsitzende der Vereinigten Stahlwerke AG geworden, des damals größten Stahlkonzerns Europas. Vögler hatte politische Ambitionen. 1919 war er einer der Mitbegründer der Deutschen Volkspartei, deren rechten Flügel er angehörte, und war vier Jahre lang Reichstagsabgeordneter. Er vertrat nationalistisch-konservative Positionen, war ein Gegner der »Erfüllungspolitik« und kämpfte für die Selbstbestimmung der Wirtschaft.

Sein Name taucht schon in der Weimarer Zeit im politischen Kontext verschiedentlich an der Seite Reuschs und Büchers auf.

Als Mitglied der bereits erwähnten »Ruhrlade« hatte sich Vögler an der Finanzierung der bürgerlichen Parteien in der Weimarer Republik beteiligt. Vögler unterstützte gleichzeitig schon früh Aktionen der NSDAP, vor allem, weil Hitler »mit seiner Bewegung eine Bresche in die sozialdemokratische Arbeiterschaft geschlagen« habe. Entsprechende Spenden lassen sich ab 1931 nachweisen.[449] Sein Verhältnis zu Hitler, mit dem er 1931 zusammengetroffen war, muss ambivalent gewesen sein, denn 1932 hatte er sich öffentlich für die DNVP und Papen, jedoch gegen Hitler eingesetzt. Im Zweiten Weltkrieg war Vögler für Albert Speer in rüstungspolitischen Gremien tätig. Er war in diesem Sinne in einer komplizierten Interaktion mit dem Regime Akteur und Getriebener gleichzeitig.

Die anderen Mitglieder des Reusch-Kreises sind schnell erwähnt.

Geheimrat Hermann Bücher war nach dem Ersten Weltkrieg zunächst im Auswärtigen Dienst und später im Reichsverband der Deutschen Industrie

447 Salin an Dörge am 12.6.1948 (RWWA 130-236-3).
448 Wentzel an Reusch am 3.3.1940 (RWWA 130-40010124).
449 Vgl. Turner 1985, S. 181.

Carl Bosch, 1930er Jahre

tätig. Von 1931 bis 1947 fungierte er als Generaldirektor der AEG. Seine Bemühungen galten lange und ausdauernd einer Verständigung mit Frankreich. Er war es auch, der bereits 1933 erkannte, dass die Wahl Hitlers zum Reichskanzler eine historische Wende darstellte. Trotz seiner Distanz zum NS-Regime wurde er 1942 in den Rüstungsrat berufen. Auch Bücher hatte in der Anfangszeit eine Nazi-Gruppierung finanziell unterstützt.[450]

Carl Friedrich von Siemens, jüngster Sohn des gleichnamigen Firmengründers, hatte führende Rollen in verschiedenen Siemens-Unternehmen eingenommen. Er war eine dem Nationalsozialismus äußerst distanziert gegenüberstehende Unternehmerpersönlichkeit, die vor allem vom verbalen Antikapitalismus der Nazis abgeschreckt worden war. Siemens starb bereits 1941.

Siemens war ein enger Bekannter von Carl Bosch, der führenden Persönlichkeit in den I.G. Farben. Letzterer galt neben Vögler als der bedeutendste deutsche Wirtschaftsführer der damaligen Zeit. Bosch war ein anderer Charakter als Vögler, Goerdeler oder Reusch. Er war der Typ des genialisch-innovativen Unternehmers mit spontanem Führungsstil. Persönlich hielt er seine Rolle als Wirtschaftsführer für nachrangig gegenüber der als Wissenschaftler und Techniker. Wie sein Onkel Robert Bosch war er der Typ »Süddeutscher Demokrat« und hatte ein gutes Verhältnis zu den Gewerkschaften. Bosch verhielt sich zu Beginn der Nazizeit widersprüchlich, weil er die Judenverfolgung verurteilte, aber mit Hitlers Wirtschaftspolitik sympathisierte. Er galt als ein Förderer der NSDAP, weil die I.G. Farben bzw. einzelne Mitarbeiter oder Förderkreise Parteispenden geleistet hatten.[451] Länger als Goerdeler oder Thyssen blieb er ein verlässlicher Partner dieser Partei. Eine gemeinsame fachliche Plattform dürfte er mit Wentzel auf dem Gebiet der Benzin/Kohlekonversion und bei der Züchtungsforschung gefunden haben.

450 Turner 1980, S. 23.
451 Turner 1985, S. 317ff.

Später wandelte sich Bosch. Sein Gesundheitszustand verschlechterte sich bereits in den Vorkriegsjahren so erheblich, dass sein Einfluss in der Firma schwand. Depressionen und zunehmende Verzweiflung wegen der politischen Entwicklung, verbunden mit Schuldgefühlen, bekämpfte er mit Alkohol. Im Mai 1939 kam es zu einem Auftritt Boschs im Deutschen Museum in München, bei dem Bosch in alkoholisiertem Zustand öffentlich Kritik an Hitler übte. Das führte dazu, dass er zur »unerwünschten Person« erklärt wurde.

Fritz Thyssen, ursprünglich Förderer und Propagator Hitlers, wurde durch Aufrüstungspolitik, Antikatholizismus und Judenverfolgung in offene Gegnerschaft zu Hitler getrieben und musste im September 1939 in die Schweiz fliehen. Die deutsche Staatsbürgerschaft wurde ihm entzogen. Vichy-Frankreich lieferte ihn schließlich aus. Er kam ins KZ, überlebte aber das Kriegsende.

Es fällt auf, dass Robert Bosch in dieser Auflistung fehlt. Den süddeutschen Katholiken, der als linksliberaler Patriarch bezeichnet worden ist, trennte politisch viel von dem mit ihm persönlich eng befreundeten Reusch.[452] Die liberale Standfestigkeit des schwäbischen Unternehmers war breiter angelegt, sein soziales Engagement fundamentaler und seine Opposition gegen das braune Herrschaftssystem klarer als diejenige des Ruhrbarons.

Es ist bereits festgestellt worden, dass die Mitglieder des Reusch-Kreises eine gewisse Forschungsaffinität auszeichnete.

Auffällig ist nämlich, aber in diesem Kontext vielleicht doch wenig überraschend, dass viele Mitglieder des Reusch-Kreises auch Ämter in der Kaiser-Wilhelm-Gesellschaft (KWG) innehatten: Insbesondere Bosch und Vögeler, jeweils als Präsidenten. Auch andere »Reuschler«, wie Carl Friedrich von Siemens, Hermann Bücher und Fritz Thyssen übten über die Jahre wichtige Funktionen in der KWG aus. Wentzel war der Gesellschaft über sein Engagement für das Institut für Züchtungsforschung in Müncheberg verbunden, über das bereits berichtet wurde.[453]

Aufgabe der 1911 gegründeten KWG war die Förderung der Wissenschaft durch Gründung und Unterhaltung von insbesondere naturwissenschaftlichen Forschungsinstituten. Die KWG stand nach 1933 vor der Herausforderung, ihre wissenschaftliche Unabhängigkeit und ihre personalpolitische Autonomie zu wahren.[454] Das ist ihr unter der Führung des Nobelpreisträgers Max Planck, der zwar regierungsloyal, aber auch nazikritisch und und antirassistisch eingestellt war, in den ersten Jahren nach der Machtergreifung in gewissem Umfang mit einer »Taktik der Anpassung und Konsenssuche«[455], gelungen.

452 Scholtyssek 1999, S. 62.

453 Siehe S. 90f. und 147ff.

454 Die anschließende Darstellung folgt Ulrike Kohl, »Die Präsidenten der Kaiser-Wilhelm-Gesellschaft im Nationalsozialismus«.

455 Kohl 2002, S. 241.

Carl Bosch hatte als Nachfolger von Planck versucht, diese Politik fortzusetzen, jedoch entglitten ihm die Zügel der KWG zunehmend. Carl Bosch starb 1940.

Sein Nachfolger Albert Vögler war der erste reine Nichtwissenschaftler als Präsident. Er spielte eine ambivalente Rolle. Unter seiner Ägide wurde der Trend zur Auftragsforschung stärker. Spätestens 1942 bestand das Bestreben der Reichsregierung, die Naturwissenschaften aufzuwerten und verstärkt in der Kriegswirtschaft einzusetzen. Letztlich ist es aber in der gesamten Nazizeit keiner der in der Wissenschaftspolitik konkurrierenden Machtstellen gelungen, die Vorherrschaft in der Forschungsplanung zu erlangen. Diese und die Wissenschaftsförderung blieben unkoordiniert und dezentralisiert.

Auch wenn es schwerfällt, die Mitglieder des Reusch-Kreises, politisch über einen Kamm zu scheren, lassen sich Gemeinsamkeiten feststellen: Konservativ waren sie alle.

Allesamt war diese kleine Gemeinschaft trotz ihres hohen Grades an gesellschaftlicher und z.T. auch bodenständiger Etabliertheit und dem unbedingten Glauben an die Nation, einer gewissen elastischen Anpassungsfähigkeit an das Regime eher kosmopolitisch als völkisch, nicht antisemitisch und grundsätzlich ideologiekritisch. Die Ablehnung des NS-Systems oder zumindest die Abwehr von weitergehenden Herrschaftsansprüchen der Partei fand in dieser Gruppe in variabler inhaltlicher und zeitlicher Gradierung statt. Wentzel und Reusch markierten dabei das eine Ende des Spektrums und Vögler, der sich am weitesten mit den braunen Machthabern eingelassen hatte, das andere.

Die Zusammentreffen dieser Herrenrunde umschwebte eine leichte, luftige »Corona« der Opposition wie der Rauch der Zigarre gleichen Namens, der über den Zusammenkünften gehangen haben wird, vom Charakter her flüchtig, sich nach den Gesprächen verdünnend, zur Zimmerdecke emporsteigend wie der Wille zum Widerstand. Joachim Fest hat in anderem Zusammenhang von der »debattierenden Genügsamkeit von Herrenrunden« gesprochen.[456] Aber das würde im Falle des Reusch-Kreises doch nicht die ganze Wahrheit erfassen.

Vorbereitet wurden die Treffen jeweils unter der minutiösen Aufsicht von Reusch und seinen Mitarbeitern, wobei technische Unzulänglichkeiten, wie z.B. Autopannen oder das zu servierende Menü eine Rolle spielten.[457]

456 Fest 1994, S. 341.

457 Im Februar 1942 wird Reusch darauf aufmerksam gemacht, dass das Treffen, diesmal auf Einladung von Wilmowsky an einem Montag geplant war, wo nach Vorschrift nur »Feldküchengerichte« zulässig waren. Dies habe zu gelten, entschied Reusch, auch wenn der Gastgeber die (selbstverständlich selbst geschossenen) Hasen stellen wollte (Telegramm GHH vom 6.2.1942, RWWA 130-40010124).

Sicher ist, dass vor allem seit Kriegsbeginn die Diskussionen in dieser zumindest politisch heterogenen Gruppe über das im politischen Kontext des Dritten Reichs doch ein wenig hausbackene Thema »Industrie und Landwirtschaft« hinausgegangen sind. Mit der Zeit müssen sich ein offenes Gespräch und eine unabhängige Sicht auf die durch einen Krieg drohenden existentiellen Gefahren bei allen Mitglieder des Kreises durchgesetzt haben. In diesem Sinne ist wohl auch die von Wilmowsky überlieferte, oft zitierte, etwas melodramatische Aussage Reuschs zu verstehen, der gesagt haben soll: »Und selbst wenn ich im Chausseegraben verrecken soll, hier wenigstens will ich meine Meinung offen sagen«.[458]

Gleichwohl erschiene es übertrieben, den Reusch-Kreis, der ja auch nur begrenzt Berührungsängste mit dem offiziellen Dritten Reich hatte, als Widerstandsnest zu bezeichnen. Friedrich-Karl von Zitzewitz hat sich entsprechenden Interpretationen entgegengestellt mit dem Hinweis darauf, dass dem Kreis schließlich »einige unübersichtliche politische Persönlichkeiten angehörten«.[459] Der Kreis war alles in allem eher ein technokratisches Hinterzimmer mit einem gesunden Schuss Lobbyismus. So ist wohl auch die sarkastische Nachkriegsäußerung von Wilmowsky im Hinblick auf die Verfolgungsmaßnahmen nach dem 20. Juli zu verstehen, es sei ja auch »ein schweres Verbrechen gewesen, wenn Leiter großer industrieller und landwirtschaftlicher Betriebe sich über die Rückwirkungen der jeweiligen Ernteaussichten auf die Gesamtproduktion offen äußerten«.[460] Allerdings haben Äußerungen des gleichen Wilmowsky im Reusch-Kreis ihn später noch einmal in Bedrängnis gebracht.[461]

Deshalb ist weiterhin dem vorsichtigen Urteil des Bosch-Biographen Joachim Scholtyssek zuzustimmen, dass die Aktivitäten des Kreises weder in ihrer Reichweite noch in ihrer gedanklichen Durchdringung mit dem Widerstand des Bosch-Kreises vergleichbar waren. Er blieb ein Debattierclub.[462] Auch wo es um die Pläne Goerdelers selbst ging, war der Kreis mehr Resonanz- als Nährboden gemeinsamer Tatherrschaft. Was im Wesentlichen und unter bewusster Auslassung individueller Leistungen einzelner Mitglieder bleibt, ist das, was der Hardenberg-Biograph Klaus Gerbet, einen »Beitrag zur Ehrenrettung großindustrieller und -agrarischer Persönlichkeiten« genannt hat.[463]

Wichtig ist aber, dass selbst wenn den Reusch-Kreis keine widerständige Primärmotivation auszeichnete, zumindest eine Teilmenge des Kreises sich mit

458 Wilmowsky 1961, S. 182.
459 Erinnerungen Zitzewitz, mitgeteilt von Berta Himme (Tochter Zitzewitz).
460 Ders., S. 183.
461 Siehe S. 150.
462 Scholtyssek 1999, S. 302. – Ähnlich Ritter 1955, S. 400.
463 Gerbet 1993, S. 83.

denen des Widerstandes überschnitt. Die Treffen des Kreises gehören deshalb trotz der genannten Einschränkungen, was die Widerständigkeit des Kreises als Ganzem betrifft, zu den greifbareren Verortungen für die Annäherung von Carl Wentzel an den deutschen Widerstand.

Zu den erwiesenen Regimegegnern gehörte neben Goerdeler vor allem der mit Wentzel befreundete Hans Carl Graf von Hardenberg, ein Widerstandskämpfer der ersten Stunde. Hardenberg hatte sich allerdings seit Kriegsbeginn wegen seiner militärischen Verwendung von dem Kreis zurückgezogen.[464] Ein anderer war der Gutsbesitzer Richard von Flemming, der schon 1933 aus politischen Gründen der meisten seiner öffentlichen Ämter enthoben worden war. Und natürlich Wentzel selbst.

Wenn die Zugehörigkeit zur Verschwörung des 20. Juli ganz wesentlich »durch die Teilnahme am konspirativen Gespräch« zu charakterisieren ist[465], dann boten die Gesprächsrunden des Kreises oft genug eine willkommene Gelegenheit dazu.

Im Februar 1944 ließ Wentzel Reusch beispielsweise wissen, Flemming und Zitzewitz hätten sich bei ihm über die Unmöglichkeit zusammenzukommen, beklagt.» Ein jeder habe das Bedürfnis, sich im trauten Kreise auszusprechen«.[466]

1938 sagte Goerdeler einem Treffen des Reusch-Kreises zu, bat aber gleichzeitig Reusch um ein getrenntes Gespräch, in dem er ihm über seine jüngste Auslandsreise berichten müsse.[467] 1938 war ein äußerst aktives Reisejahr Goerdelers, der sich über längere Zeiträume in Großbritannien, Frankreich, der Schweiz, Italien und in südosteuropäischen Staaten aufhielt. Er kam auf diesen Reisen zu dem Schluss, dass die Erhaltung des Friedens wesentlich vom Verhalten der deutschen Regierung abhänge, wenn sie nur auf die Verständigungsbereitschaft der westlichen Demokratien einginge und die Grenzen der Nachgiebigkeit derselben gegenüber deutschen Machtansprüchen erkennen würden.

Carl Goerdeler hat im Rahmen seiner unermüdlichen oppositionellen Werbeversuche auch den Reusch-Kreis genutzt und dort mehrfach seine wirtschaftspolitischen Konzeptionen vorgestellt. Der rastlose und immer wieder neue Kontakte knüpfende, viele gesellschaftliche Gruppen mit seiner Kampagne umfassende, mit neuen Programmentwürfen überschüttende Goerdeler war die wahre Schnittmenge zwischen diesen Kreisen. Nur er gehörte allen gleichzeitig an. Er war es, der mit Robert Bosch ebenso Kontakt hatte wie mit den Stahl-

464 Ders., S. 80ff.
465 Ehlers 1964, S. 90.
466 Wentzel an Reusch am 21.2.1944 (RWWA 130-400101290).
467 Goerdeler an Reusch am 8.12.1938 (RWWA 130-40010124).

industriellen des Nordens. Gelegentlich ist die Auffassung vertreten worden, Wentzel sei das »Scharnier« zwischen dem Reusch-Kreis und der Goerdeler-Gruppe gewesen. Belegt ist das nicht und es spricht vieles dafür, dass das einzige »Scharnier« zwischen den Gruppen Goerdeler selbst gewesen ist.

Es wurde immer schwieriger, Treffen des Reusch-Kreises zu organisieren. Ursprünglich im Vierteljahresrhythmus geplant, zogen sie sich wegen der politischen Entwicklung, der Kriegslage und der logistischen Probleme im Laufe der Zeit immer weiter auseinander. Immer häufiger kam es zu Diskussionen, ob man eine Sitzung »umständehalber« ausfallen lassen sollte.

Wentzel kam da ins Hintertreffen, weil Teutschenthal schwer zu erreichen war. In einem Fall musste unter den Betroffenen eine lebhafte Debatte geführt werden, ob ein Zwischenaufenthalt am Bahnhof Halle von insgesamt vier Stunden denn überhaupt akzeptabel sei. Wentzel bemühte sich aber immer wieder darum, den Kontakt zu Reusch aufrecht zu erhalten. So lud er ihn im Frühjahr 1943 zusammen mit Generaldirektor Otto Meyer (MAN) für Juni des Jahres individuell nach Teutschenthal ein. Das Treffen musste dann auf Oktober des Jahres verschoben werden. Es sollte Folgen haben.

Der Wendepunkt

Unglücklich das Land, das Helden nötig hat!
(Bertolt Brecht, Leben des Galilei)

Nachdem verschiedene Versuche von Carl Wentzel, Paul Reusch und Otto Meyer im Sommer 1943 nach Teutschenthal einzuladen, gescheitert waren, schien es schließlich im Spätherbst des Jahres zu klappen. Reusch reiste von Stuttgart über Bayreuth an, nachdem er sichergestellt hatte, dass Wentzel ihm, offenbar für die Rückreise, eine Flasche Treibgas organisiert hatte.[468] Die Abendeinladung am 10. November in Schloss Teutschenthal war eine kleine Runde mit Ehefrauen, eine gemischte, fast ein wenig zusammengewürfelte Gesellschaft: Paul Reusch aus Stuttgart, Carl Goerdeler aus Leipzig, die Nachbarn Professor Emil Woermann aus Seeben, der Gutsbesitzer Max Schröder aus Etzdorf und schließlich der ständige Hausgast Otto Schaumburg. Otto Meyer war am Ende nicht mehr mit von der Partie. Man wird das für letzteren als eine glückliche Fügung bezeichnen können.

Die folgende Schilderung des Abendessens beruht im Wesentlichen auf den weitgehend unbestrittenen Sachverhaltsfeststellungen des Volksgerichtshofs.[469] Goerdeler selbst hatte sich verspätet und hat deshalb nach seiner Ankunft allein gegessen und sich erst später der übrigen Abendgesellschaft angeschlossen. Er war, wie sich Woermann erinnert, bleich, abgespannt und nervös.

Die Kriegslage war bedrohlich. Der Sturm auf das Europa Adolf Hitlers war im vollen Gange. Die Niederlage von Stalingrad lag schon fast ein Jahr zurück, das Expeditionskorps in Nordafrika hatte nur wenig später kapituliert, und die Alliierten waren gerade erst in Italien gelandet.

Zu fortgeschrittener Stunde trennten sich Damen und Herren. Wentzel und Goerdeler zogen sich in das Arbeitszimmer zurück.

Goerdeler sah die Situation wie folgt: Der Krieg sei verloren; so könne es nicht weitergehen; man müsse versuchen, mit den Angelsachsen zu paktieren und sie gegen die Russen auszuspielen. Das sei auch möglich, denn die Lage sei anders als im Ersten Weltkrieg. Die Angelsachsen brauchten die Deutschen jetzt

468 Reusch an Wentzel am 26.10.1943 (RWWA 130-400101290).
469 VGH-Urteil vom 13.11.1944 (BArch 6/19, Bl. 73ff).

zum Kampf gegen die Russen, deren außerordentliche Gefährlichkeit ihnen klar geworden sei. Sie würden aber mit dem Führer und dem Nationalsozialismus keinen Frieden schließen, deshalb sei es erforderlich, dass beide abträten. Der militärische und der politische Zusammenbruch stünden bevor und es sei nur fraglich, was für uns günstiger sei: Erst der militärische oder erst der politische Zusammenbruch. Das letztere sei besser, denn dann seien wir für unsere Feinde noch interessant und noch etwas wert. Die Regierung müsse weg, die Initiative müsse von den Militärs ausgehen.

Es ist dann auch über eine neue Regierung nachgedacht worden.

Ob Goerdeler den Hausherrn selbst gebeten hat, das Landwirtschaftsministerium zu übernehmen, ist nicht eindeutig klärbar. Falls es so gewesen sein sollte, hat Wentzel jedenfalls abgelehnt.[470]

Goerdeler soll den Gastgeber dann gefragt haben, ob er Woermann für einen geeigneten Landwirtschaftsminister halte.[471] Wentzel soll dem zugestimmt haben mit der Einschränkung, Woermann sei sehr mit Staatsekretär Backe liiert, sei seine rechte Hand. Er werde es wohl kaum tun.[472] Danach hat Goerdeler offensichtlich direkt mit Woermann gesprochen. Woermann selbst hat sich nach dem Krieg erinnert, dass Goerdeler ihm für den Fall der Fälle eine »zentrale Aufgabe auf dem Gebiet der Ernährungswirtschaft« angeboten habe.[473]

Woermann will erwidert haben, dass er sich eine solche Aufgabe nicht zutraue, und zu bedenken sei, dass er »der Ernährungspolitik des Dritten Reiches manchen Beistand geleistet habe, was ihm von mancher Seite verdacht werde«.[474] Ganz generell habe er eingewendet, dass ein Arrangement mit dem Westen unrealistisch sei und die Deutschen »den Kelch bis zur Neige austrinken« müssten.[475]

470 Telegramm Lorenzen an Bormann vom 13.11.1944 (BArch NS 19, Bl. 56ff). – Nach Mitteilung von Frau Pfeiffer mit der Begründung der Unersetzlichkeit im Betrieb. Im Urteil ist davon allerdings keine Rede mehr. Laut Kaltenbrunner-Berichte, Jacobsen 1984, S. 422 hat Goerdeler nur Woermann ein Amt angeboten. Wentzels Vertrauter Felix Kersten hat zwar berichtet, dass nach Goerdelers Verhaftung bei diesem auch eine Liste gefunden worden sein soll, die Wentzel als künftigen Landwirtschaftsminister führte, jedoch soll es sich hierbei um eine nachträgliche Anfertigung der Gestapo gehandelt haben. (Felix Kersten, nach Neuß 1957 [Typoskript], S. 163). Dass es sich hierbei zumindest um ein Missverständnis handeln muss, erhellt aus der Tatsache, dass ganz offensichtlich weder Gestapo noch der Volksgerichtshof diese Spur aufgenommen bzw. in ihrem Sinne verwertet haben.

471 Bestätigung durch Goerdeler bei seinen Vernehmungen, Jacobsen 1984, S. 422. Zitzewitz hat berichtet, dass er Goerdeler zu einem anderen Zeitpunkt Woermann als zweite Wahl vorgeschlagen habe, als erste aber Herbert Backe. Dies habe zu einer »stürmischen Auseinandersetzung« mit Goerdeler geführt (IfZ 318-14).

472 VGH-Urteil vom 13.11.1944 (BArch 6/19, Bl. 73ff.).

473 Woermann soll auch als Staatssekretär im Gespräch gewesen sein, Jacobsen 1984, S. 422.

474 Woermann 1987, S. 187. – Goerdeler hat sich, laut SD, anders erinnert: Woermann habe zugesagt, Jacobsen 1984, S. 422.

475 Ebd.

Diese überkommenen Gesprächsfetzen erinnern an das Labyrinth der tatsächlichen oder angeblichen Kabinettslisten des Widerstands, aus dem kaum ein Entkommen ist. Kabinettslisten im Sinne entsprechend bedruckten Papiers, das man in diesem Sinne hätte »finden« können, hat es überhaupt nicht gegeben, sondern lediglich in wochenlanger und mühevoller Arbeit erstellte immer noch unvollständige Rekonstruktionen der Gestapo.[476]

Ein Name, der neben anderen[477] immer wieder für den in dem Gespräch diskutierten Posten genannt wurde, war der des Landwirtschaftspolitikers der Weimarer Zeit Andreas Hermes.[478] Es ist deshalb zu heftigen Spannungen zwischen Hermes und Goerdeler gekommen, weil Hermes sich nicht, wie sein Sohn Peter später berichtet hat, hereinreden lassen wollte, vor allem aber, weil sich der frühere Leipziger Oberbürgermeister »überflüssige Gedanken zu einem zu frühen Zeitpunkt« gemacht habe.[479]

Aus Gestapovernehmungen geht im Übrigen hervor, dass der ebenso wie Wentzel im Reusch-Kreis aktive Landwirt von Zitzewitz gebeten worden sein soll, sich für das Ministeramt zur Verfügung zu stellen.[480] Zitzewitz hat seine Absage damit begründet, dass er erkannt habe, dass Goerdeler in die Illegalität gehen wolle. Goerdeler hat diese Version bei seinen Vernehmungen bestätigt.[481]

Gehen wir zurück zum Abendessen in Teutschenthal. Nach dem Privatissimum im Büro wurden auf Goerdelers Wunsch die übrigen anwesenden Herren in das Arbeitszimmer gebeten, wo sich Goerdeler noch einmal im größeren Kreis äußerte. Der Gesprächsinhalt muss nach damaligem Sprachgebrauch »relativ starker Tobak« gewesen sein und unter Berücksichtigung der unter den Eingeweihten bekannten Entschlossenheit Goerdelers etwas mehr als das, was der Historiker Hans Rothfels generell einmal als »gesellschaftlichen Separatismus« bezeichnet hat.[482]

Einer der Gäste war Max Schröder, der junge Akademiker-Gutsbesitzer, der sein Gut Etzdorf konsequent nach den neuesten betriebswirtschaftlichen Methoden führen wollte und dem es gelungen war, Wentzel so für sich einzunehmen, dass er in Teutschenthal wie ein Familienmitglied ein- und ausging.

476 Hoffmann 1970, S. 631.

477 Als Kandidaten wurden weiterhin genannt die früheren Regierungspräsidenten Fritz-Dietlof von der Schulenburg und Hermann Freiherr von Lüninck sowie der Politiker der Weimarer Zeit, Hans Schlange-Schöningen. Überblick bei Ritter 1955, S. 601.

478 Hierzu auch dessen »Abschiedsbrief«, abgedruckt bei (Peter) Hermes 1963, S. 111. – Ritter 1955, S. 601.

479 Hermes 1963, S. 112.

480 Dazu auch Krosigk 1974, S. 336.

481 Jacobsen 1984, S. 347, 422.

482 Rothfels 1994, S. 65.

Kaminzimmer in Schloss Teutschenthal, 2019

Er hat später im Prozess bekundet, an der Herrenrunde im Arbeitszimmer nicht teilgenommen, sondern sich als Jüngster weiter um die Damen in dem nach Westen gelegenen Wintergarten gekümmert und für Nachschub bei Alkohol und Zigaretten gesorgt zu haben. Auch in den düsteren Kriegsjahren muss der Duft dieser Suchtstoffe geradezu betäubend über den pessimistischen Gedanken, die selbst dem Ahnungslosesten in dieser Zeit gekommen sein mögen, gelegen haben. Schröder und Woermann verließen die Veranstaltung dann frühzeitig, ob »vorzeitig«, wie sie später zu ihrer Entlastung angaben, ist ungewiss. Woermann erinnert sich nach dem Krieg daran, dass eine Meldung im Radio, wonach der Einflug feindlicher Bomber nach Mitteldeutschland bevorstehe, zu seinem raschen Aufbruch beigetragen habe.[483] Wie es sich gehörte, trugen sich das Ehepaar Woermann, ebenso wie die anderen Gäste, zuletzt auch Goerdeler, in das Gästebuch ein.

Der Ablauf des Tages als – wiederum ein Vierteljahr später – Graf Stauffenberg am 20. Juli 1944 seine Bombe im Führerhauptquartier im ostpreußischen Rastenburg platzierte, ist aus heutiger Perspektive nur schwer nachzuvollziehen. Hohes Tempo und lähmende Entschleunigung hielten sich die Waage.

483 Woermann 1987, S. 187.

Der 20. Juli war ein Aufstand mit unterschiedlichen Geschwindigkeiten. Graf Stauffenberg flog nach Berlin zurück und wurde nur Stunden später mit einigen Mitverschwörern in Berlin erschossen. Die zivile Opposition, die in dieser Phase außen vor gelassen wurde, hielt sich zur Verfügung.

Bei den vorausgegangen Attentatsplanungen hatte sich auch Goerdeler bereithalten sollen. Am 20. Juli war das aber nicht so. Da war Goerdeler bereits auf der Flucht. Ohne über den genauen Zeitpunkt des Attentats unterrichtet worden zu sein, hatte der zivile Kopf der Verschwörung Berlin verlassen, um den Gutsbesitzer Krafft Freiherr von Palombini auf Gut Rahnisdorf (im Anhaltinischen, ein entfernterer Nachbar und guter Bekannter Wentzels) zu besuchen. Dort, in der tiefsten Altmark, erfuhr der für den neuen Staat für nichts Geringeres als für den Posten des Reichskanzler Vorgesehene erst am Abend des Tages von der Durchführung des Attentats. Am Morgen des 21. Juli, verließ der zivile Kopf der Verschwörung mit einem Rucksack Rahnisdorf, um eine Fußwanderung in das 28 km entfernte Gerbisbach zu unternehmen. Dort blieb er einige Tage zu Besuch bei einem befreundeten Ehepaar. Palombini selbst war inzwischen verhaftet worden.[484]

Wentzel war am 20. Juli in Berlin. Am nächsten Tag hatte er Zeit für einen Besuch bei den Schwestern Dorothee und Johanna von Mettenheim in Potsdam. Hanni hat sich an den Tag erinnert: »Ich sehe ihn noch am Morgen nach dem 20. Juli, wo er eine Sitzung in Berlin hatte, in unserem Garten die Stufen zur Terrasse heraufkommen und verzweifelt ausrufen: ›Solch ein Wahnsinn, solch ein Wahnsinn, die Folgen sind unübersehbar und werden unvermeidlich zur Katastrophe führen!‹«[485] Ihre Schwester Dorothee hat nach dem Krieg berichtet, Wentzel habe überhaupt erst von den beiden Schwestern von dem Attentat erfahren und sei in große Aufregung geraten und schon wenige Stunden später wieder nach Teutschenthal gefahren. »Wer weiß, ob wir uns wiedersehen«, soll er zum Abschied ausgerufen haben, was zu »Unverständnis und höchstem Erstaunen« bei den beiden Schwestern geführt habe, weil sie doch nicht geahnt hätten, »was sich schon damals alles hinter den Kulissen vorbereitet hatte, um Deutschland aus den Klauen des inneren Feindes zu befreien«.[486]

Es sei mit Wentzel verabredet gewesen, so Dorothee weiter, dass Ella Wentzel, falls ihrem Mann etwas zustoßen sollte, ein verabredetes Zeichen geben sollte. Soweit sie sich erinnere, so die Erinnerung der alten Dame zwanzig Jahre später, dauerte es nur einige Tage, bis das Telegramm mit dem verabredeten Text eintraf: »Ich komme morgen. Ella«.

484 Vgl. Ritter 1955, S. 411ff.
485 Johanna von Mettenheim an Elster am 6.2.1947.
486 Dorothee von Mettenheim, Rückblick, S. 37.

Das Regime reagierte hart auf den Umsturzversuch, zunächst spontan, dann kalkuliert schnell, dann grausam bürokratisch.[487] Die »fahlen Rosse der Apokalypse« (Stefan Zweig[488]) sind damals durch das Leben vieler aufrechter Bürger gestürmt.

Sofort nach dem Attentat und den ersten Exekutionen im Bendler-Block begann die »Sonderkommission 20. Juli« mit der Verfolgung. Dabei standen naturgemäß der militärische Widerstand und die unmittelbar an den Planungen um das Attentat Beteiligten im Visier. Die Hauptverschwörer wurden schnell verhaftet. Der erste Prozess vor dem Volksgerichtshof fand bereits am 7. August statt. Am 8. August, keine drei Wochen nach dem Attentat, wurden die ersten Angeklagten hingerichtet.

Gegen führende Persönlichkeiten der Wirtschaft wurde zunächst nicht gezielt ermittelt. Später wurde eine Ermittlungseinheit für »Wirtschaftliche Sonderfälle« unter Leitung von Regierungsrat Hermann Quetting ins Leben gerufen, weil man befürchtete, auch Kreise der Wirtschaft könnten sich mittlerweile politisch neu orientiert haben. Entscheidende neue Erkenntnisse sind durch diese »Gruppe 9« am Ende jedoch nicht zu Tage gefördert worden.[489]

Zehn Tage nach dem Attentat in der Wolfsschanze, am 31. Juli 1944, wurde Carl Wentzel, nachdem er abends noch auf dem Hochsitz angesessen hatte, in seinem Jagdhaus Hagen im Möllendorfer Forst am frühen Morgen vom Leiter der Gestapo in Halle, Oberregierungsrat Dr. Köhler, in die (form- und frist-, aber ganz und gar nicht zwecklose) Schutzhaft genommen.[490]

Eine gute Woche vorher, am Freitag, dem 23. Juli 1944, hatte Wentzel auf der Fahrt in sein Jagdhaus bei Sohn und Schwiegertochter noch einmal Halt auf Gut Boltzenhöhe gemacht. Das junge Ehepaar hat über die seelische Verfasstheit des Patrons unterschiedlich berichtet. Ob unbekümmert oder gefasst, das sind wohl im Rückblick getroffene Bewertungen.

Die Stimmungslage vieler Widerständler in den letzten Tagen ihrer Freiheit – und nicht selten ihres Lebens – ist oft und eindringlich in einer Bandbreite von Stolz und Selbstachtung bis Müdigkeit und Ausgelaugtheit nach den konspirativen Anstrengungen, letzte Einsicht in die Vergeblichkeit des eigenen Tuns und der daraus resultierenden Opferbereitschaft beschrieben worden.

487 Vgl. Hett/Tuchel 1994, S. 377ff.

488 Zweig 1970, S. 10.

489 Quetting sagte nach dem Krieg aus, die Sonderkommission 20. Juli sei in Schwierigkeiten gekommen, weil der Kreis der Beteiligten oder verdächtigten Personen immer mehr angewachsen sei, vgl. Ermittlungsverfahren gegen Quetting, Einstellungsverfügung vom 19.4.1962 (BArch R/162/25946, Bl. 70).

490 Neuß 1957 (Typoskript), S. 158, hält es für klar, dass die Gestapo in Möllendorf Goerdeler vermutet hat. Weitere Anhaltspunkte hierzu gibt es aber nicht.

Gut Boltzenhöhe, um 1940

Jagdhaus Möllendorf, um 1940

Was davon auf den Landwirt aus Teutschenthal passte, ist schwer zu beurteilen. Sein Wille, die Dinge aktiv zu gestalten, war vielleicht doch gebrochen und die innere Ablösung von Leben und Werk begann. Auch wenn er mit seiner Verhaftung gerechnet hat, so hätte wohl die nicht nur in einem materiellen Sinn zu verstehende Bindung an Familie und Besitz alle Gedanken an eine Flucht verhindert. Der auf die siebzig zugehende Mann hätte sich wohl kaum kurz vor dem sich abzeichnenden Zusammenbruch gerettet.

Köhler war mit großem Aufgebot und vier Autos erschienen, hatte sowohl das Förster- wie auch das Jagdhaus auf den Kopf gestellt. Wentzel und seine Frau wurden in getrennten Fahrzeugen nach Teutschenthal gebracht. Dort überprüfte man die Vorräte um nachzuweisen, dass Wentzel im Krieg Nahrungsmittel abgezweigt hätte. Der Oberamtmann wurde zunächst in Halle ins Gefängnis gebracht, seine Ehefrau durfte in Begleitung von Schaumburg und der Seyfarth in Teutschenthal bleiben. Der Chronist Neuß ist nach dem Krieg in Anspielung auf die blutigen Osterwochen der Weimarer Zeit zu dem Schluss gekommen, dass die »moralische Beschaffenheit dieser Schergen weit infamer als der gesinnungsmäßige Habitus der Mansfelder Bergleute und Landarbeiter gewesen sei, die es sich 1920 und 1921 im Schlosse wohl sein ließen«.[491]

Als das passierte, war Goerdeler noch in Freiheit. Er beging, von feiern wird man wohl kaum sprechen können, seinen 60. Geburtstag im Untergrund bei einem Verbindungsbruder in Potsdam.

Die Geschichte der polizeilichen und justiziellen Aufarbeitung des 20. Juli weist im konkreten Fall eine Reihe von Ungereimtheiten auf.

Betrachtet man den zeitlichen Ablauf der Dinge, so erscheint die Verhaftung von Carl Wentzel zunächst einmal als direkte Reaktion auf das Attentat vom 20. Juli. Daran war Wentzel aber selbst nicht unmittelbar beteiligt. Der Anlass seiner Verhaftung war allem Anschein nach vielfältiger Natur und kann nur aus der allgemein herrschenden Verfolgungsdynamik der turbulenten Zeit nach dem Umsturzversuch verstanden werden. Das Abendessen kann es nicht gewesen sein, denn darauf ist die Gestapo frühestens nach der der Verhaftung folgenden Hausdurchsuchung gestoßen, bei der das Gästebuch in ihre Hände fiel.

Es spricht vieles dafür, dass die Beziehung des Gutsbesitzers zu Goerdeler den Ermittlungsbehörden schon vor der Verhaftung von Wentzel bekannt war. Dies ist kaum verwunderlich bei dem seit Jahren zu beobachtenden unübersichtlichen Kommen und Gehen im Kreis der Verschwörung. So hatte ein Mann der Gestapo am 2. August bei der Suche nach einem Depot von Wertsachen bei der Dresdner Bank Filiale Halle gegenüber den Bankmitarbeitern beiläufig geäußert, dass es sich bei der Verhaftung Wentzels um Schutzhaft handle, weil »der Ober-

491 Neuß 1957 (Typoskript), S. 64.

amtmann Wentzel verschiedentlich früher den Besuch des früheren Leipziger Oberbürgermeister Goerdeler bei sich gehabt habe«.[492] Wenige Tage später alarmierte ein Mitarbeiter der Firma Rabbethge, deren Aufsichtsrat Wentzel angehörte, die Geschäftsleitung über die Verhaftung von Carl Wentzel: »In den letzten Tagen kursieren hier Gerüchte über Herrn Oberamtmann Wentzel und den 20. Juli. Nach heute von mir an berufener Stelle eingeholten mündlichen Informationen sind die Gerüchte leider nicht ohne Begründung«.[493] Nichts anderes ergibt sich aus Äußerungen des persönlichen Adjudanten Himmlers, Rudolf Brandt, in einem Telefongespräch vom 10. August[494], das, wohlgemerkt, *vor* der Verhaftung Goerdelers stattfand. Dem SS-Offizier war der Zusammenhang Goerdeler-Wentzel da schon bekannt gewesen. Das ist für sich genommen schon interessant, zeigt aber auch noch etwas anderes: Der Fall Wentzel war kein Routinefall. Himmler wurde offensichtlich über die Verhörergebnisse im Fall Wentzel umgehend informiert.

Aber diese Kontakte waren nicht das einzige belastende Element in dieser »Strafsache«. Unrechtsregime bestehen aus Tätern, den widerstrebenden, den opportunistischen und den begeisterten Vollstreckern, aus Mittätern, aus Tätern durch Unterlassen und aus Trittbrettfahrern. Das sind in dieser Geschichte der Repressionsapparat mit seinen Kriminalbeamten, die Gestapo, die Ankläger, Richter, auch die Verteidiger, sowie die fleißigen Papieresammler und Denunzianten, von denen es im Dritten Reich nicht wenige gab.[495]

Es ist im Nachhinein schwierig zu rekonstruieren, in welcher Reihenfolge die belastenden Sachverhalte die Gehirne der Verfolgungstäter imprägnierten. Gerüchte über Urheber von Denunziationen gab es einige.[496] Aktenkundig ist ein Weiterleitungsvermerk über eine Denunziation vom 26. August 1944, die auf einen bereits angelegten Vorgang Wentzel verweist, was jedoch wenig aussagekräftig, vor allem wenig erstaunlich ist, da Wentzel zu dem Zeitpunkt bereits fast einen Monat lang inhaftiert war.[497] Die Denunziationen sind allesamt heute, bis auf eine, nicht mehr aufklärbar. Diese eine hatte es aber in sich.

Im Frühjahr 1944 hatte sich Wentzel mit dem Präsidenten des Gauarbeitsamts, ein anderes Mal mit dessen Mitarbeitern getroffen. Dabei ging es vor allem um

492 Filiale Halle an Dresdner Bank-Vorstand Busch vom 4.8.1944 (LASA, MER, Dresdner Bank, Fil. Halle, Nr. 221).

493 Frost an Büchting am 5.8.1944, zit. nach Meißner 2007, S. 73.

494 Telefonat Brandt-Kersten, zit. nach Neuß 1957 (Typoskript), S. 160f.

495 Vgl. Wagner 2011, S. 393.

496 Olbrich 1981, S. 178, erwähnt einen »bestimmten Mann in Berlin«, ohne den Namen zu nennen. Pfeiffer 2011, S. 142, spricht von einem bedeutenden, weil als Person sehr angesehenen Denunzianten, der »allerdings namentlich nirgendwo auftaucht«. Elster erwähnt ein »übelbeleumundetes Subjekt«, S. 16.

497 BArch NS 19/1265, Bl. 149.

Dinge, die sein Personal betrafen. Sie sind an dieser Stelle nicht von Bedeutung.[498] Als wichtig sollte sich aber erweisen, dass er bei diesen Gelegenheiten allem Anschein nach seiner Zunge auch politisch freien Lauf gelassen hat.

Kurze Zeit später erhielt nämlich Alvensleben, er war zu dem Zeitpunkt »Höherer SS – und Polizeiführer Elbe«, vom stellvertretenden Leiter des Arbeitsamts Halle, Alfons Jacob, einen Aktenvermerk, der verschiedene politische Äußerungen von Wentzel bei diesen Treffen festgehalten hatte.

Wentzel soll sich danach sehr negativ zum Kriegsausgang geäußert haben: Deutschland sei den USA in der Stahlproduktion, die kriegsentscheidend sei, weit unterlegen und 800 000 Soldaten an der Ostfront reichten nicht aus, um den Ansturm der Russen aufzuhalten. Es nutze auch nichts, »ganz England zu vernichten«, weil selbst dann noch England die Flugbasis für die Amerikaner bleibe. Im Übrigen: Zu Orts- und Kreisbauernführern mache man nur die Dümmsten, nämlich diejenigen, die nicht wirtschaften konnten, die pleitegingen und dadurch sehr frühzeitig zur Partei kamen und nun als alte Parteigenossen in diese Stellung gesetzt würden. Dabei könne nichts herauskommen.[499]

Bemerkenswert an diesem Vorgang ist, dass der Verfasser unter dem Datum des 9. März 1944 in einem einheitlichen Vermerk zwei unterschiedliche Treffen zusammengefasst hatte. Es ist zu vermuten, dass die Vermerke erst nachträglich, möglicherweise sogar »auf Weisung« angefertigt wurden. Jedenfalls wurde gesammelt.

Alvensleben leitete den Vermerk einen Monat später an Himmler weiter. Dabei legte er großen Wert auf die Feststellung, dass Jacob sein, Alvenslebens, Verhältnis zu Wentzel »nicht bekannt sei« und er »nichts von sich aus veranlassen wolle«. Er wolle noch nicht einmal den Gauleiter darauf ansprechen, um den Anschein zu vermeiden, dass er gegen einen Mann vorgehen wolle, mit dem er »leider« in geschäftlicher Verbindung als Verpächter stehen müsse.[500]

Wentzel hat seine Kontakte zu Goerdeler, nach dem bereits intensiv gefahndet wurde, und die Tatsache des Abendessens in seinen ersten Vernehmungen unumwunden zugegeben, vermutlich auf Vorhalt der vernehmenden Beamten.

Gleiches gilt für die Sache mit dem Gästebuch, eine letztlich belanglose Geschichte, die Wentzel selbst kurz nach seiner Verhaftung von sich aus eingeräumt hat, vermutlich in der ritterlichen Absicht, seine Frau vor dem Vorwurf der Verschleierung zu schützen.

Otto Schaumburg hat dazu im Prozess ausgesagt, der Hausherr habe, seiner Erinnerung nach, zwischen März und Juni 1944, also ein gutes Vierteljahr nach der Abendeinladung, im Familienkreis geäußert, Goerdeler scheine sich

498 Gratifikationen an Mitarbeiter, einschl. Kriegsgefangene, vgl. S. 82.
499 Vermerk Oberregierungsrat Jacob vom 9.3.1944 (BArch NS 19/1265 Bl. 141).
500 Alvensleben an Himmler am 5.4.1944 (BArch NS 19/1265 Bl. 140).

mit einem Umsturz zu befassen, in den er nicht hineingezogen werden wolle. Wentzel oder auch seine Frau hätten dann ihn, Schaumburg, gebeten, Goerdelers Namen aus dem Gästebuch zu entfernen. Schaumburg hat angegeben, er habe das dann getan und seinen Namen an die Stelle gesetzt. Am 27. Juli 1944 schließlich habe Wentzel erzählt, gegen Goerdeler sei eine Fahndung eingeleitet worden. Daraufhin soll, auf Veranlassung von Ella Wentzel, das Buch »versteckt« worden sein.

Im Prozess hieß es, so berichtete der dorthin abgeordnete Parteiberichterstatter Lorenzen darüber, dass der Grund für die Entfernung des Namens aus dem Gästebuch die Erkenntnis Wentzels über die »üble Rolle Dr. Goerdelers in der Strafsache gegen von Thadden, Kiep und Solf« gewesen sei.

Die Annahme der Schwiegertochter, dass der von ihr als »brillanter Kopf« verehrte Schwiegervater kaum so unvorsichtig gewesen sein kann, ist mehr als plausibel. Sie selbst erinnert sich anders. Danach haben Ella Wentzel und Otto Schaumburg nach (!) der Verhaftung des Hausherrn in einer Panikreaktion den inkriminierenden Eintrag im Gästebuch auszuradieren versucht und das Buch anschließend versteckt.[501]

Zu einer Kulturgeschichte des Gästebuchs gehörte dann auch die Tatsache, dass Gästebücher zu jener Zeit noch eine offensichtlich beweissichernde Funktion hatten. Der frühere Reichsbankpräsident Hjalmar Schacht berichtet beispielsweise in seinen Erinnerungen, dass es ihm in den gegen ihn gerichteten Verhören gelungen sei, die belastende Nennung von »Mitverschworenen« dadurch zu umgehen, dass er seine – offensichtlich harmlosen – Gästebücher vorlegte.[502] Umgekehrt verdankte Tilo von Wilmowsky seine Verhaftung dem Umstand, dass in seinem Gästebuch der Name Goerdeler auftauchte.[503] Von Zitzewitz wusste nach dem Krieg zu berichten, dass bei einer seiner Vernehmungen das »berühmte Gästebuch aus Teutschenthal auf dem Verhandlungstisch gelegen hätte, so dass er als Angeklagter es hätte sehen sollen. Er hätte dann gesagt: »Da hätte es bessere Zigarren gegeben als sie mir hier zur Verfügung stehen«.[504]

Aber darauf kommt es in diesem Fall letztlich nicht an, denn selbst der VGH hat festgestellt, dass der Vorgang für die Verurteilung von Carl Wentzel keine Rolle gespielt hat.[505]

Die Folgen für die Teilnehmer des Abendessens waren unausweichlich. Am 11. September wurden auch Ella Wentzel und Otto Schaumburg verhaftet und mussten selber ihre letzte Zuflucht Gut »Boltzenhöhe« verlassen. Gleiches galt

501 Pfeiffer 2011, S. 146.
502 Schacht 1953, S. 537.
503 Wilmowsky 1961, S. 226.
504 Mitteilung Berta Himme (Tochter Zitzewitz).
505 VGH-Urteil vom 13.11.1944 (BArch 6/19, Bl. 73ff)

für Max Schröder, der wegen der Teilnahme an dem Abendessen ebenfalls ins Gefängnis kam und später zusammen mit dem Teutschenthaler Gastgeber und Otto Schaumburg angeklagt wurde. Auch der Syndikus der Wentzel-Betriebe, Richard Drache, wurde festgenommen. Emil Woermann wurde wenige Tage nach der Verhaftung Wentzels verhört, wobei es ihm zunächst gelang, seine Rolle bei dem Abendessen zu bagatellisieren.[506] Beim Ehrengast Reusch gab es eine Hausdurchsuchung, die aber folgenlos blieb.

Damit war das Abendessen aufgrund der Angaben Wentzels in gewisser Weise zunächst einmal staatspolizeilich abgearbeitet. Aber dann wird Goerdeler am 12. August verhaftet und in der Folgezeit kontinuierlich vernommen und befragt.

Die zusammenfassenden Berichte, es sind keine Verhörprotokolle, die Gestapochef Kaltenbrunner über das Ergebnis der Vernehmung von Häftlingen für Adolf Hitler anfertigen ließ[507], und die von Hitler, so schreibt jedenfalls Goerdeler-Biograph Ritter, gierig verschlungen wurden[508], sind in diesem Zusammenhang von großer Bedeutung, weil sie Auskunft geben sowohl über die vom Regime subjektiv empfundene Bedrohung als auch über ihren objektiven Kenntnisstand.

Bereits in dem Bericht des Sicherheitsdienstes vom 16. August heißt es, dass, nachdem offensichtlich zunächst der engere Zusammenhang Goerdeler–Stauffenberg abgefragt worden war, Goerdeler außerordentlich weitgehende Angaben gemacht habe, durch die »zahlreiche Personen, die sich in wichtigen Stellen des öffentlichen Lebens befinden«, belastet wurden.[509]

In einem weiteren Bericht (vom 4. September) geht es hauptsächlich um die Vernehmung des bereits am 23. Juli verhafteten Friedrich-Karl von Zitzewitz. Dabei wird hervorgehoben, dass die Verbindung Zitzewitz zu Goerdeler auf den Reusch-Kreis zurückgehe. In dem Zusammenhang werden erläuternd einige Mitglieder beim Namen genannt, wobei sich die Erkenntnisse möglicherweise auch aus anderen Quellen speisten, denn die Aufzählung ist zumindest ungenau.[510]

Es ist davon auszugehen, dass die dann schließlich doch noch erfolgte Verhaftung von Woermann am 16. September ein Ergebnis der weiteren Erkenntnisse nach den Verhören von Goerdeler und/oder Zitzewitz gewesen ist.

506 Woermann 1987, S. 188.
507 Hierzu und im einzelnen Jacobsen 1984. - Das Hilfswerk 20. Juli hat sich gegen die historische Verwertung der Kaltenbrunner-Berichte gewehrt. Siehe dazu Toyka-Seid 1994, S. 577.
508 Ritter 1955, S. 423.
509 Jacobsen 1984, S. 232.
510 Wentzel, Sauerbruch, Graf Hardenberg, Woermann, Bosch, Schacht und von Siemens, Jacobsen 1984, S. 348. (Carl Friedrich von Siemens war bereits 1941 verstorben).

Die weiteren Verhaftungen und laufenden Vernehmungen haben dazu geführt, dass das Dossier Wentzel weiter angereichert werden konnte.[511] Dabei Hohe Bedeutung kam dem Abendmahl im November 1943 zu, ein Abendmahl, bei dem (mindestens) ein Judas mit am Tisch gesessen haben muss. Wie es anders zu der detaillierten Kenntnis der Verfolgungsbehörden über den ganzen Abend kam, einer Darstellung, der auch von den Beteiligten nie wirklich widersprochen wurde, bliebe sonst ein Rätsel. Die Person, die der Geheimen Staatspolizei über das Essen berichtet hatte, kann deshalb nur aus dem Kreis der Gäste gekommen sein und es kann nicht ausschließlich Wentzel selbst gewesen sein.

Von diesem Verdacht kann auch Goerdeler selbst nicht ausgenommen werden. Die Bereitwilligkeit, mit der der zivile Kopf der Verschwörung nach seiner Verhaftung offensichtlich Namen, Motive, Absprachen und Absichten seiner Mitverschwörer preisgegeben hat, hat, wie Joachim Fest formuliert hat, »seine Biographen vor beunruhigende Fragen gestellt«.[512] Gerhard Ritter, zu Lebzeiten Goerdelers Vertrauter und später sein Biograph, weiß zu berichten, dass Goerdeler bei seinen Vernehmungen darauf geachtet habe, den Reusch-Kreis als wirtschaftstechnischen Diskussionsklub zu schildern und hinzugefügt, die Herren hätten zwar seine grundsätzliche Ablehnung des Hitler-Staates gekannt, er habe sich aber gehütet, »mehr Personen als nötig« in seine engeren Pläne einzuweihen.[513]

Ritter hat sich Gedanken gemacht, warum der frühere Leipziger Oberbürgermeister so bereitwillig ausgesagt und sich nicht gescheut hat, auch bisher nicht genannte Persönlichkeiten hineinzuziehen. Ritter verwirft die Erklärung, Goerdeler sei einfach unvorsichtig gewesen ebenso wie diejenige, die hinter der Nennung möglichst vieler Namen eine Prozessverschleppungstaktik gesehen hat. »Goerdeler wollte seine Tat nicht verkleinern, sondern so groß, so bedeutend und so gefährlich für das Hitler-Regime als möglich erscheinen lassen. Für ihn handelte es sich überhaupt nicht um einen Offiziersputsch, sondern um den Aufstandsversuch eines ganzen Volkes, repräsentiert durch die besten und edelsten Köpfe aller seiner Schichten…« Goerdeler wollte, nach Ritter, zeigen, dass hinter ihm die »bedeutendsten Führer der deutschen Industrie und Landwirtschaft« standen und er hat damit die politische Absicht verfolgt, Hitler nun doch endlich die Augen zu öffnen. Ritter, sich in Goerdeler hineinversetzend: »Was spielten einzelne Menschenschicksale gegenüber dieser Möglichkeit für eine Rolle! Verloren waren sie doch alle, wenn Deutschland zugrunde ging«.[514]

511 Offensichtlich gab es auch Nachforschungen in der Vierjahresplanbehördewegen Geheimnisverrats, die aber keine Konsequenzen hatten. Gramsch, dienstliche Erklärung.

512 Fest 1994, S. 307.

513 Ritter 1955, S. 420.

514 Ders., S. 423.

Der durch den jungen Carl-Friedrich Wentzel überlieferte Satz, den sein Vater an einen seiner Mitarbeiter angeblich gerichtet hat, »Ich sterbe unschuldig an Goerdeler«[515], hätte so jedenfalls teilweise seine Berechtigung.

Auch die Reaktion der Behörden auf den Reusch-Kreis wirft Fragen auf. Nach dem Attentat hatte sich in radikalen Parteikreisen die Abneigung gegen die traditionellen Eliten, die man in ihren Herrschaftspositionen belassen hatte, verstärkt. Wie Otto Ohlendorf, SS-Brigadeführer und Ministerialdirektor im Reichswirtschaftsministerium einmal sagte, konnte weder die Wehrmacht noch die Wirtschaft »nationalsozialistisch neu gefasst« werden.[516] Nun, nach dem 20. Juli, gehe man daran, die Wehrmacht zu revolutionieren und auf dem Gebiet der Wirtschaft vollziehe sich die gleiche Entwicklung.

Dies geschah jedoch aus nachvollziehbaren Gründen im vorletzten Kriegsjahr nicht. Selbst der misstrauische Verfolgungsapparat des Dritten Reichs, der sonst auf jedes kritische Wort äußerst sensibel reagieren konnte, hat gemessen an seinen eigenen Maßstäben mit vornehmer Zurückhaltung reagiert. Das gilt auch, wenn man berücksichtigt, dass der Kreis als solcher nur flüchtige Berührungspunkte mit dem Widerstand hatte. Für Defätismusverfahren gegen seine Mitglieder hätte es nach damaliger Spruchpraxis allemal gereicht.

Der Gutsbesitzer von Zitzewitz-Muttrin wird mit der in einer Vernehmung geäußerten Bemerkung zitiert, dass die »gegen die Staatsführung gerichtete Einstellung von Goerdeler sicher den meisten Mitgliedern des Reusch-Kreises geläufig gewesen sei.«[517] Umgekehrt ging die Gestapo davon aus – das habe sich wie ein roter Faden durch die Vernehmungen gezogen – dass Goerdeler in dem Sinne konspirativ vorging, als er alle persönlichen Beziehungen genau geprüft und sorgfältig abgesteckt habe.[518].

All das zusammengenommen hätte den Reusch-Kreis eigentlich verdächtiger machen müssen als es die Reaktion der Gestapo später nahegelegt hat.

Wohl haben Partei und Behörden den Kreis misstrauisch beobachtet. Im Bericht über die mündliche Verhandlung gegen Wentzel vor dem Volksgerichtshof (VGH) schrieb der Parteiberichterstatter Lorenzen, Wentzel sei in seiner »staatsfeindlichen Haltung bestärkt durch seine Mitgliedschaft im sog. Reusch-Kreis«. Lorenzen bezeichnete den Kreis als »Plattform für die hoch- und landesverräterische Stimmungsmache« Goerdelers.[519]

Der nach dem Zusammenbruch verfasste und von unbekannter Hand transkribierte Bericht des Obersturmbannführers Dr. Georg Kiesel (Sonder-

515 Tagebuch-Auszüge Carl-Friedrich Wentzel (StaH S.15 WEN N 42, Nr. 3).
516 Zit. nach Luntowski 2000, S. 215.
517 Jacobsen 1984, S. 348.
518 Ders., S. 352.
519 Lorenzen (BArch NS 19, Bl. 56ff).

kommission 20. Juli) erwähnt den Reusch-Kreis und die »ausgedehnten Kamingespräche bei einem der größten Grundbesitzer Deutschlands in Teutschenthal bei Halle« und bezeichnet sie als eine der propagandistischen Plattformen, auf denen Goerdeler seine Ideen entwickelte und für sie warb. Er kommt jedoch insgesamt zu dem Schluss, dass es sich bei den Mitgliedern des Kreises »mit gutem Grund nicht um echte Widerstandskämpfer gehandelt habe«[520]

Interessant ist auch, dass auch die Mitgliedschaft Wilmowskys im Reusch-Kreis den Ermittlern im ersten Zuge der Vernehmungen Goerdelers nicht bekannt war.[521] Wilmowsky schreibt allerdings nach dem Krieg, bei seinen (späteren) Vernehmungen durch die Gestapo habe der Kreis eine beachtliche Rolle gespielt. Als peinlichstes Erlebnis schildert er eine Vernehmung in der Sicherheitspolizeischule der Gestapo in Drögen, bei der ihm eine längere Aussage Goerdelers über eine gemeinsame Unterredung im Rahmen des Kreises vorgehalten wurde. Sie sei in der Tat denkbar »defätistisch« gewesen.[522]

Selbst wenn Kaltenbrunner, wie zum Teil einschränkend angemerkt wird[523], die Gefährdungslage bewusst überzeichnete, um Hitler in eine bestimmte Richtung zu dirigieren, möglicherweise mit dem Ziel, den Führer zu wie auch immer gearteten, »notwendigen Änderungen« zu veranlassen, so erschienen ihm die Aktivitäten des Reusch-Kreises hierfür offensichtlich nicht als die geeignete Grundlage. In dem Bericht über die Vernehmung von Zitzewitz wird die Zielsetzung des Reusch-Kreises erstaunlich neutral als Förderung der Lösung von wirtschaftlichen und technischen Problemen durch regelmäßige Aussprache, Vorträge und Betriebsbesichtigungen beschrieben.[524] Von einem »Generalverdacht«[525] gegen die Mitglieder des Reusch-Kreises zu sprechen, erscheint deshalb etwas überspitzt.

Es ist den Mitgliedern des Kreises denn auch oft gelungen, unter dem Radarschirm der Verfolger durchzufliegen. Abgesehen davon, dass niemand wegen der Zugehörigkeit zum Kreis selbst belangt wurde, sind die meisten Mitglieder, einschließlich des Namenspatrons, gegen den nie Anklage erhoben wurde, von strafrechtlicher Verfolgung verschont geblieben.

Eine beachtliche, aber eben nur eine Minderheit der Mitglieder des Reusch-Kreises – Wilmowsky, Hardenberg, Zitzewitz und Zastrow – wurden aus je-

520 Ritter 1955, S. 559, Anm. 18.
521 Vgl. S. 192, Anm. 510.
522 Wilmowsky 1961, S. 227. – Auch Schacht 1953 berichtet, dass er bei den Vernehmungen auf den Reusch-Kreis angesprochen wurde.
523 Ritter 1955, S. 422. – Andeutungsweise auch Jacobsen 1984, S. XXI. – Klessmann 1994, S. 831. – Maier 1966, S. 308.
524 Jacobsen 1984, S. 348.
525 So Marx 2013, S. 528.

weils unterschiedlichen Gründen verhaftet und traten ihre Wanderschaft durch verschiedene Gefängnisse und Lager an.

Wilmowsky geschah dies im August. Er selbst schreibt in seinen Erinnerungen seine Verfolgung seinem den Behörden bekannten Verkehr mit Goerdeler zu.[526] Später wurde dies durch eine belastende Aussage Goerdelers untermauert.[527]

Zitzewitz, der sich dem Werben Goerdelers entzogen hatte, weil er, wie dem Vernehmungsbericht zu entnehmen war, für einen Staatsstreich sowohl in der Heimat als auch an der Front einen mangelnden Rückhalt befürchtete, hatte Goerdeler, wie er aussagte, »auf das Gefährliche seines Vorgehens aufmerksam gemacht« und sich in der Folgezeit von Goerdeler distanziert. »Gemeldet« hatte aber auch er seinen Kontakt mit dem Kopf der Verschwörung nicht.[528] Zitzewitz wurde bereits am 23. Juli verhaftet. Dass er im Gegensatz zu Wentzel nicht mehr zum Tode verurteilt werden konnte, lag soweit von außen erkennbar, daran, dass ein Verhandlungstermin vor dem VGH im Januar 1945 wegen neuer Beschuldigungen, die mit der Anklage verbunden werden sollten, vertagt wurde.[529]

Oberstleutnant Graf von Hardenberg wurde als Mitwisser des Attentats am 24. Juli verhaftet, überlebte einen bei dieser Gelegenheit unternommenen Selbstmordversuch und kam dann ins Konzentrationslager Sachsenhausen.[530]

Anfang September wurde auch Berengar von Zastrow verhaftet, vermutlich wegen seiner Nähe zur kirchlichen Opposition.

Eine systematische Verfolgung und Bestrafung der Mitglieder fand daher ebenso wenig statt wie der Prozess gegen Wentzel, Schröder und Schaumburg ein »Prozess gegen den Reusch-Kreis« gewesen ist. Von dem sprachen noch Wentzel-Biograph Olbrich und andere.[531]

Der dem Kreis nahestehende Woermann wurde nach seiner Verhaftung wegen »Verrats am Führer« im Oktober 1944 aus der Partei ausgestoßen.[532] Obwohl die Verbindung seines Verfahrens mit dem gegen die anderen Gäste des Abendessens auf der Hand gelegen hätte, wurde er erst am 14. April 1945 angeklagt. Zentraler Punkt der Anklage war allerdings immer noch die Teilnahme an dem Abendessen.[533] Es kam aber nicht mehr zu seiner Verurteilung.

526 Wilmowsky 1961, S. 226.
527 Ders., S. 227.
528 Jacobsen 1984, S. 347.
529 Ders., S. 733
530 Hardenberg-Biograph Gerbet vermutet, dass Hardenberg im Zuge seiner Verwicklung in die engeren Staatsstreichvorbereitungen seine Kontakte zum Reusch-Kreis gelockert hatte, um dessen Mitglieder nicht zu gefährden. Gerbet 1993, S. 83.
531 Olbrich 1981, S. 27. – Ähnlich Wagner 2011, S. 768.
532 Erlass Bormann vom 21.10.1944 (UAHW, Rep.11, PA 17209, Woermann).

Wie er nach dem Krieg erzählt hat, war er Schlimmerem letztlich nur deshalb entgangen, weil »einflußreiche Freunde« der Gestapo vorgeschwindelt hätten, er säße an einer kriegswichtigen Studie über die Nahrungsversorgung in den besetzten Gebieten. Deshalb sei er, sehr zu seinem eigenen Erstaunen, in seiner Gefängniszelle mit Akten aus dem Reichsernährungsministerium überschwemmt worden.[534] Im Entnazifizierungsverfahren des früheren, eng mit dem Hungerplan Ost verbundenen NS-Staatssekretärs Hans-Joachim Riecke hat Woermann angegeben, dass er Rieckes persönlicher Intervention bei VGH-Präsident Freisler, die zur Verzögerung seines Verfahrens geführt habe, sein Leben zu verdanken habe.[535]

Es ist behauptet worden, Rüstungsminister Speer habe seine schützende Hand über den Reusch-Kreis gehalten.[536] Wenn es sich in dieser Allgemeinheit so verhalten hätte, dann hätte eigentlich auch Wentzel davon profitieren müssen. Das war aber nicht der Fall.

Richtig ist, dass sich Speer trotz der nach dem Attentat angespannten Stimmungslage in Partei und Exekutive weiterhin ein Mitspracherecht bei der Verschonung von Wirtschaftsführern sichern konnte. Der Zweck dieses Privilegs bestand darin, im Krieg eine Belastung der Rüstungsindustrie im Interesse ungestörter Produktionsabläufe zu vermeiden.[537] Speer, auf den Wentzel, als er noch in Freiheit war, in ernährungspolitischen Fragen einige Hoffnung gesetzt hatte, konnte, wenn man diese Vorgabe ernst nahm, für den Landwirt keine Hilfe mehr sein. Er war es aber auch für die übrigen Betroffenen, das sei hier der Vollständigkeit halber angemerkt, nur bedingt.

Speer wurde von SS-Gruppenführer Otto Fegelein, Verbindungsoffizier der SS beim Reichskanzler, eine Liste von belasteten Wirtschaftsführern zur Stellungnahme zugesandt. Wer auf der Liste stand, lässt sich nur indirekt, aber doch relativ zuverlässig, aus der Antwort von Speer schließen. Wichtig ist festzuhalten, dass es dabei nicht ausschließlich um den Reusch-Kreis ging. Es standen auf dieser Liste offensichtlich auch eine ganze Reihe von Großindustriellen, die nicht dem Reusch-Kreis zugerechnet werden konnten.[538] Es ist deshalb noch nicht einmal sicher, dass sämtliche Namen unmittelbar aus Bekundungen Goerdelers stammen.

533 Anklageschrift vom 14.4.1945 (UAHW, Rep. 11 PA 17209, Woermann, S. 116).
534 Schaefer-Kehnert 2000, S. 13.
535 Benz 2014, S. 99.
536 Z.B. Ritter 1955, S. 420.
537 Speer 1969, S. 227, S. 575, Anm 22.
538 Edmund Stinnes, Karl Haniel, Franz Reuter, Otto Meinen, Otto Meyer, Ewald Löser, übrigens Kollege von Wentzel im Aufsichtsrat der Dresdner Bank von 1939–45. Stinnes war zu dem Zeitpunkt bereits emigriert.

Die Stellungnahme Speers datiert vom 20. August. Speer hat ganz bewusst und ausdrücklich nur zu Personen Stellung genommen, die »aktiv in der Rüstungsorganisation« tätig waren. Wirklich eingesetzt hat er sich auch in diesem engeren Kreis nur für Vögler, Bücher und Meyer.

Vögler bezeichnete er dabei als tatkräftigen Unterstützer der Rüstung und den stark gefährdeten Bücher als »engen Mitarbeiter«, der nur »etwas kompliziert im Denken sei«. Zu Generaldirektor Meyer bemerkte er nur, dass dieser durch einen anderen Betriebsführer ersetzt werde.[539]

Zu den übrigen, darunter auch Paul Reusch, heißt es lapidar, sie seien weder negativ noch positiv hervorgetreten. Von einer »Zurückweisung der Anschuldigungen« gegen die letzteren, wie es Gregor Janssen in seiner Monographie über das Ministerium Speer schreibt[540], auf dessen Text sich Speer in seinen eigenen Erinnerungen geschickterweise bezieht, ohne es selbst expressis verbis zu behaupten[541], kann jedenfalls keine Rede sein. Dafür, dass sich Speer schützend vor Paul Reusch gestellt hat, wie er sich später erinnert haben will[542], ergeben sich aus den Dokumenten jedenfalls keine Anhaltspunkte. Speer hat ganz im Gegenteil ursprünglich formulierte, entlastende Argumente zugunsten Reuschs aus seinem Entwurf herausgestrichen.

Viele Menschen, die mit Wentzel auf die eine oder andere Weise verbunden waren, darunter auch einzelne seiner Mitarbeiter, gerieten in den Strudel der Verfolgung. Sein Arzt Professor Walter Hülse, der ärztliche Direktor des Elisabeth-Krankenhauses und Inhaber eines Lehrstuhls an der Universität Halle, wurde zwar auch von der Gestapo abgeholt, kam jedoch nach einer Weile durch Bestechung wieder frei.[543] Auch Arthur Menge, früherer Oberbürgermeister von Hannover, der zusammen mit Wentzel die Geschicke der Behrens Stiftung lenkte, wurde festgenommen. Er wurde viel später, im Februar 1945, zu drei Jahren Zuchthaus verurteilt.[544]

Carl Goerdeler hat Wentzel überlebt, wenn auch nur kurz und unter besonders entwürdigenden Umständen. Obwohl er schon viel früher abgeurteilt worden war, ist er im Gegensatz zu der Mehrzahl seiner Mitstreiter, die der Gnade teilhaftig wurden, auf das Schnellste ihrer ungerechten Strafe zugeführt zu werden, erst nach mehr als vier Monaten, am 31. Januar 1945, in der Todeszelle hingerichtet worden. Man hatte sich von ihm noch immer weitere Hinweise auf Personen, Motive und Strukturen der Opposition gegen Hitler

539 Konzept Stellungnahme Speer vom 20.8.1944 (BArch R 3/1610 Bl. 33–37).
540 Janssen 1968, S. 270.
541 Vgl. Anm 537.
542 Speer 1969, S. 227.
543 Eberle 2002, S. 251.
544 Strafsache gegen Hahn u.a., zit. nach Jacobsen 1984, S. 786.

erhofft. Sein späterer Biograph Gerhard Ritter, der ihm noch im Januar 1945 gegenübergestellt wurde, hat der Nachwelt das Bild einer zwar geistig unversehrten, seelisch aber tief getroffenen Persönlichkeit hinterlassen.[545]

Für Wentzel selbst begann bis zur Hauptverhandlung vor dem VGH eine fast ein ganzes Vierteljahr andauernde Wanderung durch die Haftanstalten in Berlin: Er wurde zunächst in das Gestapogefängnis in die Prinz-Albrecht-Straße gebracht. Der ebenfalls inhaftierte Hjalmar Schacht ist ihm dort noch einmal begegnet. Er hat die Situation nach dem Krieg so geschildert:

> Die einzige Gelegenheit, bei der wir die Zelle verließen, war der Gang zu den Vernehmungen und der Weg in den Luftschutzkeller, wenn Fliegeralarm war. Bei Fliegeralarm standen wir in einem engen Gang einer neben dem anderen, an den beiden Wänden im Keller aufgereiht, unter dem absoluten Verbot, miteinander zu flüstern oder zu sprechen. Abgesehen von dem gelegentlichen Aneinander Vorbeigehen beim Gang zur Toilette oder zum Verhör waren diese Ansammlungen im Luftschutzkeller die einzige Möglichkeit, die übrigen Insassen des Gefängnisses zu sehen.[546]

Wentzel landete nach verschiedenen Verlegungen im Zellengefängnis an der Lehrter Straße. Dort hatte der Anstaltsgeistliche Pfarrer Poelchau keinen Zugang mehr, konnte aber über eingeschmuggelte Kassiber mit den Gefangenen in Kontakt bleiben. Aus der Zeit in Tegel war Poelchau auch mit Angehörigen in Kontakt gekommen, die er bei der Nachrichtenübermittlung beraten konnte. Dazu gehörte auch das Dechiffrieren der Briefe.

Überlebende Insassen haben die Bedingungen in der Lehrter Straße geschildert: Eine Pritsche, auf der man tagsüber nicht liegen durfte, ein Holzschemel, ein Abtritt, kein Schreibgerät, kein Papier, keine Bücher, keine Zeitungen, kein Hofgang, keine Aussicht, keine Dunkelheit. Die Zellen blieben auch nachts erleuchtet, es sei denn es gab Fliegeralarm. Dann brachte sich dort nur das Personal in die Keller in Sicherheit, während die Gefangenen mit Handschellen in ihren Zellen bleiben mussten.[547]

Wentzels Schwester Margarete schrieb nach dem Krieg folgende Sätze, die an die Enkelgeneration gerichtet waren: »Eine treue Freundin des Hauses, tief im Glauben an die geistige Macht und unzerstörbare Liebe Gottes verankert, Fräulein Hanni von Mettenheim aus Potsdam hat derzeit kein Opfer gescheut, Eurem Ahn ihre dankbare und liebevolle Verbundenheit zu beweisen. Sie stand oft vor dem Gefängnis mit einem Töpfchen Milch oder Suppe, mit einem

545 Ritter 1955, S. 441.
546 Schacht 1953, S. 546.
547 Dazu im Einzelnen Tuchel 2014, S. 96f.

kleinen Leckerbissen, den sie sich von der knappen Versorgung selbst abgedarbt hatte und erreichte durch ihren unwiderstehlichen seelischen Einfluß, daß die Gefängniswärter diese Gaben weiterleiteten«.[548]

Hanni von Mettenheim hatte sich kurz nach Wentzels Verhaftung in ihrer Not an eine besonders schillernde Persönlichkeit gewandt: Sie suchte Felix Kersten auf. Ganz im Gegensatz zu Wentzel hatte dieser Mann durchaus etwas Romanhaftes.Der aus Livland stammende Kersten war eigentlich Landwirt, hatte sich aber im Laufe eines bewegten Lebens zum Massagetherapeuten ausbilden lassen. Aufgrund der ihm zugeschriebenen Heilerfolge wurde er in den 1930er Jahren eine Art Modetherapeut in Kreisen der Wirtschaft und der europäischen Hocharistokratie. Kersten verband vollendete Umgangsformen mit einem gesunden Geschäftssinn und nannte das Gut Hartzwalde in der Mark sein eigen, wo er sich zwischen seinen Auslandsreisen aufhielt. Kersten hat berichtet, dass er Wentzel durch Adolf Friedrich Herzog zu Mecklenburg empfohlen worden sei und eine Thrombose Wentzels erfolgreich behandelt habe. Wentzel war ihm seit Jahren freundschaftlich verbunden.

Warum gerade Kersten von Frau von Mettenheim als möglicher Retter in der Not angesehen wurde, hatte einen besonderen Grund. Kersten war es nämlich gelungen, das Vertrauen eines besonders wichtigen Patienten zu gewinnen: Heinrich Himmler. Der Reichsführer SS litt periodisch unter starken Krämpfen und Kopfschmerzen. Kersten erlangte bald bei Himmler eine Sonderstellung als eine Art Leibarzt, die er allmählich so ausbauen konnte, dass er als Gegenleistung für seine Therapieerfolge nicht nur ein Honorar bekam, sondern Himmler auch um die Verschonung von Menschenleben bitten konnte. Er schwatzte sie dem von ihm in diesen Augenblicken sozusagen körperlich abhängigen Himmler geradezu ab. Er soll von seinem Einfluss in humanitärem Sinn ausgiebig Gebrauch gemacht haben. Heinz Höhne vergleicht in seinem Standardwerk zur SS die Rolle, die Kersten bei dem Reichsführer SS einnahm, mit derjenigen, die dem Astrologen Giovanni Battista Seni bei Wallenstein zugeschrieben wurde.[549]

Kersten hat nach dem Krieg fleißig und konsequent an seinem Ruhm gestrickt und seine Erinnerungen haben erhebliche publizistische Verbreitung im In- und Ausland gefunden. Auch andere haben über ihn geschrieben, wie der französische Romancier Joseph Kessel, immerhin Mitglied der Académie française, der in seinem »Der Mann mit den magischen Händen« aus dem ohnehin schon als Rohmaterial schillernden Kersten eine veritable Romanfigur machte.[550] Als Geschichtsquelle sind die Erinnerungen des Therapeuten

548 Bericht Margarete von Dewitz (StaH, S 15 WEN N 42, Nr. 3).
549 Höhne 1967, S. 517.
550 Kessel 1961: Medizinalrat Kersten. Der Mann mit den magischen Händen, München 1961

freilich nur von eingeschränktem Wert.[551] Dies dürfte vor allem mit der Selbststilisierung des Autors zu tun haben. Folgt man seinen Aufzeichnungen, will Kersten durchgängig eine dermaßen kesse Lippe gegenüber Himmler riskiert haben, dass Zweifel an der korrekten Darstellung der Dialoge mit dem Reichsführer angebracht sind. Im Laufe der Jahre haben sich auch von Kersten gelieferte Dokumente als Fälschung herausgestellt. Andererseits haben Kerstens Erzählungen oft einen Tatsachenkern, der zur Illustration des Gesamtgeschehens erhellend sein kann.

Felix Kersten (l.) und Heinrich Himmler, 1942

Fest steht in dem hier interessierenden Zusammenhang, dass Hanni von Mettenheim Kersten am 9. August 1944 aufgesucht hat[552] und dass Kersten noch am gleichen Tag an Himmler schrieb.[553] Im Folgenden wird die Geschichte so wiedergegeben, wie sie Kersten nach dem Krieg extra für Erich Neuß, der damals hinsichtlich der Quelle arglos war, zusammengefasst hat.[554]

Kersten setzte sich mit dem persönlichen Referenten Himmlers, Rudolf Brandt, in Verbindung, der die Verhaftung Wentzels bestätigte und damit begründete, dass Wentzel zu den geistigen Verschwörern des 20. Juli und zu den engsten Mitarbeiter von Goerdeler gehöre. Er habe persönlich mit Goerdeler einen Plan ausgearbeitet, um Hitler zu ermorden. Brandt fuhr laut Gedächtnisprotokoll von Kersten so fort: »Seit Jahren vernichtet Wentzel in seinen Betrieben Lebensmittelbestände, um sie der kämpfenden Truppe und dem deutschen Volk zu entziehen«. Wentzel gehöre zu den reaktionärsten

551 Erich Neuß, der nach dem Krieg mit Kersten in Sachen Wentzel korrespondiert hat, sind im hohen Alter, wie sein Sohn Werner Neuß berichtet, nicht nur Zweifel an der Seriosität von Kersten, sondern auch an dessen Herkommen und Identität gekommen. Vgl. (Werner) Neuß 2013, S. 150ff.

552 Neuß 1957 (Typoskript), S. 160. – Johanna von Mettenheim an Elster am 6.2.1947.

553 Kersten an Himmler am 9.8.1944 (BArch NS 19/1265 Bl.148).

554 Neuß 1957 (Typoskript), S. 160ff.

Kapitalisten, die nur ein Ziel vor Augen haben: Den Untergang des nationalsozialistischen Deutschlands. Wentzel werde auch vorgeworfen, mit den Alliierten in Verbindung zu stehen, denen er regelmäßig Nachrichten über Wirtschafts- und Ernährungsfragen habe zukommen lassen. »Seit Jahren haben einwandfreie Zeugen dieses festgestellt, darunter sind Zeugen, die im engsten Kontakt mit der Familie Wentzel stehen.«

Sofort setzte sich Kersten hin und schrieb einen Brief an Himmler, in dem er auch seinen nächsten Besuch für den 21. August ankündigte:

> Ich persönlich wäre ihnen außerordentlich dankbar, wenn Sie Herrn Wentzel helfen würden, denn niemand, weder seine Familie noch ich, können verstehen, dass er etwas mit der Umsturzbewegung zu tun haben sollte. Lassen Sie hier Ihr gutes Herz sprechen und hören Sie nicht auf Denunzianten! Ich persönlich weiß, dass er weder ein Gegner vom Führer noch von Ihnen ist, denn darüber habe ich mich mit ihm genügend unterhalten.[555]

Zehn Tage später besuchte Kersten Himmler auf der in der Nähe der Wolfsschanze liegenden Feldkommandostelle »Hochwald« in Ostpreußen. Der Besuch blieb allerdings in Sachen Wentzel erfolglos. Wenn Himmler sich gesund fühlte, wie an jenem Tag, war wenig zu erreichen. Es soll eine heftige Auseinandersetzung mit Kersten gegeben haben, in deren Verlauf Himmler unaufhörlich auf Wentzel schimpfte und ihn als Verräter sowie als den »größten Gegner des Führers« bezeichnete. Als Kersten darum bat, den Fall Wentzel wenigstens wohlwollend zu behandeln, wich Himmler aus, verwies auf einen Führerbefehl und meinte, die Beweise gegen Wentzel seien erdrückend. Als Belastungszeugen nannte er dann seinen früheren Chefadjudanten von Alvensleben (»Bubi«), den er ausdrücklich als vertrauenswürdig bezeichnete: »Dem können sie schon ruhig trauen, wenn er auch vom Adel ist, er hat sich trotzdem tadellos bewährt. Als höherer SS- und Polizeiführer hat er in der Krim Tadelloses geleistet.«[556] Der Aktenvermerk auf Kerstens Brief lautet: »RFSS hat Anliegen abgelehnt«.[557]

Die Sache mit dem Führerbefehl bleibt mysteriös. Kersten hat darauf bestanden, nach der Behandlung Himmlers dessen persönlichen Adjudanten nochmals danach befragt zu haben. Jener habe ausdrücklich bestätigt und ergänzt, SS-Gruppenführer Otto Fegelein, der Verbindungsoffizier der SS im Führerhauptquartier, habe Himmler den Befehl persönlich überbracht. Möglicherweise war das eine Notlüge, denn eine solche Weisung ist schon

555 Kersten an Himmler am 9.8.44 (BArch NS 19/1265 Bl. 148).
556 Aufzeichnung Kersten 19.8.1944 (StaH, S 15 WEN N 42 Nr. 9).
557 Kersten an Himmler am 9.8.44 (BArch NS 19/1265 Bl. 148).

deshalb wenig wahrscheinlich, weil es keinen ersichtlichen Grund gab, warum Hitler dem Fall Wentzel besondere Aufmerksamkeit hätte widmen sollen. In einem Schreiben von Bormann heißt es später ja auch, »an Wentzel kann sich der Führer nicht erinnern«.[558] Himmler hatte sich vielleicht darauf bezogen, dass Hitler generell Anweisung gegeben hatte, mit den Leuten des 20. Juli kurzen Prozess zu machen.

Karl-Siegmund Litzmann, Generalkommissar für Estland, um 1942

Kersten will nicht aufgegeben haben. Im September 1944 traf er im Umfeld von Himmler auf den Generalkommissar für Estland, Karl-Siegmund Litzmann. Es war der Wentzel-Neffe, der frühere Landwirtschaftseleve, der Leutnant a.D., der mit dem Herrn von Teutschenthal zusammen schwierige Zeiten während der Mansfelder Aufstände gemeistert hatte und später Verwalter von Wentzels Gütern in Ostpreußen wurde. Kersten bat Litzmann, sich bei Himmler für Wentzel einzusetzen.

Karl-Siegmund Litzmann war 1929 in die NSDAP eingetreten und hatte in den letzten zehn Jahren eine nicht unbedeutende NS-Karriere absolviert.[559] Nach der Niederschlagung des Röhm-Putsches, aus der der SA-Mann ungeschoren hervorging, wurde er Reichsreiterführer. Seit 1941 war er im Range eines SA-Obergruppenführers als Generalkommissar für Estland in Reval. Er trat dort für eine weitgefasste Autonomie für die Esten ein, um diese an der Seite des Deutschen Reichs zu halten.[560] Dies hatte zur Folge, dass er sich zeitweilig gegen die erklärte Politik von Hitler und Himmler stellte und dass Himmler – wenn man in dieser Frage Kerstens Zeugnis Glauben schenken darf – Litzmann für verrückt erklärte.[561] Litzmanns Ausgangsposition für das Gespräch mit Himmler in Sachen Wentzel konnte deshalb nicht die beste gewesen sein.

558 Bormann an Thierack am 30.11.1944 (BArch 6/19 Bl. 78).
559 Lilla 2004, S. 379.
560 Umbreit 1999, S. 51.
561 Kersten 1952, S. 269.

Offensichtlich war Litzmann seinem Lehrmeister Wentzel aber Dank schuldig und kam nicht umhin, den Fall Wentzel anzusprechen.[562] Er stieß bei Himmler, nicht anders als Kersten auch, auf taube Ohren.[563]

Kersten ist mit Himmler im September 1944 noch wiederholt zusammengetroffen und es gelang ihm schließlich, dem in dieser Hinsicht mutlosen, möglicherweise aber einfach nur verschlagenen Himmler weitgehende Zugeständnisse zu entlocken: Der Fall Wentzel solle, so habe Himmler in Aussicht gestellt, von den übrigen Verfahren abgetrennt werden, das Urteil bis nach Kriegsende verschoben und Wentzel in Ehrenhaft gehalten werden. Allerdings müsse er, so Himmler, »diplomatisch vorgehen, um nicht selber (vom Führer) angegriffen zu werden.«

Kersten will Himmler im März 1945 noch einmal mit dem gebrochenen Versprechen konfrontiert haben. Himmler habe sich daraufhin bei ihm entschuldigt, er könne nichts dafür und ihn, Kersten, gebeten, es »ihm nicht nachzutragen«. Kersten schreibt weiter, er habe es dann in diesem Gespräch wegen anderer aktueller Rettungsaktionen, bei denen es um größere Gruppen von Verfolgten ging, nicht auf einen weiteren Konflikt mit dem Reichsführer SS ankommen lassen wollen und das Thema Wentzel in diesem Gespräch bewusst nicht weiter verfolgt. Allerdings will er Himmler noch prophezeit haben, es käme noch einmal die Stunde, wo dieser das bereuen würde. Wenn das etwa stimmen sollte, dann hätte er Himmler sicher falsch eingeschätzt, denn dem Reichsführer blieb für Reue nicht mehr viel Zeit.

Die Frage, was den hochqualifizierten, hochgebildeten und in jeder Hinsicht lauteren Carl Wentzel dazu bewogen hat, Verbindung zu einer schillernden Persönlichkeit wie Kersten zu halten, drängt sich auf. Erklärlich ist das nur, wenn wir uns an die Prise echt Wentzelscher Vertrauensseligkeit, die Unheilbarkeit seiner letztlich aber auch nicht existentiell bedrohlichen, Gebrechen und eine gewisse Schwäche für Esoterik erinnern. Kersten gehörte zur anderen Seite Wentzels.

Das Verfahren vor dem Volksgerichtshof ließ sich nicht mehr aufhalten. Am 13. November 1944 fand die Hauptverhandlung in dem Verfahren gegen Carl Wentzel, Max Schröder und Otto Schaumburg wegen Landesverrats statt. Die Phase der großen Schauprozesse zum 20. Juli war vorüber. Der VGH tagte im Kammergericht Berlin-Schöneberg, wie immer in einem mit Hakenkreuzfahnen ausgehängten Saal.

Wentzel hat zu diesem Zeitpunkt nicht wissen können, dass die Prozesse gegen die Haupttäter des 20. Juli schon seit dem 7. August liefen und dass Goerdeler bereits am 8. September zum Tode verurteilt worden war. Alle

562 Dies könnte der »hohe Offizier« gewesen sein, der sich für Wentzel eingesetzt haben soll. So vermutet Lore Pfeiffer, vgl. Wentzel, Pfeiffer 2011, S. 150.

563 Aufzeichnung Kersten 19.8.1944 (StaH, S 15 WEN N 42 Nr. 9).

Verfahren vor dem Volksgerichtshof gegen Ulrich von Hassell (stehend) am 8. September 1944. An der Richterbank links außen Georg Seuberth, rechts außen Hans-Fritz Kaiser, Beisitzer, die auch das Urteil gegen Wentzel mitzuverantworten hatten.

Angeklagten hatten Wochen der Entbehrungen und Erniedrigungen hinter sich. Die Vorbereitung einer ordnungsgemäßen Verteidigung war nicht möglich und von den Verfolgungsbehörden auch nicht gewollt. An diesem Tag wurden insgesamt fünf Strafsachen verhandelt. Am Ende des Tages stand die Statistik: Drei Todesurteile, eine Zuchthausstrafe und ein Freispruch.

Der Verhandlungstag hatte um 9 Uhr morgens mit zwei anderen Verfahren begonnen. Angeklagt waren der frühere Oberpräsident und Gutsbesitzer, Ferdinand Freiherr von Lüninck und der Schriftleiter Bernhard Letterhaus. Die Verfahren hatten mit Wentzel nichts zu tun.

Der westfälische Grundbesitzer von Lüninck war als bekennender Nationalsozialist 1933 als »politische Ernennung« preußischer Oberpräsident in Münster geworden. Er stieß erst Jahre später zum Widerstand und war in den Goerdeler-Listen als politischer Beauftragter in einem Wehrkreiskommando vorgesehen. Sein Name tauchte auch im Zusammenhang mit der Kandidatur für das Amt eines Ernährungsministers auf. Lüninck hatte sich nach Freislers Worten »mir nichts, dir nichts, Knall auf Fall« Goerdeler im Herbst 1943 zur Verfügung gestellt, sich im Prozess zum hochverräterischen Charakter seiner Beziehung zu Goerdeler bekannt und sich damit laut Prozessbeobachter »einen anständigen Abgang gesichert«.

Carl Goerdeler vor dem Volksgerichtshof, 8. August 1944

Letterhaus, ein früherer Zentrumsabgeordneter des preußischen Landtags, stammte aus der katholischen Arbeitnehmerschaft, ein »Exponent des politischen Katholizismus«, wie es in der amtlichen Prozessberichterstattung hieß. Er war als Hauptmann der Reserve im Oberkommando der Wehrmacht in die Pläne Goerdelers verwickelt.

Gegen Lüninck und Letterhaus wurde im wahrsten Sinne des Wortes kurzer Prozess gemacht. Nach jeweils einer Stunde Verhandlung endeten die Verfahren mit der Verhängung der Todesstrafe. Wentzel hat das von der Anklagebank aus schon miterleben müssen. Um 11 Uhr wurde die Sache Wentzel aufgerufen. Die mündliche Verhandlung gegen ihn und die zwei anderen Gäste des Abendessens zog sich bis in den Nachmittag hinein. Das Urteil wurde nach sechsstündiger mündlicher Verhandlung und in Gegenwart von etwa 300 ausgewählten Zuschauern gesprochen. Da war es 17 Uhr.[564]

Die Pressefotos zeigen den alten, aber rüstig wirkenden Angeklagten von kräftiger, etwas untersetzter Statur, im schlichten Sakko, ein makelloses weißes Hemd, ohne Krawatte. Wentzel wirkt auf allen Fotos souverän und gefasst, mit

564 Die Quellen für die Schilderung der Hauptverhandlung sind das Urteil vom 13.11.1944 (BArch 6/19, Bl. 73ff.), im Anhang abgedruckt, und der für Bormann gefertigte Bericht von Dr. Lorenzen (BArch NS 19, Bl. 56 ff). Tonaufzeichnungen sind nur fragmentarisch erhalten (Lautarchiv). Gefilmt wurde bei den späteren Prozessen auf Führerweisung nicht mehr.

kaum merklichen Zügen der Verzweiflung und des Leidens im Antlitz. Er hält sich im Stehen aufrecht, mit dem gekrümmten Rücken eines Mannes seines Alters.

Hinter ihm sitzen die Polizisten mit Tschako, von Berufs wegen ernst und nachdenklich, anscheinend unbewegt und teilnahmslos. Dahinter in dem nicht besonders großen Saal das handverlesene und schweigsame Publikum. Filme aus den späteren Verfahren im Zusammenhang mit dem 20. Juli gibt es nicht und man wird sich deshalb, wenn man einen wirklich lebendigen Eindruck gewinnen will, an die erhaltenen Filmausschnitte aus den Verhandlungen gegen Erwin von Witzleben, Hans Bernd von Haeften und andere halten müssen, um die Atmosphäre im Gerichtssaal zu erfassen, die von dem ebenso eloquenten wie fanatischen Vorsitzenden Roland Freisler entscheidend geprägt wurde. »Freisler war wieder einmal in Bestform«, befand der bei der Verhandlung anwesende Berichterstatter des Führers, Dr. Lorenzen.

Jede Zeile der schriftlichen Urteilsgründe atmet den Geist des Vorsitzenden, lässt seinen Duktus lebendig werden. Man hört ihn förmlich sprechen: »Mit diesem Verrat hat Wentzel seine Persönlichkeit geradezu zerstäubt. Denn ihren Kern, seine Ehre, hat er für immer vernichtet.« Auch mit dem Satz, Wentzel wolle (»uns Deutschen«) »die nationalsozialistische Lebensart rauben«, betrieb Freisler seine eigene Gerichtssaalpropaganda.

Lorenzen, der weisungsgemäß das Resümee der Verhandlung in einem geheimen Drahtbericht an Martin Bormann zur Vorlage an den Führer zu schicken hatte, berichtete weiter:

> [Freisler] ließ alle seine bekannten Register vom Pathos bis zur schneidenden Ironie spielen. Er brachte seine umfassende allgemeine Bildung ebenso zur Geltung wie seine Erlebnisse in Rußland und vor dem staatlichen Gerichtshof. Er gab den Beschuldigten sehr weit Gelegenheit, sich zu äußern, hatte aber trotzdem die Führung der Verhandlung völlig eindeutig in der Hand. Die Urteile waren der überzeugende Schlußpunkt.

Für den Vorsitzenden Richter war Wentzel »trotz aller fachlichen Leistungen keine Säule, sondern ein paar Krümchen Staub, die in sich zerfallen, wenn der erste Sturm sie schüttelt«. Mehrfach wurde auch das »schlechte Gewissen« des Angeklagten hervorgehoben, wobei von Bedeutung zu sein schien, dass Wentzel »unter dem Schutz unseres Reiches eine Million Mark jährlich« verdiente.

Das am Ende der Verhandlung ausgesprochene Todesurteil ruht auf zwei Säulen: Einmal Wentzels »Gesinnung«, sein »schwerer Defätismus«: Im Zentrum stand dabei der von Wentzel angeblich angestellte Vergleich von Hitler mit dem geistesgestörten Bayernkönig Ludwig dem Zweiten. Er soll bedauert haben, dass kein Offizier den Mut finde, den Führer zu erschießen. Unsicher und offensichtlich auch unerheblich war dabei, in welchem Jahr sich das abgespielt haben soll. Major a.D. Schaumburg, der bei diesen Äußerungen zugegen

Carl Wentzel vor dem Volksgerichtshof, 13. November 1944

Carl Wentzel vor dem Volksgerichtshof, 13. November 1944, links hinten auf der Anklagebank: Otto Schaumburg

gewesen sein soll, soll damals mit dem Bemerken zugestimmt haben, Hitler sei eben nur Gefreiter gewesen und habe keine militärische Schulung durchgemacht. Dies war für Freisler Anlass, Schaumburg in ein kleines historisches Kreuzverhör zu verwickeln. Es handelt sich um das einzige Tonfragment, das aus dem Prozess erhalten ist.[565]

Freisler: *»Ich gestatte mir die ganz ergebene Anfrage: Ist Alexander der Große ein großer Feldherr gewesen?«*
Schaumburg: *»Ob?«*
Freisler: *»Alexander der Große ein großer Feldherr war?«*
Schaumburg: »Ja, ich ...«
Freisler: *»Gaius Julius Cäsar?«*
Schaumburg: *»Auch.«*
Freisler: *»Auch! Kann ja auch mal ein anderer sein, meinetwegen Hannibal, wenn der auch also ein, einem semitischen Volk angehörte – ist doch auch ein großer Feldherr gewesen?«*
Schaumburg: *»Sicher!«*
Freisler: *»Oder ist z. B. Napoleon ein großer Feldherr gewesen?«*
Schaumburg: *»Sicher!«*
Freisler: *»Keiner von denen, die ich eben nannte... Der Führer, ich sagte, daß der Führer nicht die richtige Schulung habe, um als Führer des Heeres – auch nicht die nötigen Kenntnisse mitgebracht habe. Auch ein Spezialgebiet, das übersetzt, was die gesamte Reaktion vor 33 sagte: Ihr habt keine Köpfe. Er ist Gefreiter gewesen und in seiner Dienstzeit nicht höher aufgestiegen. Es ist enorm, enorm!«*
Schaumburg: *»Habe ich das unterschrieben?«*
Freisler: *»Gucken Sie doch mal, wollen wir doch mal nachgucken. Es ist daher ein Unterschied, wenn ein soldatisches Urteil aus der soldatischen Schulung eines Gefreiten oder der eines höheren Offiziers kommt.«*
Schaumburg: »Ja, das hab ich wohl ...«
Freisler: *»Herr, gucken Sie doch mal!«*
Schaumburg: *»Jawohl.«*
Freisler: *»Das sind Sie doch, Otto Schaumburg! Ja, das ist gar kein so langes Protokoll, daß Sie das nicht etwa hätten im Gedächtnis haben können. Der vernehmende Beamte war in diesem Augenblick wegen anderer dienstlicher Angelegenheiten in der gleichen Sache genötigt, diese Vernehmung abzubrechen. Sie war gar nicht lang, sondern kurz. Alles nun...«*

(Aufzeichnung bricht ab).

565 Lautarchiv 1961, S. 102f.

Zu der Gesinnungstat gehören aber auch Wentzels freimütige Bemerkungen über die Kriegslage und die Unfähigkeit der Partei. Auch die hieraus abgeleiteten Vorwürfe sind tragende Bestandteile der Urteilsgründe des VGH.

Die andere Säule ist das Zusammenwirken mit Goerdeler, von dem sich Wentzel »für seinen Verrat gewinnen ließ, indem er ihm erlaubte, »seine Verratspläne in seinem Haus seinen Gästen werbend vorzutragen». »Nichts wäre für Wentzel einfacher gewesen«, so die Urteilsbegründung, als »Goerdeler sein Haus als Hörsaal für politische Putschplanentwicklungen« zu verweigern. Er wurde damit in den Augen von Freisler zum Mitverräter. Freisler hat festgestellt, dass der Angeklagte mit Goerdeler *»in dem Augenblick* gemeinsame Sache gemacht« und damit Goerdelers Verratsgedanken zugestimmt hat, wie er sich weniger juristisch präzise, aber unter damaligen Verhältnissen politisch korrekt ausgedrückt hat.

Helmuth James von Moltke hat in seinen »letzten Briefen« Freisler »eben doch als einen guten politischen Richter«[566] bezeichnet, der Schlagabtausch mit ihm habe ihnen beiden »sichtlich Freude« gemacht. Eine solche geistig-ideologische Auseinandersetzung in hohem Ton wird nicht die Sache des pragmatischen Wentzel gewesen sein. Der Oberamtmann wollte und konnte die Verhandlung nicht in ein moralisches Tribunal gegen die Richter und das NS-System umfunktionieren.

Oberstaatsanwalt Gerhard Görisch, nach heutigem, aber nicht nach damaligem strafprozessualem Verständnis ein »Organ der Rechtspflege« bemühte sich, wie der amtliche Regierungsbeobachter halb kritisch, halb bewundernd, jedenfalls ohne erkennbare Skrupel feststellte, »Freisler zu kopieren.«

Offizialverteidiger von Wentzel war Rechtsanwalt Arno Weimann, ein Mann, dem in der nationalsozialistischen Nomenklatura ein exzellenter Ruf vorausging.[567] Er war schon in den Verfahren gegen Goerdeler und von Hassell vor dem VGH tätig geworden. Nach Erinnerungen der Familie agierte er, wie generell bei den Offizialverteidigern in Sachen 20. Juli festgestellt[568], eher wie ein Staatsanwalt.[569] An einen weiteren Anwalt, der von Wentzels Angehörigen erst nach dem Urteilsspruch hinzugezogen wurde, Rechtsanwalt Hellmuth Boden, erinnert sich Wentzels Schwiegertochter Lore als einen »netten Mann«, der sich noch bemüht haben soll, »zu tun, was er kann«. Boden war, nach seiner nach dem Krieg amerikanischen Vernehmern in Nürnberg geleisteten eidesstattlichen Aussage, kein Parteimitglied. Auch Hanni von Mettenheim ging davon aus, dass Boden sich »sehr für seine Mandanten einsetzte und

566 Schreiben Moltke an seine Frau Freya vom 10.1.1945, Moltke 1997, S. 56, 64.
567 König 1987, S. 242f.
568 Ebd.
569 Bericht Margarete von Dewitz (StaH S 15 WEN N 42 Nr. 8).

Der Vorsitzende Richter des Volksgerichtshofes Roland Freisler (links) und Volksgerichtsrat Paul Lämmle, August 1944

Oberstaatsanwalt Görisch, 1944

Otto Schaumburg vor dem VGH, 1944

nichts unversucht ließ«.[570] Ihre aufgrund der Gespräche mit der Ehefrau eines Zellennachbarn von Wentzel, Adolf Friedrich Graf von Schack, gewonnene Erkenntnis muss allerdings aus heutiger Sicht verstörend erscheinen. Boden war es offenbar gelungen, einigen im Zusammenhang mit dem 20. Juli Angeklagten, u.a. besagtem Grafen Schack, den Tod durch den Strang zu ersparen. Die Verurteilten wurden stattdessen erschossen.[571]

Damit ist in etwa der Spielraum, den die Anwälte bei diesen Prozessen hatten, ausgeleuchtet. Für die Verfahren im Zusammenhang mit dem Attentat vom 20. Juli galten besondere Vorschriften. Der Verteidiger durfte, wie Boden nach dem Krieg bezeugt hat, mit dem Mandanten erst nach Bekanntgabe der Anklageschrift Kontakt aufnehmen. Wenn die mündliche Verhandlung, was oft geschah, weniger als 72 Stunden, diesen Zeitraum hielt Boden zur Vorbereitung einer ordnungsgemäßen Verteidigung noch als ausreichend (!), stattfand, konnte eine effiziente Verteidigung nicht organisiert werden.[572] Arno Weimann hat nach dem Krieg angegeben, dass er allein im Jahr 1944 etwa 170 Personen vor dem VGH als Wahl- oder Pflichtverteidiger vertreten hat.[573]

Die beiden Mitangeklagten Schröder und Schaumburg mussten sich dem Drehbuch anpassen. Sie spielten als Nebentäter Nebenrollen; aber Nebenrollen, deren Charakter in der englischen Übersetzung »supporting role« besser zum Ausdruck kommt. Der Gutsnachbar Schröder und der Hausgast Schaumburg haben Wentzel, wenn man der Urteilsbegründung folgt, im Prozess jedenfalls nach den Maßstäben nationalsozialistischen Gesinnungsstrafrechts schwer belastet. Dies festzustellen gebietet es aber gleichzeitig, darauf hinzuweisen, dass Schroeder und Schaumburg wie alle anderen Angeklagten auch, während langer Haftwochen der Willkür und Brutalität des Haft- und Vernehmungssystems mit den sich daraus ergebenden Konsequenzen ausgesetzt waren.

Max Schröder, den der Prozessbeobachter und Parteigenosse Lorenzen als eine »magere Gestalt mit fremden, fast jüdisch bestimmten Gesichtszügen« bezeichnet hat[574], hat laut Urteil Wentzel als seinen »väterlichen Freund« betrachtet. Er soll ausgesagt haben, Wentzel habe nicht nur des Öfteren gemeckert, sondern sich in schwer zersetzende Äußerungen hineingesteigert, im Reichsnährstand führten keine Fachleute; Backe sei nicht der richtige Mann, er sei nur Theoretiker; die Justiz führe Schauprozesse und sei ein Instrument des inneren Terrors. Er soll auch den von Wentzel angestellten Vergleich Hitlers mit Ludwig dem Zweiten bestätigt haben.

570 Johannna von Mettenheim an Elster am 6.2.1947.
571 Vgl. eidesstattliche Erklärung Boden vom 23.10.1946 (IZG MA 1563/5).
572 Ebd.
573 Eidesstattliche Erklärung Weimann vom 8.2.1947 (IZG ZS – 1663-1).
574 Telegramm Lorenzen an Bormann (BArch NS 19, Bl. 56ff).

Dies deckt sich mit Aussagen von Rechtsanwalt Boden gegenüber der Familie, der nach Akteneinsicht von »schweren Belastungsaussagen« Schröders berichtet und dies ausdrücklich auf das Zitat über den Bayernkönig Ludwig bezogen hat.[575] Ursprünglich hatte der kolportierte Spruch wohl andere Urheber, die sich nicht mehr ermitteln lassen.[576] Schröder hat auch über das fragliche Abendessen berichtet und in allgemeiner Form Äußerungen von Goerdeler, der politische und der militärische Zusammenbruch stünden bevor, zu Protokoll gegeben. Mehr habe er an dem Abend nicht mitbekommen, sich aber so aufgeregt, dass er die Abendgesellschaft früher verlassen habe.

Max Schröder hat nach dem Krieg bestritten, belastende Aussagen »in der im Urteil niedergelegten Form« gemacht zu haben. Diese seien ihm erstmals nach dem Krieg bekannt geworden.[577]

Seine offensichtlich unglückliche Rolle im Prozess hat die vormals befreundeten Familien Wentzel und Schröder jedenfalls entzweit. Die Schwiegertochter, die Wentzel als letzte gesehen hat, erinnert sich in hohem Alter daran, dass Wentzel nicht Goerdeler bezichtigt habe, sondern gesagt habe: »Ich sterbe unschuldig an Schröder«.[578]

Max Schröder wurde freigesprochen. Das Gericht folgte dem Antrag der Staatsanwaltschaft und kam zu dem Ergebnis, dass Schröder nur von den »schwer zersetzenden defätistischen« Äußerungen Goerdelers, aber nichts von den Verratsplänen gehört habe. Ihm wurde seine Offenheit zugutegehalten, als er bekundete, er habe als Parteigenosse seine Pflicht getan, freilich habe er aber doch Vorbehalte gegen den Nationalsozialismus. Man hielt dem damals Sechsunddreißigjährigen seine im Verhältnis zu den anderen Angeklagten »große Jugend« zugute, weshalb es auch glaubhaft erschienen sei, dass er sich tatsächlich mehr den Frauen und dem Wein gewidmet habe.

Prozessbeobachter Lorenzen hielt den Freispruch für »richtig«, fügte aber hinzu, »als Parteigenosse dürfte Schröder nach seinem Persönlichkeitsbild und seiner politischen Haltung gleichwohl nicht mehr tragbar sein«.[579]

Otto Schaumburg war, als er da im Gerichtsaal stand, schon ein alter Mann. Seine Spuren in der Geschichte haben mit dem Pressefoto vom Prozess, wo ein sichtlich erschütterter Greis im Hintergrund auf der Anklagebank sitzt, ausreichende Darstellung gefunden. Der Mann, der als eine Mischung aus Adjutant, Protokollchef und Faktotum lange in Wentzels Diensten gestanden hatte, hat ebenfalls über die Kritik von Wentzel am nationalsozialistischen Staat berichtet

575 Carl-Friedrich Wentzel an Elster am 20.2.1948 (StaH, S 15 WEN N 42, Nr. 4).
576 Vgl. S. 189, Anm. 496.
577 Olbrich 1981, S. 178.
578 Mitteilung Lore Pfeiffer.
579 Ebd.

und in detaillierter Form über den Vortrag Goerdelers ausgesagt. Nach Freislers Einschätzung hat es sich hierbei um eine »anschauliche Schilderung« gehandelt. Außerdem soll Schaumburg laut Urteilsbegründung präzise Aussagen über Wentzels Äußerungen zur Stahlproduktion und über die Unfähigkeit der Kreisbauernführer gemacht haben. Diese sind dem gerichtsnotorisch beschränkten Schaumburg offensichtlich in den Mund gelegt worden, denn sie entsprechen fast wörtlich den präzisen Feststellungen des Arbeitsamtsbeamten Jacob, die dieser nach einem Gespräch mit Wentzel im Frühjahr 1943 aufgeschrieben hatte.

Schaumburg erhielt fünf Jahre Zuchthaus, weil er »Goerdelers Umsturzpläne« nicht gemeldet hatte, für den VGH eine sehr milde Strafe. Sie sei angemessen, so die Urteilsbegründung, wegen seiner »Beschränktheit und seiner Abhängigkeit von Wentzel«. Mit diesem doppelten Richterspruch musste Schaumburg, der Wentzel so viel zu verdanken hatte, die letzten ihm verbleibenden Jahre seiner unruhigen Biografie noch leben.

Der ehemalige Schulkamerad war von Wentzel großzügig aufgenommen worden, nachdem er nach langen Wanderschaften in Deutschland zur Ruhe gekommen war. Er hatte als Berufsoffizier den Ersten Weltkrieg in Tsingtau erlebt, war in japanische Gefangenschaft geraten und dort längere Zeit in einem Käfig gefangen gehalten worden. 1921 war der Troupier verabschiedet worden, machte Reisen und diente der Nanking-Regierung als Berater. Als der Konflikt mit Japan erneut ausbrach, kehrte er nach Deutschland zurück. Wentzel nahm sich seiner an, nachdem er durch einen Bombenangriff seine Wohnung verloren hatte.

Mit einem Todesurteil, einer Zuchthausstrafe und einem Freispruch als Resultat dieses Verfahrens ist der VGH sichtlich hinter seinen Möglichkeiten zurückgeblieben. Die Urteils- und Strafzumessungspraxis des VGH war ebenso exzessiv wie unberechenbar. Im Allgemeinen war für die Rechtsprechung des VGH das Maß der Beteiligung an einer Tat so gut wie unerheblich. Wer von den Plänen der Verschwörer oder auch nur von der Gärung gegen Hitler und sein System wusste, lief Gefahr, ebenso behandelt zu werden wie die Häupter der Verschwörung.[580] Bereits ab April 1942 war ein steiler Anstieg der Todesstrafenquote zu verzeichnen. Von diesem Zeitpunkt an bis Kriegsende wurden 95 Prozent aller Todesurteile des VGH gefällt.[581] Im »Widerstandsjahr« 1944 waren es 2200. Davon fielen mehr als 900 auf die von Freisler geleiteten Kammern.[582] Im Zusammenhang mit dem 20. Juli gab es etwa 160 Todesurteile.[583]

580 Wagner 2011, S. 790.
581 Zarusky 1998, S. 32.
582 1. Senat und Besonderer Senat, vgl. Zarusky 2011, S. 838.
583 In der Masse befasste sich der VGH allerdings nur wenig mit dem nationalen bürgerlichen Widerstand. Der Gesamtanteil der in diesem Kontext ergangenen Urteile betrug 5,9%. Marxen 1994, S. 41.

Freisler konnte andererseits leutselig Großzügigkeit walten lassen und so, wie er für geringfügige Verfehlungen die Todesstrafe verhängte, so kam es vor, dass er Angeklagte überraschend freisprach oder sie mit einer mehr oder weniger geringfügigen Freiheitsstrafe »davonkommen« ließ, obwohl die Beweislage in vergleichbaren Fällen zu einer Verurteilung geführt hätte oder ein seinen anderen Urteilen gleichkommende höhere Bestrafung erwarten lassen konnte[584] – quod erat demonstrandum.

Mit dem vom VGH gefällten Urteil wurde gerichtet. Recht war nicht gesprochen worden. Ist es denn nun überhaupt so gewesen, wie das Gericht es schildert? Es ist an dieser Stelle vielleicht noch einmal zu begründen, warum bei der Schilderung des Abendessens im November 1943 weitgehend auf die Sachverhaltsfeststellungen des VGH zurückgegriffen wurde.

Diese sind im Allgemeinen identisch mit der auf den Ermittlungen der Verfolgungsbehörden beruhenden Anklageschrift, ergänzt durch die Zeugenaussagen der Mitangeklagten. Kann man ihnen trauen? Man mag mit der Antwort zögern, sie letztlich aber doch mit ja beantworten.

Diese Bewertung mag angesichts der Strafverfolgungspraxis des Dritten Reichs, in dem die Justiz weitgehend zu einem abhängigen, funktionalen Bestandteil des Führerstaats geworden war, auf den ersten Blick gewagt klingen.

Schließlich handelt es sich um Feststellungen, die in hohem Maße nicht auf neuen Erkenntnissen in der mündlichen Verhandlung des Gerichts beruhen, sondern auf Ermittlungen der Gestapo.[585]

Ihr Quellenwert hängt daher entscheidend vom Realitätsgehalt der Gestapo-Ermittlungen ab.[586] Ganz generell können die Urteile des VGH hinsichtlich des »Handlungsgerüsts« je nach Lage des Falles als zuverlässig gelten[587], so wie die Überprüfung der Akten anhand von Zeitzeugeninterviews und Erinnerungen im Allgemeinen den hohen Perfektionsgrad der Nachforschungstechnik der Gestapo bestätigt, weil die politische Justiz des NS-Staates in der Regel keine fiktiven Beschuldigungen erhob, sondern bei der Ermittlung – nicht der Bewertung! – von Sachverhalten in der Regel um Objektivität bemüht war.[588] Dabei kommt der Zeitgeschichtler Jürgen Zarusky sogar zu dem pointierten Urteil, dass der VGH aus seiner spezifischen Perspektive gewissermaßen die »Geschichte des Widerstandes geschrieben hat«.[589]

584 Wagner 2011, S. 843.
585 Zarusky 1998, S. 39.
586 Ders., S. 40.
587 Ebd.
588 Zarusky 2011, S. 1004.
589 Ebd.

Nicht viel anderes gilt übrigens für den Umgang mit den Kaltenbrunner-Berichten. Trotz des immer wieder geäußerten Misstrauens in die Ermittlungsarbeit der Gestapo nach dem 20. Juli wegen einer politisch intendierten Färbung dieser Berichte, sind diese inzwischen in erheblichem Umfang zur Grundlage kritischer historischer Sachverhaltsermittlung gemacht worden.[590]

Man wird diese Art von technokratischem Vertrauensvorschuss gegenüber der NS-Justiz aber auch nicht bedenkenlos weitertreiben können. Bei der Strafverfolgung der in den 20. Juli verwickelten Personen hat die Gestapo nämlich von der Möglichkeit der sog. »verschärften Vernehmung«, also körperlicher Gewalt und Folter, Gebrauch gemacht hat. Im Herbst 1944 besuchte die Schwiegertochter Lore den schon sichtlich geschwächten Untersuchungshäftling, der ihr in den wenigen Minuten des Zusammentreffens zu verstehen gab, dass er in seinem ganzen Leben noch nie so viel Schmerzen gehabt habe.[591] Dem Gefängnispfarrer hat er offensichtlich deutlicher berichten können. Poelchau schrieb in seinen Erinnerungen:

> Gestapobeamte aus der Nachbarschaft Teutschenthals hatten diesen kleinen, untersetzten und dicken Mann in Haft genommen und ihre Wut an ihm ausgetobt. Ihre Methode bestand darin, dass sie dem Häftling die Hände auf dem Rücken fesselten und ihn durch eine Seilvorrichtung an die Decke hochschnellen ließen.[592]

Auszuschließen ist nicht, dass es den beiden Mitangeklagten ähnlich ergangen ist. Es ist wohl anzunehmen, dass auch deren Aussagen im Sinne einer stringenteren Urteilsbegründung aufbereitet, verschärft und angereichert worden sind und es kann als sicher gelten, dass die Angeklagten hierauf keinen Einfluss mehr ausüben konnten.

Die mithin zweifellos vorhandenen Mängel bei der Tatbestandsermittlung lassen aber nicht automatisch den Schluss zu, dass die Feststellungen des VGH als historische Quelle a priori wertlos sind. Im rechtstaatlich organisierten Strafverfahren ist es zwar aus sehr gutem Grund verboten, erzwungene Aussagen zu verwerten. Für die geschichtliche Wahrheit kommt es aber ganz allein darauf an, ob eine Aussage falsch oder zutreffend ist.

Zugegeben hat Wentzel im Prozess Form und Inhalt des Auftritts von Goerdeler bei dem fraglichen Abendessen. Er habe sich aber Vorwürfe gemacht, die Sache nicht gemeldet zu haben, und sich davon längst »innerlich distanziert«. Bestritten hat der angeklagte Landwirt lediglich die Sache mit dem Vergleich

590 Vgl. dazu S. 192, Anm. 504.
591 Pfeiffer 2011, S. 136.
592 Poelchau 1949, S. 100.

Hitlers mit Ludwig dem Zweiten. Andere inkriminierende Äußerungen hat er versucht zu relativieren, etwa seine »Meckereien« gegen den Reichsnährstand und Kritik an der Justiz in Einzelfällen.[593]

Das einzige erhaltene von Gericht und Verfolgungsbehörden unabhängige Zeugnis über den Abend des 10. November ist die Stellungnahme, die der Gast Emil Woermann nach dem Krieg abgegeben hat.[594] Sie fügt sich nahtlos in das von den Verfolgungsbehörden gezeichnete Bild von dem Geschehen ein. Im Falle Wentzel sind Kritik an der Sachverhaltsfeststellung selbst von Zeitgenossen und unmittelbaren Nachkommen generalisierender Natur und nur hinsichtlich der (offensichtlichen) Verfahrensmängel geäußert worden. Was die Tatsachen angeht, gab es nur periphere Beanstandungen. Eine Kritik an den das Urteil tragenden, politisch bedeutsamen Sachverhalten ist nirgendwo ersichtlich. Dies bedeutet gleichzeitig, dass über das vom Gericht Festgestellte hinaus über das Abendessen des 10. November 1943 nichts politisch oder rechtlich Erhebliches zu berichten ist.

Nicht geklärt ist damit aber die Frage der Strafbarkeit. Wenn vorher davon die Rede war, dass die Urteile des VGH hinsichtlich der Feststellung des »Handlungskerns« im Allgemeinen als zuverlässig zu gelten haben[595], so trifft das eben nur dafür, nicht aber für die Unterordnung des ermittelten Sachverhalts unter die Begriffe einer Strafnorm zu. In den Freislerschen Urteilen fehlt diese, von Juristen als Subsumtion bezeichnete gedankliche Operation, im Allgemeinen und auch in diesem Fall völlig.

Die Richter haben sich zum einen auf § 5 Kriegssonderstrafrechtsverordnung (KSSVO) berufen. Die Vorschrift stellte die sog. Wehrkraftzersetzung unter Strafe.[596] Sie enthielt eine Generalklausel, die sich gegen jede öffentliche Zersetzung des Willens des deutschen oder eines verbündeten Volkes »zur wehrhaften Selbstbehauptung« richtete. Der Urteilstext bezieht sich dabei auf die von Wentzel gemachten oben erwähnten »defätistischen« Äußerungen. Der unbefangene Leser mag über den Begriff der »Öffentlichkeit« stolpern. Von »öffentlichen Äußerungen« in einem Sinne, wie wir es heute verstehen würden, kann nicht die Rede sein, denn es soll sich nach den amtlichen Feststellungen um ein Gespräch Wentzels mit seinem Hausgenossen Schaumburg gehandelt haben. Allerdings hatte die höchstrichterliche Rechtsprechung im Dritten Reich

593 Vgl.Urteil VGH vom 13.11.1944 (BArch 6/19, Bl. 73ff.).

594 Woermann 1987.

595 Vgl. S. 166.

596 § 5 KSSVO: Wegen Zersetzung der Wehrkraft wird mit dem Tode bestraft: 1. Wer öffentlich dazu aufruft oder anreizt, die Erfüllung der Dienstpflicht in der deutschen Wehrmacht zu verweigern, oder sonst öffentlich den Willen des deutschen Volkes zur wehrhaften Selbstbehauptung zu lähmen oder zu zersetzen sucht...

den Begriff der Öffentlichkeit bereits sehr extensiv ausgelegt bzw. sogar ganz ignoriert[597], wie ja auch im vorliegenden Fall.

Freisler hat in der Urteilsbegründung ausgeführt, dass allein schon aus dieser Vorschrift die Todesstrafe gerechtfertigt wäre, mag jedoch das Gefühl gehabt haben, dass der entsprechende Tatvorwurf auf etwas schwachen Füßen gestanden hat, denn die Todesstrafe wurde im Ergebnis aus § 91b StGB hergeleitet.

§ 91b Strafgesetzbuch (StGB) war eine erst im September des Jahres 1944 eingeführte verschärfte Variante des Tatbestands des Landesverrats, gemeinhin als »Kriegsverrat« oder »Feindbegünstigung« bezeichnet.[598] Das Urteil führt hierzu aus, Wentzel habe als »Mitverräter« zugleich die »Geschäfte unserer Kriegsfeinde« gemacht. Dabei wurde nicht einmal der Versuch unternommen, zu erklären, welche Handlung Wentzels zu dem nach § 91b StGB geforderten der »Kriegsmacht des Reiches zugefügten Nachteil« geführt haben soll und ebenso wenig, ob Wentzel der Kriegsmacht des Reiches einen solchen Nachteil überhaupt zufügen wollte, also mit dem für die Anwendung der Vorschrift erforderlichen Vorsatz gehandelt hatte.

Eine rechtssystematische Untersuchung der Urteile im Zusammenhang mit dem Tatkomplex 20. Juli kommt im Übrigen zu dem Ergebnis, dass sich (lediglich) drei Fälle nachweisen lassen, die in keinerlei Zusammenhang zum herkömmlichen Verständnis des Landesverrats standen und trotzdem zu einer Verurteilung nach der einschlägigen Vorschrift des § 91b des Strafgesetzbuches führten, offensichtlich in der Absicht, auf jeden Fall zur Todesstrafe zu kommen. Ein Fall ist das gegen Wentzel ausgesprochene Urteil.[599]

Aber selbst die Fehlerhaftigkeit der vom Gericht vorgenommenen rechtlichen Bewertung ist nicht das eigentlich Entscheidende. Von noch größerer Bedeutung ist die Tatsache, dass die erst mit Kriegsbeginn anwendbaren rechtlichen Entscheidungsgrundlagen rechtsstaatlichen strafrechtlichen Standards nicht genügten. Bereits in der Weimarer Reichsverfassung hatte und hat erneut im Bonner Grundgesetz der Grundsatz der Bestimmtheit einer Strafnorm Verfassungsrang. Davon konnte weder bei § 5 der KSSVO noch bei § 91b StGB auch nur annähernd die Rede sein.

597 Wagner 2011, S. 393f.

598 § 91 b STGB: Wer ... es unternimmt, während eines Krieges gegen das Reich oder in Beziehung auf einen drohenden Krieg der feindlichen Macht Vorschub zu leisten oder der Kriegsmacht des Reiches einen Nachteil zuzufügen, wird mit dem Tode oder mit lebenslangem Zuchthaus bestraft...

599 So Ramm 2007, S. 294, der davon ausgeht, dass Wentzel, wenn überhaupt, nur wegen vorbereitender Handlungen gem. § 83 II STGB zu einer Zuchthausstrafe hätte verurteilt werden können.

Beide genannte Vorschriften waren Generalklauseln par excellence und damit Einfallstore der Willkür der nationalsozialistischen Rechtsprechung. Der Autor eines Standardwerks über den VGH, Walter Wagner, hat sie als »Terrorismus in Gesetzesform« bezeichnet.[600] Sie sind ein Beispiel dafür, dass in der lückenlosen Strafgesetzgebung des Dritten Reiches und gleichzeitig der schrankenlosen begrifflichen Ausdehnung der Straftatbestände es niemals besonders schwierig wurde, die Todesstrafe zu begründen.[601]

Damit hatten Anklage und Gericht, ohnehin kaum zu unterscheiden, gemeinsam das Gesinnungsstrafrecht transparent und konsequent umgesetzt.

Auch dem unbefangenen Leser sollte sich in diesem Zusammenhang die Frage aufdrängen, warum er sich vor dem Hintergrund der nur schwer zu bestreitenden allgemeinen Erkenntnis, dass das Dritte Reich ein Willkürstaat war, überhaupt auf eine rechtliche Beurteilung der Vorgänge einlassen muss. Damit besteht die Gefahr, die beteiligten Juristen ernster zu nehmen als sie es verdienen. Die Frage ist im Übrigen auch insofern von Bedeutung, als sie zumindest eine Teilantwort auf die Frage der historischen Verwertbarkeit der Sachverhaltsfeststellungen geben kann.

Auch das NS-System, dessen Juristen es zwar an »Rechtsstaatsbewußtsein, nicht aber an juristischer Begriffsschärfe fehlte«[602], hatte einen Bedarf an formaler Legitimation, der über schlecht belegbare anonyme Zuträgereien hinausging. So konnte der Zwang zur formalen Legitimierung beispielsweise zur Folge haben, dass Mordaktionen des Reichssicherheitshauptamtes gegen Widerstandskämpfer in der Endphase des Dritten Reichs auch deshalb unternommen wurden, weil das Beweismaterial für ein justizielles Verfahren nicht ausreichte.[603]

Im Falle Wentzel erklärt das jedenfalls, warum erst einmal weiter gesammelt wurde, um zu einer kritischen Belastungsmenge zu gelangen, die selbst für eine Anklage nach nationalsozialistischen Maßstäben erforderlich war. Damit lässt sich auch erklären, warum die mündliche Verhandlung gegen Wentzel erst zweieinhalb Monate nach seiner Verhaftung anberaumt wurde.

Das Gericht hat auch in der Hauptverhandlung Mühe aufgewandt, durch Beachtung juristischer Formalien der Lebensform der Hitler-Herrschaft als einem Zustand der verrechtlichten Rechtlosigkeit im Strafprozess lebendige Gestalt zu geben. So wurde im Falle von Schröder die Glaubwürdigkeit einer Aussage durch den Hinweis, der Betreffende habe sich freimütig zu seinen Vor-

600 Ders., S. 58.
601 Vgl. Wagner 2011, S. 793.
602 Zarusky 1998, S. 15.
603 Vgl. Hett/Tuchel 1994, S. 388.

behalten gegenüber dem Nationalsozialismus bekannt, erhöht. Und so wurde bei Schaumburg ausführlich auf die von diesem gezeigten Unsicherheiten in der Darstellung von Tathergängen eingegangen und begründet, warum diese Mängel nach der Würdigung durch das Gericht keine Beeinträchtigung der Gesamtaussage darstellten. Zumindest in der Aktenversion sollte für den ungeübten Leser der Eindruck eines abwägenden, alle Aspekte erfassenden Urteils entstehen, mit dem das Verfahren legitimiert und der Schein des Rechts gewahrt werden sollte.

Otto Kirchheimer hat in seinem Werk »Politische Justiz« die Interessenlage des totalitären Staats sehr treffend auf den Begriff gebracht:

> Das Gerichtsverfahren dient primär der Legitimierung, damit aber auch der Einengung politischen Handelns.... Daß sich die Machthaber auf die Festlegung eines Maßstabs einlassen, der, mag er noch so vage oder noch so ausgeklügelt sein, die Gelegenheit zur Beseitigung wirklicher oder potentieller Feinde einengt, verspricht ihnen ebenso reichen Gewinn wie ihren Untertanen. Die gerichtliche Feststellung dessen, was als politisch legitim zu gelten habe, nimmt unzähligen potentiellen Opfern die Furcht vor Repressalien oder vor dem Liquidiertwerden und fördert bei den Untertanen eine verständnisvolle und freundliche Haltung gegenüber den Sicherheitsbedürfnissen der Machthaber.[604]

Der Methode war aber angesichts der immer wieder eingestreuten, mit Beschimpfungen und Erniedrigungen durchsetzten fanatischen Angriffe Freislers auf die Angeklagten jedenfalls in der Außenwirkung kein nachhaltiger Erfolg beschieden. Freisler ist übrigens in anderen Fällen genau deshalb von Reichsjustizminister Otto Thierack, der mit Freisler keine weltanschaulichen Differenzen hatte, ihn aber gleichwohl schlichtweg für verrückt hielt, schriftlich gerügt worden.[605]

Die Vollstreckung von Todesurteilen waren Eilsachen, besonders als seit 1943 die Bombenangriffe immer heftiger wurden und es galt, das Risiko auszuschalten, dass die Todeskandidaten diese zur Flucht nutzen konnten. An allen Stellschrauben zur Beschleunigung wurde gedreht, um, wie sich Justizminister Thierack ausdrückte, »Schlagkraft und Wucht der Strafrechtspflege«[606] zu gewährleisten. Der berichterstattende Richter musste von sonstigen Dienstgeschäften freigestellt werden und die Gnadenverfahren wurden ab Herbst 1944 durch die Einschränkung der Beteiligungspflichten und den Verzicht auf die Erstellung eines Gnadenberichts abgekürzt.

604 Kirchheimer 1981, S. 26.
605 Wagner 2011, S. 838f.
606 Ders., S. 811ff.

Der Justizminister hat die Vollstreckung im Falle Wentzel aber doch noch aufgehalten. In dem Schreiben, mit dem eine Ausfertigung des Todesurteils an Martin Bormann geschickt wurde, teilte Thierack mit, dass er die Vollstreckung vorläufig ausgesetzt habe, weil er annehme, dass »der Führer sich für die Sache interessiere«.[607] Gemeint war damit eine, wir wissen es nicht, in Vernehmungen oder möglicherweise im Prozess eingeführte Behauptung, der Führer sei einmal Gast in Teutschenthal gewesen.

Es ist aber ausgeschlossen, dass der Reichsjustizminister damit Wentzel etwas Gutes tun wollte. Dann hätte er stärker formuliert, oder er hätte Bormann angerufen. Thierack wollte aus Vorsicht lediglich jeden Zweifel darüber beseitigen, ob Hitler Wentzel wirklich kannte, und sich damit absichern.[608]

Die Antwort von Bormann ließ nicht lang auf sich warten. Sie kam knapp und präzise:

> Der Führer, den ich heute befragte, betonte, die Angabe, er sei einmal drei Wochen auf einem Gut Wentzels zu Besuch gewesen, sei völlig unzutreffend, da derartige längere Besuche auf Gütern überhaupt nicht stattgefunden hätten; an Wentzel kann sich der Führer nicht erinnern. Von seinem Gnadenrecht macht der Führer keinen Gebrauch.[609]

Damit wurde gleichzeitig allen weiteren Begnadigungsbemühungen der Boden entzogen. Ein letzter Rettungsversuch von Lore Wentzel war ebenfalls zum Scheitern verurteilt. Im Herbst 1944 bat die Schwiegertochter um einen Termin bei »Bubi« auf Schloss Schochwitz. »Bubi« empfing sie und hörte sich an, wie sie um das Leben ihres Schwiegervaters bat. In die Kälte seiner Reaktion mischte sich ein kleiner Schuss Großzügigkeit: »Für Ihren Schwiegervater will ich nichts tun und tue ich nichts. Die gute dicke Ella kommt aus dem KZ raus und [in Anspielung auf den Jugendgefährten, d. Verf.] das Karlchen ist sowieso jenseits von Gut und Böse. Die brauchen keine Angst mehr zu haben.«[610]

Wentzel hat aus der Todeszelle heraus ein Gnadengesuch gestellt. Seine Authentizität ist umstritten. Möglicherweise ist der Text nicht von ihm selbst entworfen worden.[611] Insbesondere die Passage, wo Wentzel vom Abbruch seiner Kontakte zu Goerdeler schreibt, ist von Zeitzeugen als unglaubwürdig, gemeint war wohl eher der Not der Stunde gehorchend, qualifiziert worden.

607 Thierack an Bormann am 22.11.1944 (BArch NS 6/19, Bl. 72).

608 Krosigk bezeichnet Thierack als »herzlosen Wüterich aber auch als Bürokrat«, Krosigk 1974, S. 343.

609 Bormann an Thierack am 30.11.1944 (BArch 6/19 Bl. 78).

610 Pfeiffer 2011, S. 134.

611 Dieser Überzeugung sind jedenfalls Wilmowsky in Schreiben an Carl-Friedrich Wentzel vom 19.1.1948; Carl-Friedrich Wentzel an Wilmowsky 31.1.1948 (beide StaH, S 15 WEN N 42).

Das Gesuch erreichte das Reichsjustizministerium am 13. Dezember 1944. Der Text ist durch den Anstaltsgeistlichen überliefert:

> Der Unterzeichnete ist am 13. November vom Volksgerichtshof in Berlin wegen Landesverrats zum Tode verurteilt worden.
> Dem Urteil liegt folgender Tatbestand zugrunde: Am 10.11.1943 war Dr. Goerdeler zu einem kleinen Essen mit Damen in meinem Haus in Teutschenthal. Nach dem Essen trug Dr. Goerdeler ungefragt seine bekannten Ansichten einem Teil der Herren, darunter auch mir, vor. Ich habe nicht zugestimmt, aber auch nicht widersprochen. Auf Goerdelers Frage, ob Prof. Woermann als künftiger Ernährungsminister geeignet sei, habe ich mit ja geantwortet.
> Statt Herrn Dr. Goerdeler sofort der Gestapo anzuzeigen, habe ich mich von dem Tage an von ihm losgesagt und jede Verbindung mit ihm abgebrochen in der Meinung, damit meine Pflicht erfüllt zu haben. Das traurige Ereignis am 20. Juli hat mich eines anderen belehrt. Außer dieser Schuld habe ich weitere Vergehen auf mich geladen, indem ich verschiedene defaitistische Äußerungen getan habe. Nach Aussage eines zuverlässigen Zeugen soll ich ferner im Jahre 1942 oder 1943 den Tod des Führers durch Erschießen herbei gewünscht haben. Ich selbst kann mich auf diese Äußerung nicht mehr besinnen. Das Gericht hat aber dem Zeugen geglaubt.
> Bescheiden möchte ich nur zum Schluß darauf hinweisen, daß ich Deutschlands bekanntester und der Produktion nach größter Landwirt bin, der es verstanden hat, die Marktleistung seiner Betriebe auf das Vierfache des Reichsdurchschnitts zu erhöhen. Die Forderung Friedrichs des Großen, dort zwei Halme wachsen zu lassen, wo früher einer stand, ist durch mich mit Hilfe von Großberegnungsanlagen und stärkste Viehhaltung erreicht worden. Fast 3 Promille der Milcherzeugung des alten Reiches stammt aus meinen Betrieben. Insofern glaube ich, dem Vaterland in schwerster Zeit gedient zu haben. Ich bitte die Strafe im Gnadenwege in eine Zuchthausstrafe abzumildern.

Das Gesuch wurde einen Tag später, am 14. Dezember, abgelehnt.

Die charismatische Ausstrahlung des Grundbesitzers auf seine Gesprächspartner, der sich früher kaum jemand entziehen konnte, schien mit einem Mal auf merkwürdige Weise verpufft. Als Wentzel in der Todeszelle saß, haben nur wenige und letztlich niemand, der über entscheidenden Einfluss verfügte, für ihn auch nur eine Hand gerührt: Die Freunde, die er hatte, konnten ihm nicht helfen und unter denen, die es gekonnt hätten, hatte er wohl keine Freunde.

Unterdessen hatte das Rudel bereits begonnen, die Beute zu verteilen. Schon im Oktober 1944 hatte der mit Wentzel gut bekannte Herbert Backe, der inzwischen Minister geworden war, Reichsleiter Bormann mitgeteilt, dass »die Vertreter« [eines Generals Ramcke] sich bereits eine an den »stärkstens belasteten Wentzel« verpachtete Domäne ausgesucht hätten.[612]

In seinem für das Domgymnasium in Naumburg verfassten Lebenslauf, das war fünfzig Jahre früher, hatte der junge Wentzel, vielleicht mit einer gewissen Primanerarroganz, ein Zitat von Horaz an den Schluss gestellt: »Wohlweislich hüllt der kommenden Zeiten Lauf in undurchdringbar Dunkel der Gott uns ein«.[613] Der junge Carl versah das mit dem Kommentar: »Wer weiß, was meiner im dunklen Schoße der Zukunft (noch) erwartet?«

Der Lebenskreis des in idyllischer, beständiger, behäbiger und ruhevoller Umgebung geborenen Mannes begann sich zu schließen. In den langen und schwierigen Wochen zwischen Urteilsverkündung und Vollstreckung kümmerten sich um den alten Mann seine Schwiegertochter Lore und Hanni von Mettenheim, Wentzels Freundin aus alten Eislebener und Teutschenthaler Tagen.

Hanni hatte alles, was sich seit der Verhaftung von Wentzel zugetragen hatte, in einem Kalender notiert. Dieser ging allerdings bei einem Luftangriff auf ihr Haus in Potsdam verloren und, so schrieb die besorgte Freundin nach dem Krieg, »aus dem Gedächtnis bringe ich es nicht mehr zusammen«. Sie konnte alle fünf Tage Essen oder Wäsche bringen und erhielt im Austausch Kassiber von Wentzel, die sie zum Teil behalten konnte, einige allerdings auf strikte Weisung von Pfarrer Poelchau aus Sicherheitsgründen nach Lektüre vernichten musste.

Hanni entwickelte sich zu einem Relais zwischen Teutschenthal und dem Gefängnis. Von dort wurde alles an sie geschickt, worum er in Briefen und auf Zetteln gebeten hatte. Der Häftling seinerseits versuchte, noch aus dem Gefängnis heraus Anweisungen zur Betriebsführung zu geben und seiner Neigung, milde Gaben zu verteilen, nachzugeben. So hat er beispielsweise versucht, seine Inspektoren noch anzuweisen, die Kleintiere von Freunden in Berlin mit dem notwendigen Futter zu versorgen, was aber wegen der Kriegslage schon nicht mehr möglich war. Hanni fuhr regelmäßig mit einem großen Koffer von Potsdam nach Tegel und übergab ihn Pfarrer Poelchau, mit dem sie »schöne Gespräche« führte, ohne mit Wentzel direkt in Kontakt treten zu können. Hanni hatte Poelchau, wie sie später schrieb, als »tapferen und liebevollen Anstaltsgeistlichen« kennengelernt. Sie konnte nicht wissen, dass er ein maßgebliches Mitglied des Kreisauer Kreises war. Seine Schwiegertochter Lore hat Wentzel noch einmal kurz gesehen.

Am 9. Dezember 1944 wurde Carl Wentzel 68 Jahre alt. Besuche waren nicht erlaubt, erst zwei Tage später konnte wiederum Hanni Nachrichten von der Familie übermitteln.

612 Backe an Bormann am 17.10.1944 (BArch NS 19/909, Bl. 5).

613 Im Original Latein: »Prudens futuri temporis exitum, caliginosa nocte premit deus«, Lebenslauf (Naumburg)

Seine Gefängniswärter, Claus und Gissel, verschafften ihm in den Grenzen der strengen Bestimmungen jede mögliche Erleichterung. Das hatte möglicherweise eine besondere Bewandtnis. Der Gefängnisbeamte Claus könnte, wie Werner Neuß vermutet hat, derselbe Felix Claus gewesen sein, der in den Wirren des Jahres 1919 an einem Feme-Mord beteiligt war und durch Vermittlung eines Freikorpskameraden 1922 eine Stelle als Gefängnisaufseher in Tegel erhielt.[614]

Hanni durfte ihm alles bringen, auch Dinge, die verboten waren: »Eßwaren in Glasbehältern oder in Papier eingewickelt (wegen der Gefahr des Selbstmords oder geheimer Mitteilungen), Hosenträger und Stiefelbänder, die ihm nach dem Todesurteil fortgenommen waren, usw.«, erinnert sich die Freundin.

Wentzel muss einer der ältesten Todeskandidaten gewesen sein. Wollte man den Begriff der »Sinnlosigkeit« noch weiter strapazieren oder den Begriff der Grausamkeit noch illustrieren, so gehörte auch die Tatsache dazu, dass hier sehr alte Männer zum Galgen geschickt wurden.

Carl Wentzel war kein Unvollendeter. Er ging, soweit man das überhaupt sagen kann, dem Anschein nach gelassen in den Tod. »Glaube mir, wenn ich schon sterben muss, so sterbe ich ganz ruhig und getrost. Mein Leben war reich und erfüllt«, so schrieb er in einem seiner Kassiber an Hanni.[615] Die Sorge um die Zukunft von Teutschenthal trieb ihn bis zuletzt um. Das Abgeschnittensein von allen Informationen muss für den Häftling eine besondere seelische Qual gewesen sein.

Vor der Aussicht, bei Annahme des Gnadengesuchs in das Zuchthaus zu kommen, habe er ein unüberwindliches Grauen, schrieb er einmal, lieber wolle er dann sterben. Seine seelische Verfassung in den letzten Tagen war trotz seines soliden Gottvertrauens nur begrenzt gelassen. Der Wärter Gissel hat über seinen Zustand zwei Tage vor der Hinrichtung berichtet: »Heute gefällt er mir gar nicht. Er hat so fliegende Hände und ist so niedergeschlagen. Ich habe ihn eben in den Hof geschickt, damit er frische Luft atmet und auf andere Gedanken kommt«.[616]

Kurz vor der Hinrichtung verfasste Wentzel einen kurzen Abschiedsbrief an seinen Sohn: »Aufrecht, getrost und unschuldig gehe ich in den Tod«, steht da.[617] Mit einer weiteren Notiz schickte Wentzel seinem Sohn seine Uhr. Der Sohn hat sie später nicht tragen wollen. Anzeichen, dass der wirklich alte Carl mit dem inzwischen auch nicht mehr ganz jungen Carl-Friedrich in den fortgeschrittenen Kriegsjahren wieder stärker ins Gespräch kommen wollte und

614 Neuß 2013, S. 134f.
615 Johanna von Mettenheim am 6.2.1947.
616 Ebd.
617 IFZ ED 378-53.

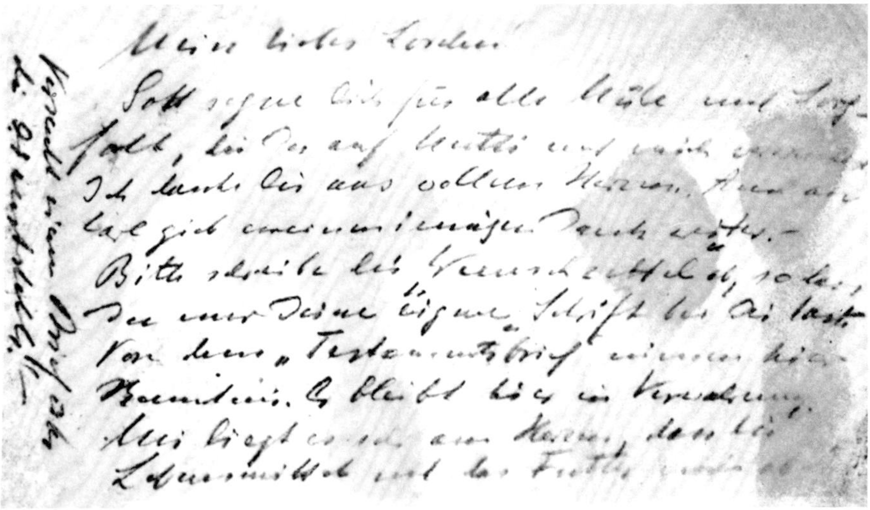
Mein liebes Lorchen!
Gott segne Dich für alle Mühe und Sorgfalt, die Du auf Mutti und mich
Ich danke Dir aus vollem Herzen.

Abschiedsbrief an Schwiegertochter Lore, Dezember 1944

ihn in seine geschäftlichen Überlegungen wieder intensiver einbeziehen wollte, hatte es gegeben. Da war der Sohn auch schon Mitte Dreißig. Diese Bemühungen haben aber, bis sich die Ereignisse überschlugen, keine Früchte mehr getragen.

Harald Poelchau, der in Tegel und anderen Strafanstalten etwa 1000 Hinrichtungen miterlebt hat, hat kurze letzte Eindrücke von Wentzel festgehalten. Er hat Hanni von der eisernen Selbstdisziplin, von der edlen Gesinnung und von der tiefen Religiosität des Gefangenen berichtet, Eigenschaften, die dazu führten, dass er unter den vielen Todeskandidaten in Tegel eine Sonderstellung einnahm.[618] Poelchau hat dem überzeugten Christen in den letzten Tagen und Stunden beigestanden und mit ihm gebetet.

Am 20. Dezember 1944, um 9 Uhr früh, teilte der Wärter Claus dem Inhaftierten mit, dass die Vollstreckung des Urteils auf die frühen Nachmittagsstunden angesetzt sei. Carl Wentzel schrieb einen letzten Gruß an Hanni in die Bibel, die diese ihm ins Gefängnis gebracht hatte und die er nun zurückschickte: »Nun heißt es also wirklich Abschied nehmen für dieses Leben…« und zum Schluss: »Grüße alle deine Lieben! Auf Wiedersehen in einer besseren Welt!« Hanni erinnerte sich später: »Seine Schrift, die sonst klein und schwer leserlich war, hatte etwas Monumentales in diesen Zeilen bekommen. Er war über sich selbst hinausgewachsen!«[619]

618 Ebd.
619 Ebd.

In seiner Bibel hatte Wentzel angestrichen: »Stirb, der Herr hats gegeben, der Herr hats genommen, der Name des Herrn sei gelobt« (Buch Hiob 1, 21). Um 14 Uhr fuhr das Auto der Gestapo in Tegel vor. Poelchau hat das festgehalten:

> Ich sehe ihn noch vor mir, bedächtig die vier Treppen von dem obersten Zellenflur heruntersteigend. Er trug den schweren Pelz, den er noch behalten hatte. Ohne ein Zeichen der Erregung stieg er in den Wagen, der ihn zur Hinrichtungsstätte bringen sollte...[620]

Geistlicher Beistand bei der Hinrichtung war nicht zugelassen. Ein anderer Gefangener, der von seiner Zelle in Plötzensee aus den Weg zur Richtstätte übersehen konnte, hat Pfarrer Poelchau später berichtet, in welch wunderbarer Gelassenheit, fast Heiterkeit, der Todeskandidat seinen letzten Gang antrat, »in einer Haltung, die den Beobachter, der nicht wußte, wer er war, mit Staunen und Bewunderung erfüllte.«[621]

Im Hinrichtungsgebäude in Plötzensee gab es seit 1942 eine »gleichzeitige Erhängungsmöglichkeit für acht Personen«. Sie bestand in einer Laufschiene mit acht verschiebbaren Haken. Man kann sie heute noch besichtigen.

Wentzel wurde, wie alle Teilnehmer des 20. Juli, durch den Strang hingerichtet. Ob bei den Verschwörern besondere Methoden angewendet worden waren, konnte Poelchau nach dem Krieg nicht aus eigener Beobachtung bestätigen: »Für wahrscheinlich halte ich es«, schrieb er 1947,

> daß für einige von Hitler namentlich bezeichnete Verurteilte der langsame Tod des Strangulierens angewandt worden ist. Der Schemel wird vorsichtig unter dem Opfer fortgezogen, die Schlinge zieht sich langsam zu und der Tod tritt erst nach längerer Qual ein...[622]

Der Rest ist Schweigen über das Grauenhafte: Die Entkleidung der Verurteilten, der Todeskampf, die Würdelosigkeit der Prozedur bis zum Letzten. Wie Herta Müller schrieb: »Die Tatsachen hätten, als sie geschahen, die Wörter, mit denen man sie später aufschreibt, gar nicht ertragen«. Der Tod von Oberamtmann Wentzel trat um 15 Uhr 22 ein.

Als Hanni zusammen mit einer Nichte Wentzels am 22. Dezember mit zwei Koffern voller Weihnachtsgaben nach Tegel kam, »war er nicht mehr da.« Erst nach Weihnachten wurden die Angehörigen durch ein Schreiben der Behörde

620 Poelchau 1949, S. 142.
621 Johanna von Mettenheim an Elster am 6.2.1947.
622 Poelchau 1949, S. 107f.

des Oberreichsanwalts, unterzeichnet von Landgerichtsdirektor beim Volksgerichtshof, Schulz, unterrichtet:

> Der Oberamtmann Wentzel ist wegen Hoch- und Landesverrats vom Volksgerichtshof des Großdeutschen Reichs zum Tode verurteilt worden. Das Urteil ist am 20. Dezember 1944 vollstreckt. Die Veröffentlichung einer Todesanzeige ist unzulässig. Der Sterbefall ist beim Standesamt Berlin-Charlottenburg, Scharrenstraße, beurkundet.[623]

Im Januar 1945 versuchte Lore Wentzel bei Schulz die Herausgabe der sterblichen Überreste zu erreichen und erhielt die Antwort, dass die Asche der Hingerichteten in Plötzensee als Dünger über die Felder gestreut werde.[624]

So endete der »Krupp der deutschen Landwirtschaft«, der keine Kanonen produziert hatte und kein Goldenes Ehrenzeichen der NSDAP besaß. Erst nach dem Krieg konnte die Familie eine Todesanzeige veröffentlichen.[625] Sie endet mit dem Satz: Die Tat ist stumm.

»Die Tat ist stumm« war das Motto von Kommerzienrat G. F. Boltze. Es ist Teil eines Schiller-Zitats: »Das Wort ist frei, die Tat ist stumm, der Gehorsam blind«, sagt ein einfacher Soldat in »Wallensteins Lager«.

623 Schreiben Oberreichsanwalt vom 27.12.1944 (IfZ ED 378-2).

624 Pfeiffer 2011, S. 141.

625 »Am 20.12.1944, 15 Uhr, verschied nach langem, qualvollen Leiden plötzlich und unerwartet im 68. Lebensjahr aufgrund des Todesurteils vom 13. November 1944 beim Volksgerichtshof unter Vorsitz des Präsidenten Dr. Roland Freisler wegen Hoch- und Landesverrats in Verbindung mit dem 20. Juli 44 in aufopfernder Liebe und Sorge für sein Vaterland und als echter Patriot mein lieber, guter Mann, unser treusorgender Vater und Großvater, der kgl. Oberamtmann und Rittmeister der Res. des Königsulanenregiments -Hannover-, Herr Carl Wentzel-Teutschenthal, Chef der international bekannten Unternehmen Teutschenthal-Salzmünde, Ehrensenator der Martin-Luther-Universität, Halle-Wittenberg und der landwirtschaftlichen Hochschule Berlin, Inhaber des Adlerschildes des preußischen Ministers für Ernährung und Landwirtschaft und Ritter hoher Orden. Sein Leben war Arbeit und Liebe. Immer durch Dunkles wandern sei lichtes Los und immer nur leuchten den anderen so klein wie groß. – Die Tat ist stumm. Ella Wentzel, geb. v. Zimmermann, Carl-Friedrich Wentzel und Frau Lore, geb. Petzhold., Dietrich v. Kietzell und Frau Hildegard, geb. Hofmann-Seedorf., Enkelkinder Marietta, Eva-Carola und Carl-Stefan.« (Zit. nach Neuß 1957 [Typoskript], S. 176).

Das Ausmaß der Verstrickung

It's a biographers duty to illustrate the strength of its character, not merely to call it great.
(A.S. Byatt, A biographers tale)

Nochmals zum Widerstand? Ja, denn dazu ist noch nicht alles gesagt.

Der Wissensstand des Vorsitzenden des VGH, Roland Freisler, war das damalige Kondensat der amtlichen Kenntnis über Wentzels politische Aktivitäten, einschließlich der Erkenntnis der Gestapo, dass Goerdeler und Wentzel wohl immer wieder mal Kontakt miteinander hatten.[626]

Motive im Kontext des konspirativen Handelns auf mangelnder schriftlicher Quellenbasis eindeutig zu benennen, führt notwendigerweise in ein Dilemma. Zunächst einmal gilt es, von einer bisher dominierenden Idee etwas Abstand zu gewinnen: Von der Idee, wonach das Abendessen in Teutschenthal der Schlüsselmoment in der Geschichte Wentzels im Dritten Reich war.

Wenn Wentzel tiefer in eine Verschwörung verstrickt gewesen sein sollte, wenn es hinter dem Wentzel der regimekritischen Äußerungen und Gedankenspielereien an deutschen Kaminen einen anderen Wentzel gegeben hat, dann war diese Person und diese Verschwörung geheim, ohne Papiere, ohne (überlebende) Zeugen. Dann war Wentzel Teil eines in einem ganz profanen Sinne »geheimen« Deutschlands.

Ein Mann des 19. Jahrhunderts, immerhin sein prägendes erstes Lebensviertel, ist Wentzel nur zum Teil gewesen, nach Unternehmensführung, innerer Haltung sowie sozialer und politischer Überzeugung war er ein offener Geist und stand irgendwo dazwischen, zwischen Feudalismus und Kapitalismus, Marktwirtschaft und Staatswirtschaft, zwischen Landwirtschaft und Industrie, zwischen Staatstreue und christlichem Gewissen. Wentzel verkörperte in seinem Charakter und in seinen weitgespannten Aktivitäten mehrere Welten. Lohnend dürfte deshalb auch die Antwort auf die Frage sein, ob auch sein Verständnis von Loyalität und Widerstand eine solche Spanne ausgehalten hat.

Der Oberamtmann war kein *homo politicus*, der instinktiv versuchte, auf die großen politischen Zusammenhänge Einfluss zu nehmen. Ein politischer Wille, sich der Lage zu bemächtigen, den Moment des Eingreifens zu kalkulieren

626 Siehe S. 189.

und dann zu handeln, hat ihn nicht beseelt. Das von Wentzel selbst aus naheliegenden Gründen im Prozess gezeichnete und von seiner Familie und später noch lebenden Zeitzeugen tradierte Bild des unpolitischen Menschen entsprach dem, was er ursprünglich war, jedenfalls solange die Verhältnisse es zuließen.

Als dies nicht mehr so war und die politischen Verhältnisse sich radikal veränderten, wurde er aus dieser seiner eher behaglichen Welt herausgerissen. Dem Gutsbesitzer, dem ursprünglich alles andere näher gelegen hat, als gegen die Obrigkeit zu konspirieren, muss es im status quo mehr als unbehaglich geworden sein. Die Weimarer Zeit und die Anfänge des Dritten Reichs hatten Wentzel noch als einen Bürger erscheinen lassen, der – alles in allem – Politik eher erduldet, sich ihr mehr anpasst, sich von Ausnahmen abgesehen, mehr für seine unternehmerischen Zwecke eingemischt als den Versuch unternommen hat, Politik aktiv zu gestalten. Erst später trat das moralisch inspirierte zivilgesellschaftliche Engagement in einer über die ureigensten Belange des Landwirts und Agroindustriellen hinausgehenden Dimension in einer Art subkutaner Politisierung, vielleicht auch durch Erziehung und christlichen Glauben gedämpften Radikalisierung zu Tage. Das Bild des unpolitischen Gutsbesitzers hatte ja schon in der Weimarer Zeit seine Kratzer abbekommen. Der Herausforderung, die sich mit der Machtübernahme durch Hitler stellte, ist er dann ja auch mit Entschiedenheit und Klarsicht begegnet, fast als hätte ihn die angekündigte Schreckensherrschaft aufgestachelt, alle Reserven politischen Denkens aktiviert und in ihm die verzweifelte Tapferkeit des ängstlichen Mannes ausgelöst. Der Schritt zu der Erkenntnis, dass es mit innerer Ablehnung allein nicht mehr getan war, machte aus dem Herzens-Unternehmer in den Monaten und Jahren, als der »zweite Dreißigjährige Krieg« sich immer mehr zuspitzte, einen Vernunftpolitiker, freilich einen, der mit vielen anderen Gesinnungsgenossen das Schicksal der Vereinsamung und Isolation geteilt hat.

Kritik an Hitler war das eine. Das andere, so hat es Dieter Ehlers einmal formuliert, war »die doppelbödige Frage, wie es weitergehen, wie es enden solle und dass doch irgendetwas geschehen müsse. Erst in dieser Enge auswegloser Perspektiven eröffneten die Verschwörer ihren eigenen hochverräterischen Lösungsvorschlag«.[627] In den Kriegsjahren war die Erörterung innenpolitischer Alternativen ein Spiel mit dem Feuer, denn die Grenze zwischen »Meckerei« und Widerstand war hauchdünn.

Deutliche Anzeichen dafür, dass Wentzel aktiv über einen Regimewechsel nachdachte, ergaben sich schon aus den zeitbedingt kryptischen Äußerungen

627 Ehlers 1964, S. 91.

in dem bereits beigezogenen Briefwechsel mit Carl Friedrich von Mettenheim, meinem Vater.[628] Einige Aussagen sind geeignet, noch bestehende Restzweifel an der widerständigen Haltung des Landwirts zu beseitigen: Einige Passagen erfüllen aus der Perspektive und nach den praktizierten Maßstäben der Machthaber den Tatbestand des Hochverrats.

Als Wentzel Anfang 1943 einen Konflikt Großbritannien – USA heraufziehen sah, das wurde schon beschrieben, hielt er es für möglich, dass Deutschland diese Lage nutzen könne, wobei allerdings, wie er in einem seiner Brief schreibt, »gewisse Voraussetzungen nötig« seien.[629] Nicht wenige hätten daraus damals eine fundamentale Regimekritik herausgelesen. Im März 1943 formuliert er, dass der Krieg »auf alle Fälle in diesem Jahr zu Ende kommen [muss]. Über das Wie? kann man verschiedener Meinung sein«.[630]

Hierüber wird er sich nicht nur mit dem Adressaten der Briefe ausgetauscht haben. Wentzels Vernetzungen mit einer Reihe von dem NS-System gegenüber kritisch eingestellten Persönlichkeiten ist bisher in ihrer Gesamtheit wenig beachtet worden. Sie sprechen eine deutliche Sprache und sind umfangreicher als bisher angenommen. In der Zusammenschau ergeben sie einen qualitativ neuen Befund.

Zu diesen Kontakten gehörte beispielsweise Generaloberst Ludwig Beck, mit dem Wentzel, den sonst nichts mit dem Militär verband, kurz vor Kriegsausbruch zusammengetroffen ist, wie Wilmowsky zu berichten weiß.[631] Dazu gehörte ebenfalls die im September 1944 hingerichtete Elisabeth von Thadden. Ebenso ist seine Verbindung mit der Robinsohn-Strassmann-Gruppe wenig bekannt. Ernst Strassmann, der Kopf der Gruppe, besuchte ihn in der ersten Jahreshälfte 1938 in Teutschenthal.

Strassmann war ein Berliner Richter, der überhaupt nicht zum Umkreis der deutschnationalen Freunde Wentzels gehörte und nichts mit dem agroindustriellen Komplex, wie ihn der Reusch-Kreis verkörperte, zu tun hatte. Die Ideen der Strassmann-Gruppe waren im Gegensatz zu der dominierenden Strömung des nationalkonservativen Widerstands »realistisch, modern, städtisch-industriell geprägt«.[632] Sie sah ihr Ziel im Wesentlichen darin, das Ausland über das Vorhandensein deutscher Widerstandsgruppen zu unterrichten und Weichen für eine Regierung nach Hitler zu stellen. Die Gruppe pflegte Verbindungen zum Kreisauer Kreis und zu den Leuten um Goerdeler, aber auch zu Generaloberst Beck. Diese Gruppe ist nahezu unbekannt geblieben. Sie war zwar im Visier der

628 Siehe S. 130.
629 Wentzel an von Mettenheim am 4.1.1943.
630 Dto. am 15.3.1943.
631 Wilmowsky 1961, S. 194.
632 Sassin 1993, S. 250f.

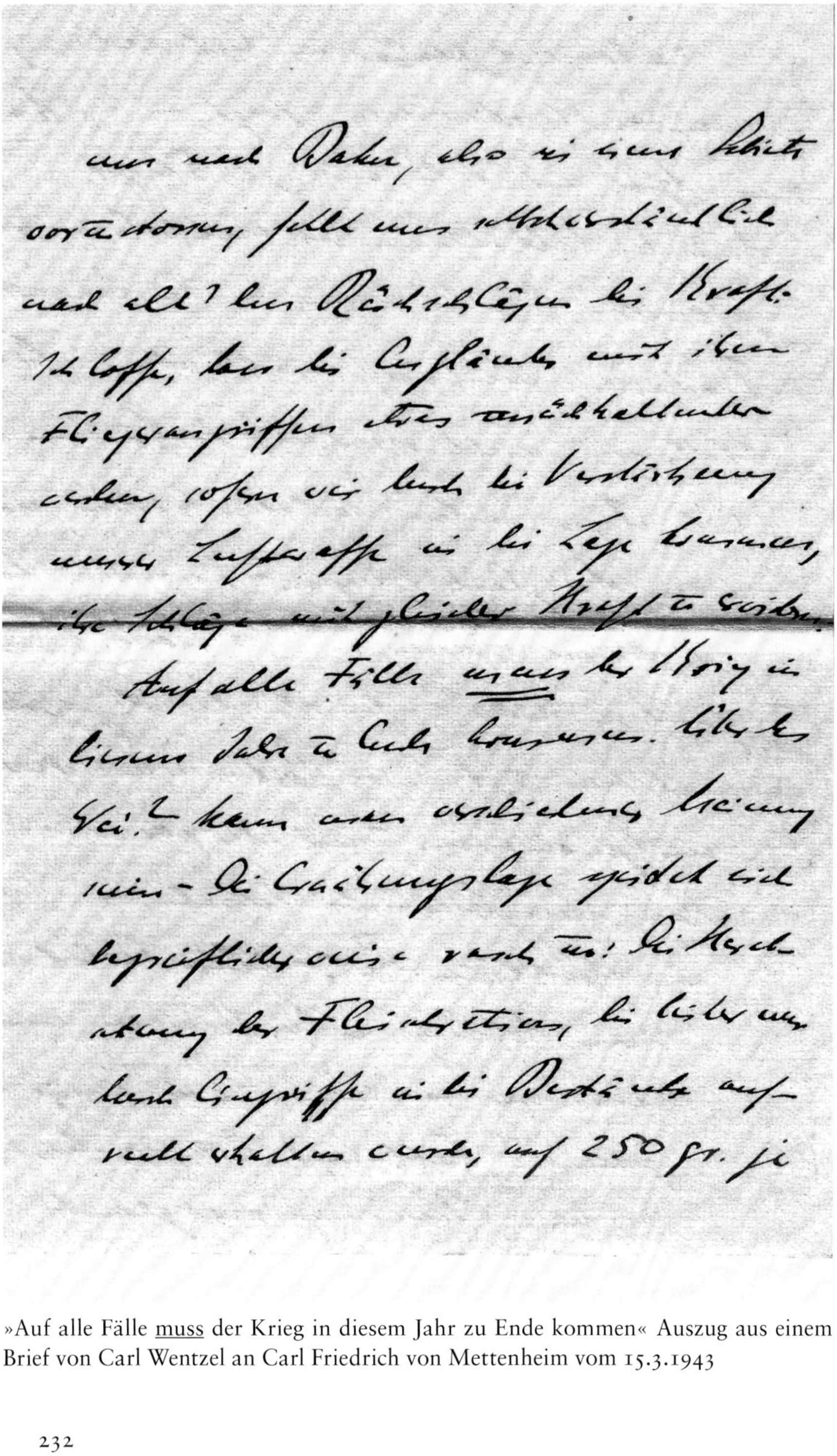

»Auf alle Fälle <u>muss</u> der Krieg in diesem Jahr zu Ende kommen« Auszug aus einem Brief von Carl Wentzel an Carl Friedrich von Mettenheim vom 15.3.1943

Behörden, ist aber nie vollständig aufgerollt worden.[633] Etwa zur gleichen Zeit als der Besuch Strassmanns bei Wentzel stattfand, brachte ein weiteres Mitglied der Gruppe Helmut James von Moltke zu Wentzel.[634]

Ernst Strassmann, um 1940

Wentzel war auch Mitglied der »Landwirtschaftlichen Betriebsgesellschaft Berlin«. Von dieser berichtet der frühere Staatssekretär im Reichslandwirtschaftsministerium, Hans Joachim von Rohr, sie habe »in sehr geschickter Tarnung Widerstand geleistet«. Unter dem Deckmantel des Kundendienstes seien bei den Zusammenkünften auch politische Ziele verfolgt worden. Rohr erinnert sich an die Teilnahme Wentzels wie auch an diejenige des später wegen seiner Beteiligung am 20. Juli hingerichteten Gutsbesitzers Scholz-Babisch.[635] Noch etwas deutlicher kommt das bei Friedrich-Karl von Zitzewitz heraus, der in seinen Erinnerungen schreibt, in seinem Prozess sei es ausschließlich um seine Beziehung zu der Person Goerdeler gegangen und, so Zitzewitz weiter, »blieb meine Zusammenarbeit mit der Wehrmachtsführung, mit Peter Yorck, dem Kreisauer Kreis, vor allem mit Wentzel-Teutschenthal und dem für die Nazis gefährlichen Teil meiner landwirtschaftlichen Arbeit ohne Berührung.«[636]

Intensität und Folgen dieser Querverbindungen können nicht mehr im Einzelnen nachvollzogen werden. Sie mögen im Hinblick auf den Handlungskern der Verschwörung gegen Hitler als kleine Münze gelten. Sie zeigen aber, dass es im Ergebnis zu kurz gegriffen ist, Wentzels Stellung im Widerstand auf seine persönliche Beziehung zu Goerdeler zu reduzieren. Aber selbstverständlich hatte diese Beziehung ihr eigenes Gewicht.

Wentzel und Goerdeler kannten sich schon unabhängig vom Reusch-Kreis. Sie waren bereits in der Zeit, als letzterer Oberbürgermeister in Leipzig war, zusammengetroffen. Im Juli 1935 jedenfalls besuchte Goerdeler als Reichspreis-

633 Strassmann wurde 1942 verhaftet, hat aber überlebt, ders. S. 227ff.
634 Ders., S. 147.
635 von Rohr an W. Hammer am 29.6.1954 (IfZ ED 106/40 – 71).
636 Auskunft Berta Himme (Tochter Zitzewitz).

kommissar die Wentzel'schen Betriebe und fand laut Betriebszeitung in einem Artikel mit Bild in Salzmünde »freundlichste Aufnahme«.[637] Ein Patenkind von Carl Wentzel, Ingrid von der Recke, hat aus ihrer Jugendzeit berichtet, dass sie bei Besuchen in Wentzels Jagdhaus Möllendorf, etwa zu datieren auf Anfang der 1940er Jahre, wiederholt Goerdeler begegnet und als zur Sache gesprochen wurde, herausgeschickt worden sei.[638]

In einem späten Verfahren vor dem Volksgerichtshof, da war Wentzel selbst bereits abgeurteilt, ist ein Gespräch im Jahr 1939 aktenkundig geworden, das Wentzel mit Goerdeler und dem Unternehmer Werner Stöhr geführt hatte. Es wurde darüber gesprochen, dass der Nazi-Staat nicht funktionieren könne, weil es »finanzpolitisch und ernährungsmäßig nicht klappe.«[639] Stöhr war Aufsichtsratsvorsitzender der Kammgarnspinnerei, deren Vorstandsmitglied Walter Cramer in den Planungen des 20.Juli als politischer Beauftragter für das Wehrkreiskommando IV (Dresden) vorgesehen war. Cramer wurde später, übrigens einen Tag nach dem Richterspruch gegen Wentzel, verurteilt und hingerichtet. Werner Stöhr wurde in einem anderen Verfahren freigesprochen.[640]

Es mag irritieren, dass Wentzels Kritik an den Zuständen im Dritten Reich, jedenfalls soweit sie konkret überliefert ist, sich in aller Regel auf den Agrarsektor beschränkte und eine von der heutigen Generation oft leichthin eingeforderte politische Grundsätzlichkeit vermissen ließ. Es war allerdings ziemlich typisch für die Regimekritik im Dritten Reich, dass der Weg zu ihr erst über die fachlichen Bedenken zur ethischen Einsicht führte.[641]

Leider sind von keinem der politischen Weggenossen Goerdelers und auch nicht von Goerdeler selbst Zeugnisse erhalten, die weiteren konkreten Aufschluss über Dauer und Intensität der Beziehung zwischen den beiden Männern geben könnten, dem ganz Großen des deutschen Widerstands und dem nahezu unbekannten ganz Großen der deutschen Landwirtschaft.

Hans Walz, der Mitarbeiter von Robert Bosch, berichtet in seiner Nachkriegsaufzeichnung »Meine Mitwirkung an der Aktion Goerdeler« von einer gemeinsam verfassten Denkschrift. Er erzählt von einem Papier, gedacht als Appell an »Vernunft und Gewissen der einzelnen leitenden Generäle«, das er zusammen mit Wentzel (und Goerdeler) »verantwortlich mitunterzeichnet« hatte.[642] Walz hat kein genaues Datum angegeben, aber es soll nach einer schweren Erkrankung von Beck, was auf die Jahreswende 1942/43 hindeutet,

637 Unser Betrieb, 12.7.1935.

638 Mitteilung Ingrid de Boetzelar, Baden-Baden, März 2014.

639 Strafsache gegen Hahn u.a., zit. nach Jacobsen 1984, S. 786.

640 Ebd.

641 Vgl. (Klaus-Jürgen) Müller 1994, S. 32ff. – Fest 1994, S. 327, der davon spricht, das moralische Motiv sei oft überdehnt worden.

642 Kopp 1966, S. 114.

geschehen sein. In der Denkschrift ging es um die Unzulänglichkeit der kriegswirtschaftlichen Leistungsfähigkeit der deutschen Industrie und um die wachsenden Schwierigkeiten der Ernährungslage. Das hört sich heute sehr technokratisch und gemessen an der drohenden Gefahr geradezu neben der Sache an, kann jedoch im Kontext der Nazi-Diktatur auch als taktisch klug eingefädelte Kritik gewertet werden. Sie blieb jedenfalls ohne Erfolg. Generalstabschef Generaloberst Franz Halder stimmte der in der Denkschrift enthaltenen Kritik zwar zu, sah sich jedoch außerstande, etwas zu unternehmen.

Rudolf Pechel, langjähriger Chef der »Deutschen Rundschau« und unnachsichtiger Kritiker der Opportunisten und Halbherzigen des deutschen Widerstands, hat in seinem kurz nach dem Krieg erschienenen, aus persönlichen Erinnerungen gespeisten Buch über den Widerstand die Tür zu einer weitergehenden Interpretation geöffnet. Pechel hat festgestellt, dass Wentzel Goerdelers Arbeiten »weitgehend auch finanziell« unterstützt habe.[643] Dieses Zeugnis ist seit langem bekannt, aber bei der Beurteilung von Wentzels Rolle im Widerstand bisher weitgehend übergangen worden. Zu Unrecht, denn die Aussage Pechels hat Gewicht, weil Pechel selbst mit Goerdeler unmittelbar zusammengearbeitet hat. Wer musste es eigentlich wissen, wenn nicht er? Ein Grund, warum Pechel das erfunden haben sollte, ist jedenfalls nicht ersichtlich.

Indes wird die Beziehung Wentzels zu Goerdeler inhaltlich so wenig konfliktfrei gewesen sein wie diejenige anderer politischer Weggenossen zu Goerdeler. Das Verhältnis zu Goerdeler war gut, so Zitzewitz nach dem Krieg[644], »aber es wird schon zutreffen, dass er [Wentzel] in den letzten Jahren [!] von Goerdeler etwas abgerückt ist. Das habe ich auch getan. Sehr wahrscheinlich haben wir beide die gleichen Beweggründe gehabt«. Zitzewitz spricht dann von Unterschieden in der politischen Zielsetzung, hält es allerdings für äußerst unwahrscheinlich, dass diese größere Ausmaße angenommen haben könnten.

Zitzewitz war es auch, der sich an die fachliche Überzeugungskraft erinnerte, mit der der Teutschenthaler die Reformpläne Goerdelers kritisierte, wenn er es für sachlich geboten hielt:

> Er verstand es wunderbar, sein großes allgemein-wirtschaftliches Wissen und seine intime Kenntnis aller landwirtschaftlichen Vorgänge, die ihn befähigten, gute von schlechten Vorschlägen sofort zu trennen, unter seiner jovialen Güte und Freundlichkeit zu verbergen. Er sah viel schärfer durch unzureichende Pläne und Vorschläge durch, als der ihn nicht genau kennende Zuhörer bemerkte.[645]

643 Pechel 1947, S. 223.
644 Zitzewitz an Elster am 5.3.1947 (StaH, S 15 WEN N 42, Nr. 13).
645 Ebd.

Zitzewitz sah inhaltliche Differenzen zwischen Goerdeler und den übrigen, vor allem im Verhältnis zum Militär voraus, und betrachtete, unter Berufung auf Wentzel, die Ziele Goerdelers als «außerordentlich unsicher, zu kurz gegriffen und ohne Schwerpunktbildung«.[646]

Zitzewitz plädierte allerdings auch mit Nachdruck dafür, die die NSDAP ablehnende Haltung Wentzels scharf herauszustellen und die Differenzen mit Goerdeler, auch um das Bild Goerdelers nicht zu beschädigen, in den Hintergrund zu rücken.[647]

Bei allen Indizien, die für Meinungsverschiedenheiten zwischen beiden Männern sprechen, ist es jedoch kaum denkbar, dass nicht jeder vom anderen wusste, was auf der Tagesordnung stand. Die Entschlossenheit Goerdelers kann dem Gastgeber in Teutschenthal nicht verborgen geblieben sein. Tatsache ist, dass Goerdeler im Herbst 1943 schon bis zum Hals in Umsturzplänen steckte. Er reiste rastlos von Ort zu Ort, knüpfte Verbindungen und entwarf Zukunftspläne. Goerdeler wollte, so ist auch in Zusammenhang mit dem Abendmahl in Teutschenthal mit Sicherheit anzunehmen, den Kreis der zu aktivem Tun bereiten Verschwörer um die Anwesenden erweitern. Die beiden Männer kannten und vertrauten sich.

Unbestreitbar ist andererseits, dass sich zwischen Wentzel und Goerdeler eine Kluft auftat, als der Gutsbesitzer von den Attentatsplänen erfuhr. Für den frommen Protestanten führte die Frage zu einem schwerwiegenden Gewissenskonflikt. Er lehnte ein Attentat strikt ab und hat damit ganz im frühchristlichen Sinne die Rolle des Märtyrers der Rolle des Tyrannenmörders vorgezogen.

Sohn Wentzel stellte nach dem Krieg die christliche Überzeugung seines Vaters in den Vordergrund, die diesem die Beteiligung an einem Attentat verboten habe. Auch seine Schwester Margarete schrieb:

> Mein Bruder war niemals für gewalttätige Handlungen… Er glaubte auch fest, daß Gott das letzte Wort sprechen würde, und auch, daß aus dergleichen Methoden, wie sie die Nazis skrupellos anwandten, doch kein Segen erwachsen würde. Also ist er kein aktiver Kämpfer gegen Hitler, wenn er auch dessen Abdankung [sic] intensiv gewünscht und wohl auch niemand widersprochen hat, der nur ein gewaltsames Ende für möglich hielt. Vielleicht ist man, in solcher Sorge, wie er sie für Volk und Vaterland empfand, dennoch »Märtyrer« seiner vornehmen Gesinnung, wenn man sich keine Lösung durch immerhin unmenschliche Mittel gestattet.[648]

646 Ebd.
647 Ebd.
648 Margarete von Dewitz an Elster am 21.11.1946 (StaH S 15 WEN N 42, Nr. 13).

Carl Goerdeler, 1931

Wentzels Schwiegertochter berichtet in ihren Lebenserinnerungen über ein Gespräch mit ihm einige Zeit vor dem Attentat, in dem Wentzel ihr anvertraut hatte, dass er sich von Goerdeler distanziert habe. Im Alter von neunzig Jahren schreibt sie über dieses Gespräch:

> Mein Töchterchen, ich habe mich etwas von Goerdeler gelöst. Sie wollen Hitler umbringen. Das entspricht nicht meinem christlichen Verständnis. Hitler muss gefangen genommen und abgeurteilt werden. Doch wer macht das? Das muss organisiert werden. Aber ihn einfach zu erschießen! Das kann ja jeder Offizier, und es würde ihm nicht gerecht werden, sofort tot zu sein.[649]

Abgesehen davon, dass hier eine reziproke Variante des Offizierszitats, das ja im Prozess eine Rolle gespielt hatte, auftaucht, deckt sich die Darstellung von Lore Wentzel jedenfalls, was den Zeitpunkt angeht, mit der Aussage von Schaumburg, der erzählt hat, dass Wentzel im Frühjahr 1944 von den Umsturzplänen erfahren hatte.[650]

649 Pfeiffer 2011, S. 113.
650 Urteil VGH vom 13.11.1944 (BArch 6/19, Bl. 73ff).

Dies ist nicht nur ein Beleg für die Vertrauensstellung, die Wentzel im Verschwörerkreis genoss, sondern auch ein klarer Hinweis darauf, dass Wentzel den Kontakt zu Goerdeler keineswegs, wie er notgedrungen später behauptete, nach dem Abendessen im November 1943 abgebrochen hat, sondern dass er auch danach noch zum engeren Kreis der Mitwisser gehörte.

Es spricht nämlich viel dafür, dass er, sich sozusagen in ungekündigter Vertrauensstellung zu Goerdeler befindend, erst später von dem Attentatsentschluss erfahren hatte. Das Gespräch, in dem die Entscheidung für das Attentat innerhalb der engeren Verschwörergruppe gefallen war, datiert Goerdeler-Biograph Ritter auf September 1943.[651] Wenn Wentzel davon damals schon gewusst hätte, hätte er als in der Wolle gefärbter Attentatsgegner die Veranstaltung in seinem Haus im November des gleichen Jahres vermutlich so nicht durchgeführt. Wahrscheinlicher ist deshalb, dass sein Entschluss, sich von Goerdeler, der ja noch lange selbst mit der Attentatsidee gehadert hatte, »etwas zu lösen«, später und erst nach erneuten Aussprachen bzw. Erkenntnissen gefallen ist.

Die Familie hat damals von Widerstand ja nichts gewusst. Über Widerstand sprach man im Allgemeinen nicht am Abendessenstisch, schon gar nicht bei den Wentzels. Wentzel, übrigens ja auch ein Patriarch in Person, hätte es kaum riskieren können, seine Frau, seine Schwestern oder auch seinen Sohn einzuweihen. Die Erinnerung der Schwiegertochter ist denn auch ambivalent. Sie spricht von Vermutungen und schreibt offen und glaubwürdig: »Was wußte ich vom Widerstand? Nichts!«.[652] Was in der damaligen Gegenwart geschah, konnte man auch diesmal möglicherweise erst viel später von den Historikern erfahren.

Gelegentlich ist die Auffassung vertreten worden, Wentzel sei von Goerdelers »radikaler« Haltung bei dem schicksalhaften Abendessen geradezu überrumpelt worden, seine Mitwisserschaft sei ihm sozusagen aufgedrängt worden.[653]

So gibt etwa Ella Neuß nach Wentzels Verhaftung in einem Schreiben an ihren Mann die Gerüchte der Umgebung wieder, die alle Wentzel für einerseits unschuldig, andererseits für leichtgläubig und deshalb gefährdet halten. Ella Neuß hofft, dass Wentzel sich nicht »von dem blöden Goerdeler bloßstellen läßt«.[654]

Etwas von dieser Haltung findet sich selbst bei Carl Wentzels Schwiegertocher, die sich trotz aller Verehrung für ihren Schwiegervater auch heute noch nicht vorstellen kann, dass dieser als Widerständler auch rechtswidrige Handlungen einbeziehen konnte. Sie hat in ihren Erinnerungen das fragliche Abendessen

651 Ritter 1955, S. 364ff.
652 Pfeiffer 2011, S. 133.
653 Insb. Elster, S. 14.
654 Neuß 2004, S. 141.

im November 1943 als »unsäglich« bezeichnet und äußert zumindest die Vermutung, dass Carl Goerdeler bei dem Abendessen »vielleicht deutlich ketzerischer und aufrührerischer gesprochen hat als von Carl Wentzel angenommen und er selbst bereit war, in dieser Angelegenheit mitzutragen«.[655] Das widerspräche allerdings den klaren und insoweit vollständigen Sachverhaltsermittlungen von Gestapo und VGH. Außerdem war das Abendessen ja zwischen Vier-Augen-Gespräch und allgemeiner Runde aufgeteilt, hätte also vom Format her dem Gastgeber reichlich Gelegenheit gegeben, die Erörterung ihm unangenehmer Themen abzubiegen oder im Keim zu ersticken.

Es braucht wohl zu guter Letzt kaum betont zu werden, dass den wiederholten deutlichen Distanzierungen Wentzels von Goerdeler im Rahmen von Strafverfolgung und Prozess keine Bedeutung beizumessen ist. Wentzel wollte ebenso wie die anderen in diesem Verfahren angeklagten Personen sein Leben retten. Trotz der in anderen Verfahren vor dem VGH deutlich demonstrierten Opferbereitschaft vieler Widerständler hat dies immer noch als eine ganz natürliche Reaktion zu gelten.

Im Sommer 1944 muss sich die Frontstellung Wentzels gegen das Regime verstärkt haben. Hanni hat davon berichtet, dass im Falle der Verhaftung von Wentzel ein »verabredetes Zeichen« von dessen Ehefrau Ella kommen sollte (was dann, wie wir schon erfahren haben, schließlich auch kam). Die Aussage seines Sohnes, dass sein Vater noch kurz vor seiner Verhaftung ohne Arg für sich gewesen sei, wie es Neuß berichtet[656], scheint daher eher für die Arglosigkeit des Sohnes zu sprechen.

Als das Attentat ausgeführt wurde, war Wentzel, so die Schilderung seiner Gefährtin Johanna von Mettenheim, »bestürzt« und hat später seine Mitwisserschaft zurückgewiesen. Nach einer etwas unklaren Überlieferung hat Hanni mittels einer Thermosflasche ein Kassiber aus dem Gefängnis geschmuggelt, in dem folgender Satz gestanden haben soll: »Jetzt soll ich mit einem mal Mitwisser sein. Aber ich schwöre Dir: Nein!« Später wird dieser Text in leicht veränderter Form kolportiert: Statt des Schwurs heißt es: »Alle meine Freunde wissen das Gegenteil«. Damit konnte nur das Attentat des 20. Juli gemeint sein, was er ja bekanntlich ablehnte. Ein Abrücken vom Widerstand generell wird hieraus nicht herzuleiten sein.

So lässt sich hinter dem durch ungenaue Erinnerungen, verfolgungsbedingte Fälschungen und interessengeleitete Interpretationen vernebelten Bild doch ein ziemlich klar konturiertes Bild von Wentzel im Widerstand rekonstruieren. Dabei drängt aber eine neue Frage nach Antwort: Sind die hier geschilderten

655 Pfeiffer 2011, S. 147.
656 Neuß 1957 (Typoskript), S. 157.

tieferen Zusammenhänge den Verfolgungsbehörden wirklich unbekannt geblieben? Das wäre einerseits überraschend, andererseits aber auch nicht auszuschließen.

Das Ausmaß der Kenntnisse der Verfolgungsbehörden über regimekritische Kreise ist eine der vielleicht oft etwas zu pauschal beantworteten an die Geschichte des Dritten Reiches gerichteten Fragen.

Die Spanne der Meinungen reicht von der Annahme der Allwissenheit, ja sogar der Kollusion von Teilen des NS-Apparats mit dem Widerstand[657] bis zur Zurückweisung des Bildes von Omnipräsenz und Allmacht der Gestapo als »Mythos«.[658] Die populäre Vorstellung, dass der Verfolgungsapparat des Dritten Reichs wie ein Schweizer Uhrwerk funktionierte, kann im Einzelfall in die falsche Richtung führen. So ist es auch hier.

Selbst wenn die Gestapo unstreitig in der Lage war, die größeren Oppositionsgruppen zu infiltrieren und zu observieren, hat auch sie letztlich nur mit begrenzten Mitteln gearbeitet. Im sich überschlagenden Verfolgungsrhythmus der zweiten Hälfte des Jahres 1944 ist den Verfolgungsbehörden vieles, was für die Opposition sehr schmerzliche Folgen hatte, gelungen, aber ihnen ist auch einiges entgangen. Bekannt ist schließlich, dass die Gestapo nach dem 20. Juli von der Breite der Verschwörung überrascht worden war, ja teilweise, dass ihm die Dinge über den Kopf wuchsen und die uferlose Verfolgung zu Abnutzungserscheinungen führte.[659] Selbst mancher aus dem engeren Kreis der Widerständler konnte sich damals bekanntlich durch geschicktes Leugnen aus der Affäre ziehen.

In Sachen Wentzel hat die Gestapo, so darf man annehmen, alles zusammengekratzt, was sie auftreiben konnte. Der Richter Roland Freisler konnte damit offensichtlich entspannt umgehen. Ihm genügten die in seinem Urteil niedergelegten Gründe unter gewissenhafter Berücksichtigung seiner eigenen, auf radikale politische Effizienz gerichteten Prozessökonomie in diesem Fall völlig, um zu einem Todesurteil zu kommen.

So war die Verurteilung und Hinrichtung Wentzels einerseits eine zynische, aber im Sinne der Machthaber doch erfolgreiche Manipulation, andererseits aber auch eine Niederlage des nationalsozialistischen Staates. Denn dieser musste das Recht beugen, um Wentzel in die Knie zu zwingen, obwohl er das ohne Weiteres – seinen eigenen Maßstäbe entsprechend »ordnungsgemäß« – hätte tun können, wenn er nur etwas mehr als nur einen Zipfel der Wahrheit erfasst hätte. Carl Hans Graf von Hardenberg schrieb nach dem Krieg an Sohn Wentzel:

657 Vgl. Maier 1966, S. 299ff.
658 Zarusky 1998, S. 38 mit weiteren Nachweisen, vgl. auch Hoffmann 1970, S. 604ff.
659 Vgl. Fest 1994, S. 311. – Hett/Tuchel 1994, S. 377ff. – Ritter 1955, S. 413. – Vgl. auch Aussage Quetting, S. 142, Anm. 136.

Ihr Vater war nach seiner ganzen Weltauffassung und Grundeinstellung von Beginn des Nationalsozialismus an ein erklärter Gegner seiner verbrecherischen Methoden. Er sah in Hitler selber das Bild des Antichristen und wußte, dass er nicht nur Deutschland, sondern die ganze Welt ins Unglück stürzen würde. Hieran ändert nichts, dass er von seinem Standpunkt aus ein Attentat abgelehnt hat. Daß aber die Nazi-Herrschaft gebrochen werden mußte, [darüber] war er sich von Anfang an bewusst. Insofern gehört er auch unbedingt zu dem Kreise der Widerstandskämpfer. Eine Tatsache, auf die man stolz sein muss...[660]

Auch Tilo von Wilmowsky vertrat die Auffassung, es müsse alles getan werden, um Wentzel den »ihm gebührenden Platz in der Geschichte« zu sichern.[661]

Nach der Kapitulation wurde für die in der unruhigen See der alliierten Säuberungspolitik treibenden Gefährdeten jede Nähe zu Opfern des 20. Juli zu einer rettenden Insel. Dies verschaffte der Opposition gegen Hitler noch posthum großen Zulauf. Auch Wentzel gewann nachträglich politische Freunde, derer er zu Lebzeiten so dringend bedurft hätte.

So hat beispielsweise der langjährige Aufsichtsratsvorsitzende der Dresdner Bank, Carl Goetz, in seinem Spruchkammerverfahren darauf hingewiesen, er habe »nachweislich schon im Jahre 1939 Besprechungen mit den zum letzten entschlossenen Oppositionsleuten aufgenommen« und diese Besprechungen und Beratungen seien »unter allmählicher Concentration auf Popitz, Goerdeler und Wentzel weitergegangen«. Dies habe schließlich zu seiner Verhaftung nach dem 20. Juli geführt.[662] Das mit der Verhaftung stimmt. Goetz hat aber keine aktive Rolle im Widerstand gespielt.[663] Hingegen ist es durchaus wahrscheinlich, dass Goetz, wie er an anderer Stelle selbst einräumt, seine Freilassung aus dem KZ Ravensbrück der Fürsprache des später in den Nürnberger Prozessen zum Tode verurteilten Reichsarbeitsführers Fritz Sauckel zu verdanken hatte.[664]

Der einstmalige 2. Bundesvorsitzende des Stahlhelm, Theodor Duesterberg, der dem Magdeburg-Halleschen Umfeld eng verbunden war, erwähnt Wentzel in seinen im Übrigen mit Personenreminiszenzen mehr als nur gespickten Erinnerungen als führenden Stahlhelmkameraden, dessen er in Ehren gedenkt.[665] Das hat er nach dem Krieg getan, weil es seinen apologetischen Absichten diente. Ebenfalls in diese Kategorie dürften die Einlassungen von General

660 Hardenberg an Elster am 22.12.1947 (StaH S 15 WEN N 42).
661 Wilmowsky an C.F. Wentzel am 19.1.1948 (StaH S.15 WENN 42, Nr. 3).
662 Schriftsatz Götz im Spruchkammerverfahren vom 28.1.1946 (HA Dresdner Bank – 104575).
663 Vgl. dazu im einzelnen Henke 2006, S. 216, der zu dem Schluss kommt, die Behauptungen von Goetz fügten sich nahtlos in die systematisch betriebene Vernebelung seines Verhaltens im Dritten Reich ein.
664 Erklärung Goetz vom 18.3.1946 (HA DrB– 104574 –).
665 Duesterberg 1950, S. 153. »Der Kamerad Carl Wentzel, Teutschenthal«.

Thomas nach dem Krieg gehören. Der im Reusch-Kreis nur bedingt akzeptiert gewesene Mann hielt fest, sein Verkehr im Reusch-Kreis sei ihm im Dritten Reich besonders übel vermerkt worden und habe zur Überwachung seines Telefonverkehrs geführt.[666]

Auch Dritten konnte damit geholfen werden: Emil Woermann konnte als »Mann mit Verbindungen zur Widerstandsbewegung« den tief in den »Hungerplan Ost« verwickelten Landwirtschaftsstaatssekretär Hans-Joachim Riecke entscheidend entlasten, indem er, wie bereits berichtet, Riecke als seinen Fürsprecher bei Freisler benannt hat.[667]

666 Aufzeichnung von Thomas »Die Opposition« (IfZ – ZS – 310/2-14).
667 Benz 2014, S. 99.

Die Affäre Alvensleben

Der Terror muss spürbar, das Gewand des Rechts aber sichtbar sein.
(Eugen Kogon, Der SS-Staat)

In der Überlieferung Wentzel ist das politische Narrativ eng – für manche untrennbar – verwoben mit der Auseinandersetzung zwischen dem Eigentümer von Schloss und Landschaft Schochwitz, Ludolf von Alvensleben einerseits und auf der Pächterseite Carl Wentzel andererseits.

Ludolf von Alvensleben gilt als der böse Geist, der hinter der Verfolgung von Wentzel stand. Er wird für diese Rolle voll und ganz in Anspruch genommen.[668]

In der Region pfiffen es damals die Spatzen von den Dächern:

In einem seiner Feldpostbriefe[669] schrieb der mit den örtlichen Verhältnissen bestens vertraute Erich Neuß, Wentzel sei »Opfer eines Mannes geworden, der ihm seine Überlegenheit als Mensch und Standesgenosse nie verzeihen konnte«, in einem anderen »[Wentzel] hatte sehr mächtige Feinde, die nur auf eine Gelegenheit warten, sich seiner Güter zu bemächtigen«.[670] Derselbe Neuß hat etwa zehn Jahre später den wohlformulierten und eingängigen Satz geprägt, »bei der Jagd auf und bei der Vernichtung des Menschen Wentzel« sei der 20. Juli nur der Anlass gewesen und Goerdeler nur der Vorwand.[671] Olbrich greift den Gedanken teilweise auf und nennt den 20. Juli eine »willkommene Gelegenheit«.[672] Wilmowsky schreibt Wentzels Tod u.a. »haßerfülltem Neid, der sich in gewissenlosen Verleumdungen niederschlug« zu.[673]

Die Schwiegertochter wagt hingegen im Rückblick keine deutliche Aussage: »Welche tatsächliche Rolle die Angelegenheit Schochwitz bei der Verurteilung Carl Wentzels spielte, ist nur zu vermuten«, schrieb sie schüchtern.[674] Auch

668 Vgl. hierzu insb. Olbrich 1981, S. 28ff. – Hans-Heinrich Müller 1997, S. 482. – Scherf 2018, S. 103f.
669 Briefe von Hauptmann Erich Neuß, 24. Inf.-Div., hier vom 13.2.1945 (http.www.kurland-kessel.de/feldpostbriefe/feldpost15.html) [Zugriff: 6.9.2018].
670 Ebd. Feldpostbrief vom 23.8.1944.
671 Neuß 1957 (Typoskript), S. 153.
672 Olbrich 1981, S. 30.
673 Wilmowsky 1961, S. 183.
674 Pfeiffer 2011, S. 142, an anderer Stelle: »Alvensleben ging es um Schloss und Gut Schochwitz«, S. 134.

Carl-Friedrich Wentzel (der Enkel) ist in seinem Urteil vorsichtig. Er meint, die von Alvensleben weitergeleitete Denunziation habe keine Rolle gespielt.[675]

Angefeuert wurden und werden diese z.T. spekulativen Interpretationen durch die den Fall Wentzel eigentümlich auszeichnende Vermengung von politischen und vermögensrechtlichen Auseinandersetzungen im relativ geschlossenen elitären Umfeld gutsbesitzerlicher Nachbarschaft. Wenn es nicht so ernst wäre, könnte man hier durchaus romanhafte Elemente entdecken, Stoff für eine Familiensaga. Die Realität ist oft nüchterner, aber nicht weniger kompliziert und selten schwarz-weiß. Es lohnt deshalb, sich damit ein wenig näher auseinanderzusetzen.

In der Sache geht es um den Streit zwischen Carl Wentzel und Ludolf von Alvensleben um die Pacht der Landwirtschaft Schochwitz. Es geht auch, vereinfacht gesagt, um ideologische Differenzen und es geht auch darum, ob das eine mit dem anderen etwas zu tun hatte.

Trotz allem, was dann noch kommen sollte: Beide Familien hatten über Generationen ein gutes Nachbarschaftsverhältnis, das auch in den Jahren des Dritten Reichs korrekt blieb. Es schien zunächst und jedenfalls nach außen nicht durch die beschriebenen Gegensätze in seiner Substanz beschädigt.

Ludolfs Mutter, Antoinette von Alvensleben, die erheblich jüngere Witwe des bereits 1912 verstorbenen Generalmajors, ließ sich von Wentzel bei der Verwaltung ihres Vermögens beraten. Wentzels Sohn Carl-Friedrich und der sieben Jahre ältere Ludolf von Alvensleben hatten gemeinsame Jugenderfahrungen hinter sich. Eine Cousine von Ludolf von Alvensleben, Ingrid von der Recke, war das Patenkind von Carl Wentzel. Wentzel war zudem Vormund von «Bubis» sehr viel jüngerer Schwester Ingeborg. Man lud sich gegenseitig ein. Antoinette von Alvensleben war häufiger Gast bei Wentzels Jagdeinladungen. Lore Wentzel, die Schwiegertochter von Carl Wentzel, erinnert sich aus den frühen 1940er Jahren an eine freundliche alte Dame, mit der sie sich hin und wieder zum Kaffee traf.

Das Verhältnis hatte jedoch potentielle Bruchstellen. Die Familie Alvensleben war in Sachen Wentzel etwas gespalten. Vor allem Ludolf stand im Gegensatz zu seinem Gutsnachbarn. Deutlich wurde das insbesondere, als Ende der 1920er, Anfang der 1930er Jahre eine familieninterne Auseinandersetzung aufbrach: Als «Bubis» Schwestern Luise und die noch minderjährige Ingeborg – vertreten durch ihren Vormund Wentzel – vor Gericht erfolgreich auf Herausgabe ihres Erbteils klagten, stand Wentzel gegen Ludolf von Alvensleben.[676] Ludolf war daraufhin gezwungen, 93 Hektar Land zu verkaufen. Wentzel kaufte es. Zwischen Ludolf und seiner Schwester Luise gab es über-

675 Carl-Friedrich Wentzel 2004, S. 57.

676 Eine weitere Schwester, Mechthild, klagte nicht und ließ ihren Erbteil als Hypothek im Grundbuch stehen. Mitteilung Gatterstaller vom 28.7.2014.

dies dauerhafte Spannungen, die u. a. in der Einstellung zu Carl Wentzel ihren Niederschlag fanden.

Die Lebenswege von Wentzel und Alvensleben, obwohl »Gutsnachbarn«, zeigen überdeutlich zwei völlig inkompatible Charaktere. Geistig und moralisch lebten sie auf verschiedenen Sternen. Die Distanz, die sich aus der spätestens gegen Ende der 1920er Jahre zu beobachtenden unkonditionierten und ostentativen Hingabe von »Bubi« an die braune Weltanschauung ergab und die sich im Laufe der Jahre verschärft haben muss, führte aber zunächst zu nichts anderem als einem geregelten Nebeneinander.

Von vielleicht noch größerer Bedeutung war die ungleich verteilte Wirtschaftskraft der beiden Kontrahenten. Alvensleben hatte mehr politischen Einfluss, aber der wirtschaftlich Stärkere war Wentzel. Der SS-General von Alvensleben war kein guter Ökonom. Er war stark verschuldet und musste kurzfristig Verkäufe tätigen, um den Kopf über Wasser zu halten.[677] Wentzel hatte Alvensleben verschiedentlich finanziell aus der Patsche geholfen.[678] 1934 befasste sich beispielsweise Wentzels Justitiar Drache mit der bereits seit einigen Jahren bestehenden Verschuldungssituation des Schochwitzer Grundbesitzes.[679] Das war einerseits ohne ein bestehendes Vertrauensverhältnis zwischen den Familien kaum vorstellbar. Andererseits wuchs damit über die Jahre die wirtschaftliche Abhängigkeit von Wentzel und wurde immer nachhaltiger. Dessen wirtschaftliche Übermacht konnte angesichts der andauernd prekären wirtschaftlichen Lage auf Schochwitzer Seite dort möglicherweise als bedrohlich empfunden werden. Wentzel half aus, wo er konnte. Aber er hatte auch ein Auge auf Schloss Schochwitz geworfen. Im Jahr 1936 hatte er sich für Schloss Schochwitz ein Vorkaufsrecht einräumen lassen.[680]

Aber noch 1943 konnte das junge Ehepaar Wentzel an einen echten Konflikt zwischen den beiden »Häusern« kaum glauben. Doch dann wurden die Risse immer sichtbarer und aus einem immanenten Risiko wurde ein reales.

Im Schloss selbst, das nicht Teil der Pacht war, wohnte Antoinette von Alvensleben im Gebäudetrakt rechts und seit 1935 Carl-Friedrich Wentzel (Sohn) mit seiner Frau im linken Flügel. Ihm war das Schloss auf Bitten seines Vaters und weil die Familie Alvensleben das Geld brauchte, vermietet worden und er hat es mit erheblichen Mitteln instandsetzen lassen.

677 1930/31 Zwangsverwaltung von Schochwitz auf Antrag einer Bank; 11.12.1934 Schreiben von Alvensleben an SS-Oberabschnitt Mitte (BArch R 9361-III 565749 (13468).

678 Wentzel schloss rückwirkend per 1.7.1935 einen neuen Pachtvertrag auf achtzehn Jahre, durch den die Pachtpreissenkung von 1931 rückgängig gemacht wurde. Zugleich erhöhte er sein als Hypothek gesichertes Darlehen an LvA auf 120000 RM.

679 Alvensleben an SS-Oberabschnitt Mitte vom 22.8.1934. (BArch R 9361-III 565749 (13473).

680 LASA, MER, I 613, Nr. 109.

Im September 1943, erschien »Bubi«, umrahmt von einer Gruppe von Freunden auf Schloss Schochwitz und verlangte knapp, ultimativ und – soweit sich die Familie Wentzel erinnert, auch überraschend – die Räumung des linken Flügels. Er, Alvensleben, sei ausgebombt und Wentzels stünde ja genug anderer Wohnraum zur Verfügung.[681] Nach der Darstellung »Bubis« gab es schon seit Januar des Jahres Bemühungen, den Mietvertrag zu beenden, dem Zeitpunkt, in dem seine Familie in Berlin ihren Wohnsitz durch eine Luftmine verloren hatte.[682]

Die aufgeschreckten Mieter nahmen telefonisch Kontakt mit Carl Wentzel auf, der sich in Karlsbad zur Kur aufhielt. Letzterer riet zum Rückzug, gab aber noch im selben Monat die Weisung, gegenüber Ludolf von Alvensleben eine härtere Linie zu fahren. In einer firmeninternen Anweisung heißt es:

> Nachdem es Herr von Alvensleben für richtig befunden hat, den über die Wohnräume über Schloss Schochwitz geschlossenen Mietsvertrag in wenig schöner Art und Weise zu lösen, ist es der Wille von Herrn und Frau Oberamtmann Wentzel, dass die zukünftigen Leistungen an Herrn von Alvensleben und an die Familie von Alvensleben lediglich auf die Erfüllung der Verpflichtungen abgestellt werden sollen, die in den Verträgen vorgesehen sind.[683]

Einen Monat später verließ Wentzel jun. mit seiner schwangeren Frau Schloss Schochwitz und ging in das Herrenhaus nach Salzmünde. Seine, wie der Sohn überliefert hat, erzwungene Tätigkeit als »Ortsbauernführer«, ein Amt und dessen Inhabern Vater Wentzel ganz generell keine Sympathien entgegenbrachte[684], soll schon etwas früher beendet worden sein.

In Salzmünde wurde Carl-Friedrich bald darauf im März 1944 Vater. Kurz danach, im Juni 1944, wiederfuhr »Bubi« auf Schochwitz Gleiches. Er ließ in Schochwitz die »Namensgebung«, so hieß es, wenn man streng nationalsozialistisch dachte, seines zweiten Sohnes ausrichten. Ehrengast war Heinrich Himmler als Pate des Sohnes. Die Anwesenheit des Reichsführers SS war eine besondere Auszeichnung, denn Himmler hielt sich ganz überwiegend

681 Datierung unsicher, aber letztlich unerheblich. Laut Pfeiffer 2011, S. 99 und Unterlagen Alvensleben hat sich das im September abgespielt, laut Bericht Margarete von Dewitz (StaH S 15 WEN N 42 Nr. 8), die sich möglicherweise auf die Erinnerung ihres Schwagers Carl-Friedrich Wentzel bezieht, aber bereits im Februar 1943.

682 Es hat jedenfalls einen Mietvertrag bis zum 31.12.1942 gegeben. Möglicherweise danach zumindest faktische Verlängerung, denn der Wohnbedarf für Alvensleben ist erst nach der Jahreswende (Januar 1943) entstanden und Alvenslebens waren dann bis Oktober bei Verwandten untergebracht.

683 Schreiben vom 25.9.1943 (LASA, Mer, J 613 Nr. 109). Das Datum des Schreiben spricht dafür, dass sich die Szene im September d.J. abgespielt hat.

684 Vgl. S. 145.

Schloss Schochwitz, 2019

in seinen Feldkommandostellen im Osten auf und unternahm nur wenig Reisen ins »Altreich«. Das Essen soll vorgekostet worden sein.

Der Mietstreit, bei dem es möglicherweise auch um finanzielle Auseinandersetzungen ging, führte zu einer gravierenden Verschlechterung der Stimmung zwischen den beiden Parteien. Sie hatte Auswirkungen auf die schon seit längerem schwelende Auseinandersetzung um die Landschaft Schochwitz.

Es kann mit Blick auf alles, was daraus noch erwachsen sollte, dem Leser nicht erspart werden, sich auf das etwas trockene Thema einzulassen.

Das Pachtverhältnis hatte eine komplizierte Vorgeschichte. Schon Ende des 19. Jahrhunderts soll die Absicht der Familie Alvensleben bestanden haben, das Gut wieder in die eigene Bewirtschaftung zu nehmen. Dazu kam es aber nicht. Jetzt, in der zweiten Hälfte der 1930er Jahre, strebte »Bubi« die Auflösung des aktuellen, 1936 erneut abgeschlossenen, bis 1953 laufenden Pachtverhältnisses an.[685] Heinrich Himmler, der den Sachverhalt aus der Sicht seines Mitarbeiters kannte, hatte den Pachtzins einmal als »erbärmlich« bezeichnet.[686]

685 Pfeiffer 2011, S. 101.
686 Kersten, zit. nach Neuß 1957 (Typoskript), S. 162.

In der Behördenkorrespondenz ist an anderer Stelle von »jüdischen Pachtausnutzungsmethoden«[687] die Rede. Was auch immer damit gemeint sein mag: Der aufgrund einer Gleitklausel schwankende Pachtzins wurde im Zweifelsfall von einer Schiedsstelle festgelegt.[688] Aus Schochwitzer Aufzeichnungen geht hervor, dass Wentzel im Jahr 1931 die Pacht auf »20 Mark pro Morgen« herabgesetzt hatte.[689] Die Herabsetzung war den Folgen der Agrardepression geschuldet.

Auch die Vertragsdauer ist angesichts der Tatsache, dass der Pachtvertrag, als sich die Verhältnisse krisenhaft zuspitzten, erst einige wenige Jahre auf dem Buckel hatte, kaum zu beanstanden.

Für Alvensleben war es schwierig, eine Auflösung des Pachtvertrages zu bewirken. Eine Kündigung des Pachtverhältnisses war vertragsgemäß an die Rückzahlung der von den Wentzels gewährten Darlehen gebunden. Dabei ging es um erhebliche Summen. Gebraucht wurden alles in allem hierfür etwas mehr als 300000 RM[690], heute etwa 1,2 Millionen Euro. Wentzel hatte Alvensleben, wirtschaftlich betrachtet, in der Hand.

Da die Forderungen der Wentzels hypothekarisch gesichert waren, betrieb der Eigentümer von Schochwitz, um sich aus dieser Lage zu befreien, im Frühsommer 1943 die Umschuldung seines auf der Landwirtschaft Schochwitz zugunsten der Pächterin Ella Wentzel eingetragenen Hypothekendarlehns. Sinn dieser Umschuldung war es vor allem, Wentzels Forderungen zu befriedigen und damit den Weg für die Beendigung des Pachtverhältnisses zu öffnen.

Da er verständlicherweise selbst niemanden finden konnte, der bereit gewesen wäre, die Hypothek zu übernehmen, setzte er Himmler für seine Ziele ein. Er bat ihn mit beträchtlichem Nachdruck um Unterstützung. Schon bei der Geburt seines Sohnes Konstantin im Oktober 1942 hatte er Himmler wissen lassen, dass er hoffe, »dass dieser Junge, einmal ein harter Kämpfer, ein treuer Nationalsozialist und ein tüchtiger Landmann wird. Nun hat auch Schochwitz für mich doppelten Wert bekommen.«[691]

687 Vermerk Greifelt für Chef Amt 5 vom 9.6.1943 [BArch R 9361-III-56749 (13278)].

688 In Provinzialsachsen war die Pachtfreudigkeit übrigens trotz vergleichsweise hoher Pachtzinsen generell höher als in anderen Teilen Preußens, weil die Pächter in dieser Region bedeutend höhere Einnahmen erzielen konnten. Wirtschaftlich denkende Agrarkapitalisten nutzten deshalb ihr flüssiges Kapital eher für die Intensivierung der Produktion als für den Erwerb eigenen Landes.

689 Chronik Schochwitz, unpag.

690 Die Gesamtverschuldung des Gutseigentümers Alvensleben betrug etwa 330000 Reichsmark. Darin enthalten waren Verbindlichkeiten gegenüber Verwandten, gegenüber der Landschaft Sachsen und gegenüber der Familie Wentzel. Die von Ella Wentzel gewährten Darlehen beliefen sich zusammen auf 120000 Reichsmark. Des Weiteren konnten die Wentzels die nicht unbeträchtliche Summe von etwa 200000 Reichsmark für die Ablösung des Betriebsinventars fordern.

691 Alvensleben an Himmler am 3.9.1942 (BArch NS 19/1265 Bl. 100).

Der Reichsführer reagierte. Anfang Juni 1943 richtete er an den Reichskommissar für die Festigung des Deutschen Volkstums, Ulrich Greifelt, eine entsprechende Bitte, bei der Umschuldung behilflich zu sein.[692] Die Verwaltung reagierte prompt. Um die Sache zu beschleunigen, wurde darauf hingewiesen, dass der »bekannte Zuckerfachmann Wentzel, wie sich in letzter Zeit herausgestellt hat, Achteljude ist«.[693] Bereits im Sommer 1943 wurde Himmler »gehorsamst« Vollzug gemeldet. Die Deutsche Hypothekenbank, die der SS nahestand, gab im Juli 1943 eine Hypothekenzusage in Höhe von 220000 Reichsmark, mit der Wentzels Forderung beglichen werden sollte und die Bank als Gläubiger an die Stelle Wentzels treten sollte. Außerdem konnte damit die weitere Hypothek der Landschaft der Provinz Sachsen abgelöst werden.[694]

Die Sache hatte nur einen Haken. Die Bank hatte festgestellt, dass dem geplanten Hypothekendarlehen keine ausreichenden Sicherheiten gegenüberstanden. Sie drängte deshalb zusätzlich darauf, dass ihr als Sicherheit die Ansprüche auf den von Ella Wentzel zu zahlenden Pachtzins abgetreten wurden. Das wiederum setzte das Weiterbestehen des Pachtverhältnisses voraus.[695]

Im Ergebnis waren damit beide Kontrahenten ihren Zielen ferner denn je. Wentzels Wunsch, das Schloss Schochwitz einmal zu erwerben, rückte ebenso in die Ferne wie Alvenslebens Plan, das Gut wieder selbst zu bewirtschaften.

Im August 1944 hatten sich die Verhältnisse aber grundlegend geändert: Nach der Verhaftung von Ella und Carl Wentzel war das Vermögen beider »mit Wirkung vom 20.7.44« beschlagnahmt[696], das von Carl Wentzel mit dem Urteil des VGH vom 13. November 1944 endgültig eingezogen worden. Der Rittergutsbesitzers Gustav Wendenburg aus dem benachbarten Seeburg wurde von der Landesbauernschaft treuhänderisch mit der Bewirtschaftung der Güter betraut. Das Pachtverhältnis lief noch bis Ende des Jahres 1944 weiter.

Zu einer Auszahlung des Hypothekendarlehens war es schließlich wegen kriegsbedingter Verzögerungen erst im Herbst 1944 gekommen. Der Ablösungsbetrag der auf Schochwitz ruhenden Hypotheken in Höhe von 122000 Reichsmark wurde der Firma Boltze (Vermögen von Ella Wentzel) Ende Oktober 1944 überwiesen, die Grundschuld am 1. Dezember 1944 im Grundbuch gelöscht.

Dann gelang es Alvensleben, die Landschaft Schochwitz, offensichtlich mit dem Segen der SS, aus der für das Vermögen von Ella Wentzel angeord-

692 Himmler an Greifelt am 9.6.1943 (BArch 19/1265 Bl. 114).

693 Vermerk Greifelt für Chef Amt 5 vom 9.6.1943 (BArch R 9361-III-56749 [13278]).

694 Meldung an Himmler am 23.7.1943 (BArch NS 19/1265 Bl. 116).

695 Schreiben Kulemann vom 25.6.1943 (BArch R 9361-III 565749-13275).

696 Ausgenommen von der Beschlagnahme blieben die Güter Boltzenhöhe, Fienstedt und Dittlacken (Didlacken) in Ostpreußen, weil sie dem Sohn Carl-Friedrich Wentzel gehörten.

neten Zwangsverwaltung herauszunehmen und den Pachtvertrag (einseitig) aufzulösen.[697]

Das war rechtswidrig, denn die gerichtlich festgestellte Enteignung, wenn man diese überhaupt für wirksam halten wollte, bezog sich bekanntermaßen ausschließlich auf das Vermögen von Carl Wentzel. Schließlich lebte die Pächterin Ella Wentzel noch, wenn auch im KZ Ravensbrück.

Mitte Dezember 1944 schrieb Alvensleben einen Brief an Himmler. Das frivole Schriftstück muss man zweimal lesen. Er leitete seinen Brief ein mit dem Satz: »Nachdem Oberamtmann Wentzel verurteilt ist und seine Frau nicht mehr zurückkehrt …«, eine monströse Bemerkung, die vielleicht mehr erklärt als alle Geschichtsbücher und einmal mehr zeigt, wie das Vernichtungssystem die Alltagssprache schon durchwirkt hatte.

Alvensleben war im Übrigen bemüht, den Eindruck einer sauberen Abwicklung der Angelegenheit zu erwecken. Er schreibt weiter:

»Ich habe, … um jedem Angriff vorzubeugen, den Landesobmann mit seinem Stabsleiter gebeten, Schochwitz an Ort und Stelle zu besichtigen. …Beide Herren sind zu dem Ergebnis gekommen, daß eine Übernahme berechtigt ist …« Weiter heißt es: »Zu überlegen wäre, ob ich nicht den Gauleiter bitten sollte, von sich aus die Landesbauernschaft mit der Durchführung aller in diesem Zusammenhang stehenden geschäftlichen Dinge zu beauftragen. Man könnte bei diesem Verfahren alle evtl. schlechten Reden ausschalten.«

Aus dem Schreiben lässt sich außerdem schließen, dass die Ablösesumme für das Betriebsinventar auch bezahlt werden konnte.[698]

Alvenslebens Ehefrau Melitta notierte: »Am 16. Januar 1945 nahm Ludolf das Gut wieder in eigene Bewirtschaftung. Die Pacht erlosch aus einem sehr unerfreulichen und traurigen Anlaß, so daß wir die an und für sich so frohe Tatsache still und schweigend auf uns nahmen«.[699]

Soweit der faktische Ablauf. Die Geschichte hätte auch anders ausgehen können. Retrospektiver Determinismus ist fehl am Platz. Die Pachtauseinandersetzung war letztlich ein Alltagsdrama. Auch die weltanschaulichen Differenzen zwischen den beiden Kontrahenten bestanden schon seit Jahren, ohne dass sie im persönlichen oder geschäftlichen Verhältnis der beiden Männer bisher nach außen nachvollziehbar zum Ausbruch gekommen waren.

697 Brandt an Alvensleben am 30.12.1944 (BArch R 9361-III 56574-13670); Treuhänder Wendenburg hat später behauptet, dass er dies bei der Übernahme seiner treuhänderischen Tätigkeit bereits als vollendete Tatsache vorgefunden habe, so Olbrich 1981, S. 29. Das kann aber nicht sein. Die letzte Abrechnung des Pachtkontos erfolgte zum 31.12.1944.

698 Aus Ernteerträgen, Eigenmitteln und einem Kredit der Genossenschaftsbank. Alvensleben an Himmler am 15.12.1944 (BArch NS 19/1265, Bl.163).

699 Chronik Schochwitz, unpag.

Der Oberamtmann hat das möglicherweise ähnlich beurteilt, denn er hat allem Anschein nach völlig passiv die Dinge sich entwickeln lassen, obwohl ihm die »Gefährlichkeit« seines Verpächters, wie die Schwiegertochter bezeugt hat, bewusst gewesen sein soll.[700] Dabei hätte sein finanzieller Spielraum und sein kaufmännisches Verhandlungsgeschick es erlaubt, mit Alvensleben auf eine Art »Einigung« hinzuarbeiten. Auch wenn es um nicht unerhebliche Summen ging, so war all das für ihn wirtschaftlich keine Existenzfrage.

Vielleicht wollte er, es war Krieg, einem Krach mit Alvensleben ausweichen. Gleichzeitig ist es plausibel, dass er glaubte, Ludolf von Alvensleben finanziell mehr oder weniger in der Tasche zu haben und so dem von ihm angestrebten Ziel, Schochwitz eines Tages zu erwerben, immer näher kommen würde.

Aber was wollte eigentlich Alvensleben?

Trotz Lebenslauf und Vorgeschichte des Ludolf von Alvensleben ist dieser Frage vorurteilsfrei nachzugehen. Wentzels Widersacher hatte jedenfalls nicht von Anfang an auf eine – nennen wir es einmal – »politische Lösung« seines Problems gesetzt, insofern lag Wentzel mit seiner Einschätzung zunächst instinktiv richtig. Die ganze penibel vorbereitete Umschuldungsaktion hätte dann ja eigentlich keinen Sinn gemacht. Ein finanzieller Befreiungsschlag war sie ja auch insofern nicht, als die Schulden von Alvensleben sich nicht in Luft aufgelöst hatten. Nur hatte er es jetzt mit der Bank zu tun, die ihm allerdings, so wird man annehmen können, gewogener war als der alte Gutsbesitzer. Das war eine Verbesserung, aber eigentlich nur ein Etappensieg. Das Wentzel eingeräumte Vorkaufsrecht für Schloss, Park und Restgut, das nicht an die Hypothek gebunden war, bestand jedoch weiter. Es war psychologisch ein Damoklesschwert, das über der ganzen Familie hing.

Ludolf von Alvensleben wollte mehr. Er strebte nicht nur die Befreiung von Wentzel als Gläubiger an, sondern auch die Beendigung des Pachtverhältnisses. Nach Wentzels Weisung an seine Betriebe im September 1943 mit Alvensleben nur noch »nach Vorschrift« zu verfahren, war die Situation für Alvensleben ungemütlich geworden. Die Beendigung des Pachtverhältnisses muss da noch dringlicher erwünscht gewesen sein. Allein mit wirtschaftlichen Erwägungen lässt sich das nicht erklären, denn ob mit der Eigenbewirtschaftung per saldo für Bubi mehr herauszuholen war, ist angesichts des schwach entwickelten merkantilen Genius des Generals eine offene Frage. Hier ging es auch emotional um die völlige geschäftliche Trennung von Wentzel.

Der Weg zu diesem Ziel erwies sich bekanntermaßen als dorniger als geplant. Nachdem sich die Bank die gegenüber Ella Wentzel bestehenden Pachtzinsansprüche als Sicherheit hat abtreten lassen, muss »Bubi« klar geworden sein,

700 Pfeiffer 2011, S. 102.

dass er sich zwar von Wentzel als seinem Gläubiger befreit hatte, das leidige Pachtverhältnis aber unverändert weiterlief. Entscheidend vorankommen würde er nur, so musste es Alvensleben eigentlich erscheinen, wenn es gelingen würde, die Situation in viel entscheidenderem Maße zu destabilisieren. Da konnte nur eine «politische Lösung» helfen. Chancen hierfür wird er erst in dem Augenblick gesehen haben, als im Frühjahr 1944 der Jacob-Vermerk in seine Hände geraten war. Dieser Umstand eröffnete eine neue Möglichkeit, die Dinge in seinem Sinne zu beeinflussen.

Deshalb greift die zunächst vielleicht plausible Annahme zu kurz, Alvensleben sei nur ein von einem persönlichen oder ideologisch-politischen Impuls geleiteter Denunziant, wie sie es im Dritten Reich zu Tausenden gegeben hat. Mit der Weiterleitung des Vermerks muss der SS-General die oben beschriebenen Eigeninteressen verfolgt haben. Den Zusammenhang mit der, wie er schrieb »geschäftlichen Beziehung« zu Wentzel hat er ja selber, wenn auch in der durchsichtigen Absicht, sich von dem Kontext zu distanzieren, schon in seinem Anschreiben an Himmler deutlich gemacht. Dort hieß es ja auch, wir erinnern uns, dass er Wentzel »persönlich ablehne« und dort stand auch, dass er mit ihm »leider in geschäftlicher Verbindung als Verpächter stehen muß«.

Was danach – von April bis Juli 1944 – zwischen Alvensleben und Himmler oder zwischen Himmler und seinen Leuten passierte, ist nicht bekannt.

Das Attentat vom 20. Juli kam dann jedenfalls für Alvensleben aus heiterem Himmel.

Die Stimmung im Land hatte sich verändert. Die Toleranzschwelle der Verfolgungsorgane war gesunken. Spätestens von diesem Moment an begann der politische Kontext seine Wirkung zu entfalten, und zwar mit einer Wucht, von der wir nicht einmal wissen, ob sie in letzter Konsequenz von Alvensleben vorausgesehen und zielgerichtet gesteuert wurde.

Im Prozess ist Alvensleben nicht präsent. Nach Fällung des Todesurteils gegen Wentzel hat er lediglich erklärt, dass er die Ereignisse nicht beeinflussen könne. Was hinter den Kulissen geschah, kann nur nach dem nicht immer zuverlässigen Maßstab allgemeiner Lebenserfahrung rekonstruiert werden.

Fest steht, dass der »belastende« Stoff des Jacob-Vermerks[701] auf welchen Umwegen auch immer und wem auch immer in den Mund gelegt, in das Verfahren vor dem VGH eingeführt wurde. Die Kausalkette steht wie eine Eins: Sie geht vom eifrigen PG und Arbeitsamtsbeamten Alfons Jacob über den SS-General Ludolf von Alvensleben, den Reichsführer SS Heinrich Himmler, Oberreichsanwalt Gerhard Görisch zum Präsidenten des Volksgerichtshofs, Roland Freisler. Im Todesurteil geht es ja zu einem ganz erheblichen Teil

701 Siehe S. 190.

auch um Wentzels Defätismus, der sich auch in den von Jacob vermerkten Gedanken äußerte.

Schließen wir für einen Moment die Augen und denken uns die Denunziation Alvenslebens einfach weg. Wäre Carl Wentzel auch dann im November 1944 zum Tode verurteilt worden? Abwegig ist diese Vorstellung nicht. Verdächtigungen gab es ja auch schon vorher. Einiges lag, wie berichtet, den Behörden schon vor. Über Kontakte zu Goerdeler wusste man Bescheid, auch anonyme Anschuldigungen hat es gegeben.[702] Aber das war bei vielen Regimegegnern der Fall, nicht nur bei Paul Reusch und bei Wilmowsky, sondern auch bei den hunderten von Personen, die Kontakt zu dem umtriebigen Goerdeler hatten. Von Wentzels Verstrickung in den Widerstand wusste das Regime ja in Wirklichkeit wenig. Wenn Himmler einmal gesprächsweise darauf hingewiesen hat, dass man »Wentzel jahrelang beobachtet und reichlich Material« habe, oder ihn als den »größten Gegner des Führers« bezeichnet hat[703], so korreliert das wenig mit den im Prozess vorgebrachten Anschuldigungen. Vom denkwürdigen Abendessen im November 1943 und seinen inkriminierenden Details, nach Spruchpraxis des politischen Gerichts für eine Todesstrafe freilich völlig ausreichend, erfuhr man sogar erst später, nämlich nach der Verhaftung des Gutsbesitzers.

Es ist deshalb wohl eher anzunehmen, dass es die nachhaltigen Einflüsterungen von Alvensleben gewesen waren, dem laut Himmler »einwandfreien Zeugen«[704], die den Stein letztlich ins Rollen gebracht haben. Ohne das beständige Einwirken des SS-Generals auf Himmler persönlich wäre es möglicherweise überhaupt nicht zur polizeilichen Verfolgung des Teutschenthaler Gutsbesitzers gekommen. Die (letztlich dünne) Akte Wentzel wäre dann nie auf dem Tisch von Oberreichsanwalt Görisch gelandet.

Im Hintergrund hat eine starke, stets gut über den Einzelfall unterrichtete Hand dafür gesorgt, dass die Strafverfolgung gegen Wentzel besonders konsequent betrieben wurde. Man hätte sie aus nationalsozialistischer Sicht im Gesamtkontext der Geschehnisse des 20. Juli nämlich auch als zweitrangig wahrnehmen können.

Belege dafür, dass niemand anderer als Heinrich Himmler selbst bereit war, Alvenslebens privatwirtschaftliche Anliegen auf dessen Drängen zu unterstützen gibt es, wie wir gesehen haben reichlich. Ludolf von Alvensleben hatte ja im real existierenden nationalsozialistischen Maßnahmestaat die politische Flankierung seiner existentiellen Grundsicherung als Gutsbesitzer bei Himmler schon früher beharrlich eingefordert.

702 Vgl. S. 189.

703 Kersten nach Neuß 1957 (Typoskript), S. 161. Im gleichen Gespräch soll Himmler auch gesagt haben, Wentzel habe »einen Plan ausgeheckt, wie man den armen Führer ermorden könne«.

704 Ebd.

In einem Gespräch mit Medizinalrat Kersten im August 1944, so berichtete dieser, hatte sich Himmler bei seinen pauschalen Anschuldigungen gegen den Oberamtmann einmal auf Informationen von «Personen, die in nächster Beziehung zur Familie Wentzel stehen», ein andermal ausdrücklich auf von Alvensleben berufen.[705] 1943 schrieb Himmler an Alvensleben, er sei mit einer diesen finanziell begünstigenden Maßnahme insbesondere deshalb einverstanden, weil er damit in die Lage versetzt werde, das Familiengut Schochwitz als altererbten Familienbesitz finanziell zu sanieren und wieder »voll und ganz in das Eigentum der Sippe zu überführen«.[706]

Für Alvensleben ebenso wie für Heinrich Himmler muss der Charme der sich überschlagenden Ereignisse nach dem Attentat dann darin bestanden haben, den Druck zu nutzen und den Sondercharakter der durch private Interessen mitbestimmten Verfolgung des Gutsbesitzers zu vernebeln.

Das passte übrigens ins System. Wir wissen heute, dass die politische Korruption ein wesentliches Kennzeichen des nationalsozialistischen Herrschaftssystems war.[707] Es ist mittlerweile anerkannt, dass Patronage, Nepotismus, Kameraderie und systematische Protektion von Anfang an die Grundlage für seine »politische Ökonomie«[708] darstellten. Teil hiervon war ein »vielschichtiges und vielfaches Korruptions- und Bereicherungssystem.«[709] Dem Begriff »Anstand« und oft beschworenen Sekundärtugenden stand oft, wie Frank Bajohr geschrieben hat, eine »entgrenzte Handlungspraxis« gegenüber.[710]

Die Indizien, die für eine politisch-korrupte Gemengelage im Motivationshaushalt des SS-Generals sprechen, können deshalb durchaus als »systemkonform« betrachtet werden und sie sind im Einzelfall, wie beschrieben, auch nachvollziehbar. Der rein finanzielle Profit der Operation hielt sich allerdings in Grenzen. Er bestand lediglich in den hypothetischen Mehreinnahmen, die bei eigener Bewirtschaftung des Guts anzunehmen wären. Die Hypothekendarlehen waren ja weiterhin zu bedienen und irgendwann einmal zurückzuzahlen.[711]

Auch wenn es generell schwierig ist, die Verfolgung von Regimegegnern im Dritten Reich umfassend zu vergleichen und vollständig zu systematisieren, fällt auf, dass die Causa Wentzel aus dem Rahmen fällt. Sie ist eigentlich nur verständlich, wenn man in Rechnung stellt, dass die aktive Unterstützung von

705 Kersten nach Neuß 1957 (Typoskript), S. 161f.
706 Himmler an Alvensleben am 8.6.1943 (BArch NS 19/1265 Bl. 113).
707 Bajohr 2001, S. 189.
708 Ebd.
709 Ueberschär/Vogel, S. 9.
710 Bajohr 2001, S. 191.
711 Anders Scherf 2018, S. 104. Anhaltspunkte dafür, dass die Verfolgung von Wentzel Teil eines strategisch geplanten Aufbaus einer SS-Wirtschaftsmacht gewesen ist, wie von Wilhelm Treue angedacht (Treue 1982), finden sich allerdings nirgendwo.

Alvensleben durch Himmler den politischen Verfolgungsanspruch befeuerte und mit Nachdruck versah.

Der Einzige, für den das Abendessen im November 1943 die Todesstrafe zur Folge hatte, war Carl Wentzel. Die Verfahren gegen die anderen Gäste, die doch im Sinne von Freislers Verfolgungsabsichten alle »gemeinsame Sache« mit Goerdeler gemacht hatten, waren jedenfalls zunächst ins Leere gelaufen. Eine Ausnahme war nur Schaumburg, der zu einer unter den damaligen Umständen als relativ milde zu bezeichnenden Zuchthausstrafe verurteilt wurde.

Vom Ehrengast des denkwürdigen Abendessens in Teutschenthal, dem ohnehin schon aktenkundig als regimekritisch geltenden Patriarchen Reusch, war im Urteil nur am Rande die Rede. Er hat auch nicht vor Gericht aussagen müssen und er ist auch nicht verhaftet worden. Dies ist umso erstaunlicher, als – wie bereits beschrieben – »defätistische« Aussagen von Reusch der Reichsregierung bekannt waren. Sie standen den Wentzel zugeschriebenen inkriminierenden Aussagen in Deftigkeit in keiner Weise nach.[712] Auch für ihn hätte bei gleicher Behandlung das Maß – immer nach nationalsozialistischen Maßstäben – voll sein müssen.

Zum gleichen Schluss muss man kommen, wenn man sich den »Werdegang« von Wentzels Bekannten im Reusch-Kreis in den turbulenten Monaten nach dem Hitler-Attentat anschaut. Goerdeler-Kontakte hatten vermutlich alle von ihnen, verhaftet wurden einige, überlebt haben sie alle.[713]

Dass im Fall Wentzel an allen Schrauben gedreht wurde, zeigt auch die extensive Anwendung des zwingend zur Todesstrafe führenden § 91b des Strafgesetzbuches. Auf die Tatsache, dass sich dieses Vorgehen im Kontext des 20. Juli überhaupt nur in *drei* Fällen nachweisen lässt, wurde bereits hingewiesen. Dass man im Fall Wentzel unbedingt zur Todestrafe kommen wollte, kann als evident gelten.[714]

Man wird also nicht unbedingt sagen können, dass Wentzel wegen der politischen Aspekte sowieso »fällig« gewesen wäre. Alvensleben trägt für das Schicksal von Wentzel seinen Teil der Verantwortung. Im Zweifel wird man ihn nach guter römischer Rechtstradition zugute halten müssen, dass er nicht alle Folgen seines Handelns von Anfang an überblickt hat und seinem auf spontane »action« und radikale Lösungen ausgerichteten Temperament gefolgt ist. Aber an dem Schluss, dass er nach der Weiterleitung des Jacob-Vermerks den Fortgang der Ereignisse zumindest billigend in Kauf genommen hat, kommt man nicht vorbei. Welche Konsequenzen ihm dabei klar vor Augen gestanden haben, wissen wir nicht.

712 Vgl. S. 171f.

713 Verhaftet waren und überlebt haben: Hardenberg, Wilmowsky, Zastrow und Zitzewitz.

714 So Ramm 2007, S. 294. Siehe auch Seite 218 in diesem Buch.

Ein gutes Gewissen hat Alvensleben jedenfalls bei alledem selbst nicht gehabt. Ihm war klar, dass er mit seiner Schochwitz-Strategie Neider auf den Plan rufen musste. So hatte er schon früher einmal an den persönlichen Referenten Himmlers, Rudolf Brandt, der die gesamte Korrespondenz des Reichsführers mitlas, und mit dem ihn nicht durchweg ein ungetrübtes Verhältnis verband, in wohl abmildernder Absicht, immer in Bezug auf Schloss Schochwitz geschrieben, dass »diese verflixten großen Häuser auf dem Lande mit den entsprechenden Hausfrauenmühen und -sorgen jetzt kriegsbedingt besonders schwierig sind«.[715] Auch gegenüber Himmler selbst bemühte er sich zu versichern, dass die Übernahme in die eigene Bewirtschaftung »keine Bereicherung, sondern im Gegenteil eine Mehrbelastung und Aufbürdung von Sorgen, besonders für meine Frau [darstellt], die wir aber im Interesse des alten Besitzes gern auf uns nehmen«.[716]

Das Dritte Reich sollte nur noch kurz Bestand haben. Wenige Monate später war der Eigentümer von Schochwitz erst interniert, dann auf der Flucht. Seine Heimat würde er nie wieder betreten. Es sollte sich herausstellen, dass seine in seinem Schreiben an Heinrich Himmler geäußerte Hoffnung, dass die schlechten Reden auf Dauer ausgeschaltet werden konnten, trügen würden.

715 Alvensleben an Brandt am 22.?.1944 (Monatsangabe unleserlich, NS 19/1265, Bl. 150).
716 Alvensleben an Himmler am 15.12.1944 (BArch NS 19/1265 Bl. 163).

Nachwehen

... ihre Dächer sind gefallen,
und der Wind streicht durch die Hallen,
Wolken ziehen drüber hin.
(Franz Kugler, 1826)

Gustav Wendenburg[717] hatte sich zunächst geweigert, das Amt eines Treuhänders zu übernehmen. Er fühlte sich der Führung einer Unternehmensgruppe wie der Wentzel-Betriebe nicht gewachsen. Wendenburg ließ deshalb die leitenden Mitarbeiter in ihren Ämtern, soweit diese nicht auch verhaftet worden waren.[718] Das hinderte die Gestapo, Gaudienststellen und lokale NSDAP-Gruppen nicht daran, fast täglich in Teutschenthal und Salzmünde zu erscheinen und sich zu bedienen. Mit Lastwagen wurde die Hitlerjugend der Gegend herangekarrt, die die Gutshäuser filzen durften einschließlich der restlichen Visitenkarten auf dem Schreibtisch von Wentzel, wie sich die Schwiegertochter erinnert.[719] Später wurde das Schloss »Gebietsführerschule« der Hitlerjugend.

Der Tod des Prinzipals, die KZ-Haft von Ella, die Zwangsverwaltung des Besitzes, der politische und militärische Zusammenbruch, das alles in einem guten halben Jahr, ließ eine abgekämpfte, im Kern erschöpfte Familie zurück. Es war die Zeit, wo in den Schlächtereien im Osten und vor Berlin, im Hinrichtungsfuror der SS, im Kampf um das Ruhrgebiet und woanders noch Unzählige starben. Gefangene wurden auf den Todesmärschen von Lager zu Lager getrieben und Flüchtlingskolonnen wälzten sich nach Westen.

Ella Wentzel wurde am 31. März 1945 aus dem völlig überfüllten KZ Ravensbrück entlassen. Sie entging damit den noch in den letzten Wochen der Existenz des Lagers durchgeführten großangelegten Tötungsaktionen.[720] Vielleicht hatte sie Fürsprecher. Ludolf von Alvensleben war jedenfalls anfangs zuversichtlich, dass Ella das KZ wieder verlassen würde.[721] Felix Kersten hält sich seine Fürsprache gegenüber Himmler zugute.[722]

717 NSDAP-Mitglied seit 1. November 1931 mit der Mitgliedsnummer 701734.
718 Verhaftet: Richard Drache und Direktor Steidtel.
719 Mitteilung Lore Pfeiffer-Wentzel.
720 Die Räumung des Lagers durch die SS erfolgte erst am 27.4.1945, die Übernahme durch sowjetische Truppen am 30.4.1945.
721 »Ella kommt wieder zurück«, so Alvensleben in Gespräch mit Lore Wentzel im Aug./Sept. 1944, Pfeiffer 2011, S. 134. Später hat Alvensleben seine Einschätzung geändert. Vgl. Schreiben an Himmler vom 15.12.1944, wo er vom Gegenteil ausgeht, siehe S. 250.
722 Kersten an Elster 1.4.1948 (StaH S 15 WEN N 42, Nr.9).

In einer Weise abgemagert, dass sie sich aus den Stoffresten ihrer enger gemachten Kleidung einen Rucksack nähen konnte, überstand sie am Anhalter Bahnhof in Berlin noch einen Bombenangriff und schlug sich zu einer befreundeten Familie durch, die sie nach Teutschenthal brachte. Dort traf sie am 10. April, körperlich verwahrlost, geschwächt und vergrindet ein. Sie war 68 Jahre alt. Behutsam wurde ihr beigebracht, dass ihr Mann nicht mehr lebte.

Im April 1945 waren die Amerikaner bis zur Elbe vorgerückt und hatten die Preußische Provinz Sachsen besetzt. Für die Wentzels hatte sich damit das Blatt zunächst zum Guten gewendet. Bereits am 3. Mai 1945, bemerkenswerterweise noch Tage *vor* der Kapitulation der Deutschen Wehrmacht, machte die US-Militärregierung die Einziehung des Wentzel'schen Vermögens rückgängig.[723]

Von Erleichterung oder Aufbruchstimmung konnte aber keine Rede sein. Die Zustände blieben elend. Im Vordergrund standen die Sorgen über die Bewältigung des Nachkriegsalltags. Sohn und Schwiegertochter versuchten, ihren Mann zu stehen und zunächst einmal das zu retten, was noch übrig war.

Mit Kriegsende gab es keine Fremdarbeiter mehr. Da dies in der arbeitsintensivsten Zeit der Rübenkultur Probleme aufwarf, organisierte die amerikanische Besatzung kurzfristig landwirtschaftliche Hilfskräfte, die mit Bussen aus Halle auf die Äcker gefahren wurden.

Die Betriebe, man zählte damals immerhin noch zwölf- bis dreizehntausend Deputatempfänger, waren zu der Zeit weitgehend führungslos, weil diejenigen Betriebsführer, die zugleich Ortsbürgermeister gewesen waren, nun als belastet galten und festgesetzt worden waren. Die obere Führungsschicht der Wentzel-Betriebe, die bereits 1944 »abgeholt« worden war, blieb diesmal verschont. Wentzels Direktor Steidtel wurde als Bürgermeister in Teutschenthal, Carl-Friedrich Wentzel als solcher in Schochwitz eingesetzt.[724] In dem von der Familie von Alvensleben verlassenen Schloss Schochwitz saß jetzt die amerikanische Kommandantur.

Trotzdem ging für die Familie das Drama weiter. Am 10. Juni, am Geburtstag von Lore, Wentzels Schwiegertochter, wurde von amerikanischer Seite kameradschaftlich und vertraulich darauf hingewiesen, dass die Amerikaner sich zugunsten der russischen Alliierten aus der Provinz Sachsen zurückziehen würden.

Das war frühe Nachkriegspolitik. Die politische Entscheidung über die Festlegung der Demarkationslinien der Besatzungszonen war zwischen den Alliierten im Grundsatz bereits im September 1944 in London getroffen worden. Sie blieb umstritten. Winston Churchill hatte bei den Amerikanern

723 Schreiben des US-Military Government vom 3.5.1945 (IfZ ED 378 – 3).
724 Bues 1972, S. 244.

darauf gedrungen, dieses durch das weitere Vordringen der amerikanischen Truppen zugefallene Faustpfand nicht ohne zusätzliche politische Gegenleistung herauszugeben. Er hatte damit jedoch keinen Erfolg. Der neu gewählte amerikanische Präsident Truman bestand darauf, die alte Abmachung über die Festlegung der Besatzungszonen gegenüber der Sowjetunion zu honorieren. Er befahl den Rückzug seiner Truppen, weil er den toten Punkt in den damals schon angespannten sowjetisch-amerikanischen Beziehungen überwinden wollte. Der Weg zur Potsdamer Konferenz wurde frei und die sich bereits in Umrissen abzeichnende Gefahr einer neuen ernsthaften Konfrontation schien fürs Erste abgewendet.

Die Sowjets räumten vereinbarungsgemäß Westberlin, Amerikaner und Briten zogen sich im Gegenzug aus der Provinz Sachsen, aus Anhalt und Thüringen sowie einem Teil Mecklenburgs nach Westen zurück auf die Linie, die dann für Generationen von Westdeutschen zur »Zonengrenze« wurde. Mit Wirkung vom 1. Juli 1945 wurde damit ein gut 42 000 Quadratkilometer großes Gebiet mit über acht Millionen Einwohnern der Sowjetischen Besatzungszone (SBZ) zugeschlagen.

Den Menschen im Mansfelder Land fiel es schwer, Besitz und Heimat zu verlassen. Die meisten taten es dennoch. Ein Gutsnachbar nach dem anderen kam in diesen Wochen zu dem jungen Ehepaar Wentzel, um sich zu verabschieden. Die Frage stand im Raum, ob auch die Familie Wentzel ihre Sachen packen sollte.

Warum sollte sie gerade jetzt, nachdem das Regime, das ihnen alles genommen hatte, beseitigt war, fliehen und den Besitz zurücklassen? Sie brauchte eine Weile, bis sie begriff, dass ein Menschenleben nicht das einzige war, was sie verloren hatten. Sie blieb, wie sich die Schwiegertochter erinnert, auch deshalb, weil sie zu jung waren, um zu verstehen, was hinter der kommunistischen Programmatik wirklich steckte und weil sie deshalb nicht voraussahen, dass für ihre Familie auf ein erstes nun noch ein zweites Opfer folgen würde. Sie sollten hautnah zu spüren bekommen, dass zwar das Ende einer Erscheinungsform totalitärer Herrschaft gekommen, dass jedoch die andere, die kommunistische, gestärkt aus dem Krieg hervorgegangen war.

Mit großer politischer Energie wurde in der sowjetischen Besatzungszone die Bodenreform in Angriff genommen. Das Programm, das die »Liquidierung des Großgrundbesitzes« und die Übergabe des enteigneten Bodens an die »durch den Krieg ruinierten und besitzlos gewordenen Bauern«, in Aussicht stellte, entwickelte sich mit atemberaubender Geschwindigkeit. »Junkerland in Bauernhand« war das Motto, unter dem die Enteignungen abliefen.

Der damals noch der SPD zugehörende Politiker Otto Grotewohl, der 1949 erster Ministerpräsident der DDR wurde, brachte 1945 die Idee der Bodenreform auf den Punkt: »Die politische Seite der Bodenreform ist die Beseitigung des verderblichen Einflusses der Junker auf die Geschicke Deutschlands. Durch

Jahrhunderte war der Großgrundbesitz der Träger der Reaktion. Aus ihren Reihen stammten zahlreiche Offiziere, Beamte, Minister und Höflinge. Sie waren die Feinde jeder freiheitlichen Entwicklung in Deutschland.«[725]

Zehn Jahre später erweiterte Walter Ulbricht in einem Jubiläumsartikel die ideologische Basis der Bodenreformpolitik: Junker und Großgrundbesitzer hätten sich immer stärker an der Jagd nach Maximalprofit beteiligt, indem sie in großem Umfang Kapital in den Industrie- und Bankmonopolen anlegten und dort selbst leitende Stellungen einnahmen. Ulbricht begründete dies ausdrücklich auch mit der Person Carl Wentzel und verwies auf dessen zahlreiche Industriebeteiligungen.[726]

Die Kommunisten sahen 1945 zunächst Schwierigkeiten, das Projekt landesweit durchzusetzen, weil sie auf die Zustimmung der (bürgerlichen) Blockparteien angewiesen waren. Deshalb sollte ein Vorstoß auf regionaler Ebene einen Keil in die Widerstandsfront treiben. Die Wahl fiel auf die Provinz Sachsen. Die Entscheidung, an der Walter Ulbricht persönlich Anteil hatte, schien aus mehreren Gründen wohlüberlegt.[727] Der Organisationsgrad der KPD war in der Provinz hoch, die Arbeiterschaft war zahlreich und lebte zu einem beträchtlichen Teil in den Dörfern und den Siedlungsgemeinden. Die KPD rechnete daher damit, in dieser Region die Industriearbeiter als Initiatoren und Rückhalt für die Reform gewinnen zu können. Zudem waren wegen des Rückzugs der Amerikaner und dem sich hieraus ergebenden Wechsel der Besatzungsmacht die Verwaltungsstrukturen noch weniger gefestigt als in anderen ostdeutschen Gebieten. Davon erhofften sich die straff organisierten Kommunisten einen taktischen Vorsprung.

Das Kalkül ging zunächst allerdings überhaupt nicht auf. Mitte des Jahres 1945 war die Lage in den Dörfern immer noch so, wie sie Walter Ulbricht bei einem früheren Besuch vorgefunden hatte. Bauern und Landarbeiter verrichteten ihre Arbeit wie gewohnt, begehrten nicht gegen den Grundbesitz auf und stellten keine Anträge auf Landaufteilung.[728] Aus kommunistischer Sicht fehlte der Arbeiterklasse »vielfach das rechte Vertrauen in die werktätige Landbevölkerung, die bisher in ihrer politischen Entwicklung durch den reaktionären Großgrundbesitz gehindert worden war«, wofür die »seit Jahrhunderten praktizierte brutale Unterdrückung jeder demokratischen Regung auf den Dörfern durch die Junker« verantwortlich gemacht wurde. Den Landarbeitern sei es sehr schwer gefallen, ihre Rolle im Klassenkampf zu begreifen.[729]

725 Grotewohl 1945, S. 44.
726 Ulbricht 1961, S. 104.
727 Dazu im folgenden Breitenborn/Wille 1999, S. 25ff.
728 Dies., S. 28f.
729 Stöckigt 1964, S. 19.

Gleichwohl gelang es, die Reform in nur einer Woche durchzupeitschen. In den wenigen Tagen zwischen dem 28. August und dem 2. September 1945, nur drei Monate nach Übernahme der obersten Gewalt in Deutschland durch die Alliierten, wurde in Halle das Modell abgesegnet, das in der Folgezeit mehr oder weniger in der gesamten SBZ Anwendung finden sollte.[730]

Die KPD strebte die entschädigungslose Enteignung allen Grundbesitzes an, der größer als 100 Hektar war. Bereits bei der ersten Beratung des vermutlich von der Sowjetischen Militäradministration in Deutschland (SMAD) formulierten Entwurfs kam es zu kontroversen Diskussionen im Provinzblockausschuss der vier Parteien (KPD, SPD, CDU, LDP), als die KPD versuchte, die bürgerlichen Parteien zur sofortigen Annahme zu bewegen. Streitig waren dabei vor allem die Entschädigungsfrage und eine Ausnahmeregelung für Gegner des Naziregimes.

Zu einer Vorstandssitzung der CDU Sachsen-Anhalt war auch Prof. Woermann geladen, der damals Vizepräsident der Landwirtschaftskammer Halle war. Er sollte zu den wirtschaftlichen Folgen der Bodenreform berichten. Er kam zu dem Ergebnis, dass die Reform ernährungswirtschaftlich nicht zu vertreten sei und warnte vor einer Hungersnot.[731]

Die sowjetische Militärverwaltung griff in die Gespräche ein und warnte nachdrücklich vor einer Befassung des Alliierten Kontrollrats in Berlin. Ein solches Vorgehen müsse als Zeichen des »Mißtrauens gegen die russische Militärverwaltung gedeutet werden«.[732] Die KPD wiederum brach dem Versorgungsargument die Spitze ab, indem sie darauf abhob, dass keine wirtschaftlichen Fragen zur Debatte stünden, sondern allein die politische Frage, ob der Großgrundbesitz als »Quelle der Reaktion« erhalten werden solle.[733]

Alle bürgerlichen Parteien gaben schließlich ihren Widerstand mehr oder weniger auf. Bereits am 1. September wurde die Entschließung von der »Einheitsfront der antifaschistisch-demokratischen Parteien« verabschiedet und die Provinzialverwaltung aufgefordert, eine entsprechende Verordnung zu erlassen. Die CDU berichtete hierzu, dass sie es sich unter diesen Umständen nicht leisten konnte, weiter auf ihrem gegenteiligen Standpunkt zu beharren, da sonst die Gefahr bestand, jeden politischen Einfluss zu verlieren.[734] Kaum ein Änderungsvorschlag der bürgerlichen Parteien war akzeptiert worden mit Ausnahme eines Passus, wonach »Art und Höhe einer Entschädigung für Antifaschisten« von der Provinzialverwaltung bestimmt werden sollte.[735]

730 Detaillierte Darstellung des Folgenden bei Wilde 1998, S. 206ff.
731 Ders., S. 208.
732 Hermes 1963, S. 26.
733 Ebd.
734 Stellungnahme des CDU-Landesverbandes zur Bodenreform in der Provinz Sachsen-Anhalt vom 4.9.1945, abgedruckt bei Hermes 1963, S. 116.
735 Ders., S. 26.

Als am 3. September im Präsidium der Provinzialverwaltung über die Verordnung abgestimmt wurde, votierte der parteilose Präsident Erhard Hübener gegen den Entwurf. Er hatte Bedenken wegen der Ernährungssicherung und der ungeklärten Entschädigungsfragen. Prof. Hülse, früher Wentzels Arzt, der dem Gremium als stellvertretender Präsident angehörte, enthielt sich. Damit war die Entschließung in dem fünfköpfigen Gremium mit den Stimmen der Kommunisten, des Sozialdemokraten und eines Vertreters der LDP angenommen. Hübener hatte vor der Abstimmung im Präsidium eine Erklärung abgegeben, wonach »sämtliche Mitglieder des Präsidiums mit der politischen und sozialen Richtung des Entwurfs vollkommen übereinstimmten«.[736]

Die Provinzialverwaltung erließ eine entsprechende Verordnung. Dabei schien niemand bemerkt zu haben, dass die von den bürgerlichen Parteien in den Vorgesprächen erreichte Zusicherung über die Entschädigung für Antifaschisten nicht in die Verordnung eingefügt worden war.[737]

Vor dem Hintergrund des heftigen Propagandafeldzuges für die Bodenreform, den die KPD über die ihr gefügige Volkszeitung als dem einzigen funktionierenden Medium in der Region inszenieren konnte, bedrängt von der Sowjetischen Militäradministration in Deutschland (SMAD), und angesichts des einhelligen Votums des Provinzialblocks hatte die Provinzialverwaltung aus Sicht vieler damaliger Akteure kaum eine Wahl gehabt. Vorbehalte von SPD und LDP, Einzelheiten müssten noch von Fachleuten geprüft und es sollten nachträglich Regelungen zur Vermeidung unzumutbarer Härten gefunden werden, liefen ins Leere. Damit war die Taktik der Kommunisten, den bürgerlichen Parteien die Entschließung als eine bloße Richtungsentscheidung schmackhaft zu machen, aufgegangen. Auch wenn man den starken Druck der SMAD berücksichtigt, war das ein außergewöhnlicher politischer Erfolg für die kommunistische Minderheit.

Die Bodenreform sollte nach Auffassung der KPD so schnell wie möglich durchgeführt werden, um diesem »Hauptfeind des Friedens und der Demokratie auf dem Land keine Zeit und keine Gelegenheit zur Sammlung seiner Kräfte« zu geben. Dabei wurde die Opposition der Großgrundbesitzer selbst dramatisiert, ihre »Wühlarbeit« an die Wand gemalt und das »unsolidarische Verhalten der Gutsbesitzer« gebrandmarkt.[738]

Man kann nicht behaupten, dass sich Geschichte nie wiederholt: Wie es Wentzel von den Nazis vorgeworfen worden war, so wurde jetzt anderen Gutsbesitzern das Horten von Lebensmitteln oder auch die bewusste Vernachlässigung der Ernte entgegengehalten. Wie schon (versehentlich) vom

736 Lübeck 1999, S. 82.
737 Ebd.
738 Vgl. Stöckigt 1964, S. 162, 192ff.

Reichssicherheitshauptamt wurde Wentzel nun zur Pointierung der politischen Auseinandersetzung mit dem als Kainsmal zu verstehenden Adelstitel bedacht: In DDR-Filmen zur Bodenreform wurde gerade zum Beweis für die historische Schuld der Klasse, »die einst Thomas Müntzer, den revolutionären Bauernführer, richtete«, Schloss Teutschenthal, das dem »Baron von Wentzel« gehört hatte, gezeigt.[739]

In dieser Situation schien allen Versuchen, in der Enteignungs- und Entschädigungsfrage zu dem Einzelfall gerecht werdenden Regelungen zu kommen, der Boden entzogen. Der Versuch der bürgerlichen Parteien, die Bodenreform im Kern auf die Enteignung der Güter der Kriegsverbrecher, Kriegsschuldigen und aktiven Naziführer zu beschränken und im Übrigen auf einer Entschädigung zu bestehen, war gescheitert.

Auch die in hitzigen Diskussionen immer wieder aufgeworfene Frage, ob wenigstens den Opfern des Nationalsozialismus Zugeständnisse gemacht werden sollten, blieb weitgehend ungelöst.

Obwohl die Verordnung keine Entschädigung für den enteigneten Großgrundbesitz vorsah, griffen die Provinzialverwaltung und die Provinzialbodenkommission die Frage der Besserstellung der »antifaschistischen« Großgrundbesitzer auf. Am 29. September 1945 wurden die Opfer des Faschismus, Persönlichkeiten die aktiv gegen das NS-Regime gekämpft hatten und antifaschistische Großgrundbesitzer, die wissenschaftliche und landeskulturelle Verdienste besaßen, aufgefordert, den Antrag auf Belassung eines »Restgutes« zu stellen.[740] Damit war es aber schnell wieder aus. Die SMAD hob den genannten Erlass wieder auf.[741] Aus kommunistischer Sicht war eine solche Maßnahme nie wirklich geplant gewesen, denn die Brechung der Macht des »militaristischen Eroberungsinstinkts« der Großgrundbesitzer war nur möglich durch »völlige Enteignung ohne jeden Resthof und ohne utopische Gemeinschaftsidylle«.[742] In einer 1962 im gesellschaftswissenschaftlichen Institut des ZK der SED erschienenen Dissertation zur Bodenreform, aus der hier bereits mehrfach zitiert wurde, wurde trotz der breit angelegten, sehr detaillierten und faktenreichen Studie von fast 300 Seiten das Thema der Behandlung der Widerstandskämpfer in der Bodenreform, wiewohl dies 1945 Teil der hitzigen Diskussionen war, konsequent ausgespart.

Unter diesen Umständen war die Behandlung des Falles Wentzel geradezu erstaunlich. Das muss damit zu tun gehabt haben, dass das Schicksal des Teutschenthaler Gutsbesitzers, das einige Klischees sprengte, damals dort noch in jedermanns Erinnerung war.

739 Breitenborn/Wille 1999, S. 10.
740 Wille 1996, S.100.
741 Breitenborn/Wille 1999, S. 42.
742 Stöckigt 1964, S. 85.

Die Familie Wentzel hatte am 4. und am 11. Oktober 1945 ein »angemessenes Restgut« beantragt, für Mutter Ella Salzmünde, hilfsweise Boltzenhöhe, für den Sohn Fienstedt. Ella Wentzel hatte in ihrem Antrag darauf hingewiesen, dass in Salzmünde Landansprüche nicht gestellt worden seien und ihr Antrag »wohl auch dem Wunsch der dortigen ländlichen Bevölkerung, die ja seit langen Zeiten in dem Betriebe arbeiten« entspräche.

Der Amtsvorsteher in Boltzenhöhe bescheinigte einige Tage später den Wentzels, «Opfer des Faschismus zu sein.[743] Schließlich wurde Carl-Friedrich Wentzel auf Beschluss der Provinzialverwaltung am 16. Oktober das Gut Fienstedt, gekürzt auf die 100 Hektar, »unwiderruflich« zugesprochen. Der Rest von circa 15 Hektar ging in den Bodenreformfonds.[744]

Zur Übernahme von Fienstedt ist es dann aber auch nicht mehr gekommen, denn am 11. Oktober 1945 verfügte die sowjetische Militärverwaltung die Ausweisung aller (verbliebenen) Grundbesitzer aus ihren Heimatkreisen.[745] Im Januar 1946 wurde auch die Familie Wentzel ausgewiesen, genauso wie die Wilmowskys und andere Nachbarn.

In einer Jubiläumsbroschüre des Kreises aus dem Jahr 1975 hieß es unter dem Stichwort »Junkerland in Bauernhand« dazu: »Besonders ging es um die Enteignung der Wentzel'schen Güter in Teutschenthal und die Entmachtung solcher Großgrundbesitzer und Nazis wie des SS- Schergen ›Bubi‹ von Alvensleben in Schochwitz und des Nazis von Krosigk«[746], wobei doch zu vieles hier in einen Topf geworfen wurde.

Die Bodenreform war ein einschneidendes Ereignis in der deutschen Geschichte. Der ihr zugrundeliegende politische Gedanke war beileibe nicht ausschließlich eine Idee der sowjetischen Besatzungsmacht. Die übrigen Alliierten teilten den historischen Urteilsspruch, auch wenn sie sich später nicht an der Vollstreckung beteiligt haben: Die Kaste der Junker, insbesondere der ostelbischen, trug die Hauptschuld an der Militarisierung der deutschen Gesellschaft und der Pflege antidemokratischer Ressentiments. Sie war damit auch für den Triumph des Hitler-Regimes verantwortlich.[747]

Die bürgerlichen Parteien, besonders in der CDU-Führung in Sachsen-Anhalt, teilten demgemäß die sich aus dieser Argumentation nährende reformatorische Grundstimmung.[748] Auch sie bejahten die Bodenreform grundsätzlich. So hat sich beispielsweise der langjährige Vorsitzende des Landesver-

743 Bescheinigung vom 14.10.1945 (IfZ ED 378-5).
744 Protokoll vom 16.10.1945 (IfZ ED 378-6).
745 Breitenborn/Wille 1999, S. 43.
746 Zit. nach Olbrich 1981, S. 206.
747 Breitenborn/Wille 1999, S. 20f.
748 Vgl. Hermes 1963, S. 22f.

bandes Sachsen-Anhalt der CDU, der wegen des Abstimmungsverhaltens seiner Partei in eine Kontroverse mit der Reichsgeschäftsstelle in Berlin geriet, stets für die reibungslose Zusammenarbeit mit der SMAD eingesetzt.

Über die Latifundienbesitzer war das Urteil gesprochen. Der Historiker Heinrich August Winkler ist zu der Auffassung gekommen, dass sich von den alten Machteliten der Kaiserzeit keine so früh, so aktiv und so erfolgreich an der Zerstörung der Weimarer Demokratie beteiligt hatte wie das »ostelbische Junkertum«.[749] Andererseits haben die erste Demokratie in Deutschland und die darauf folgende Diktatur beide geglaubt, ohne die großgrundbesitzerliche Betriebsstruktur nicht auskommen zu können. Deshalb hatte sich der Großgrundbesitz erstaunlich intakt über alle politischen Veränderungen, über die Novemberrevolution und auch über die Blut- und Boden-Pläne der NS-Ideologen hinwegretten können.

Der »Reuschler« Zitzewitz hat in einem an die Hinterbliebenen gerichteten Schreiben das Schicksal Wentzels gerade auch in diesen Zusammenhang stellen wollen: »Wenn man jetzt auf den Großgrundbesitz und das Junkertum in einer völlig unberechtigten Weise schimpft, so ist es unsere Pflicht, eine Persönlichkeit herauszustellen, die zu den größten Großgrundbesitzern gehörte, aber gleichzeitig zu den größten Förderern des Friedens«.[750]

Das Tempo und die Radikalität der Bodenreform haben die wirtschaftliche und politische Entwicklung der DDR nachhaltig beeinflusst.

Am Ende wurden in SBZ und DDR mehr als 7000 Gutsbetriebe, die 35 % der landwirtschaftlichen Nutzfläche umfassten, enteignet. Allein in Sachsen-Anhalt waren es bis 1950 mehr als 3000 landwirtschaftliche Betriebe mit über 700 000 Hektar Betriebsfläche. Daraus gingen etwas mehr als 50 000 Neubauern als neue soziale Gruppe hervor.[751] Unter ihnen waren auch Flüchtlinge und Vertriebene, denen damit zunächst geholfen war. Die Zersplitterung des Bauernlands, die den Kleinbauern nur eine dürftige Existenz sicherte, begünstigte allerdings später die Kollektivierung.[752] 1989 waren nur noch etwa ein Viertel des Neubauernlandes in den Händen der ursprünglichen Zuteilungsempfänger oder ihrer Erben.[753]

Die mitteldeutsche Landwirtschaft erlebte einen tiefen Einbruch. Vor allem mangelte es an Spannvieh und Zugmaschinen. Dort, wo noch Traktoren gestanden hatten, wurden sie zerstört oder im Rahmen der besonders bei

749 Winkler 1994, S. 601.
750 Zitzewitz an Elster am 5.3.1947.
751 Breitenborn/Wille 1999, S. 11.
752 Carl-Friedrich Wentzel 2004. Rund um Höhnstedt gab es 1651 Betriebe, die über 0,1 bis 1 Hektar Anbaufläche verfügten.
753 Breitenborn/Wille 1999, S. 12.

Mittel- und Großbauern zum Alltag gehörenden Zwangsrequirierungen entfernt. Überall herrschte Mangel an Mineraldünger, Ersatzteilen oder Kraftstoff.

Der Wentzel-Besitz wurde zerlegt und ausgeweidet. Aus Brachwitz wurde die Landwirtschaftliche Produktionsgenossenschaft (LPG) »Thomas Müntzer«, aus Fienstedt die LPG (Typ III) »Mitschurin«. Damit wurde ein sowjetischer Saatgutzüchter geehrt, um der Sowjetisierung der ostdeutschen Agrarwirtschaft auch symbolisch Ausdruck zu geben. In Langenbogen wurde die Zuckerfabrik enteignet und den VEB Zuckerfabriken Halle zugeschlagen. Der übrige landwirtschaftliche Besitz der Wentzels wurde MAS (Maschinen-Ausleih-Station), dann MTS (Maschinen-Traktoren-Station) und schließlich eine LPG, erst namens »Philipp Müller«, dann »Walter Ulbricht«. Die Salzmünder Betriebe wurde ebenfalls enteignet und in verschiedene Genossenschaften aufgeteilt, die schließlich in der LPG »Thälmann-Pionier« wieder zusammengeführt wurden.

Ella Wentzel hatte sich im September 1946 bemüht, Möbel und Inventar aus Teutschenthal zurückzuerhalten, da dieses von den Bestimmungen der Bodenreform nicht erfasst wurde. Zur pfleglichen Behandlung ihres Ansinnens wies sie darauf hin, dass sie anerkanntes Opfer des Faschismus sei, »mit rotem Ausweis Nr. 527«.

Was die Nutzung des Schlosses selbst anging, so setzte sich nach vielen Querelen der Präsident der Provinz Sachsen mit seinem Projekt einer Landbauschule durch. Durch Beschluss des Landtags wurde das Projekt später in die Obhut der Vereinigung der gegenseitigen Bauernhilfe (VdgB) gegeben. Aus dem »Schloss« wurde eine Agraringenieurschule in der, einer DDR-Publikation zufolge, »Studenten aus 12 Ländern Asiens, Afrikas und Lateinamerikas ausgebildet wurden«.

Im November 1945 wurde Carl-Friedrich Wentzel wegen eines im Garten vergrabenen Jagdgewehrs vom sowjetischen Militärnachrichtendienst (GRU) verhaftet und sechs Monate lang in einem Eislebener Gefängnis festgehalten. Seine Frau hat über diesen neuen Schicksalsschlag und den Kampf um ihren Mann in bewegender Weise berichtet.[754]

Sogar die DDR-Wissenschaft hatte sich am Rande mit diesem Vorfall befasst. Ein DDR-Doktorand der 1970er Jahre kam zu folgendem Schluss: »Auch der letzte Wentzel wollte sich nicht mit den neuen demokratischen Verhältnissen abfinden. Aber die antifaschistischen demokratischen Organe ließen sich nicht betrügen, ihre Vertreter hatten jahrzehntelange Erfahrungen mit den Wentzels.«[755]

Dem jungen Ehepaar war jetzt klar, dass ihre Tage in der SBZ gezählt waren. Nach der Freilassung von Carl-Friedrich im Mai 1946 verließen sie mit

754 Pfeiffer 2011, S. 173ff.
755 Bues 1972, S. 248.

Köfferchen und Rucksack Halle und erreichten schließlich unter dramatischen Umständen die britische Zone. Nur ein einziges Mal, im Jahr 1947, ist Lore Wentzel in den »Osten« zurückgekehrt. Sie überschritt die grüne Grenze, um ihren Sohn Carl-Stefan, der bei der Flucht der Eltern zurückgelassen werden musste, zu holen.[756]

Ihr Mann versuchte in der britischen Besatzungszone mit der Wentzel'schen Saatzuchtanstalt in Equord bei Peine, die als eine Art Nebenstelle schon von Wentzel eingerichtet worden war, einen Neuanfang. Ein Gelingen war dem Unternehmen nicht beschert. Die Nachfolge seines Vaters als Kurator in der Behrens-Stiftung konnte er wegen seiner früheren Parteimitgliedschaft nicht antreten.[757] Carl-Friedrich Wentzel starb 1954 in Österreich.

Ella Wentzel war körperlich und seelisch nicht mehr zu einem Neuanfang in der Lage. Sie hatte zunächst Aufnahme bei den Eltern der Schwiegertochter Petzhold gefunden. Von dort zog sie mit der ihr immer noch treu ergebenen Grete Seyfarth zu anderer Verwandtschaft in Halle, wo sie in bescheidenen, aber nicht prekären Verhältnissen ihre letzten Lebensjahre verbrachte. Sie starb 1949 im Alter von 73 Jahren.

Die Gegenwart zeichnet durch Rekonstruktion des Geschehenen das unweigerlich unvollständige, vereinfachte, vielfach auch entstellte Bild von der Vergangenheit ununterbrochen neu. Es ist deshalb wenig erstaunlich, dass der deutsche Widerstand diesseits und jenseits der Zonengrenze immer wieder in wechselnden Perspektiven betrachtet wurde und wird. Die Opfer, die auf der einen Seite vereinnahmt und idealisiert wurden, wurden auf der anderen Seite abgewertet oder sogar verschwiegen. Dies kann hier nur skizzenhaft nacherzählt werden.

In der sowjetisch besetzten Zone gab es eine erste kurze Phase eines gemeinsamen Bekenntnisses verschiedener politischer Gruppierungen zum deutschen Widerstand.

In einem im September 1945 gehaltenen Vortrag beurteilte Otto Grotewohl den Aufstand gegen Hitler noch aus einer wenig ideologischen Perspektive: »Der 20. Juli war eine Revolution, und es wäre neu in der Geschichte, eine Revolution deshalb keine Revolution zu nennen, weil sie nicht zum Erfolg führte. Der 20. Juli bedeutete in diesem Gestapo- und Mörderstaat ebenso viel wie die Aufstandsbewegungen gegen die deutsche Armee in Frankreich, Italien und der Tschechoslowakei, als die Befreiungsarmeen in Sicht waren«. In der Druckfassung ist vermerkt: »Stürmischer Beifall«.[758]

756 Pfeiffer 2011, S. 213.

757 Zimmermann, S. 8f. Dort auch Näheres zu der Kontroverse zwischen Carl-Friedrich Wentzel und der Stiftung.

758 Grotewohl 1945, S. 25.

Im gleichen Jahr war der Familie von Carl Wentzel von lokalen Behörden noch Brief und Siegel gegeben worden, sozusagen amtsnotorische, als solche allseits bekannte »Opfer des Faschismus« zu sein.[759]

In der ersten Universitätsfeier der Universität Halle zu Ehren der Opfer des Faschismus im September 1947, die den Geschwistern Scholl gewidmet war, stellte der Rektor der Universität, der Theologe Otto Eißfeldt, fest, gern sei die Universität der »Anregung der Regierung [zu der Veranstaltung] gefolgt, denn sie legt größten Wert darauf, zu bekunden, dass sie mit unserem ganzen Volk ...um die trauert, die ein verderbliches Regime gequält oder in den Tod gehetzt hat.« Eißfeldt nannte fünf Professoren jüdischer Abstammung und er nannte dann auch das Ehrenmitglied der Universität, Carl Wentzel.[760]

Später wurde das Verhältnis der DDR-Führung zum 20. Juli komplizierter.

Die offizielle Lehre vom deutschen Faschismus und seiner Bekämpfung allein durch die kommunistischen Kräfte deutete den Nationalsozialismus als »Büttel des Finanzkapitals«. Nicht nur der konservative, sondern der gesamte bürgerliche Widerstand gerieten in Misskredit. Vor allem bei den KP-Kadern, die während der NS-Zeit inhaftiert waren, war die positive Würdigung des Staatsstreichs vom 20. Juli auf lebhaftes Missvergnügen gestoßen. Diese Gruppe drängte seit 1947 verstärkt darauf, die Erinnerungskultur auf den kommunistischen Widerstand zu beschränken. Die meisten Vertreter des 20. Juli schieden infolgedessen aus dem »Verband der Verfolgten des Naziregimes« aus.[761]

Widerstand und Antifaschismus, letzterer in seiner kommunistisch geprägten Konnotation, wurden gleichbedeutend. Die übergreifenden moralisch-ethischen Gemeinsamkeiten der verschiedenen Akteure des Widerstands hatten kein Existenzrecht mehr. Nichtkommunistische Widerstandskräfte konnten bestenfalls noch das Prädikat »Hitlergegner« für sich in Anspruch nehmen. Aber auch das wurde den meisten Vertretern des 20. Juli in den 1950er Jahren in der DDR verweigert. Das galt ganz besonders für die national-konservative Widerstandsbewegung. Der sowjetische Chronist des 20. Juli, Daniil Melnikow, hat die Zielsetzung der kommunistischen Geschichtsschreibung völlig freimütig offengelegt, weil es, wie er schreibt, darum gehen müsse, die »idealistische Zielsetzung« der bürgerlichen Geschichtsschreibung zu denunzieren, denn diese stelle den Versuch dar, »die deutschen Grundbesitzer und Junker insgesamt zu rehabilitieren, da ein großer Teil von ihnen hauptverantwortlich für

759 Bescheinigung Wiedergutmachungswerk vom 13.9.1945, zit. nach Neuß 1957 (Typoskript), S. 179.

760 Rede Eißfeldt vom 13.9.1947 (UA Halle, Rep. 4 Nr. 2090).

761 Dem elfköpfigen Hauptausschuss »Opfer des Faschismus« gehörten 1945 noch drei Vertreter des 20. Juli an, Groehler 1995, S. 23, 25.

den Machtantritt Hitlers 1933 und für die gesamte Politik des faschistischen Deutschlands ist.«[762]

Der 20. Juli wurde hinfort als »reaktionäres, im Grunde volksfeindliches Unternehmen« verurteilt.[763] Letztlich war das nichts anderes als eine Variante der Hitlerschen Wortprägung von der »ganz kleinen Clique verbrecherischer Offiziere«. Die bürgerlich-konservativen Aktivitäten galten nicht mehr als Widerstand, sondern wurden als besonders raffinierte Methode zur Erhaltung der imperialistischen Klassenherrschaft umgedeutet. Deshalb wurde der Gruppe um Goerdeler – und Carl Goerdeler als Person – jede fundamentale Wertorientierung abgesprochen. Ihre Haltung wurde als eine, wie es bei Melnikow wiederholt heißt, »elastischere politische Konzeption für das deutsche Monopolkapital« uminterpretiert.[764] Melnikow betrachtete deshalb den Reusch-Kreis als bedeutend für die Kriegsproduktion, weshalb eine Verfolgung ihrer Mitglieder unterlassen worden sei.[765]

Zudem waren die politischen Entwürfe der konservativen Opposition mit ihrer teilweise stark antisowjetischen Ausrichtung in Zeiten des Kalten Kriegs der östlichen Siegermacht ein Dorn im Auge: Dazu schrieb Melnikow: »Indem die heutigen Ideologen des deutschen Militarismus die antisowjetische Tendenz der außenpolitischen Pläne Goerdelers hervorheben, versuchen sie, diese als Verteidiger der europäischen Zivilisation hinzustellen«.[766]

Für die marxistische Ideologie wurde die Person Wentzel darüber hinaus insofern politisch unendlich wertvoll, als das über Wentzel verhängte Todesurteil und seine Eigenschaft als Industrieller – in diesem Kontext wahrhaftig ein Alleinstellungsmerkmal – aus ihrer Perspektive die einmalige Chance bot, die Verflechtung des bürgerlichen Widerstandes mit dem Monopolkapitalismus nachzuweisen. Carl Wentzel wurde später sogar von Walter Ulbricht persönlich, als eine Person, die gleichzeitig sowohl Großgrundbesitzer als auch Großindustrieller war, als besonders eindringliches Beispiel der »Union zwischen Grundbesitzern und Monopolherren« hervorgehoben.[767]

Es muss etwas mit der immer noch nachwirkenden Popularität des Teutschenthalers in der Region zu tun gehabt haben, dass die Enteignungs- und Ausweisungsstrategie der Jahre 1945/46 erklärungsbedürftig wurde.

Die Wentzel-Sprachregelungen in der DDR stützten sich in der Folge auf drei Elemente: Eine »militaristische Einstellung« von Wentzel, eine ideologische

762 Melnikow 1967, S. 124.
763 Vgl. Finker 1990, S. 8.
764 Melnikow 1967, S. 117.
765 Ders., S. 118.
766 Ders., S. 205.
767 Ulbricht 1961, S. 201, Anm. 636.

Nähe zur NSDAP sowie der Vorwurf der Ausnutzung der faschistischen Agrarpolitik durch »besonders hohe Profite«, die Wentzel im Dritten Reich erzielte.[768]

Hierauf muss im Einzelnen an dieser Stelle nicht mehr eingegangen werden, jedoch empfiehlt sich ein kurzer Blick auf die Dissertation von Alfred Bues aus dem Jahr 1972 (Universität Halle). Ziel des Verfassers ist ausdrücklich, das Renommee des Gutsbesitzers als bürgerliche Legende zu entlarven und ihn von der, wie sich der Verfasser ausdrückt »ideologisch-reaktionären Plattform der imperialistischen Geschichtsschreibung«[769] sozusagen herunterzustoßen. Widerpart seiner Argumentation ist das von einem Anonymus verfasste wohlwollend gezeichnete »Lebensbild« von Wentzel als der Inbegriff einer bürgerlichen Geschichtsbetrachtung.

Es ist nur zu verständlich, dass der Ruf Wentzels als sozial vorbildlicher Unternehmer für Bues ein Problem darstellte. Selbst der marxistisch geschulte Doktorand kam nicht darum herum, diese Leistungen anzuerkennen. Er greift daher zu dem aus marxistisch-leninistischer Analyse bekannten Notbehelf, sie als ganz besonders raffinierte Ausbeutungsmethode zu denunzieren. Mit geringfügigen Zugeständnissen sei es Wentzel gelungen, sich eine »Landarbeiteraristokratie« heranzuziehen, die durch die Annahme besonderer Vergünstigungen fest an die Betriebe gebunden worden seien. Jede Spende, jede betriebliche, auf anderen Gütern unübliche Zuwendung wird als Bestechung bezeichnet, mit der Wentzel seine politischen Positionen habe festigen wollen. Die Argumentationsnot wird da für jedermann besonders deutlich, wo Bues sich mit den geschilderten Erinnerungsstiftungen auseinandersetzt. Er greift die Satzungsbestimmung auf, die festlegt, dass »Bedürftigkeit und Würdigkeit« der Empfänger jährlich zu überprüfen sei, und zieht daraus den Schluss, dass »in der Zeit des Faschismus« damit sichergestellt werden sollte, dass nur diejenigen Arbeiter für würdig befunden wurden, die »die Politik der Nazis unterstützten«.[770]

Ein drittes großes Problem muss jeder marxistische Autor mit dem Todesurteil gegen Wentzel haben, denn letzterer müsste nach jener Lesart von seinen eigenen Leuten gerichtet worden sein, und zwar unter den Augen seiner angeblich zahlreichen nationalsozialistischen Freunde. Bues weiß sich nur zu helfen, indem er von einer Auseinandersetzung innerhalb des nationalsozialistischen Machtapparats ausgeht.[771]

768 Bues 1972, S. 220ff. Zur Sache siehe auch S. 51f.
769 Bues 1972, S. III.
770 Ders., S. IV.
771 Ders., S. 243.

Die Dissertation endet in einer kühnen Verbindung von marxistischer Ideologie und dem Prinzip der Sippenhaft mit dem Satz: »Für immer wurde das Geschlecht der Wentzels als Teil der imperialistischen Großbourgeoisie aus dem Gebiet der Deutschen Demokratischen Republik vertrieben.«[772]

Auch diese Arbeit ist ein Teil der deutschen Geschichte. Sie hat bedauerlicherweise Einfluss auf die »bürgerliche« Geschichtsschreibung ausgeübt, indem Hans-Heinrich Müller in einem insgesamt um Ausgewogenheit bemühten Festschriftbeitrag 1997 in einer Kurzbiographie von Wentzel eine ganze Reihe von Feststellungen von Bues unkritisch übernimmt.[773]

Später wurden in der DDR die durch die antifaschistischen Säuberungen systematisch ausgegrenzten Gruppen langsam wieder integriert, ohne diesen freilich den früheren eigentumsrechtlichen (oder beruflichen) Status zurückzugeben. In den 1970er und 1980er Jahren setzte in der durch die Entspannungspolitik geschaffenen politischen Atmosphäre eine allmähliche Liberalisierung des Geschichtsdenkens ein, die zu wachsender Flexibilität und differenzierter Herangehensweise der DDR-Geschichtsforschung führte. Einzelpersonen des bürgerlichen oder militärischen Widerstands konnten nun als Antifaschisten gewürdigt werden. Man besann sich ein wenig in der Substanz, aber vor allem im Ton.[774]

Der DDR-Historiker Olaf Groehler schließlich hatte am 20. Juli 1988 in dem Zentralorgan »Neues Deutschland« in einem Artikel Carl Wentzel als »einzigen deutschen Großindustriellen, der seine antinazistische Gesinnung mit dem Leben bezahlte« gewürdigt, eine Tatsache, so Groehler weiter, die »uns heute mehr als eines Nachdenkens wert sein sollte«.[775] Man könnte Groehler noch ergänzen: Ebenso die Tatsache, dass wir die Feststellung ausgerechnet dem »Neuen Deutschland« verdanken. In der Bundesrepublik ist Wentzel – Jahre später – erstmals durch einen Artikel in der Süddeutschen Zeitung einem größeren Publikum vorgestellt worden.[776]

1989 war die Zeit auch reif geworden für die Enthüllung der erstaunlichen Kontakte Wentzels mit der KPD, über die hier schon berichtet wurde. Der Artikel, der aus kommunistischer Sicht so radikal gegen den Strich gebürstet erschienen sein musste, konnte in einem Organ der SED, der »Neue[n] Deutsche[n] Bauernzeitung«, erscheinen. Der Chefredakteur war zu der Auf-

772 Ders., S. 254. – An anderer Stelle heißt es: »Carl-Friedrich Wentzel flüchtete nach Westdeutschland. Nach Aussagen des Genossen Schumann bekam er dort eine Abfindung von ca. 1 Million Mark. Als moralisch haltloser Mensch hat er sich nach Verprassung des Geldes erschossen.« S. 249, Anm. 1.

773 Hans-Heinrich Müller 1997, S. 480ff.

774 Vgl. Finker 1988, S. 301ff.

775 Neues Deutschland vom 20.10.1988.

776 Zelinsky in Süddeutsche Zeitung vom 30.12.1994.

fassung gelangt, dass die Geschichte völlig wasserdicht sei und deshalb nichts gegen eine Publikation spreche.[777]

Die Perzeption des Widerstands in der Bundesrepublik war eher nach innen gerichtet und reflektierte zum Teil die geistigen Kämpfe, die im Widerstand selbst ausgefochten worden waren. Nachkriegsdenken war in vielem noch Vorkriegsdenken. Im Nachhinein schienen es die Frauen und Männer des 20. Juli niemandem recht machen zu können.

Einerseits dienten die Männer und Frauen des 20. Juli mit ihrer Tat der moralischen Rechtfertigung der Deutschen. Andererseits hat sich die Öffentlichkeit in den Aufbaujahren nach dem Krieg mit dem Widerstand sehr schwergetan. Das Attentat wurde bis in die 1970er Jahre hinein mit Skepsis beurteilt, wenn nicht sogar ganz abgelehnt. Dabei spielte insbesondere der Vorwurf eine Rolle, der Widerstand habe die nationale Schicksalsgemeinschaft in einem kritischen Augenblick im Stich gelassen und damit Landesverrat verübt.[778] So dauerte es noch, bis der 20. Juli allseits als ein großer Tag in der deutschen Geschichte anerkannt wurde.

Die Angehörigen und die Nachkommen der Widerständler waren dementsprechend weitgehend isoliert und oft in einer schwierigen sozialen Lage.[779]

Der Umgang der Familie Wentzel mit der Erinnerung an Bruder, Vater, Schwiegervater, Großvater reflektiert zum Teil diese Widersprüche.

Das Bedürfnis, Leben und Sterben des Mannes zu dokumentieren und der Nachwelt lebendig zu erhalten, lag der Familie auf der Seele. Carl-Friedrich bemühte sich schon in den ersten Nachkriegsjahren um eine Darstellung des Lebens seines Vaters, wobei ein von ihm selber geschriebenes ex post-Tagebuch mit dem deprimierenden Titel »Jenseits«, von dem wir nur wissen, dass es eine nicht ohne Ehrfurcht für den Vater geschriebene Würdigung, zugleich aber auch eine Abrechnung gewesen sein soll, nicht Gegenstand einer solchen veröffentlichten Darstellung sein sollte. Sie hat späteren Darstellungen in Auszügen zugrunde gelegen und ist in Gänze heute nicht mehr auffindbar.

Die Bemühungen des Sohnes um Autor und Werk blieben letztlich erfolglos. Sie scheiterten an den schwierigen Nachkriegsverhältnissen und den inkompatiblen Persönlichkeiten, die damit befasst waren. Es ist eine Ironie der Geschichte, dass von der Familie zwei Autoren angesprochen wurden, von deren Nähe zum Dritten Reich vor allem der erste, wäre diese der Familie Wentzel bekannt gewesen, als eine problematische Wahl hätte erscheinen müssen.

777 Mitteilung des Autors Werner Wühst.

778 Vgl. dazu Voss 2011, S. 24.

779 Ebd.

780 U.a. Wirke durch Dein Gesicht (1939), Liebe und Ehe (1937), Kurzbiographien über Bismarck und Heinrich den Löwen.

Zunächst wurde Hanns-Martin Elster gewonnen. Elster, der auch unter dem Pseudonym Hans Bruneck veröffentlicht hatte, war ein vielseitiger Publizist. Er hatte vor dem Ersten Weltkrieg mit seinem Vater Otto Elster den Wilhelm-Raabe-Kalender herausgegeben, an verschiedenen Literaturzeitschriften mitgewirkt und Schriften publiziert, die eine weite Spanne von Lebensberatung bis zu historischen Kurzbiographien umfasste.[780] Neben dem Erbaulichen finden sich in seiner Werkliste aber auch eine Arbeit über Dietrich Eckart, den »deutschen Dichter und Vorkämpfer des Nationalsozialismus« (1934) und Brzeziny (1934), eine Abhandlung über die Schlacht, auf deren erfolgreichen Ausgang sich der militärische Ruhm von Wentzels Kommandeur, General Litzmann, gründete. Seit 1933 war Elster in der Pressestelle der Reichsleitung der NSDAP tätig gewesen. In den (gleichgeschalteten) Reichsverband der Deutschen Schriftsteller war Elster gelangt, weil die Nazis zwei »Vertretern der Reaktion« gestattet hatten, auf ihren Listen zu kandidieren. Elster hat Carl Wentzel selbst nicht gekannt.

Elster verteilte im Jahr 1946 eine knapp zwanzig Seiten umfassende, engzeilig getippte, flüchtig handkorrigierte Skizze mit allen typografischen Mängeln, die dem Schreiben und Vervielfältigen der damaligen Zeit anhaftete, an frühere Weggenossen Wentzels und bat sie um Stellungnahme.

Die Blaupause wurde genau da kontrovers, wo es um die Frage von Wentzels »Schuld« ging. Was konnte Schuld unter den damaligen Umständen bedeuten?

Wentzel hat nicht das getan, was ihm von den Nazis vorgeworfen wurde, er ist insofern selbst unter Anlegung der rechtlichen Maßstäbe des Dritten Reichs unschuldig. Dafür hatte sich Elster entschieden. Er plädierte – offenbar von dem Gedanken getragen, Wentzel vom Vorwurf des Verrats reinwaschen zu müssen – auf »nicht schuldig«, Wentzel sei unschuldig »im wahrsten Sinne des Wortes« gewesen.

Er spielte das Abendessen mit Goerdeler herunter. Der Gutsherr habe den Äußerungen Goerdelers kein Gewicht beigemessen, der Besuch von Goerdeler sei »längst vergessen« gewesen.[781]

Die eigentliche Frage, ob der damalige Strafvorwurf rechtsstaatlichen Kriterien standhielt, also ob das, was damals als positives Recht galt, in Wahrheit Unrecht war, ist eine andere. Elster hat sie nicht gestellt, weil er sich mit den menschenrechtlichen Defiziten des damaligen Unterdrückungs- und Rechtsbeugesystem mit seinen gesinnungsstrafrechtlichen Maßstäben nicht auseinandergesetzt hat. Und deshalb war er auch von der Frage nach dem Widerstandsrecht Lichtjahre entfernt. Unschuldig konnte nach seiner Lesart der

781 Elster, S. 12, 14 (IZG ED 378-12ff).
782 Huch 1997, S. 32.

Geschichte offensichtlich nur derjenige sein, der sich den geschriebenen und ungeschriebenen Normen des Dritten Reichs bedingungslos unterworfen hatte.

Ihm ist denn auch von denen, die er um Kommentare gebeten hatte, zum Teil heftig widersprochen worden.

Das Beispiel zeigt deutlich, dass die Bewertung des Widerstandes gegen den Nationalsozialismus, wie sie heute allgemein akzeptiert ist, lange gebraucht hat, um von der Mehrheit der Deutschen aufgenommen zu werden. Nach dem Krieg wagte es kaum jemand, den Gedanken zu formulieren: Wenn er schon sterben musste, hätte er doch (wenigstens) das getan, was ihm vorgeworfen wurde!

Eine alte Dame tat es. Eine bizarre Kontroverse entspann sich deshalb zwischen Hanns-Martin Elster und Ricarda Huch.

Die berühmte und wegen ihrer Standhaftigkeit im Dritten Reich hochangesehene Schriftstellerin, eine Repräsentantin der inneren Emigration par excellence, war zwei Tage vor dem 20. Juli 1944 bereits achtzig Jahre alt geworden. Als das Scheitern des Attentats bekannt geworden war und die Verschwörer unbarmherzig verfolgt wurden, reifte in ihr der Plan, ein Gedenkbuch für die »Märtyrer der Freiheit« zu verfassen. Nur wenn die Deutschen begreifen würden, was sie an diesen verloren hatten, würden sie positiv an ihre Geschichte anknüpfen können.[782]

Um nach dem Ende des Dritten Reichs ihr Gedenkbuch verwirklichen zu können, bedurfte sie der Hilfe vieler Menschen, auf deren Berichte und Dokumente sie angewiesen war. Sie startete trotz hohen Alters und schwindender Kräfte 1946 eine Briefaktion an Hinterbliebene und verfasste öffentliche Aufrufe mit der Bitte um Information, in denen sie sich offen zum Anti-Hitler-Widerstand bekannte. Neben einzelnen Shitstorms von damals Unverbesserlichen[783] erwies sich das Unternehmen auch sonst als mühsam. An der Einschätzung des Widerstands schieden sich schon 1946 die Geister.[784] Hinterbliebene versuchten, ihr vorzuschreiben, wie sie die Männer und Frauen des Widerstandes zu sehen hätte. »Bei jedem Wort muß ich abwägen, ob es auch im Sinne der Angehörigen ist. Es liegt in der Natur der Sache, daß ich diese Toten wie Verklärte geschildert bekomme, nicht wie Menschen mit ihrem Widerspruch«.[785]

Einer, der ihr bei der Ermittlung der Angehörigen half, war Pfarrer Poelchau. Er muss Ricarda Huch in einer Weise über Carl Wentzel berichtet haben, dass diese eine »lebhafte Sympathie«, so schrieb sie, für ihn entwickelte.[786] Sie wandte sich zunächst an Ella Wentzel und erhielt später Antwort von Elster, der ihr sein

783 Ders., S. 7.
784 Ders., S. 8.
785 Ders., S. 36.
786 Huch an Elster am 10.7.1946 (StaH, S 15 WEN, N 42, Nr. 3).

Manuskript zusandte. Auf die politisch gereinigte Darstellung Elsters reagierte die Schriftstellerin scharf. Sie antwortete empört: »Ihr Bericht hat mich bitter enttäuscht, indem sie immer wieder die ›Unschuld‹ des verewigten Carl Wentzel betonen, während es mir doch auf eine ›Schuld‹ ankommt. Mein Buch ist ja denjenigen gewidmet, die bewusst auf den Sturz Hitlers hingearbeitet haben; er gehört also nicht in dieses Buch ... Es ist mir unmöglich, den Verstorbenen in mein Buch aufzunehmen, obwohl ich ungern auf ihn verzichte.«[787] Ricarda Huch verstarb schließlich über der Arbeit an ihrem Gedenkbuch, das erst viele Jahre später als Fragment unter dem Titel »In einem Gedenkbuch zu sammeln« publiziert wurde.

Nachdem Elster diese Chance sichtlich vertan hatte, war ihm auch sonst wenig Glück beschieden.

Im Gegensatz zu der streitbaren Schriftstellerin haben nicht alle, die von Elster angeschrieben worden waren, sich die Mühe gemacht zu antworten. Es waren schwierige Zeiten. Richard Drache, Wentzels »zweiter Mann« hat geschwiegen, und ebenso, zur Überraschung der Familie, schwieg auch Woermann trotz wiederholter Kontaktversuche. Wilmowsky hatte Woermann noch besonders empfohlen, weil letzterer zweifellos der Geeignetste, »die beste Feder« sei, um über Wentzel aus den schicksalhaften Jahren zu berichten.[788]

Wentzel in ehrendem Gedenken öffentlich zu erwähnen, unterblieb in der Bundesrepublik Deutschland bis auf wenige Ausnahmen.[789]

Sogar die Nachkommen selbst konnten sich so recht nicht zwischen der Hypothese des unschuldigen Opfers oder des »schuldigen« Widerstandskämpfers entscheiden. Der Stolz über die moralische Haltung und die politische Aufrichtigkeit des Familienoberhauptes wurde allzu oft durch Zweifel am Hergang der Ereignisse überlagert. So schrieb Carl-Friedrich Wentzel noch im Jahr 1946, später hat sich seine Meinung geändert, dass sein Vater in »angeblicher« Verbindung mit Goerdeler gestanden habe.[790] Auch die Nachkriegsliteratur, wie z. B. Olbrich, verwendet in vermeintlich entlastendem Sinne viel Tinte auf die Frage, ob die Sachverhaltsfeststellungen des Volksgerichtshofes zuverlässig bewiesen seien.[791]

Diesen Gesichtspunkt hebt auch die Schwester hervor, die schrieb, dass sie gar nicht böse darüber sei, dass Ricarda Huch ihren Bruder nicht in die Gruppe ihrer Märtyrerporträts einreihen wollte, weil sie glaubte, die Schriftstellerin

787 Huch an Elster, 16.10.1946 (StaH S 15 WEN N 42, Nr. 3).

788 Wilmowsky an Carl-Friedrich Wentzel am 19.1.1948 (StaH, S 15 WEN N 42).

789 Der Landwirt Richard von Flemming hat in den 1950er Jahren in einer aus anderem Anlass gehaltenen Rede an der Universität Kiel seinen Namen genannt. Festrede anlässlich der Verleihung des Justus-von-Liebig-Preises am 12.5.1953.

790 Carl-Friedrich Wentzel an Wolfgang Müller vom 10.7.1946 (IfZ, ED 378-9).

791 Olbrich 1981, S. 143f.

könne Wentzel nicht gerecht werden: »Sein Märtyrertum war vielleicht ein größeres als dasjenige der aktiven Attentäter«, so ihr Kommentar.[792]

Es gab Probleme mit der Finanzierung einer Publikation, die die Schwester Margarete daran denken ließ, eine Geldsammlung unter den Freunden des Hauses zu veranstalten, wobei ihr klar war, dass diese inzwischen alle »bitterarm«[793] geworden waren.

Elster gab das Projekt schließlich auf. Das noch vorhandene Material wurde von ihm auf mehrfache Anfrage herausgerückt und gelangte in die Hände des alten Wentzel-Bekannten Erich Neuß.

Der Wirtschaftshistoriker war seit 1928 Leiter des Stadtarchivs Halle gewesen, bevor seine Karriere mit der Machtergreifung der Nazis einen Knick bekam. Er wurde gezwungen, als wissenschaftliche Hilfskraft zu arbeiten und sich auf politisch ungefährliche Regionalstudien zu beschränken. Neuß trat in die Partei ein. 1940 wurde er eingezogen und nahm am Ostfeldzug teil. Dort bekleidete er für eine gewisse Zeit die Position eines nationalsozialistischen Führungsoffiziers. Er hat das als »Treppenwitz« bezeichnet, dabei aber offensichtlich verdrängt, wie stark die braune Weltanschauung in der Zwischenzeit von ihm Besitz ergriffen hatte. Seine persönlichen Briefe von der Front zeugen von einer Gesinnung, die sich angesichts der sich verschlechternden Kriegslage immer stärker dem »Auge-zu-und-durch-Prinzip« verschrieben hatte.

Die Sprache des Mannes wurde unter den Bedingungen des »Endkampfs« immer fanatischer und war mehr und mehr von Durchhalteparolen und Schuldzuweisungen an das internationale Judentum geprägt. Sein Sohn hat die Briefe couragiert ins Internet gestellt und damit der Öffentlichkeit zugänglich gemacht.[794] Sie zeigen einen erstaunlichen Kontrast zu den späteren Elogen von Neuß auf den Nazi-Gegner Wentzel, der so Neuß, »mehrere jüdische Freunde von ebenso hoher Intelligenz, Liebe zu Deutschland als weitreichende Verbindungen – einige wurden Opfer des Rassenterrors – hatte«.[795]

Die Reaktion von Hauptmann Neuß auf das Attentat des 20. Juli war linientreu, denn nach Hause schrieb er, (keiner hat ihn dazu gezwungen), nichts könne wahnsinniger sein, als in diesem Moment den Kampf aufzugeben und nicht abzuwarten, ob nicht doch der »Erfolg auch die überkühnen Wagnisse der letzten Jahre rechtfertigt«.[796] Als seine Frau ihm über die Verhaftung Wentzels berichtete und ihr selbst Zweifel an der NS-Marschrichtung kamen, war Neuß

792 Margarete von Dewitz an Elster am 21.11.1946.

793 Ebd.

794 Briefe von Hauptmann Erich Neuß, 24. Inf.-Div. (http.www.kurland-kessel.de/feldpostbriefe/feldpost13.html).

795 Neuß 1957 (Typoskript), S. 152.

796 Feldpostbrief vom 22.7.1944 siehe Anm 774.

im höchsten Maße irritiert. Bei seiner Frau setzte, vielleicht angeregt durch die Verhaftung Wentzels, ein Umdenken ein, denn sie schrieb, sie glaube nicht mehr, dass »wir berufen sind, die Welt zu regieren«.[797]

Neuß zeigte aber auch ehrliche Anteilnahme. Das Schicksal von Wentzel und auch des ebenfalls verhafteten Wilmowsky ließ ihm keine Ruhe, auch wenn er fern vom Geschehen war. Ende August 1944 antwortete Neuß aus dem Felde, dass er eine Verstrickung von Goerdeler ebenso wie von Wentzel für unwahrscheinlich hielt:

> Ich hoffe von ganzem Herzen und glaube auch zuversichtlich – ja, es kann nicht anders sein – dass Herr Wentzel bis auf diese persönliche Bekanntschaft mit all den dunklen Dingen nichts zu tun hat. Er ist nicht nur zu klug dazu, sondern auch loyal genug. Aber man wollte ihm ja schon immer was am Zeuge flicken.....Und was gelten heute Güte, Hilfsbereitschaft und die in den Herzen der Gewaltlosen [sic!] brennende Sorge um die Zukunft unseres Volkes.[798]

Nach Wentzels Verhaftung schrieb seine Frau ihm von dem Gerücht, der Landwirt sei wegen der Hortung von »Unmengen von Mangelwaren« ins KZ gekommen.[799] Im Weihnachtsbrief des Jahres 1944 kommentierte sie die Hinrichtung nur knapp: »Wer kann hinter die Kulissen sehen? Es ist alles so schauerlich.«[800]

Im August 1945 besuchte Ella Neuß die Wentzels auf Boltzenhöhe. Leider, so schrieb sie nicht unelegant, »traf [sie] Wentzel [jun.] nicht an, dessen Wohlwollen in Bezug auf Lebensmittel ich mich weiter empfehlen wollte«.[801]

Nach Kriegsende wurde Neuß erneut die Leitung des Stadtarchivs Halle anvertraut. Er knüpfte an die Weimarer Zeit an und machte die dreizehn schweren Jahre für sich ungeschehen. 1958 wurde er mit einer Arbeit über »Entstehung und Entwicklung der Klasse der besitzlosen Lohnarbeiter in Halle bis um Zusammenbruch der preußischen Monarchie 1800« habilitiert.

Erich Neuß war ein anderes Kaliber als Elster. Er hat sich, nachdem ihn Wentzels Schwester Margarete darum gebeten hatte, sehr viel gründlicher über das Sujet gebeugt. Es entstand in den späten 1950er Jahren das »Lebensbild«, ein Typoskript von nahezu 200 Seiten.

Neuß konnte unter den Bedingungen der DDR die Arbeit nur anonym verfassen. Er legte sogar eine falsche Spur, indem er im Text mal von sich als dem Autor sprach, ein andermal »Erich Neuß« zitierte. Das war insofern erfolg-

797 Neuß 2004, S. 141.
798 Feldpostbrief vom 23.8.1944, siehe Anm. 774.
799 Neuß 2004, S. 147.
800 Dies., S. 159.
801 Dies., S. 178.

reich, als auch der Autor der mehrere hundert Seiten starken Dissertation über Wentzel das »Lebensbild« nicht dem tatsächlichen Verfasser zuordnen konnte.

Neuß konnte keine neuen Tatsachen zur Haltung Wentzels zum 20. Juli beibringen. Sein Urteil fiel aber differenzierter aus als dasjenige Elsters. Er hob die kritische Haltung Wentzels zum Nationalsozialismus hervor, ließ die »Schuldfrage« offen, aber rückte ihn immer noch ein wenig vom Widerstand ab.

Die Schrift ist nichts weniger als eine Huldigung an Wentzel, sowohl als Mensch als auch als Unternehmerpersönlichkeit. Mit der Ausarbeitung hat Neuß eine Dankesschuld abgetragen und sich den Zwiespalt der Freundschaft zu Wentzel und seiner eigenen Haltung zum Nationalsozialismus von der Seele geschrieben. Neuß verdammt nun alle Ideologien, die sich die Diffamierung der Vergangenheit zum Ziel gesetzt haben und übt Kritik an einem politischen System, das aus ideologischen Gründen gezwungen ist, das Aufbauwerk des Agrarindustriellen und seine sozialen Leistungen zu vergessen.

So war das »Lebensbild« nicht nur ein Geschenk an die Hinterbliebenen, sondern kann auch als ein Stück tätiger Reue interpretiert werden, indem der Autor den ideologischen Vorgaben der zweiten Diktatur durch seine Samisdat-Arbeit ein Schnippchen schlug. Carl Wentzels durfte man unter den damaligen politischen Umständen in der DDR nicht ehrend gedenken.

Der sich dem Ende zuneigende »zweite Dreißigjährige Krieg« hinterließ ein nachhaltig zerstörtes Netzwerk. Die Nachbarn Schröder, der Hausgenosse Schaumburg, der Mitarbeiter Drache, der Pflegesohn von Kietzell und viele andere haben sich nie mehr wiedergesehen.

Das Schicksal vieler Täter scheint die These zu bestätigen, dass die Hoffnung auf irdische Gerechtigkeit zuletzt stirbt.

Das Schicksal des Vorsitzenden des Volksgerichtshofs, *Roland Freisler,* ist Schulbuchwissen. Er starb am 3. Februar 1945 bei einem Luftangriff, kurz nachdem er die mündliche Verhandlung in Sachen Schlabrendorff aufgerufen hatte. *Reichsgerichtsrat Paul Lämmle* starb ebenfalls 1945. *Oberstaatsanwalt Gerhard Görisch*, der im Fall Wentzel die Anklage vertreten hatte, nahm sich 1945 mit seiner Familie das Leben.[802] Die Spuren zweier Laienrichter, die als Beisitzer fungierten, Ämter, zu denen sie nicht gezwungen worden waren, haben sich verloren. Da man des Ingenieurs *Kurt Wernecke* und des Gartentechnikers *Hans-Fritz Kaiser* nicht mehr habhaft werden konnte, wurden Ermittlungsverfahren eingestellt.[803] Ein Ermittlungsverfahren gegen den dritten Laienrichter *Georg Seubert* konnte bis zu dessen Tod nicht abgeschlossen werden.[804] Bei

802 Von der Lühe 1989, S. 126. – Ramm 2007, S. 392 spricht nur von unbekanntem Todesdatum.
803 Ramm 2007, S. 389, 390.
804 Ders., S. 388.

allen drei Personen verbargen sich hinter den biederen Berufsbezeichnungen kleinere NSDAP-Funktionen.

Ehemalige Richter und Staatsanwälte des VGH wurden in der Bundesrepublik zunächst nur zögerlich, immer aber letztlich erfolglos strafrechtlich belangt, weil die bundesrepublikanische Justiz den Tatbestand der Rechtsbeugung nur dann als gegeben ansah, wenn den Beschuldigten die Anwendung von Strafvorschriften der NS-Zeit *im Bewusstsein des Unrechtscharakters* nachzuweisen war.

Schließlich sprach der Deutsche Bundestag am 25. Januar 1985 in einer einstimmigen Entschließung dem Volksgerichtshof die Gerichtsqualität ab und stufte ihn als ein »Terrorinstrument zur Durchsetzung der nationalsozialistischen Willkürherrschaft« ein. Da gab es aber keine oder keine verhandlungsfähigen Beschuldigten mehr. Bis auf einen Angeklagten, der von einem amerikanischen Gericht verurteilt wurde, ist keiner der fast 600 Richter und Staatsanwälte des VGH jemals rechtskräftig verurteilt worden.[805]

Ein nicht unerheblicher Teil der in diese Geschichte involvierten braunen Führungselite hat sich der Sache selbst angenommen und ist nach Kriegsende plötzlich und unerwartet aus dem Leben geschieden:

Heinrich Himmler überlebte Wentzel nur kurz. Wie ebenfalls hinlänglich bekannt, wurde er in den Wirren der Kapitulation von britischen Streitkräften aufgegriffen und konnte sich weiterer Verfolgung durch den Biss auf eine Zyankalikapsel entziehen. *Justizminister Otto Thierack* beging im November 1946 Selbstmord in britischer Haft und entzog sich auf diese Weise der Anklage im Nürnberger Prozess. *Minister Herbert Backe* tat wenig später das Gleiche. Er traf diese Wahl in Nürnberg in Haft, nach Bekundungen von Krosigks, weil er »Angst vor der Auslieferung an die Russen«[806] hatte.

Karl-Siegmund Litzmann, der Wentzel-Lehrling und spätere Generalkommissar von Estland war noch als die Russen im Herbst 1944 vor Reval standen, als Offizier in die Waffen-SS eingetreten und galt nach Kämpfen in Ungarn und Tschechien im Frühjahr 1945 als verschollen. Über die Umstände seines Todes gibt es keine verlässlichen Aussagen.[807]

Ludolf von Alvensleben konnte sich retten. Er wurde zwar zunächst gefasst und in dem ehemaligen KZ Neuengamme interniert, jedoch gelang ihm die Flucht. Er tauchte unter und lebte noch zwei Jahre in Deutschland, bevor er sich nach Argentinien absetzen konnte. Ein im Jahre 1964 in München erlassener Haftbefehl konnte nicht umgesetzt werden. Alvensleben wurde argentinischer

805 Zarusky 2011, S. 1008.
806 Krosigk 1974, S. 238.
807 Vgl. Lilla 2004, S. 379.

Staatsbürger. Er starb im April 1970 in seiner neuen Heimat Santa Rosa de Cala Muchita in der Provinz Cordoba. Schloss Schochwitz wurde enteignet und beherbergte nach dem Krieg ein Kinderheim, das Bürgermeisteramt, nach der Wende ein Heim für Asylbewerber und ein Heimatmuseum. »Bubi«s Mutter, Antoinette von Alvensleben war nach Halle gezogen, wo sie 1950 verstarb. Ein Rückerwerb oder eine Wiedereinrichtung von Teilen des alten Familienguts Schochwitz war nicht mehr möglich. Die Tochter von »Bubi« von Alvensleben schrieb in einer früheren, inzwischen gelöschten Fassung auf der Homepage der Familie: »So muss ich abschließend die traurige Feststellung treffen, dass die Geschichte über Schochwitz und unsere Familie dort entschieden hat und wir uns dem beugen müssen. Das bedeutet nicht, dass es kein Heimweh gäbe.«

Ludolf von Alvenslebens Freund *André Germain*, der schwärmerische Chronist der Kampfzeit, überlebte mit seinen Irrtümern und verdrängte sie erfolgreich. In seinen Erinnerungen (»La bourgeoisie qui brûle«)[808], die er nach dem Zweiten Weltkrieg verfasst hat, hält er Deutschland die Treue. Er beschreibt seine Sehnsucht nach der deutschen Romantik. Eine Fußnote ist es ihm dann wert zu vermerken, wie sich die Balance zwischen Liebe und Hass zu dem Nachbarn jenseits des Rheins zulasten der Liebe verschoben habe: »Que de motifs de haine se sont ajoutés depuis!«.[809] Sonst kommt das Dritte Reich dann überhaupt nicht mehr vor.[810] Er starb 1971.

Felix Kersten ging nach Schweden zurück, wo er schon seit 1943 einen Wohnsitz hatte. 1950 wurde er in den Niederlanden wegen seiner Rettung niederländischer Staatsbürger hoch dekoriert. In Schweden selbst sah sich Kersten einer harten Auseinandersetzung über seinen tatsächlichen persönlichen Anteil an Rettungsaktionen ausgesetzt, die dazu führte, dass er die beantragte schwedische Staatsangehörigkeit erst 1953 erhielt.

Paul Reusch hat die kritischen Augenblicke des Sommers 1944 trotz seines damals schon angegriffenen Gesundheitszustands noch zwölf Jahre überlebt und ist 1956 auf Schloss Katharinenhof bei Backnang im Alter von 89 Jahren gestorben. Trotz ehrenvoller Einladungen hat er, enttäuscht über seine Behandlung zu Beginn der 1940er Jahre, das Ruhrgebiet nach dem Krieg bewusst nicht mehr betreten. Zu Wentzels Sohn Carl-Friedrich unterhielt Reusch zunächst noch freundschaftliche und durch Hilfsbereitschaft geprägte Beziehungen. Im Juni 1946 schrieb er dem Sohn: »Sie wissen, dass ich mit Ihrem Vater freundschaftlich verbunden und durch sein furchtbares Schicksal selbst schwer getroffen bin.«[811] Im Laufe der Nachkriegsjahre, als Carl-Friedrich Wentzel

808 Etwa: »Das Bürgertum in Flammen«. Das Buch erschien nicht in deutscher Übersetzung.
809 »Wieviel Gründe sich zu hassen, haben sich inzwischen angehäuft«.
810 Germain 1952, S. 73.
811 Reusch an Carl-Friedrich Wentzel am 3.6.1946 (RWWA 130-400101290).

dem alten Reusch mit seinen Bittbriefen zunehmen auf die Nerven ging, wurde der Ton deutlich frostiger.[812]

Erstaunlich viel Glück hatte Professor *Emil Woermann*. Er kam in den fatalen Apriltagen 1945 frei, als noch unter heftigem Beschuss der Russen SS-Kommandos einzelne prominente Gefangene aus dem Gefängnis Lehrter Straße holten, um sie auf freiem Gelände kurzerhand zu erschießen. Nach Kriegsende beriet er zunächst die sowjetische Militäradministration. Gefragt nach der politischen Zuverlässigkeit des Professors teilte der Kurator der Universität Halle im Oktober 1946 mit, Woermann sei bereits im Mai 1945 durch Marschall Schukow in Berlin »persönlich rehabilitiert« worden.[813] Woermann war anerkanntes und mit amtlichem Ausweis versehenes Opfer des Faschismus.[814]

Woermann wurde später Ordinarius in Göttingen und gehörte in der Folgezeit dem wissenschaftlichen Beirat des Landwirtschaftsministeriums in Bonn und vielen anderen hochkarätigen Gremien an. Er wurde 1968 emeritiert und starb 1980 in Göttingen.

Wentzels vertrauter Gutsnachbar und Mitangeklagter *Max Schröder* wurde nach dem Urteil auf freien Fuß gesetzt, figurierte aber noch auf einer geheim gehaltenen Gefährderliste, auf der die nach dem 20. Juli festgenommenen aber wieder freigelassenen Personen verzeichnet waren und die der Warnung der Dienststellen vor Racheakten durch diesen Personenkreis dienen sollte.[815] Schröder wurde in den Nachkriegsjahren, von Wilmowsky rekrutiert, Geschäftsführer eines eingetragenen Vereins, der sich erneut die Aufgabe stellte, die Verbindung zwischen Landwirtschaft und Industrie zu vertiefen.[816]

Otto Schaumburg, der wenige Wochen nach dem Urteilsspruch in das Zuchthaus Brandenburg-Görden eingeliefert worden war, wurde dort am 26. April 1945 entlassen. Er starb 1952.

Hanni von Mettenheim lebte in bescheidenen Verhältnissen mit ihrer Schwester im Nachkriegs-Potsdam und hielt im Garten noch zwei Schafe, die aus der Vorkriegszeit aus Teutschenthal stammten. 1951 wurde die Christian-Science-Bewegung in der DDR verboten. Die beiden alten Damen gingen in den 1960er Jahren in den Westen.

Die Nachfolgegeneration Wentzel, Sohn, Schwiegertochter sowie Enkel kämpften in der Bundesrepublik um eine Entschädigung.

812 Beispielsweise Schreiben Reusch an Carl-Friedrich Wentzel am 16.4.1951 (RWWA 130-400101290/155).

813 UAHW, Rep.11, PA 17209, Woermann.

814 Ebd.

815 Rundschreiben SD vom 11.2.1945 mit Liste vom 15.12.1944 (ITS Bad Arolsen).

816 Wilmowsky 1961, S. 140ff.

Nach dem zur Wiedergutmachung des an den Juden begangenen Unrechts, der Wiedereingliederung der Vertriebenen und dem Lastenausgleich getroffenen Bestimmungen, wurde in den 1950er Jahren auch die Entschädigung für diejenigen in Angriff genommen, die aus politischen oder konfessionellen Gründen von den Nazis verfolgt worden waren. Die Anspruchsvoraussetzungen waren äußerst eng definiert. Der Familie Wentzel wurde eine Wiedergutmachungsleistung zugesprochen.

Als es im Rahmen der deutschen Wiedervereinigung um die Bestätigung der Bestandskraft der Bodenreform ging, wurde eine wichtige Ausnahme gemacht: Land wurde denjenigen Familien zurückgegeben, die bereits im Dritten Reich ihren Besitz durch Enteignung oder Beschlagnahme verloren hatten, dann aber ein weiteres Mal durch die Bodenreform enteignet wurden. Das traf auch auf die Familie Wentzel zu.

Die gemeinsamen Erben waren im Moment der Vereinigung die beiden Enkel Carl-Friedrich und Carl-Stefan Wentzel. Beide entschlossen sich, die Herausforderung der Wiedererrichtung der Wentzel-Betriebe anzunehmen und gaben ihre bisherigen Berufe auf, um sich der Wiedererlangung und Neuordnung ihres Vermögens zu widmen.

Die Rückführung der tatsächlich und rechtlich völlig aufgesplitterten Betriebe in den Familienbesitz erwies sich als eine zähe Auseinandersetzung mit der Treuhand, als ein mühsamer Marsch durch die Institutionen und eine infolge der Zerstörung vieler dokumentarischer Nachweise erforderlich gewordene detektivische Rekonstruktion der durch den Gang der Geschichte immer wieder neu sich verwirrenden Eigentumsketten. Ein Sonderproblem stellte der Ort Salzmünde dar. In der Gemeinde hatten auch »öffentliche« Einrichtungen, wie Rathaus, Friedhof, öffentliche Straßen schon aus Boltzes Zeiten zum Privatbesitz gehört.

Ein Teil des Wentzel'schen Besitzes ist inzwischen wieder im Besitz der Familie. Die Frage, wie das, was von vielen vereinfachend als eine Rückkehr zu den alten Eigentumsverhältnissen verstanden wurde, von den Menschen aufgenommen werden würde, war eine andere. Am Anfang gab es auch Drohbriefe. Die Erinnerung tat hier aber auch ihr Gutes, weil, so war in der Hannoverschen Zeitung zu lesen, der Name Wentzel »in der Region auch heute noch einen guten Klang hat«.[817]

***

817 Hannoversche Allgemeine Zeitung vom 23.11.1991.

Als der amerikanische Historiker Arno Mayer den Begriff »zweiter Dreißigjähriger Krieg« in die historische Debatte einbrachte, wollte er die erste Hälfte des 20. Jahrhunderts plastisch als eine »gewaltige geschichtliche Konvulsion« beschreiben, als eine Zeit der extremen Spannungen zwischen den Kräften der Veränderung und denen der Beharrung, zwischen Optimismus und Pessimismus zwischen Endzeit und Neuanfang.[818]

Carl Wentzel hat die Wanderschaft durch diesen zweiten Dreißigjährigen Krieg als Teil der Elite des Kaiserreichs begonnen, ein Kind seiner Zeit und seiner Klasse.

Er ist dabei aber auch ungewöhnliche Wege gegangen, und hat den Zumutungen des nationalsozialistischen Systems wo immer es ging, getrotzt, nicht nur im täglichen Leben, sondern immer da, wo er sich berufen fühlte. Auch für ihn war Gegnerschaft und Widerstand gegen den Nationalsozialismus eine ganz spezifische Herausforderung. Seine Überzeugung, dass das Regime beseitigt werden musste, seine Mitwisserschaft, was die Staatsstreichplanungen generell angingen und seine Mitwirkung an den Überlegungen, die sich an die Folgezeit knüpften, waren politisch intendierter Widerstand gegen die NS-Herrschaft als solche.

Die Gestapo hatte ja bereits über Wentzels Zugehörigkeit zum Widerstand entschieden, der Volksgerichtshof hatte ihn zum Feind erklärt und allein schon damit Wentzels Widerstand legitimiert. Die Feststellung von Freisler, dass der Angeklagte mit Goerdeler »in dem Augenblick gemeinsame Sache gemacht« hat, wie sich der Vorsitzende des VGH weniger juristisch präzise, aber unter damaligen Verhältnissen politisch korrekt ausgedrückt hat, sollte deshalb mit besonderer Genugtuung zur Kenntnis genommen werden. Dies gilt umso mehr, als wir nach allem jetzt wissen, dass diese »gemeinsame Sache« bedeutsamer war, als es selbst der nationalsozialistische Observationsapparat damals wahrgenommen hatte. Dabei muss die Frage, ob dem Agrarunternehmer immer und zu jeder Zeit und in welchem Maße die Gefährdung des eigenen Lebens vor Augen gestanden hat, im Letzten unbeantwortet bleiben. Wie auch immer man die Rechtsprechung des VGH beurteilt, ein »tragisches Mißverständnis«, wie sein Freund Schuster es aus dem fernen Amerika geurteilt hat[819], war das gegen Wentzel ergangene Todesurteil nicht.

Helmuth James von Moltke hat in seinem an seine Frau gerichteten Abschiedsbrief vom 10. Januar 1945 es als »ungeheuren Vorteil« bezeichnet, »daß wir nun für etwas umgebracht werden, was wir a) getan haben und b) was sich lohnt«.[820]

818 Mayer 1989, S. 23.
819 Schuster an Elster am 28.8.1947.
820 Moltke 1997, S. 64.

Bei aller Unterschiedlichkeit der Fälle passt dies auch auf Carl Wentzel aus Teutschenthal. Selbst wenn Wentzel kein strategischer Gegner des Nationalsozialismus vom intellektuellen Anspruch eben eines Helmuth James von Moltke, der netzwerkhaften Energie eines Carl Friedrich Goerdeler oder der ungeheuren Entschlusskraft eines Claus von Stauffenberg war, so bleibt am Ende das, was er hinterlassen hat, doch eine Geschichte von Verantwortung und Selbstachtung, von Überzeugung und moralischer Stärke. Zur »Verfeinerung und Erhöhung der Menschlichkeit, der Verbreitung der ethischen Idee« von der in dem bereits mehrfach zitierten Brief von Alfred Kerr die Rede war[821] und wo dieser die Paradigmen des damals erst heraufziehenden Jahrhunderts so beschwörend benannt hatte, hat Carl Wentzel-Teutschenthal beigetragen. Den Konflikt zwischen Harmoniebedürfnis, professioneller Selbstbeschränkung einerseits und notwendiger aktiver Opposition andererseits, hat er bei allen Zweifeln, die ihn geplagt haben müssen, ausgehalten.

Die Auseinandersetzung mit dem SS-General Ludolf von Alvensleben erweist sich bei rechter Betrachtung in diesem Zusammenhang und im Nachhinein nur als eine, wenn auch fatale, Episode. Sie ist zwar der Zündfunke, der das Ganze zur Explosion brachte, aber letztlich bleiben Gut und Schloss Schochwitz Nebenschauplätze im Kampf zwischen Gut und Böse in den dreizehn Jahren nationalsozialistischer Herrschaft. Es ist eine bedauerliche Spätwirkung der Affäre Alvensleben, dass der Tunnelblick der Nachwelt auf dieses Drama die komplexe Geschichte von Carl Wentzel verkürzt hat, weil sie den politischen Gehalt in der Biographie des Gutsherrn überstrahlt und damit an den Rand geschoben hat: Es verfestigte sich die eindimensionale Geschichte von dem ehrbaren Mann, der durch einen üblen Nachbarn zu Fall gebracht wurde. Neben der menschlichen Katastrophe ist somit noch ein historiographischer Kollateralschaden entstanden.

Nicht, dass es ein unabänderliches »wie es wirklich gewesen ist«, je gäbe, aber die teilweise selbst von wohlmeinenden Zeitgenossen und von den braunen Verfolgungsorganen bewusst oder unbewusst gestaltete Verzerrung der Realität fand ihre ganz eigenständige Fortsetzung in der kommunistischen Geschichtsbetrachtung. Sie hat, so kann man fast sagen, Wentzel ein zweites Mal hingerichtet. Darüber könnte man heute, weil die Geschichte darüber insgesamt so gründlich hinweggegangen ist, den Mantel des Schweigens breiten, wenn die historische Sorgfalt und Pflicht nicht doch geböte, daran zu erinnern.

821 Kerr 1997, S. 524.

Gemeinsam war allen, die mit dem Widerstand in Berührung gekommen waren, die Vorstellung und das Ziel, für Deutschland im Herzen Europas als Nation des Friedens und der Verständigung einen ebenso gesicherten wie geachteten Platz zurückzugewinnen. In einem letzten Brief an seinen Sohn schrieb Wentzel:

> Möchte Euch eine glücklichere Zukunft erblühen in
> einem friedlichen und gerechten Vaterland.[822]

822 IFZ, ED 378-53.

ANHANG

53 Best. ... 450/13/27/3

[redacted] [redacted]

Abschrift.
1 L 377/44
O J 28/44g RS.

UNCLASSIFIED

IM NAMEN DES DEUTSCHEN VOLKES !

In der Strafsache gegen

1.) den Großlandwirt und Oberamtmann Carl W e n t z e l aus Oberteutschenthal, Mansfelder Seekreis, geboren am 9.Dezember 1875 in Brachwitz/Saalkreis,

2.) den Major a.D. Otto S c h a u m b u r g aus Teutschenthal (Mansfelder Seekreis), geboren am 23.Oktober 1877 in Koblenz,

3.) den Landwirt Dr.jur.Max S c h r ö d e r aus Etzdorf (Mansfelder Seekreis), geboren am 13.Juni 1908 in Kustrena (Saalkreis),

sämtlich zur Zeit in dieser Sache in Haft,

wegen Landesverrats u.a.,

hat der Volksgerichtshof, 1.Senat, auf die am 11.Oktober 1944 eingegangene Anklage des Herrn Oberreichsanwalts in der Hauptverhandlung vom 13.November 1944, an welcher teilgenommen haben

als Richter:

Präsident des Volksgerichtshofs Dr.Freisler, Vorsitzer,
Volksgerichtsrat Lämmle,
Kaufmann Seubert,
Ingenieur Wernecke,
Gartentechniker und Kleingärtner Kaiser,

als Vertreter des Oberreichsanwalts:

Oberstaatsanwalt Dr.Görisch,

für Recht erkannt:

Carl W e n t z e l äußerte sich häufig im Bekanntenkreise schwer zersetzend, bedauerte einmal, daß sich kein Offizier finde, unseren Führer zu erschießen.

Er ließ sich von Gordeler für seinen Verrat gewinnen und erlaubte ihm sogar, seine Verratspläne in seinem Hause seinen Gästen werbend vorzutragen.

Er gehört also zu den Verrätern, die mitten in unserem schwersten Kampfe uns unserer nationalsozialistischen Führung und Lebensweise berauben wollten und die daran gingen, uns wehrlos unseren Kriegsfeinden auszuliefern.

57

Für

[redacted] UNCLASSIFIED

82

Urteil des Volksgerichtshofes vom 13. November 1944, Seite 1

UNCLASSIFIED [redacted]

– 2 –

Für immer ehrlos wird er dafür mit dem T o d e bestraft.

Sein Vermögen verfällt dem Reich.

Otto S c h a u m b u r g, ein recht beschränkter von Wentzel abhängiger Mensch hörte in dessem Hause, daß Goerdeler an einem Umsturz plante.

Das meldete er nicht.

Dafür bekommt er fünf Jahre Zuchthaus.

Fünf weitere Jahre ist er ehrlos.

Seine ganze Haft wird ihm auf seine Strafe angerechnet.

Dafür, daß Max Schröder bei Goerdelers Verrat mitgemacht hat, bestehen keine Anzeichen. Auch daß er von dessen Verratsplänen gewußt und sie doch nicht angezeigt hätte, ist nicht festzustellen.

Er wird deshalb von diesen Vorwürfen freigesprochen.

G r ü n d e.

Max S c h r ö d e r ist als Landwirt Gutsnachbar des Angeklagten Carl Wentzel. Er ist viel jünger als dieser und betrachtet Wentzel, wie er sagt, als väterlichen Freund.

Oft war er bei ihm eingeladen und hörte dann, wenn man zusammensaß, seine politischen Reden. Dabei meckerte Wentzel nicht nur des öfteren, sondern steigerte sich in schwer zersetzende Äußerungen hinein: Im Reichsnährstand führten keine Fachleute; Backe sei nicht der richtige Mann, er sei nur Theoretiker; die Justiz führe Schauprozeße und sei Instrument des inneren Terrors.

Vor allem aber mußte er hören, wie sich Wentzel zersetzend und gehässig über unseren Führer äußerte.

Einmal (die genaue Zeit, ob 1942 oder 1943, weiß er nicht mehr) verglich Wentzel unseren Führer mit Ludwig II. von Bayern und setzte bedauernd hinzu, daß sich kein Offizier gefunden habe, um ihn zu erschießen !!!

Im November 1943 war Schröder eingeladen, als u.a. auch Goerdeler als Gast anwesend war. Goerdeler kam etwas später und aß deshalb allein. Dann gesellte er sich zu den übrigen Gästen, die sich

258 UNCLASSIFIED [redacted]

83

Urteil des Volksgerichtshofes vom 13. November 1944, Seite 2

[redacted]

UNCLASSIFIED

UNCLASSIFIED

- 3 -

sich nun in zwei Gruppen teilten: Die Damen saßen beisammen und die Männer auch. Schröder saß zwischen beiden Gruppen. Er war der bei weitem Jüngste unter den Männern und hielt sich, wie er angibt, für verpflichtet, weil der Haussohn nicht da war, die Gäste ein wenig beim Weineinschenken und Reichen von Zigarren und Zigaretten zu betreuen, außerdem widmete er sich den Damen. Er hörte aber, wie Goerdeler schwer zersetzende Bemerkungen machte: der militärische und der politische Zusammenbruch stehe bevor, und es sei nur fraglich, was für uns günstiger sei: erst der militärische oder erst der politische Zusammenbruch; das letzte sei besser, denn dann seien wir für unsere Feinde noch interessant und etwas wert.

Max Schröder sagt, mehr habe er von Goerdelers Reden nichts mitbekommen. Er habe nur beobachtet, daß Goerdeler bald darauf mit Wentzel in dessen Arbeitszimmer ging und die anderen Männer bald nachgegangen seien. Er sei aber geblieben. Er habe sich freilich über Goerdelers Reden außerordentlich aufgeregt und sei wohl auch deshalb früher als die anderen weggegangen; das ergebe sich schon daraus, daß seine Eintragung im Besuchsbuch an einer Stelle stehe, an der sie nicht gestanden hätte, wenn er mit den anderen zusammen gegangen wäre, denn dann hätte er die gebührende Reihenfolge gehalten und sich als Letzter eingetragen.

Schröder machte den Eindruck, ganz offen zu sprechen. Er sagte auch Dinge, die ihm nicht nützen können, so: er habe als Parteigenosse immer seine Pflicht getan; freilich habe er aber doch Vorbehalte gegenüber dem Nationalsozialismus. Angesichts dieser seiner Offenheit und angesichts der Tatsache, daß es bei der ganzen Situation und seiner im Verhältnis zu den Anderen großen Jugend durchaus möglich ist, daß er sich mehr den Frauen und dem Wein gewidmet hat, kann man nicht feststellen, daß er außer den schwer zersetzenden defaitistischen Äußerungen Goerdelers auch seine Verratpläne gehört und an diesen teilgenommen oder auch nur die pflichtwidrig nicht zur Meldung gebracht hätte. Dieser Meinung ist auch der Herr Oberreichsanwalt in der heutigen Hauptverhandlung gewesen.

Wir haben deshalb Max Schröder von dem Vorwurf, daß er am Verrate Goerdelers teilgenommen oder von ihm gewußt und ihn nicht

59 gemeldet hätte, freigesprochen.

Otto

UNCLASSIFIED [redacted]

84

Urteil des Volksgerichtshofes vom 13. November 1944, Seite 3

UNCLASSIFIED [redacted]

– 4 –

Otto S c h a u m b u r g war Berufsoffizier, geriet in Tsingtau in japanische Gefangenschaft, kam von dort 1920 zurück und wurde 1921 verabschiedet; machte dann viele Reisen und war einmal lange Zeit einer der Berater der Nanking-Regierung. Als deren Konflikt mit Japan ausbrach, kam er zurück.

Sehr gut kannte er den Mitangeklagten Wentzel, war oft auch längere Zeit bei ihm –; und, seit er ausgebombt ist, ganz sein Gast.

Schaumburg hat auf uns einen wirklich hochgradig beschränkten Eindruck gemacht.

Dagegen scheint uns, daß er das, was er an Politischem im Hause Wentzel erlebt und was er selbst getan hat, freimütig bekennen will.

Schaumburg hat, wie schon im Vorverfahren vor der Polizei, so auch heute vor uns erklärt, bei den nicht seltenen Zusammenkünften am Kamin oder sonst des Abends oder nach dem Essen habe Wentzel sich oft zersetzend geäußert. So habe er gesagt, den Krieg gewinne, wer das meiste Stahl produziere. Und das sei Amerika mit 130 Millionen Tonnen, während Deutschland nur 35 Millionen und Japan nur 8 Millionen Tonnen produziere. Backe sei für die Landwirtschaft zu theoretisch; und zu den Kreisbauernführern habe man die gescheiterten Existenzen und die Dümmsten gemacht. Die Justiz mache Schauprozesse und sei ein Instrument des inneren Terrors; ja, einmal habe er sogar im Anschluß an eine Rede, die der Führer gehalten habe, erklärt, der Führer könne nicht normal sein. Auch habe er davon gesprochen, daß der Führer allein nicht alles verstehe; dabei habe er, Schaumburg, freilich Wentzel – man möge bedenken, daß das ein hoher Herr sei! – bestätigend zugestimmt: Der Führer sei eben Gefreiter gewesen und habe nicht die militärische Schulung.

All das hat Schaumburg so bekundet, daß wir keinen Zweifel haben: er schont sich selbst nicht, aber belastet auch Wentzel nicht zu Unrecht.

Im November vorigen Jahres war der Industrielle Reusch bei Wentzel zu Besuch; dieser hatte noch andere Gäste, darunter auch Goerdeler, dazu eingeladen. Goerdeler kam später, setzte sich dann aber mit den übrigen Gästen zusammen; und nun kam es nach Schaumburgs

60 UNCLASSIFIED [redacted]

85

Urteil des Volksgerichtshofes vom 13. November 1944, Seite 4

[redacted] UNCLASSIFIED

– 5 –

burgs bestimmter Erinnerung zu Darlegungen Goerdelers etwa folgenden Inhalts: Eine Katastrophe drohe, so könne es nicht weitergehen, die Regierung müsse weg; die Initiative müsse von den Militärs ausgehen, ohne die nichts zu machen sei; eine Militärdiktatur müsse kommen. Goerdeler warb geradezu, sagt Schaumburg, die Zuhörer, sich zusammenzuscharen, um eine Regierungsänderung, dem Sinne nach an Haupt und Gliedern, herbeizuführen.

Schaumburg kann freilich nicht genau angeben, ob das Gespräch in der Halle oder im Arbeitszimmer Wentzels stattgefunden hat. Das ist aber auch nicht sehr erheblich.

Schaumburg bekannte weiter – und auch das schien uns ehrlich –, daß er, der als kleiner Mann zwischen all den Großen nichts hätte sagen können, einen schweren Fehler begangen habe, daß er das nicht gemeldet habe. Denn nun sehe er, daß ja der 20. Juli hätte vermieden werden können, wenn er Meldung erstattet hätte.

Später – er schwankt mit seinen Angaben zwischen März und Juni 1944 – kam nach Schaumburgs Angabe Wentzel nach dem Abendessen bei einem Familienrat, den er deswegen hielt, darauf zu sprechen, Goerdeler scheine sich mit einem Umsturz zu befassen, und er wolle sich da nicht hineinziehen lassen. Er wolle sich von ihm distanzieren. Entweder Wentzel oder dessen Frau – genau glaubt Schaumburg sich nicht mehr festlegen zu können – baten ihn nun, Goerdelers Namen aus dem Gästebuch zu entfernen. Schaumburg tat das und schrieb an die frei gewordene Stelle seinen eigenen Namen!!!

Nach dem Attentat, am 27.7., kam Wentzel abends von Berlin zurück und erzählte, er habe erfahren, daß Goerdeler gesucht werde. Auf Wentzels Frau Wunsch holte man das Besuchsbuch herbei, der Ehemann Wentzel überzeugte sich, daß der Name Goerdeler entfernt war, und nun versteckte man das Buch im Bücherschrank!!!

Das alles gibt Schaumburg zu und erklärt, er habe sein Tun schon bitter bereut. Er habe gegen Wentzel nicht recht auf gekonnt. Der persönliche Eindruck der Beteiligten bestätigt uns das; auch ganz abgesehen von der natürlichen Beschränktheit Schaumburgs.

Er mag nicht das Gefühl gehabt haben, durch das Ausradieren
61 des Namens Goerdeler eine wesentliche Hilfe zu leisten; er mag,

wie

[redacted] UNCLASSIFIED

86

Urteil des Volksgerichtshofes vom 13. November 1944, S. 5

[redacted]

– 6 –

wie auch der Herr Vertreter des Herrn Oberreichsanwalts ausgeführt hat, mehr der Meinung gewesen sein, dem Ehepaar Wentzel Unannehmlichkeiten ersparen zu wollen.

Das alles ändert aber gar nichts daran, daß er von Goerdelers Plänen gehört hat; und trotz seiner Beschränktheit das doch begriffen hat, daß hier ein Verräter ans Werk gehen will; daß er plant, uns unsere nationalsozialistische Lebensart zu rauben; noch dazu mitten im Kriege!!! Das hätte er unter allen Umständen melden müssen. Zu dieser seiner Schuld bekennt er sich auch. Dafür mußte er bestraft werden.

Lediglich die Umstände, die oben schon erwähnt sind, – seine Beschränktheit, seine Abhängigkeit von Wentzel – und außerdem die Tatsache, daß er Näheres über die Pläne Goerdelers, vor allem über seinen Weg nicht wußte, daß ihm besonders vollkommen unbekannt war, daß die Verräter den Weg eines Mordanschlages gehen wollten, hat uns veranlaßt, dem Antrage des Herrn Oberreichsanwalts entsprechend diesen Angeklagten mit einer Freiheitsstrafe davonkommen zu lassen. Diese mußte dem Ernste seines Verbrechens und der Gefahr, die die Nichtanzeige von Verratplänen für das Reich mit sich bringt, Rechnung tragen.

So sind wir, auch hierin in Übereinstimmung mit dem Vertreter des Herrn Oberreichsanwalts, zu einer Zuchthausstrafe von fünf Jahren gelangt.

Selbstverständlich handelt derjenige, der solchen Verrat nicht meldet, ehrlos. Deshalb mußten wir feststellen, daß Schaumburg fünf weitere Jahre ohne Ehre ist.

Carl W e n t z e l ist ein jetzt 68-jähriger Großlandwirt, der seine und seiner Frau Güter mit zusammen 7500 ha Eigenbesitz und 2500 ha Pachtbesitz verwaltet. Also ein Mann, der mit beiden Füßen im Leben steht, das Leben kennt und Menschen beurteilen kann. Denn sonst könnte er nicht aus den 13 eigenen Gütern und 5 Pachtgütern einen Ertrag herausholen, der ihm selbst jährlich 1 000 000.- Mark Einkommen bringt.

Wentzel pflegte weitgreifende berufliche und gesellschaftliche Beziehungen. So gehörte er auch zu dem sogenannten Reusch-Kreis, den

ein

62 [redacted]

-87

Urteil des Volksgerichtshofes vom 13. November 1944, Seite 6

[redacted] UNCLASSIFIED

ein Industrieller aus dem Westen aus Wirtschaftlern und Landwirten gebildet hatte, und der sich von Zeit zu Zeit bei dem einen oder anderen seiner Mitglieder zusammenfand.

Der Gründer dieses Reusch-Kreises hatte sich auf Schloß Teutschenthal bei Wentzel etwa im November 1943 zu Besuch angesagt. Wentzel lud außer Anderen auch den schon gerichteten Verräter Goerdeler, der ebenfalls dem Reusch-Kreis angehörte, zu sich ein. Die Gäste hatten bereits gegessen, als Goerdeler verspätet ankam, allein aß und sich dann zu der übrigen Abendgesellschaft (mit Damen) in die Halle setzte.

In diesem Augenblick bildeten die Damen und die Männer je eine besondere Gruppe. Goerdeler begann, wie gewöhnlich, mit pessimistischen Lageerörterungen und defaitistischen Ausblicken. Dann begab er sich mit Wentzel in dessen Arbeitszimmer und legte ihm dort, wie Wentzel zugibt, etwa folgendes dar: Der Krieg sei verloren; so könne es nicht weitergehen; man müsse versuchen, die Angelsachsen gegen die Russen auszuspielen und mit den Angelsachsen zu paktieren. Das sei auch möglich, denn die Lage sei anders als im ersten Weltkrieg! Die Angelsachsen brauchten uns jetzt zum Kampf gegen die Russen, deren außerordentliche Gefährlichkeit ihnen klar geworden sei. Freilich würden die Angelsachsen mit dem Führer und dem Nationalsozialismus keinen Frieden schließen; deshalb sei das Abtreten des Führers und des Nationalsozialismus erforderlich.

Goerdeler nannte dann auch Namen. Nach Wentzels früherer Darstellung Stegerwald und Brüning, nach seiner jetzigen nur Stegerwald. Darauf will Wentzel lachend geantwortet haben, weil er Stegerwald für Einen aus der Mottenkiste hielt.

Dann fragte Goerdeler, ob er, Wentzel, den an dem ABEND auch anwesend gewesenen Professor Woermann für einen geeigneten Landwirtschaftsminister halte. Wentzel antwortete nach eigener Angabe, er halte ihn für sehr geeignet, doch sei er mit dem damaligen Staatssekretär jetzigen Reichsminister Backe sehr liiert, dessen rechte Hand und sehr loyal; er werde es wohl kaum tun.

Danach bat Goederler Wentzel, ihm doch zu ermöglichen, die gleichen Ausführungen an die übrigen männlichen Gäste zu richten.

Wentzel gab ihm diese Möglichkeit: Er bat die übrigen männli-

chen

63 [redacted] UNCLASSIFIED

Urteil des Volksgerichtshofes vom 13. November 1944, Seite 7

UNCLASSIFIED [redacted]

- 8 -

chen Gäste hinein, und ihnen hielt Goerdeler dann in Wentzels Gegenwart noch einmal dieselbe Rede.

Das alles hat Wentzel heute zugegeben. Er erklärt auch, daß er sich Vorwürfe mache, keine Meldung erstattet zu haben. Aber für ihn sei die Sache im Laufe der Zeit erledigt und überwunden gewesen. Er habe sich von dem allen innerlich distanziert.

Wentzels Schuld geht jedoch weit über die bloße Nichtmeldung des Goerdelerschen Verratplanes hinaus.

Das ergibt sich zunächst aus seiner inneren Einstellung. Er ist nämlich eine Persönlichkeit, die einen guten Pflanzboden für den Goerdelerschen Verrat bildet. Hat er doch im Kreise seiner nächsten Gäste und seiner Familie, insbesondere auch in Gegenwart von Schröder und Schaumburg, oft schwer zersetzende Ausführungen gemacht; diejenigen nämlich, die weiter oben bereits wiedergegeben sind.

Carl Wentzel versucht zwar, diese seine Ausführungen zu verniedlichen. Über den Reichsnährstand habe er nur "gemeckert"; was er an der Justiz auszusetzen habe, habe er nur an einzelnen Beispielen dargelegt; und über unseren Führer habe er nicht so gesprochen, wie es Schröder und Schaumburg schildern.

Vor allem habe er den Vergleich unseres Führers mit Ludwig II. von Bayern nur in der Form einer Legende erzählt; daß nämlich dem Führer der gleiche Tod wie Ludwig II. vorausgesagt worden sei; den Satz, daß er bedauere, daß sich noch kein Offizier gefunden habe, den Führer zu erschießen, habe er nicht ausgesprochen. Aber Wentzels Schilderung seiner angeblichen Legendenerzählung ist nicht nur merkwürdig sondern findet auch keine innere Erklärung. Hinzu kommt, daß wir, wie schon oben dargetan, nicht den geringsten Zweifel haben, daß Wentzel den schwer zersetzenden haßgetragenen Satz getan hat, daß sich noch kein Offizier gefunden habe, unseren Führer zu erschießen!!!

Schon solche schwere defaitistische Zersetzung würde, wenn sie ganz allgemein dastünde - außerhalb jeder Beziehung zum 20.Juli - als schwerer Defaitismus (§ 5 KSSVO) eines Mannes, der in leitender Stelle steht, vom Volksgerichtshof als Ausdruck absoluter Ehrlosigkeit betrachtet und mit dem Tode und Vermögenseinziehung bestraft werden.

Hier

64 UNCLASSIFIED [redacted]

89

Urteil des Volksgerichtshofes vom 13. November 1944, Seite 8

[redacted] UNCLASSIFIED

– 9 –

Hier aber zeigt dieser Defaitismus, daß Wentzel eine geeignete Grundlage für das Einpflanzen Goerdelerscher Verratgedanken war.

Daß diese Gedanken seine Zustimmung gefunden haben, ergibt sich nicht nur daraus, daß er sich mit Goerdeler in eine Begutachtung Woermanns als künftigen Landwirtschaftsminister einließ; sondern vor allem daraus, daß er sein Arbeitszimmer auf Goerdelers Wunsch dazu hergab, daß dieser seinen – Wentzels – Gästen eine Werberede für seinen Verrat halten konnte!!! Denn eine Werberede ist es, wie Schaumburg uns anschaulich geschildert hat, gewesen.

Carl Wentzel war also mit Goerdelers Planung einverstanden; hat mit ihm in diesem Augenblick gemeinsame Sache gemacht.

Nichts könnte deutlicher zeigen, daß Wentzel jedenfalls in diesem Augenblick mit Goerdelers Verrat einverstanden war und mit ihm gemeinsame Sache machte. Nichts wäre für ihn einfacher gewesen, als Goerdeler sein Haus als Hörsaal für politische Putschplanentwicklungen zu verweigern.

Danach bedarf es weiterer Beweise für sein schlechtes Gewissen nicht mehr. Ein solcher Beweis ist aber zu allem Überfluß auch da. Er gestand uns nämlich, daß er einige Monate nach dieser Rede Goerdelers in seinem Hause veranlaßt hat, daß Goerdelers Name in seinem Besucherbuch ausradiert wurde!! Er hat freilich recht, daß das eine Dummheit von ihm war; aber eben nur, weil das sein schlechtes Gewissen manifestiert. Einige Tage nach dem 20.7. hatte er in Berlin erfahren, daß man im Zusammenhang damit Goerdeler suche. Nun veranlaßte er, daß das Besucherbuch so weggelegt wurde, daß man es "nicht gleich finden konnte", wie sich Schaumburg ausgedrückt hat. Man versteckte es also.

Aber, wie gesagt, dieser beiden Beweise für Wentzels schlechtes Gewissen bedarf es garnicht mehr, um seine Schuld festzustellen. Hat er doch Goerdeler sein Arbeitszimmer zum Entwickeln seiner Verratgedanken und -pläne zur Verfügung gestellt.

Er ist dadurch Mitverräter geworden. Hat mit daran gearbeitet uns unsere nationalsozialistische Lebensart rauben. Und das mitten in diesem unserem schwersten Ringen um unser Leben als Volk ! Damit hat er also zugleich die Geschäfte unserer Kriegsfeinde gemacht. Wie [illegible] der wußte [illegible]h er, daß eine solche Erschütterung wie eine Revolte zum Sturz unserer Regierung, wenn sie gelang, den

65 so–

[redacted] UNCLASSIFIED

90

Urteil des Volksgerichtshofes vom 13. November 1944, Seite 9

UNCLASSIFIED [redacted]

- 10 -

sofortigen Zusammenbruch unserer Widerstandskraft, also die Katastrophe, den Tod unseres Volkes bedeuten mußte (§ 91b StGB).

Und das tat ein Mann, der unter dem Schutz unseres Reiches sich wirtschaftlich so betätigen konnte, daß er eine Million Mark jährlich verdiente!!!

Mit diesem Verrat hat Wentzel seine Persönlichkeit geradezu zerstäubt. Denn ihren Kern, seine Ehre hat er für immer vernichtet.

Auf diese Tat kann es keine andere Strafe geben als die Todesstrafe. Sie fordert unsere Selbstachtung als Volk, unser Schutz gegen den Dolchstoß in unseren Rücken, sie fordert das einfache Gebot, unser Leben zu wahren.

Weil Schaumburg und Wentzel verurteilt sind, müssen sie auch die Kosten zahlen. Die besonderen Kosten, die durch das Verfahren gegen Schröder entstanden sind, zahlt das Reich.

gez.: Dr. Freisler
zugleich für den an der Unterschrift verhinderten beisitzenden berichterstattenden hauptamtlichen Richter Volksgerichtsrat Lämmle.

[redacted]

66

91

Urteil des Volksgerichtshofes vom 13. November 1944, Seite 10

Abkürzungen

AEG	Allgemeine Elektricitätsgesellschaft
BDL	Bund deutscher Landwirte
Danat	Darmstädter und Nationalbank
DIHT	Deutscher Industrie- und Handelstag
DMW	Deutsche Molybdän-Werke
DNVP	Deutschnationale Volkspartei
GRU	russ: *Glawnoje Raswedywatelnoje Uprawlenije* = Hauptverwaltung Aufklärung (sowjet./russ. militärischer Nachrichtendienst)
GHH	Gutehoffnungshütte
KAPD	Kommunistische Arbeiterpartei Deutschlands
KPD	Kommunistische Partei Deutschlands
KSSVO	Kriegssonderstrafrechtsverordnung
KWG	Kaiser-Wilhelm-Gesellschaft
LDP	Liberal-Demokratische Partei
LPG	Landwirtschaftliche Produktionsgenossenschaft
MAN	Maschinenfabrik Augsburg-Nürnberg
MAS	Maschinen-Ausleih-Station
MTS	Maschinen-Traktoren-Station
MWT	Mitteleuropäischer Wirtschaftstag
NSDAP	Nationalsozialistische Deutsche Arbeiterpartei
OMGUS	Office of the military Government for Germany, United States
SA	Sturmabteilung
SBZ	Sowjetische Besatzungszone
SD	Sicherheitsdienst des Reichsführers SS
SED	Sozialistische Einheitspartei Deutschlands
SMAD	Sowjetische Militäradministration in Deutschland
SS	Schutzstaffel
StGB	Strafgesetzbuch
RFSS	Reichsführer SS
RLB	Reichslandbund
VdgB	Vereinigung der gegenseitigen Bauernhilfe
Vemiro	Vereinigung Mitteldeutscher Rohzuckerfabriken
VGH	Volksgerichtshof
VKPD	Vereinigte Kommunistische Partei Deutschlands

Quellen- und Literaturverzeichnis

Quellen

Betriebsbroschüre Wentzel/Boltze (1935)

Betriebszeitschrift »Unser Betrieb« 1934–1937 (Nationalbibliothek Leipzig)

Briefe von Carl Wentzel an Carl Friedrich von Mettenheim 1941–1943 (»Wentzel an von Mettenheim«) (Privatbesitz)

Briefe von Zeitzeugen an Hanns Martin Elster (Stadtarchiv Halle, Bestand S 15 WEN N 42)

Chronik Schochwitz 1783–1945, geführt von der jeweiligen Frau des Hauses (unveröffentlicht)

Flemming, Richard von: Meine Festrede in der Universität Kiel am 12. Mai 1953 (Privatbesitz)

Gramsch, Friedrich: Entwurf einer dienstlichen Erklärung, Ende 1944 (Privatbesitz)

Mettenheim, Dorothee von: Rückblick (Unveröffentlichtes Typoskript) 1986 (Privatbesitz)

Neuß 1957: Neuß, Erich: Carl Wentzel, Lebensbild eines deutschen Landwirts, Unveröffentlichtes Typoskript, Stadtarchiv Halle 1957

Zimmermann, Helmut: Geschichte der Fritz Behrens Stiftung (unveröffentl. Typoskript)

Genutzte Archive und Institutionen

Archiv des Instituts für Zeitgeschichte München (IZG)
Archiv der Max Planck Gesellschaft Berlin (AMPG)
Archiv der Universität Halle (UAHW)
Bundesarchiv Berlin (BArch)
Domstiftsarchiv Naumburg, Gymnasialarchiv (Archiv Naumburg)
Historisches Archiv der Dresdner Bank (HADrB)
Institut für Zeitgeschichte (IFZ)
Landesarchiv Nordrhein-Westfalen (LAV)
Landeshauptarchiv Sachsen-Anhalt (LASA)
Rheinisch-Westfälischen Wirtschaftsarchiv Köln (RWWA)
Stadtarchiv Halle (StaH)

Literatur

Alvensleben 2016: Alvensleben, Busso von: Schlösser und Gärten in Sachsen-Anhalt, Stendal 2016

Aly 2005: Aly, Götz: Hitlers Volksstaat, Frankfurt 2005

Backe 1943: Backe, Herbert: Um die Nahrungsfreiheit Europas, Leipzig 1943

Bajohr 2001: Bajohr, Frank: Parvenüs und Profiteure, Frankfurt 2001

Bähr 2006: Bähr, Johannes: Die Dresdner Bank in der Wirtschaft des Dritten Reichs, München 2006

Barkai 1988: Barkai, Avraham: Das Wirtschaftssystem des Nationalsozialismus, Frankfurt 1988

Barkai 1998: Barkai, Avraham: Die »stillen Teilhaber« des NS-Regimes, in: Gall, Lothar; Pohl, Manfred (Hg.): Unternehmen im Nationalsozialismus, München 1998

Behrens Stiftung 2013: Fritz Behrens Stiftung (Hg.): 90 Jahre Fritz Behrens Stiftung, Hannover 2013

Benz 1995: Benz, Wolfgang: Zum Umgang mit der nationalsozialistischen Vergangenheit in der Bundesrepublik, in: Danyel, Jürgen (Hg.): Die geteilte Vergangenheit, Berlin 1995

Benz 2014: Benz, Wigbert: Hans-Joachim Riecke, NS-Staatssekretär. Vom Hungerplaner vor, zum «Welternährer» nach 1945, Berlin 2014

Berghahn 1966: Berghahn, Volker: Der Stahlhelm, Düsseldorf 1966

Birn 1986: Birn, Ruth Bettina: Die Höheren SS- und Polizeiführer, Düsseldorf 1986

Breitenborn/Wille 1999: Breitenborn Konrad; Wille, Manfred: Fort mit der Junkerherrschaft, in: Fikentscher, Rüdiger: Bodenreform in Sachsen Anhalt, Halle 1999

Bues 1972: Bues, Alfred: Die ökonomische und politische Rolle Carl Wentzels als Agrarkapitalist und Monopolist, Diss. Halle 1972

Centralblatt für die Zuckerindustrie (Jahrgänge 1922, 1926)

Corni/Giess 1997: Corni, Gustavo; Giess Horst: Brot – Butter – Kanonen: Die Ernährungswirtschaft in Deutschland unter der Diktatur Hitlers, Berlin 1997

Dahrendorf 1965: Dahrendorf, Ralph; Gesellschaft und Demokratie in Deutschland, München 1965

Darré 1930: Darré, Walther: Neuadel aus Blut und Boden, München 1930

Darré 1942: Darré, Walther: Das Bauerntum als Lebensquell der nordischen Rasse, München 1942

Diete 1924: Diete, Kurt: Von der Partei der Zukunft, Salzmünde 1924

Dipper 1994: Dipper, Christoph: Der Widerstand und die Juden, in: Schmädeke, Jürgen; Steinbach, Peter: Der Widerstand gegen den Nationalsozialismus, München 1994

Dornheim 2011: Dornheim, Andreas: Rasse, Raum und Autarkie. Sachverständigengutachten zur Rolle des Reichsministeriums für Ernährung und Landwirtschaft in der NS-Zeit, Bamberg 2011

Duesterberg 1950: Duesterberg, Theodor: Der Stahlhelm und Hitler, Hameln 1950
Ehlers 1964: Ehlers, Dieter: Technik und Moral einer Verschwörung, Frankfurt 1964
Eberle 2002: Eberle, Henrik: Die Martin-Luther-Universität in der Zeit des Nationalsozialismus, Halle 2002
Etzrodt 1937: Etzroth, Hermann: Das Geschlecht Wentzel, Eisleben 1937
Eichholtz 1969: Eichholtz, Dietrich: Anatomie des Krieges, Berlin 1969
Feldman 1995: Feldman, Gerald: Jewish Bankers and the Crisis of the Weimar Republic, Leo Baeck Memorial Lecture, New York 1995, Leo Baeck Institute (Hg.)
Fest 1994: Fest, Joachim: Staatsstreich. Der lange Weg zum 20. Juli, Berlin 1994
Finker 1988: Finker, Kurt: Stauffenberg und der 20. Juli 1944, Berlin 1988 (7.Auflage)
Finker 1990: Finker, Kurt: Der 20. Juli 1944 und die DDR-Geschichtswissenschaft, in: Beiträge zum Widerstand 1933–1945, Berlin 1990
Gerbet 1993: Gerbet, Klaus: Carl-Hans Graf von Hardenberg, Berlin 1993
Germain 1933: Germain, André: Hitler ou Moscou?, Paris 1933
Germain 1952: Germain, André: La bourgeoisie qui brûle, Paris 1952
Graevenitz 2017: Graevenitz, Fritz Georg: Argument Europa, Frankfurt 2017
Grotewohl 1945: Grotewohl, Otto: Wo stehen wir – wohin gehen wir, Berlin 1945
Gebhardt 1989: Gebhardt, Manfred: Max Hoelz, Berlin 1989
Glum 1964: Glum, Friedrich: Zwischen Wissenschaft, Wirtschaft und Politik, München 1964
Goetz 1960: Goetz, Curt: Die Memoiren des Peterhans von Binningen, Stuttgart 1960
Groehler 1995: Groehler, Olaf: Verfolgten- und Opfergruppen im Spannungsfeld der politischen Auseinandersetzungen in der SBZ und DDR, in: Danyel, Jürgen (Hg.): Die geteilte Vergangenheit, Berlin 1995
Groener 1957: Groener, Wilhelm: Lebenserinnerungen, Göttingen 1957
Grouven 1866: Grouven, Hubert: Salzmünde, Berlin 1866
Harney 1950: Harney, Fritz: Hundert Jahre der Deutschen Zuckerindustrie, Berlin 1950
Hassell 1988: Hassell, Ulrich von: Die Hassell-Tagebücher 1938–1944, Berlin 1988
Haushofer 1958: Haushofer, Heinz: Ideengeschichte der Agrarwirtschaft und Agrarpolitik, Bd. 2 München 1958
Heim 2002: Heim, Susanne (Hg.): Autarkie und Ostexpansion, Göttingen 2002
Henke 2006: Henke, Klaus Dietmar: Die Dresdner Bank 1933–1945, München 2006
Hermes 1963: Hermes, Peter: Die Christlich-Demokratische Union und die Bodenreform in der sowjetischen Besatzungszone Deutschlands im Jahr 1945, Saarbrücken 1963
Hermes 2007: Hermes, Peter: Meine Zeitgeschichte 1922–1987, Paderborn 2007

Hett/Tuchel 1994: Hett, Ulrike; Tuchel, Johannes: Die Reaktionen des NS-Staates auf den Umsturzversuch des 20. Juli, in: Steinbach, Peter; Tuchel, Johannes: Der Widerstand gegen den Nationalsozialismus, Bonn 1994
Hoelz 1969: Hoelz, Max: Vom weissen Kreuz zur roten Fahne, (Nachdruck), Frankfurt 1969
Hoffmann 1970: Hoffmann, Peter: Widerstand, Staatsstreich, Attentat, München 1970
Höhne 1967: Höhne, Heinz: Der Orden unter dem Totenkopf, Gütersloh 1967
Huch 1997: Huch, Ricarda: In einem Gedenkbuch zu sammeln, hg. von Wolfgang Schwiedrzik (Hg.), Leipzig 1997
Jacobsen 1984: Jacobsen, Hans-Adolf (Hg.): Spiegelbild einer Verschwörung, Stuttgart 1984
Janssen 1968: Janssen, Gregor: Das Ministerium Speer, Berlin 1968
Jochmann 1980: Jochmann, Werner (Hg.): Adolf Hitler. Monologe im Führerhauptquartier 1941–1944, Aufzeichnungen von Heinrich Heims, Hamburg 1980
Kerr 1997: Kerr, Alfred: Wo liegt Berlin? Briefe aus der Reichshauptstadt, Berlin 1997
Kersten 1952: Kersten, Felix: Totenkopf und Treue, Hamburg 1952
Kessel 1961: Kessel, Joseph: Medizinalrat Kersten. Der Mann mit den magischen Händen, München 1961
Kiesel 1947: Anonym, SS-Bericht über den 20. Juli. Aus den Papieren des SS-Obersturmbannführers Dr. Georg Kiesel, in: Nordwestdeutsche Hefte 2/1947
Kirchheimer 1981: Kirchheimer, Otto: Politische Justiz, Frankfurt 1981
Klausa 1994: Klausa, Ekkehard: Politischer Konservatismus und Widerstand, in: Steinbach Peter; Tuchel, Johannes: Der Widerstand gegen den Nationalsozialismus, Bonn 1994
Klessmann 1994: Klessmann, Christoph: Das Problem der Volksbewegung im deutschen Widerstand, in: Schmädeke, Jürgen; Steinbach, Peter: Der Widerstand gegen den Nationalsozialismus, München 1994
Klotzbühler 1964: Klotzbühler, Alois: Der politische Weg des Stahlhelm, Diss. Erlangen 1964
Koch-Baumgarten 1986: Koch-Baumgarten, Sigrid: Aufstand der Avantgarde, Frankfurt 1986
Kogon 1964: Kogon, Eugen: Der SS-Staat, Frankfurt 1964
König 1987: König, Stefan: Vom Dienst am Recht, Rechtsanwälte als Strafverteidiger im Nationalsozialismus, Berlin 1987
Kohl 2002: Kohl, Ulrike: Die Präsidenten der Kaiser-Wilhelm-Gesellschaft im Nationalsozialismus, Stuttgart 2002
Kopp 1966: Kopp, Otto: Widerstand und Erneuerung, Stuttgart 1966
Kopper 2005: Kopper, Christopher: Bankiers unterm Hakenkreuz, München 2005
Kricheldorff 1982: Kricheldorff, Hans: Tod eines Zuckerkönigs, in: Neue Züricher Zeitung, 3.4.1982

Kroener 1999: Kroener, Bernhard (Hg.): Das Deutsche Reich und der Zweite Weltkrieg, Bd.5/2, Stuttgart 1999
Kröner/Toellner/Weisemann 1994: Kröner, Hans-Peter; Toellner, Richard; Weisemann, Karin: Erwin Baur – Naturwissenschaft und Politik, München 1994
Krosigk 1974: Schwerin von Krosigk, Lutz Graf: Staatsbankrott, Göttingen 1974
Krosigk 1977: Schwerin von Krosigk, Lutz Graf: Memoiren, Stuttgart 1977
Langer 2012: Langer, Peter: Macht und Verantwortung. Der Ruhrbaron Paul Reusch, Essen 2012
Lautarchiv 1961: Lautarchiv des Deutschen Rundfunks, Volksgerichtshofprozesse, Transkripte von Tonbandfunden, Eigenverlag 1961
Lehweß-Litzmann 1994: Lehweß-Litzmann, Walter: Absturz ins Leben, Querfurt 1994
Lesser 1981: Lesser, Hans: Ein vergessener Widerstandskämpfer, in: Tagesspiegel, 21.7.1981
Lilla 2004: Lilla, Joachim: Statisten in Uniform, Düsseldorf 2004
Litzmann 1926: Litzmann, Karl: Lebenserinnerungen, 2 Bände, Berlin 1926/1928
Liebold 2012: Liebold, Sebastian: Kollaboration des Geistes. Deutsche und französische Rechtsintellektuelle 1933–1940, Berlin 2012
Lippmann o.D.: Lippmann, Eduard Otto von: Erinnerungen aus meinem Leben 1857–1937, in: Zuckerindustrie 107 (82) – 118 (93), hg. von Guntram Bruns
Longerich 2008: Longerich, Peter: Heinrich Himmler, München 2008
Lübeck 1999: Lübeck, Wilfried: Einige Anmerkungen zur Beschlußfassung über die Bodenreformverordnung in der Provinz Sachsen, in: Fikentscher, Rüdiger: Bodenreform in Sachsen-Anhalt, Halle 1999
Lühe 1989: Lühe, Irmgard von der: Eine Frau im Widerstand. Elisabeth von Thadden, Hildesheim 1989
Luntowski 2000: Luntowski, Gustav: Hitler und die Herren an der Ruhr, Frankfurt 2000
Maier 1966: Maier, Hedwig: Die SS und der 20. Juli 1944, in: Vierteljahreshefte für Zeitgeschichte, 14 (1966), 3
Malinowski 2003: Malinowski, Stephan: Vom König zum Führer, Berlin 2003
Mann 1994: Mann, Thomas: Über mich selbst, Frankfurt 1994
Marten 1987: Marten, Heinz Georg: Der niedersächsische Ministersturz, Göttingen 1987
Martin 1913: Martin, Rudolf: Jahrbuch der Millionäre in der Provinz Sachsen, Berlin 1913
Marwitz 1908: Marwitz, Friedrich August von der: Gesammelte Schriften (hg. von F. Meusel), Berlin 1908, Bd. 1
Marx 2013: Marx, Christian: Paul Reusch und die Gutehoffnungshütte, Göttingen 2013
Marx 2014: Marx, Christian: Paul Reusch – ein politischer Unternehmer im Zeitalter der Systembrüche, in: Vierteljahresschrift für Sozial- und Wirtschaftsgeschichte, Bd. 101/Heft 3/2014, S. 273ff.
Marxen 1994: Marxen, Klaus: Das Volk und sein Gerichtshof, Frankfurt 1994

Mayer 1989: Mayer, Arno: Der Krieg als Kreuzzug, Hamburg 1989
Meißner 2007: Meißner, Bettina: Erfolg kann man säen, 150 Jahre KWS, Göttingen 2007
Melnikow 1967: Melnikow, Daniil: 20. Juli 1944. Legende und Wirklichkeit, Berlin 1967
Mikusch 1932: Mikusch, Gustav: Geschichte der internationalen Zuckerkonventionen, Berlin 1932
Moltke 1997: Moltke, Helmuth James Graf von: Letzte Briefe, Zürich 1997
Mommsen 1994a: Mommsen, Hans: Neuordnungspläne der Widerstandsbewegung des 20. Juli 1944, in: 50. Jahrestag des Attentats vom 20. Juli, Wissenschaftlicher Dienst des Dt. Bundestages (Hg.), Bonn 1994
Mommsen 1994b: Mommsen, Hans: Der Widerstand gegen Hitler und die deutsche Gesellschaft, in: Schmädeke, Jürgen; Steinbach, Peter (Hg.): Der Widerstand gegen den Nationalsozialismus, München 1994
Mommsen 2001: Mommsen, Hans: Abgleiten in die Barbarei, Spiegel-Interview (32/2001)
Müller 1991: Müller, Rolf-Dieter: Die deutsche Wirtschaftspolitik in den besetzten sowjetischen Gebieten 1941–1943, Boppard 1991
Müller 1994: Müller, Klaus-Jürgen: Nationalkonservative Eliten zwischen Kooperation und Widerstand, in: Schmädeke, Jürgen; Steinbach, Peter (Hg.): Der Widerstand gegen den Nationalsozialismus, München 1994
Müller 1997: Müller, Hans-Heinrich, Gutsherr und Unternehmer, in: Lubinski, Axel; Rudert, Thomas; Schattkowsky, Martina (Hg.): Festschrift für Jan Peters, Weimar 1997
Münkler 2009: Münkler, Herfried: Die Deutschen und ihre Mythen, Berlin 2009
Nabert 1992: Nabert, Thomas: Der Großgrundbesitz in der preußischen Provinz Sachsen 1913–1933, Köln 1992
Neebe 1981: Neebe, Reinhard: Großindustrie, Staat und NSDAP 1930–1933, Göttingen 1981
Neuß 1935: Neuß, Erich: Wanderungen durch die Grafschaft Mansfeld, Bd. 1: Im Seegau, Halle 1935
Neuß 1938: Neuß, Erich: Wanderungen durch die Grafschaft Mansfeld, Bd. 2: Saalisches Mansfeld, Halle 1938
Neuß 2004: Neuß, Werner (Hg.): Aber auf den Frieden freue ich mich doch. Kriegsbriefe der Ella Neuß, Halle 2004
Neuß 2013: Neuß, Werner: Mörder, Mentor, Menschenfreund, Halle 2013
Obermeier 1999: Obermeier, Manuela: Die Sachsengänger, Berlin 1999
Olbrich 1981: Olbrich, Hubert: Carl Wentzel-Teutschenthal (1876–1944), Schriften aus dem Zuckermuseum, Heft 14, Berlin 1981
Hesekiel 1982: Olbrich, Hubert (Hg.): Sozialbericht von Johannes Hesekiel 1866, Berlin 1982
OMGUS 1986: Office of the military Government for Germany, United States, Ermittlungen gegen die Dresdner Bank, Nördlingen 1986
Pfeiffer-Wentzel 2011: Pfeiffer-Wentzel, Lore: Ein recht mutiges Herz, Halle 2011

Pechel 1947: Pechel, Rudolf: Deutscher Widerstand, Erlenbach/Zürich 1947
Petzina 1968: Petzina, Dieter: Autarkiepolitik im Dritten Reich, Stuttgart 1968
Poche 1934: Poche, Willi: Des mitteldeutschen Stahlhelm Kampf, in: Der Weg zum Nationalsozialismus, Fürstenwalde 1934
Poelchau 1949: Poelchau, Harald: Die letzten Stunden. Erinnerungen eines Gefängnispfarrers, Berlin 1949
Ramm 2007: Ramm, Arnim: Der 20. Juli vor dem Volksgerichtshof, Berlin 2007
Reich 1994: Reich, Ines: Das Bild vom deutschen Widerstand in der Öffentlichkeit und Wissenschaft der DDR, in: Steinbach, Peter; Tuchel, Johannes: Der Widerstand gegen den Nationalsozialismus, Bonn 1994
Ritter 1955: Ritter, Gerhard: Carl Goerdeler und die deutsche Widerstandsbewegung, Stuttgart 1955
Rothfels 1994: Rothfels, Hans: Die deutsche Opposition gegen Hitler, Zürich 1994
Sassin 1993: Sassin, Horst: Die Robinsohn-Strassmann-Gruppe, Hamburg 1993
Schacht 1949: Schacht, Hjalmar: Abrechnung mit Hitler, Frankfurt 1949
Schacht 1953: Schacht, Hjalmar: 76 Jahre meines Lebens, Bad Wörishofen 1953
Schaefer-Kehnert 2000: Schaefer-Kehnert, Walter: Emil Woermann, in: Forschungsgesellschaft für Agrarpolitik und Agrarsoziologie (Hg.) Emil Woermann zum Gedächtnis, Bonn 2000
Scherf 2018: Scherf, Eva: Aufstieg und Fall. Carl Wentzel und sein Agrarunternehmen, Halle 2018
Schiemann 1935: Schiemann, Elisabeth: Erwin Baur, in: Sonderabdruck aus den Berichten der Deutschen Botanischen Gesellschaft, Berlin 1935
Schmidt 1916: Schmidt, Georg: Das Geschlecht Wentzel, Halle 1916
Schoellgen 1990: Schoellgen, Gregor: Ulrich von Hassell, München 1990
Schoene 1934: Schoene, Joachim: Die Zusammenschlüsse der Zuckerindustrie in Mitteldeutschland, Jena 1934
Scholtyseck 1999: Scholtyseck, Joachim: Robert Bosch und der liberale Widerstand gegen Hitler 1933 bis 1945, München 1999
Schrader 1894: Schrader, Wilhelm: Geschichte der Friedrichsuniversität zu Halle, Berlin 1894
Schroeder 1929: Schroeder, Albert: Teutschenthal, Eisleben 1929
Schulz 2003: Schulz, Andreas: Die Generale der Waffen SS und der Polizei, Bd. 1, Bissendorf 2003
Schwennicke 1991: Schwennicke, Christoph: Die Rückkehr des Junkers an die Saale, in: Hannoversche Allgemeine Zeitung, 23.11.1991
Seckendorf 2001: Seckendorf, Martin: Der Mitteleuropäische Wirtschaftstag, in: Röhr, Werner (Hg.): Der Krieg vor dem Krieg, Hamburg 2001
Sombart 1984: Sombart, Nikolaus: Jugend in Berlin, München 1984
Speer 1969: Speer, Albert: Erinnerungen, Berlin 1969
Steinbach/Tuchel 1994: Steinbach, Peter; Tuchel, Johannes (Hg.): Der Widerstand gegen den Nationalsozialismus, Bonn 1994

Steinbach 2004: Steinbach, Peter: Der 20. Juli 1944. Gesichter des Widerstands, München 2004
Stöckigt 1964: Stöckigt, Rolf: Der Kampf der KPD um die demokratische Bodenreform, Berlin 1964
Tooze 2007: Tooze, Adam: Ökonomie der Zerstörung, München 2007
Toyka-Seid 1994: Toyka-Seid, Christiane: Der Widerstand gegen Hitler und die deutsche Gesellschaft, in: Steinbach, Peter; Tuchel, Johannes (Hg.): Der Widerstand gegen den Nationalsozialismus, Bonn 1994
Treue 1982: Treue, Wilhelm: Carl Emil Wentzel-Teutschenthal. Ein landwirtschaftlicher Unternehmer im Dritten Reich, in: Zeitschrift für Unternehmensgeschichte, Bd. 27 (1982)
Treue 1994: Treue, Wilhelm: Widerstand von Unternehmern und Nationalökonomen, in: Schmädeke, Jürgen; Steinbach, Peter (Hg.): Der Widerstand gegen den Nationalsozialismus, München 1994
Treue 1995: Treue, Wilhelm: Vorbemerkung. Hitlers Denkschrift zum Vierjahresplan 1936, in: Vierteljahrshefte für Zeitgeschichte, Jg. 3 (1955), S. 184ff.
Tuchel 2014: Tuchel, Johannes: »…und ihrer aller wartete der Strick.«, Berlin 2014
Turner 1980: Turner, Henry Ashby: Faschismus und Kapitalismus in Deutschland, Göttingen 1980
Turner 1985: Turner, Henry Ashby: Die Großunternehmer und der Aufstieg Hitlers, Berlin 1985
Turner 1998: Turner Henry Ashby: Unternehmen unter dem Hakenkreuz, in: Gall, Lothar; Pohl, Manfred (Hg.): Unternehmen im Nationalsozialismus, München 1998
Ueberschär/Vogel 1999: Ueberschär, Gerd; Vogel, Winfried: Dienen und Verdienen, Frankfurt 1999
Ulbricht 1961: Ulbricht, Walter: Die Bauernbefreiung in der Deutschen Demokratischen Republik, Berlin 1961
Umbreit 1999: Umbreit, Hans: Die deutsche Herrschaft in den besetzten Gebieten 1942–1945, in: Kroener, Bernhard; Müller, Rolf-Dieter; Umbreit, Hans (Hg.): Das deutsche Reich und der zweite Weltkrieg, Stuttgart 1999
Voss 2011: Voss, Rüdiger von: Der Staatsstreich vom 20. Juli 1944. Politische Rezeption und Traditionsbildung in der Bundesrepublik Deutschland, Berlin 2011
Wagner 2011: Wagner, Walter: Der Volksgerichtshof im nationalsozialistischen Staat, Stuttgart 1974 (Neuausgabe München 2011)
Wehler 2003: Wehler, Hans Ulrich: Deutsche Gesellschaftsgeschichte, Bd. 3 und 4, München (1995, 2003)
Wentzel 2004: Wentzel, Carl-Friedrich: Carl Wentzel und der deutsche Widerstand, in: Tullner, Marco (Hg.): Sachsen-Anhalt, Geschichte und Geschichten 2004/1
Wenzel 1929: Wenzel, Georg: Deutscher Wirtschaftsführer, Hamburg 1929
Wille 1996: Wille, Manfred: Die Verabschiedung über die Bodenreform in der Provinz Sachsen, in: Bauerkämper, Arnd (Hg.): Junkerland in Bauernhand, Stuttgart 1996

Wilde 1998: Wilde, Manfred: Die SBZ-CDU 1945–47, München 1998
Wilmowsky 1961: Wilmowsky, Tilo von: Rückblickend möchte ich sagen..., Oldenburg 1961
Winkler 1985: Winkler, Heinrich August: Von der Revolution zur Stabilisierung, Berlin 1985
Winkler 1994: Weimar 1918–1933, München 1994
Woermann 1935: Woermann, Emil: Das Ernährungsproblem, in: Hallische Nachrichten, 31.1.1935
Woermann 1942: Woermann, Emil: Europa kann mehr Nahrungsmittel erzeugen, in: Düsseldorfer Nachrichten, 12.2.1942
Woermann 1944: Woermann, Emil: Europäische Nahrungswirtschaft, Halle 1944
Woermann 1987: Stellungnahme Prof. Woermann vom 6.7.1958 zu gegen ihn erhobenen Anschuldigungen, in: Hans-Georg Merten (Hg.): Der niedersächsische Ministersturz, Göttingen 1987
Wühst 1989: Wühst, Werner: Begegnung im Gutspark, in: Neue Deutsche Bauernzeitung, 29/89
Zarusky 1998: Zarusky, Jürgen; Mehringer, Hartmut; Rätsch, Birgit: Widerstand als »Hochverrat« 1933–1945, München 1998
Zarusky 2011: Zarusky, Jürgen: Walter Wagners Volksgerichtshofstudie von 1974 im Kontext der Forschungsentwicklung, in: Wagner, Walter, Der Volksgerichtshof im nationalsozialistischen Staat, Stuttgart 1974 (Neuausgabe München 2011)
Zelinsky 1994: Zelinsky, Hartmut: »Der größte Gegner des Führers«, in: Süddeutsche Zeitung, 30.12.1994
Zweig 1970: Zweig, Stefan: Die Welt von Gestern, Frankfurt 1970

Bildnachweis

Archiv KWS Saat SE 81
bpk 87, 138, 201,205, 211 oben, 211 links unten
bpk/Bayrische Staatsbibliothek/Heinrich Hoffmann 211 rechts unten
Bundesarchiv 64, 151, 203, 206, 208, 211 oben, 237, 288–297
Deutsche Nationalbibliothek Leipzig 127
Gedenkstätte Deutscher Widerstand 139, 169 rechts oben, 174, 233
Historisches Archiv Krupp 169 links unten
Maxim von Mettenheim 13, 32, 63, 67 unten, 78, 184
Privatbesitz Umschlag, 22, 23, 29, 43, 52, 62, 67 oben, 100, 135, 169 rechts unten, 187, 225, 232, 247,
Scherl/Süddeutsche Zeitung 55
Stadtarchiv Halle 92, 95
TU Berlin 72
Universitätsarchiv Halle-Wittenberg 69, 89, 90
Universitäts- und Landesbibliothek Sachsen-Anhalt in Halle (Saale) 14, 20
Vereinigte Domstifter zu Merseburg und Naumburg und des Kollegiatsstifts Zeitz, Bildarchiv Naumburg 17

Personenregister